Carl Peter

Geschichte Roms in drei Bänden

Dritter Band

Carl Peter

Geschichte Roms in drei Bänden
Dritter Band

ISBN/EAN: 9783743643307

Hergestellt in Europa, USA, Kanada, Australien, Japan

Cover: Foto ©ninafisch / pixelio.de

Weitere Bücher finden Sie auf **www.hansebooks.com**

GESCHICHTE ROMS

IN DREI BÄNDEN

VON

CARL PETER.

DRITTER BAND.

DAS ELFTE UND ZWÖLFTE BUCH, DIE GESCHICHTE DER KAISER
AUS DEM JULISCH-CLAUDISCHEN HAUSE ENTHALTEND.

HALLE,
VERLAG DER BUCHHANDLUNG DES WAISENHAUSES.
1867.

GESCHICHTE ROMS

UNTER DEN KAISERN.

Vorrede.

Der dritte Band meiner Geschichte Roms, den ich hiermit dem geehrten Publikum übergebe, enthält die Geschichte der römischen Kaiser aus dem Julisch-Claudischen Hause und bringt, wie mir scheint, die eigentliche römische Geschichte zum Abschluss. Das römische Reich dauert zwar noch etwa vier Jahrhunderte fort, aber es bildet nur den Rahmen zu ganz neuen Trieben und Elementen der geschichtlichen Entwickelung; der ursprüngliche römische Geist, das eigentliche Römerthum, ist erloschen.

Es wird dies zwar, wie wir hoffen, aus unserer gesammten Darstellung hervorgehen; um es jedoch insbesondere unseren jüngeren Lesern näher zu bringen, halten wir es nicht für unnöthig, unsere Ansicht über den Charakter des römischen Volkes und den dadurch bedingten Gang seiner Geschichte hier an dieser Stelle mit kurzen Worten im Zusammenhang zu entwickeln. Wir erlauben uns, zur besseren Begründung derselben, einige allgemeine Bemerkungen vorauszuschicken.

Die historisch bedeutenden Völker, d. h. diejenigen, welche für eine gewisse Periode die Träger und Repräsentanten der Cultur sind und ein wesentliches Glied in der Gesammtentwickelung des Menschen-

geschlechts bilden, lassen sich von einem gewissen
Standpunkt der Betrachtung wohl als Individuen ansehen, in denen, wie es bei den einzelnen Menschen
der Fall zu sein pflegt, diese oder jene Seite des
Charakters, der Denk- und Empfindungsweise und der
geistigen Fähigkeiten vorzugsweise und auf Kosten der
übrigen Seiten entwickelt und ausgebildet ist, und
wenn, wie es im Alterthum im Gegensatz zu der neuen
Zeit der Fall ist, die Culturentwickelung immer an
Ein Volk oder an Eine Volksart geknüpft ist und in
dieser Beziehung ein Volk das andere aufnimmt, so
lässt sich weiter wahrnehmen, dass eins das andere
abzulösen pflegt, dass, nachdem in jenem eine Seite
zu ihrer vollen Entwickelung gelangt ist, in diesem
eine andere Seite und zwar gewöhnlich die entgegen-
gesetzte hervortritt, worauf dann etwa in einem dritten
eine Verschmelzung — die Auflösung des Gegensatzes — erfolgt, die aber bei der Unvollkommenheit
der irdischen Dinge selbst wieder eine einseitige,
wenn auch von vollkommenerer Art, sein wird. Es
lässt sich dies nach verschiedenen Richtungen und
auch mehr ins Einzelne herab verfolgen. Uns kömmt
es jetzt nur darauf an, von diesem Gesetz für die
drei Völkermassen, welche die Hauptperioden der
alten Geschichte repräsentieren, für die Völker des
Orients, die Griechen und die Römer, und auch für
diese nur in politischer Hinsicht Gebrauch zu machen.
Im Orient finden wir nämlich, um einen Ausdruck
von W. von Humboldt zu gebrauchen, nur Heerden
von Völkern, grosse, rechts- und im Wesentlichen
auch unterschiedslose Massen, einem einzigen völlig
unbeschränkten Willen, dem des Herrschers, gegenüber, so dass also hier die Persönlichkeit mit alleiniger

Ausnahme des Herrschers völlig Null ist. Der in dem Herrscher verkörperte Staat ist hier Alles, der Einzelne ausser dem Herrscher ist nichts; man darf sich daher nicht wundern, dass dieser Herrscher wie ein Gott verehrt und Gott genannt wird, und eben so wenig, dass die Reiche durch diese ausschliessliche Macht des Staatsbegriffs eine gewisse äussere Grösse erlangen, wie wir dies an dem assyrischen, babylonischen, medischen, persischen Reiche sehen, die sich ohne wesentlichen Unterschied für unsere gegenwärtige Betrachtung im Orient folgen. Allein es sind eherne Kolosse mit thönernen Füssen, die, nachdem dieses Princip sich ausgelebt hat und ein anderes erstanden ist, beim ersten Zusammenstoss mit diesem zusammenbrechen. So treten also die Hellenen als das wichtigste Culturvolk auf der Schaubühne der Geschichte hervor, deren Bedeutung im Gegensatz zu den Völkern des Orients in nichts so wesentlich besteht als darin, dass bei ihnen unter Mitwirkung einer Menge äusserer günstiger Umstände, hauptsächlich aber doch durch den geheimnissvollen inneren Volksinstinct die Persönlichkeit zu ihrer vollsten Entwickelung gelangt. Der ganze geschichtliche Trieb der Athener, in denen uns das Hellenenthum am reinsten und vollendetsten entgegentritt, ist auf die Freiheit gerichtet, sie sind Anfangs nicht minder als die Völker des Orients durch die Schranken eines natürlichen Zustands gebunden, sie werfen aber alle diese Schranken nach einander ab und bewahren endlich die erworbene Freiheit durch ihren wunderbaren Sieg über die Perser, wodurch sich, wie Herodot (V, 78) sagt, die Freiheit als eine Sache von Werth und Bedeutung, als ein χρῆμα σπουδαῖον, erwies, denn, fügt er naiver Weise hinzu, so lange sie unter der Herrschaft von Tyrannen standen, arbeiteten sie widerwillig für einen Herrn, als sie aber frei geworden, schafften sie mit Lust und Hingebung für sich selbst. Und nicht bloss nach Aussen hin, sondern noch viel mehr im Innern trat diese Wirkung der Freiheit hervor. Es giebt, dies kann man wohl mit Bestimmtheit sagen, kein Volk, bei dem sich alle Kräfte und Fähigkeiten so vollständig und so reich unter der wärmenden und hervorlockenden Sonne der Freiheit entwickelt hätten, wie bei dem athenischen, wie sich besonders darin zeigt, dass in Kunst und Literatur, den Blüthen einer freien geistigen Entwickelung, in Athen so Grosses geleistet und für alle Zeiten Bahn gebrochen ist, und nicht minder darin, dass auch die Religion bei ihnen eine so eigenthümliche, ganz nationale Gestalt angenommen und einen so bedeutenden, das ganze Volksleben durchdringenden Einfluss gewonnen hat. Allein über dieser völlig ungehemmten Entwickelung der Individuen ging den Athenern gar bald der Staat so gut wie ganz verloren. Nachdem Perikles ihn durch seine persönliche Auctorität noch eine Zeit lang zusammen gehalten hatte, so sehen wir ihn sich rasch in ein Durcheinander von persönlichen Bestrebungen und Neigungen und Belieben auflösen; wie in dem ganzen Griechenland von den sämmtlichen kleinen Staaten einer gegen den andern stand, so sehen wir dieselben Gegenstrebungen sich auch im Innern von Athen wiederholen, und so konnte es nicht ausbleiben, dass über dieser Erhebung der Individuen das Ganze seine Macht verlor und trotz des hier und da wieder vorkommenden kurzen-Aufflackerns des alten Patriotismus und Nationalgefühls dem ersten Angriff eines geschlossenen, von Einem Willen gelenkten Staates unterlag.

Das Eigenthümliche der römischen Geschichte, zu der wir jetzt kommen, besteht nun darin, dass wir in ihr die bisher erörterten Gegensätze zusammengefasst finden. In Rom ist der Staat so mächtig, dass das Individuum in ihm völlig aufgeht in einem Maasse wie wir es sonst nirgends finden; aber, dies ist der grosse Unterschied dem Orient gegenüber, die unbedingten, überall mit dem strengsten Gehorsam befolgten Forderungen des Staates beruhen wenigstens in den wesentlichsten Stücken auf der freien Selbstbestimmung des Volkes, welches sich für seine Versammlungen nicht allein die Entscheidung über Krieg und Frieden, sondern auch die Wahl aller Magistrate, welche irgend eine politische Bedeutung haben, vorbehalten hat.

Wir können uns in der That nicht ohne Bewunderung in das Bild vertiefen, welches uns der römische Staat in seiner Blüthezeit und auf dem Höhepunkt seiner Entwickelung, d. h. in der Zeit der punischen Kriege, bietet. Obrigkeiten und Senat, von dem Volke selbst auf diese Höhe erhoben, erfreuten sich der unbedingtesten Auctorität und der allgemeinsten Verehrung und verfügten frei über die Kräfte des Staats; das Volk war jeden Augenblick bereit, auf den Ruf seiner Obrigkeiten Haus und Hof zu verlassen und im Kriege dem Vaterlande Gut und Blut darzubringen, nicht minder aber auch in den Comitien zu erscheinen und die inneren Angelegenheiten durch seinen Gemeinsinn und seinen Rath zu fördern. Wir wissen, dass jeder freie Römer verpflichtet war, vom 16ten bis zum 46ten im Heere und von da bis zum 60ten Jahre in der Landwehr zu dienen. Diese 30 und dann noch 15 Jahre waren bei den fast ununterbrochenen Kriegen, die Rom geführt hat, nichts weniger als etwas bloss Imaginäres oder Ideales, sondern eine sehr harte Wirklichkeit, der sich aber nichtsdestoweniger Jeder bereitwillig unterwarf. In der ältesten Zeit der kleinen Kriege mit Aequern, Volskern, Hernikern u. s. w. war diese Last noch leichter, da diese Kriege gewöhnlich binnen weniger Sommerwochen abgemacht wurden und der Krieger also immer nur auf kurze Zeit von seinem Herde entfernt gehalten wurde; dieselbe Last wurde aber auch in der späteren Zeit fortgetragen, wo die Kriege auf entfernten Schauplätzen, in Spanien, Afrika, Griechenland, Asien, geführt und die Heere nicht selten mehrere Jahre hinter einander zusammen gehalten wurden. Daneben lag auf dem Hausvater fortwährend die Sorge für sein Hauswesen; der Sold, den er empfing, war gering und nur unter besondern günstigen Umständen kam noch ein Beuteantheil hinzu; er eilte also, so schnell er konnte, wieder zu der Bearbeitung seines väterlichen — meist geringen — Erbgutes zurück, wo er in der nächsten Zeit doppelt zu arbeiten hatte, um Versäumtes nachzuholen, vielleicht auch, um die Schulden bezahlt zu machen, die während seiner Abwesenheit aufgelaufen waren.

Zum Beweis und zur Veranschaulichung hiervon glauben wir am besten auf das im ersten Bande (S. 523 ff.) angeführte Beispiel des Spurius Ligustinus Bezug nehmen zu können, des armen, aber von dem ganzen römischen Patriotismus erfüllten Bürgers, der während seiner 30 Jahre 22 Jahre im Felde gestanden hatte und der in seinem 50ten Lebensjahre, also nach

Ablauf seiner Verpflichtung, sich sofort bereit erklärte, auf die Aufforderung seines Consuls wieder ins Heer einzutreten und zwar, wenn es verlangt würde, auch in einer niedrigerern Charge als er sie bereits bekleidet hatte.

Rom war durch diese Beschaffenheit seines Volkes und die mit ihr zusammenhängenden und aus ihr hervorgegangenen Staatseinrichtungen in der That völlig unbesieglich. Die verfügbaren Streitkräfte der Römer beliefen sich in der Zeit zwischen dem ersten und zweiten punischen Kriege, also in einer Zeit, wo die äussere römische Macht noch ziemlich weit von ihrem Höhepunkte entfernt war, nach einer zuverlässigen Berechnung (s. Bd. I. S. 333) auf beinahe 800,000 Mann: wie konnten sich also Reiche, wie z. B. das macedonische, mit ihm messen, welches unter Philipp nicht mehr als 35,000 und unter Perseus, wo die höchsten Anstrengungen gemacht wurden, nicht mehr als 43,000 Mann aufbringen konnte? Man hatte freilich in Rom den Grundsatz, wie überhaupt, so auch mit den Kriegsmitteln möglichst sparsam zu verfahren; es war daher stehender Grundsatz, dass einem Consul als Oberbefehlshaber nicht mehr als 2 Legionen, d. h. einschliesslich der Bundesgenossen etwa 20,000 Mann, unterstellt wurden, und daraus erklärt es sich, dass die Kriege auch mit einem ohne Vergleich schwächeren Feinde Anfangs nicht selten unglücklich geführt wurden, wie z. B. mit den eben genannten Königen Philipp und Perseus. Aber desto nachhaltiger war auch die Kraft, und wenn es nöthig war, scheute man sich auch nicht, ein grösseres Maass von Streitkräften aufzubieten, wie im Laufe des zweiten punischen Krieges, wo im J. 212 gleichzeitig 23 Legionen,

d. h., wiederum mit den Bundesgenossen, etwa 250,000 Mann, im Felde standen. Desshalb konnte es sich auch Rom zum unverbrüchlichen, bis in die spätere Kaiserzeit stets beobachteten Grundsatze machen, nie mit einem siegreichen Feinde Frieden zu schliessen. Die einzige Möglichkeit, Rom zu besiegen, nachdem es einmal zur Entwickelung seiner Kräfte gelangt war, wäre gewesen, es erst seiner Glieder, nämlich der Bundesgenossen, zu berauben und es dann in der Hauptstadt, der Löwenhöhle, wie der Samnite sie nannte (Bd. 2. S. 115), zu erdrücken: die Zeit, wo Hannibal nach der Schlacht bei Cannä in vollkommen richtiger Erkenntniss der Verhältnisse diesen Plan verfolgte, war wirklich die einzige, wo Rom, abgesehen von den Krisen in den ersten Stadien seines Laufes, ernstlich in Gefahr schwebte.

Diesen bisher erörterten Lichtseiten des römischen Volkscharakters stehen nun aber auch nicht wenige Schattenseiten gegenüber.

Der Mensch ist zwar nach Aristoteles ein ζῶον πολιτικόν, und soll es sein, da die menschliche Natur nur durch lebendige, thätige Betheiligung an dem Gemeinwesen zu ihrer vollen Entfaltung gelangen kann. Allein der Mensch ist auch etwas für sich und hat auch als solcher seine Rechten und Pflichten, die er nicht ungestraft hintansetzen kann. Der römische Bürger aber war nichts als ein politisches Wesen; der Mensch in ihm trat dem Staate gegenüber völlig zurück. Es ist nicht umsonst, dass eine der zahlreichen Nationalsagen, in denen sich der römische Charakter oft am deutlichsten ausspricht, den Heros Brutus, den Befreier Roms, nicht nur seine beiden einzigen Söhne, weil sie sich an einer Verschwörung gegen die Republik betheiligt hatten, tödten, sondern auch ihn selbst bei ihrer Hinrichtung mit unbewegter Miene zusehen lässt. Die Familie sollte eben dem Staate gegenüber nichts sein und war in der That auch nichts. Daher auch die Leichtigkeit, mit der Ehen geschlossen und wieder gelöst werden. Die Frauen gehen nicht nur in der Kaiserzeit wie eine Waare von Hand zu Hand, sondern auch der sittenstrenge Cato von Utika, der eifrige Bewahrer alter guter Sitte, giebt seine Gemahlin Marcia ohne Weiteres an den Redner Hortensius ab, um sie später nach dessen Tode wieder als Gattin zurückzunehmen. Vor Allem aber tritt als Folge dieser ausschliesslichen Richtung auf den Staat dies hervor, dass Religion und Kunst und Literatur, also diejenigen Seiten des Volkslebens, die nur aus dem Inneren desselben emporblühen, bei den Römern entweder etwas ganz Aeusserliches oder gar nicht vorhanden waren. Von der Religion haben wir im ersten Bande (S. 73 ff.) nachgewiesen, dass sie in einem Maasse, wie man es kaum anderswo finden wird, blosser Cärimoniendienst war und mit dem Inneren des Menschen gar nichts zu thun hatte, sondern nur dem Zwecke diente, die Förderung des Staates von Seiten der Götter zu gewinnen oder, richtiger gesagt, zu erzwingen; sie war sonach nichts als ein äusserliches Rechtsverhältniss zwischen den Göttern und den Menschen, von einer Betheiligung und Befriedigung des Inneren ist weder nach der gemüthlichen noch nach der speculativen Seite hin die Rede. Was die Kunst anlangt, so baute man zwar schon in älterer Zeit Tempel und führte auch andere Werke, wie z. B. den Cloakenbau, aus; allein dies geschah durch auswärtige Künstler und Werkmeister und ist auch an sich, da es nur dazu diente, bestimmte äussere Bedürfnisse zu befriedigen, nur in beschränkter Weise als Kunstübung anzusehen; in späterer Zeit wurden zwar zahlreiche Kunstwerke in Rom versammelt und wohl auch — freilich nur durch griechische Künstler — neue daselbst geschaffen, allein nur um damit zu prunken, an Kunstsinn und Kunstverständniss war selbst bei denen, die ihre Paläste damit schmückten, nicht zu denken, geschweige denn bei dem Volke, dessen Leben eben so wenig in der späteren wie in der früheren Zeit irgend wie durch die Kunst berührt wurde. Die Literatur hat bekanntlich ihre ersten schwachen Keime im Laufe der punischen Kriege getrieben, aber es waren fast nur Uebersetzungen aus dem Griechischen, was man hervorbrachte, und — ein weiterer Beweis für ihre niedrige Stellung — es waren nur Männer vom niedrigsten Stande und nur wenige, die sich damit abgaben. Nachher zur Zeit Ciceros wird es zwar anders; da steigt die Literatur in die höchsten Kreise des Volks empor und nimmt daselbst einen ziemlich breiten Raum ein, sie tritt gewissermaassen in die Lücke ein, die seit dieser Zeit durch das Schwinden des ächt römischen Geistes entsteht, aber auch da bleibt sie weit entfernt, ein Bestandtheil des römischen Volkslebens zu sein, da sie völlig auf den vornehmen und reichen Theil des Volks beschränkt und nach Art und Ursprung wesentlich hellenisch ist, und selbst diese Blüthe, wenn man sie so nennen will, erreicht ihr Ziel schon in der Mitte der Regierung des Augustus. Nun kommt es zwar bei einzelnen Menschen vor, dass sie sich ganz äusseren Zwecken hingeben, dass das innere Leben bei ihnen ganz zurückgedrängt wird und fast völlig erstirbt, und solche Menschen kommen wohl auch nicht nur durch die Welt, sondern können sogar unter Umständen ganz nützliche und schätzbare Mitglieder der menschlichen Gesellschaft sein. Aber mit einem Staate und einem Volke verhält es sich anders. Ein Volk muss, wenn es gedeihen und zu vollkommener Kraft und Gesundheit gelangen will, sich nach allen wesentlichen Seiten hin entwickeln und alle seine Kräfte und Fähigkeiten zur Entfaltung bringen; eine Einseitigkeit, wie die der Römer, wird sich nothwendig über kurz oder lang als Krankheitsstoff geltend machen. Jedenfalls ergiebt sich, dass für die Römer unter diesen Umständen mit dem politischen Leben zugleich der ganze Quell ihrer sittlichen Triebe und Tugenden versiegen musste.

Wir können aber nicht umhin, auch noch auf eine andere Schattenseite hinzuweisen. Es wird kaum ein Volk geben, welches sich in seiner Geschichte so glorificiert hätte, wie die Römer. Auch dies ist eine Folge ihrer völligen Hingebung an den Staat, wie wir ja auch bei einzelnen Menschen leicht wahrnehmen können, dass sie in dem Maasse, wie sie mit Aufopferung ihrer persönlichen Neigungen und Rechte ihre ganze Seele in äussere Verdienste oder Vorzüge legen, zu Selbstgefälligkeit und Ruhmredigkeit geneigt zu sein pflegen. Es giebt aber ferner kaum ein Volk, und dies ist allerdings von grösserer Bedeutung, welches anderen Völkern gegenüber eine solche Härte und eine solche Nichtachtung fremden Rechts bewiesen hätte wie das römische. Und auch dies ist leicht aus ihrem ganzen Charakter abzuleiten. Ein Volk, welches dem Staate über sich selbst so unbedingte Rechte eingeräumt hatte, so dass die Obrigkeit zu jeder Zeit über Gut und Blut jedes Einzelnen verfügen konnte, bei dem ferner die väterliche Sitte (patrius mos) der Hinrichtung auch für den Bürger darin bestand, dass der Verurtheilte erst bis zum Tode gegeisselt und ihm dann mit dem Beile der Kopf abgeschlagen wurde, welches endlich, um von den übrigen Mitteln der militärischen Disciplin zu schweigen, das Decimieren erfunden hat, so dass der Feldherr aus einer Truppe, die sich nach seiner Meinung schlecht geschlagen oder sich sonst etwas Erhebliches hatte zu Schulden kommen lassen, ohne Weiteres den zehnten Mann hinrichten lassen konnte — ein solches Volk konnte sich, wenn es sich um das Interesse oder die vermeintliche Ehre dieses Staates handelte, unmöglich durch die Rücksicht auf die Rechte eines anderen Volks von irgend etwas, was ihm nöthig oder räthlich schien, abhalten lassen. Solche Rechte sind daher auch für die Römer so gut wie nicht vorhanden. Jede Collision der Interessen mit einem andern Volke war für sie Grund genug, immer entweder unbedingte Nachgiebigkeit d. h. Unterwerfung von der anderen Seite zu verlangen oder Krieg anzufangen; wenn ein anderes Volk sich in Vertheidigungsstand setzte, so war und hiess dies Rebellion, auch wenn das andere Volk völlig unabhängig war, und wurde als solche behandelt. Und wenn man nicht gerade sagen kann, dass sie anderen Völkern gegenüber aus Neigung und Leidenschaft grausam waren, so scheuten sie doch auch vor keiner Grausamkeit zurück, wenn ihr Interesse sie zu fordern schien; wesshalb wir beispielsweise nur an ihr Verfahren gegen Capua im J. 211 (Bd. I. S. 388) und gegen Epirus im J. 167 (Bd. I. S. 472) erinnern wollen. Durch diesen Hochmuth und diese Nichtachtung jedes fremden

Rechts und jeder fremden Nationalität wurde Rom mit Nothwendigkeit von Eroberung zu Eroberung getrieben: daher das unaufhaltsame Anschwellen des Reichs, welches aber wiederum — ein recht deutliches Beispiel der Nemesis — zu einer Hauptursache seines Untergangs geworden ist.

Dies ist das Bild des römischen Volks, wie es sich am vollkommensten in der Zeit des zweiten punischen Kriegs darstellt. Schon in der nächstfolgenden Zeit beginnt der Verfall; er tritt aber erst deutlich hervor, nachdem Tiberius Gracchus, obwohl mit der edelsten Absicht und in der besten Meinung, die Losung zu den Bürgerkriegen gegeben hat, die von nun an ein volles Jahrhundert fast ununterbrochen fortdauern. Die allzugrosse Ausdehnung des Reichs führt dazu, dass die kleine Zahl der bevorzugten Familien sich übermässig bereichert, während die sich immer zahlreicher in Rom aufhäufende Masse des Volks immer tiefer in Armuth und in Gesinnungslosigkeit herabsinkt; das Volk wird zum Pöbel, das frühere Bürgerheer zu einem Söldnerheer; die beiden Hauptträger der politischen Macht, der Senat und die Obrigkeiten auf der einen, das Volk auf der andern Seite, die bisher durch die gemeinsame Vaterlandsliebe im Gleichgewicht erhalten worden waren, treten immer weiter und feindseliger aus einander; in die Mitte zwischen beiden werfen sich ehrgeizige Männer der Aristokratie, die sich an der Spitze der Heere oder als Statthalter in den Provinzen an den Besitz der Herrschaft gewöhnt haben, um entweder an der Spitze der Senatspartei oder durch das Volk für ihre eigenen persönlichen Absichten zu kämpfen; der Streit wird erst in blutigen Kämpfen der Bürger untereinander, dann mit den Heeren geführt, und so wird zwischen den Prätendenten der Alleinherrschaft mit den Waffen gekämpft, bis Augustus als Sieger und als Alleinherrscher übrig bleibt. Durch diesen hundertjährigen Kampf wird Achtung vor dem Gesetz und vor der Obrigkeit, Vaterlandsliebe, Rechtssinn, kurz Alles, was bisher den römischen Bürger gehoben und veredelt hatte, allmählich in dem ganzen römischen Volke zerstört. Was davon noch übrig ist — so zu sagen, die Trümmer der alten Republik —, das wird durch Augustus und Tiberius durch List und Schlauheit, von dem ersteren mit Milde und freundlicher Miene, von Tiberius in herber, missgünstiger Form, vollends zerbröckelt und dann von Caligula, Claudius und Nero mit Gewalt niedergetreten, und mit dem politischen Leben und der Tüchtigkeit stirbt auch die Literatur allmählich ab. Wenn nachher noch glückliche Zeiten unter vortrefflichen Kaisern, wie Vespasian, Titus, Trajan, Marc Aurel, wiederkehren, und wenn auch auf dem Gebiete der Literatur noch Vorzügliches geleistet wrid, wie durch Tacitus, so ist es nicht mehr der Zug der Zeit und des Volkes, wodurch dies hervorgebracht wird, sondern lediglich das individuelle Verdienst dieser Männer, die sich an den Mustern der Vergangenheit erheben und sich dadurch in den Stand setzen, diese helleren Erscheinungen hervorzubringen. Noch immer giebt es in der römischen Geschichte Kriege und sonstige äussere Ereignisse zu berichten, noch immer treten uns bedeutende und interessante Persönlichkeiten entgegen; das eigentlich Treibende und Bewegende ist aber nicht mehr in dem römischen Staate, sondern im Germanenthum und Christenthum zu suchen, die nun hervortreten und äusserlich und innerlich die Geschicke, wie der ganzen Welt, so auch des römischen Reiches bestimmen. —

Es war, als ich vor mehr als zwei Jahrzehnten die Hand an diese Geschichte Roms legte, mein lebhafter Wunsch, das Eintreten und Wirken dieser beiden Mächte zu verfolgen und darzustellen, und ich meinte, nach Absolvierung dessen, was jetzt dem geehrten Publikum vorliegt, bald an diese Aufgabe gehen zu können. Wenn ich jetzt im Hinblick auf mein Lebensalter und auf die Pflichten meines Amts hierauf verzichte, so geschieht dies zwar nicht ohne das bittere Gefühl, welches mit der Resignation auf einen lang gehegten Wunsch verbunden zu sein pflegt, aber doch mit der Hoffnung, dass man auch in dem, was geleistet ist, etwas Abgeschlossenes und Vollständiges erkennen werde.

Pforta, im Juni 1867.

Inhalt.

Einleitung. Ursachen des Untergangs der Republik und Charakter der Alleinherrschaft, S. 1—7.

Elftes Buch.
Augustus, 31 v. Chr. bis 14 n. Chr., S. 8—135.

Die ersten Schritte zur Begründung der Alleinherrschaft, bis 27 v. Chr., S. 8—20.

    Anordnungen des Octavianus in Aegypten, S. 8. Regulierung der Verhältnisse des Ostens, S. 9. Seine Rückkehr nach Rom; Ehrenbezeigungen, Triumphe und Volksbelustigungen, S. 10. Geschenke und sonstige Gnadenerweise für Soldaten und Volk, S. 12. Ergänzung des Patricierstandes, Census, Reinigung des Senats, S. 13. Der Titel Princeps Senatus, S. 14. Er legt das Triumvirat nieder und erklärt, das Imperium und die Provinzen in die Hände des Senats zurückgeben zu wollen, S. 15, lässt sich aber endlich auf Bitten des Senats gefallen, dass ihm das Imperium und ein Theil der Provinzen übertragen wird, S. 17. Der Titel Augustus, S. 18. Die Politik des Augustus im Allgemeinen, S. 19. Vorgänge der äusseren Geschichte während dieser Zeit, S. 20.

Der weitere Ausbau der neuen Alleinherrschaft und die Kriege in Spanien, in den Alpen und in Arabien und Aethiopien, 27—19 v. Chr., S. 21—37.

    Organisierung der Provinz Gallien, S. 21. Kriege in Spanien bis zu dessen völliger Unterwerfung, S. 23. Züchtigung der Salassier, S. 24. Feldzug nach Arabien, S. 25, und nach Aethiopien, S. 26. Bauten des Agrippa, die Septa Julia und das Pantheon, S. 27. Krankheit und Testament des Augustus, S. 28. Uebertragung der potestas tribunicia, S. 29, und der proconsularischen Gewalt, S. 31. Seine Weigerung, das Consulat, die Dictatur, das Censoramt zu übernehmen, und seine Reise nach dem Orient, S. 32. Huldigung des Phraates, S. 33. Unruhen in Rom während der dreijährigen Abwesenheit des Kaisers, S. 34. Verleihung der gesetzgebenden Gewalt, S. 35, und der lebenslänglichen consularischen Gewalt, S. 36.

Der Höhepunkt der Regierung des Augustus und die Kriege in den Donau- und Rheingegenden, 19—2 v. Chr., S. 38—72.

Die Vorgänge der inneren Geschichte während dieser Zeit, S. 38. Betrachtungen über die Verhältnisse Roms und des römischen Reichs: das äussere Auftreten des Augustus, S. 39. Herabsetzung und Schwächung der republikanischen Obrigkeiten und Institutionen, S. 41. Förderung der Religiosität und der alten Sitten, S. 43, der Literatur, S. 45. Veränderung in der Lage der Provinzen, S. 45, Strassenbau, geographische Aufnahme und Schätzung in den Provinzen, S. 46. Maassregeln zur Ausgleichung des Gegensatzes zwischen Italien und den Provinzen, S. 47. Aristokratie und Senat, S. 49. Das Amt des Stadtpräfecten, S. 50. Der Ritterstand S. 51. Das römische Volk, seine Feste und Belustigungen, seine Zahl, seine Bedeutung, S. 52. Italien, S. 55. Provinzen, S. 56. Das Heer, seine Grösse, seine Vertheilung, seine Lage und seine Bedeutung, S. 58. Verlängerungen des Imperium und die Familienverhältnisse des Augustus, S. 59. — Kriegsgeschichte: Einfall der Sigambrer in Gallien und Niederlage des Cottius, S. 60. Unterwerfung von Rätien und Vindelicien, S. 61. Weitere völlige Bezwingung der Alpenvölker, S. 62. Krieg in Pannonien, S. 63. Maassregeln des Drusus zum Schutz von Gallien und zur Vorbereitung des Kriegs gegen die Deutschen, S. 63. Die Feldzüge des Drusus gegen die Deutschen in den J. 12 bis 9, S. 65. Weitere Unternehmungen gegen die Deutschen, S. 68. Resultat aller dieser Kriege, S. 69. — Beliebtheit des Augustus, S. 70. Verschwörungen gegen ihn, S. 71. Vorgänge in seiner Familie, S. 71.

Die letzten Regierungsjahre des Augustus, 2 v. Chr. bis 14 n. Chr., S. 73—94.

Der verbleichende Glanz der Regierung des Augustus, Unfälle im Reich und im kaiserlichen Hause, S. 73. Vorgänge in Parthien und Armenien seit dem J. 20 v. Chr., S. 74. Der Zug des C. Caesar, S. 77. Erhebung des Tiberius durch Adoption und Verleihung der tribunicischen Gewalt, S. 78. Erfolge des Tiberius am Rhein, S. 79. Unternehmung desselben gegen Marobodnus, S. 80. Aufstand in Pannonien und Dalmatien und der Krieg daselbst von 6—9, S. 81. Die Niederlage des Varus im Teutoburger Wald,

S. 84. Die Maasregeln zum Schutz gegen die Deutschen, S. 87. Die Lex Poppaea und einige andere innere Vorgänge, S. 87. Tod, Begräbniss und letzte Verordnungen des Augustus, S. 88. Schlussbemerkungen über den Charakter des Augustus und über die Ergebnisse seiner Regierung, S. 90.

Sitte, Literatur und Kunst unter Augustus, S. 95—135.

Der allgemeine Mangel an sittlichem Gehalt der Zeit, S. 95. Die herrschende Ehelosigkeit, S. 96. Die Bedeutung der Philosophie für die Zeit, S. 97. Die Begünstigung der Literatur durch Augustus, Mäcenas und andere Grosse der Zeit, S. 98. Der Charakter der Poesie im Allgemeinen, S. 99, der Prosa, S. 101. Virgil und Horaz, S. 103. Virgil, S. 104. Horaz, S. 107. Die Elegiker, S. 115. Tibull, S. 117. Properz, S. 120. Ovid, S. 124. Die Tragödiendichter, S. 129. Livius, S. 131. Trogus Pompejus, S. 132. Missgunst des Augustus gegen die Literatur in der zweiten Hälfte seiner Regierung und in Folge deren Verfall derselben, S. 133. Die Kunst, S. 134.

Zwölftes Buch.
Die übrigen Kaiser aus dem Julisch-Claudischen Hause, Tiberius, Gajus Caligula, Claudius, Nero, 14—68 n. Chr.
S. 137—363.

Einleitung. Die allgemeine Lage, S. 137—138.

Tiberius, 14—37 n. Chr., S. 139—230.

Erziehung und frühere Schicksale des Tiberius, S. 139. Wirkung derselben, S. 141. Charakter des Tiberius, S. 142.

a) Bis zum Tode des Germanicus, 14—19 n. Chr., S. 144—186. Regierungsantritt des Tiberius, S. 144. Die ersten Senatssitzungen, S. 145. Tödtung des Agrippa Postumus, S. 147. Die Wahl der Magistrate von den Volksversammlungen auf den Senat übertragen, S. 147. Lage und Stimmung der Heere, S. 148. Aufstand der Legionen in Pannonien, S. 150, und am Rhein, S. 152. Verhalten des Tiberius in Bezug auf diese Aufstände, S. 156. Streifzug des Germanicus gegen die Marser, S. 157. Im J. 15 im Frühling Zug gegen die Chatten, S. 159, Segestes, S. 159, Arminius, S. 160, der Hauptfeldzug gegen die Cherusker, S. 161, Rückzug des Cäcina, S. 163, und des Germanicus selbst, S. 164. Im J. 16 im Frühling Züge in das Gebiet der Chatten und der Marser, S. 165, dann der Zug zur See bis zur Gegend der Mündung der Ems, von da zu Land bis zur mittleren Weser, S. 166, Schlacht auf dem

Idisiavisofelde, S. 167, eine zweite Sahlacht, S. 169, Rückzug, S. 170, Resultate dieses Kriegs und Zurückberufung des Germanicus, S. 171. Des Tiberius Regierungshandlungen während dieser Jahre, S. 172. Das Emporkommen des Delatorenunwesens, S. 174. Der Process des Libo, S. 176. Des Tiberius Verhalten gegen Germanicus, S. 178. Germanicus triumphiert und wird von Tiberius in den Osten geschickt, S. 179. Die Verhältnisse des Ostens, S. 179. Piso, Statthalter von Syrien, S. 180. Die Reise des Germanicus, S. 181. Piso's Feindschaft gegen ihn, S. 182. Germanicus in Aegypten, S. 183. Piso's Abreise aus Syrien, S. 183. Der Tod des Germanicus, S. 184. Arminius und Maroboduus, S. 184. Tod des Arminius, S. 185.

b) Bis zum Tode des Tiberius, 19—37 n. Chr., S. 186—230. Die allgemeine Theilnahme an dem Tode des Germanicus, S. 186. Piso's vergeblicher Versuch, sich der Provinz Syrien wieder zu bemächtigen, S. 187, seine Rückreise nach Rom, S. 188, sein Process, S. 189, und sein Tod, S. 190. Die Schuld oder Unschuld des Piso an dem Tode des Germanicus und die geglaubte Betheiligung des Tiberius und der Augusta, S. 191. Armuth der Zeit an äusseren Ereignissen, S. 192. Krieg mit Tacfarinas, S. 192, mit thracischen Völkerschaften, S. 193, Aufstand in Gallien, S. 194, Vorgänge im Osten, S. 195. Die innere Geschichte bis zum J. 23, S. 195, Verurtheilungen, S. 196, weise und wohlthätige Handlungen des Tiberius, S. 197, allgemeines Urtheil über den Charakter der Zeit, S. 198. Die Verhältnisse der kaiserlichen Familie, S. 199. Die Wendung der Dinge im J. 23 durch das Hervortreten des Sejan; Vereinigung der Prätorianer in einem festen Lager, S. 199. Charakter des Sejan und sein Verhältniss zu Tiberius, S. 201. Vergiftung des Drusus, des Sohnes des Tiberius, durch Sejan, S. 202. Das Benehmen des Tiberius bei dieser Gelegenheit, S. 203. Die Intriguen des Sejan gegen die Gemahlin und die Söhne des Germanicus, S. 204. Processe und Verurtheilungen aus den Jahren 23—25: C. Silius und seine Gemahlin Sosia, S. 205, L. Piso, S. 206, Vibius Serenus, S. 206, P. Suillius, Cremutius Cordus, S. 207. Daneben einzelne Freisprechungen und Handlungen der Wohlthätigkeit, S. 208. Seine Zurückweisung göttlicher Verehrung, S. 208. Des Sejan vergeblicher Versuch, von Tiberius die Hand der Livia, der Wittwe des von ihm getödteten Drusus, zu erlangen, S. 209. Des Sejan Plan, den Tiberius ganz von Rom zu entfernen, S. 210. Seine fortgesetzten Intriguen zum Sturz der Agrippina und des Nero und Drusus, der Söhne des Germanicus, S. 211. Tiberius verlässt Rom und begiebt sich im J. 26 nach Campanien, im J. 27 nach Capreä, um nie wieder nach Rom zurückzukehren, S. 212. Verurtheilung und Hinrichtung des Titius Sabinus, eines Freundes und Anhängers der Familie des Germanicus, S. 213. Verbannung der Agrippina und des Nero, Einkerkerung des Drusus, S. 214. Tod des Asinius Gallus, S. 215. Höhepunkt der Macht des Šejan, S. 216. Anzeichen der Ungunst des Kaisers gegen ihn und Vorbereitungen zu seinem Sturz, S. 217. Sein Sturz am 18. October 31, S. 218. Macro sein Nachfolger, S. 220. Blutige Verfolgung seiner Anhänger, S. 221. Tod des Nero, der Agrippina, des Drusus, S. 222. Weitere Grausamkeiten des Kaisers und die Unerträglichkeit seiner Herrschaft, S. 223. Ueber den Charakter und den Werth des Tiberius und seiner Regierung, S. 224. Sein Tod am 16. März 37, S. 229.

Caligula, Claudius, Nero, 37—68 n. Chr., S. 231—334.

Einleitende Bemerkungen, S. 231.

Caligula, 37—41, S. 231—255.

Das Glück der ersten Monate seiner Regierung: seine Freigebigkeit gegen Volk und Heer, S. 232, Beweise von Milde, Bescheidenheit, Pietät, S. 233, seine Rede beim Antritt des Consulats, S. 234. Seine Krankheit, die dabei empfangenen Beweise von Liebe des Volks und seine Sinnesänderung, S. 235. Ermordung des jungen Tiberius und andere Grausamkeiten, S. 235. Seine Ausschweifungen, S. 236. Sein Hang zu den Vergnügungen des Circus und des Theaters, S. 237. Seine Grausamkeit durch die gewohnheitsmässige Theilnahme an Thierhetzen und Gladiatorenspielen gesteigert, S. 238. Seine sinnlose Verschwendung, insbesondere auch durch seine Leidenschaft für das Bauen, S. 239, die Brücke über den Meerbusen von Bajä, S. 240. Auch diese Verschwendung und die dadurch bewirkte Erschöpfung des Schatzes eine Ursache der Steigerung seiner Grausamkeit, S. 241. Grausamkeit aus Laune und Lust an Freveln, S. 242. Hohn und Verfolgung alles Hohen und Ehrwürdigen, S. 243. Frevel gegen die Götter, S. 244. Seine wenigen eigentlichen Regierungshandlungen, S. 245. Sein Zug nach Gallien im J. 39 und sein eintägiger Feldzug gegen die Deutschen, S. 247. Sein Aufenthalt in Lugdunum während des Winters von 39 zu 40 und die daselbst verübten Grausamkeiten, S. 248; die angebliche Verschwörung des Aemilius Lepidus, des Lentulus Gaetulicus und seiner Schwestern Agrippina und Julia und die Bestrafung derselben, S. 249. Die Verlegenheiten und die allgemeine Furcht in Rom, S. 250. Sein Feldzug gegen Britannien und seine Rückkehr nach Rom, S. 250. Noch einige Einzelheiten aus der letzten Zeit seiner Regierung, S. 251. Fernere Acte des Uebermuths und der Ueberhebung gegen die Götter, S. 252. Eine jüdische Gesandtschaft in Rom, S. 252. Auch das Volk durch Erpressungen gegen ihn aufgereizt, S. 254. Seine Ermordung am 24. Januar 41 durch Cassius Chaerea und dessen Mitverschworene, S. 254.

Claudius, 41—54, S. 255—293.

Claudius' Leben vor seiner Thronbesteigung, S. 255. Er wird aus einem Versteck hervorgezogen, um auf den Thron gehoben zu werden, S. 256. Tumult in Rom, S. 256. Berathungen des Senats über Wiederherstellung der Republik, S. 257. Claudius von den Prätorianern als Kaiser ausgerufen und von Senat und Volk anerkannt, S. 257. Charakter des Claudius, S. 258. Seine Frauen und Günstlinge, S. 260. Die äussere Geschichte: Kriege am Rhein, S. 261, die Vorgänge im Osten, S. 262, Mauretanien Provinz, S. 263, Kriege in Britannien unter Plautius, S. 264, unter Ostorius, S. 266. Antheil des Claudius an den äusseren Erfolgen seiner Regierung, S. 268. Seine ersten Regierungshandlungen in Rom, S. 269. Seine richterliche Thätigkeit, S. 270. Sein Eifer im Besuch der öffentlichen Spiele und seine sonstigen Liebhabereien, S. 272. Verbannung der Julia und Tödtung des Appius Silanus, S. 273. Verschwörung des Vinicianus und in Folge davon zahlreiche Executionen, S. 274. Weitere durch Messalina veranlasste Verfolgungen und Hinrichtungen, S. 275. Schwäche und vergebliche Versuche des Widerstands von Seiten des Senats, S. 278. Messalina feiert im J. 48 mit C. Silius eine förmliche Hochzeit, S. 279, und wird in Folge davon hauptsächlich durch die Energie des Freigelassenen Narcissus gestürzt, S. 280. Anderweite Regierungshandlungen des Claudius bis zur Zeit des Sturzes der Messalina: seine Bauten, S. 283, seine Censur, S. 284, die Secularfeier im J. 47, S. 285. Wettkampf der Freigelassenen über die dem Claudius zu gebende Gemahlin, S. 286. Sieg des Pallas und der Agrippina, S. 287. Charakter und Hauptzweck der Agrippina, S. 288. L. Silanus, der Verlobte der Octavia, der Tochter des Kaisers, beseitigt, S. 288. Der Philosoph Seneca aus der Verbannung zurückgerufen, S. 289. L. Domitius, der Sohn der Agrippina, mit Octavia verlobt, von Claudius unter Annahme des Namens Nero adoptiert, mit Octavia verheirathet und auf alle Art vor Britannicus, dem Sohne des Claudius, ausgezeichnet, S. 289. Uebermuth und Anmaassung der Agrippina und ihres Günstlings Pallas, S. 291. Claudius stirbt durch Vergiftung der Agrippina am 13. October 54, S. 292. Nero Kaiser, S. 293.

Nero, 54—68 n. Chr., S. 293—334.

Die noch vorhandenen Glieder der kaiserlichen Familie, S. 293. Glücklicher Beginn der Regierung Neros, S. 294. Die weisen und wohlthätigen Regierungshandlungen der ersten fünf Jahre unter Leitung des Seneca und Burrus, S. 295. Zwiespalt zwischen Agrippina und Seneca und Burrus, S. 298. Agrippina's Aufgebrachtheit über die Leidenschaft Neros für die Freigelassene Acte und ihre heftigen Drohungen gegen ihren Sohn, S. 299. Britannicus ermordet, S. 300, und Agrippina aus der Nähe Neros entfernt, S. 301. Neros Ausschweifungen und Strassenexcesse, S. 302. Sein Verhältniss mit Poppaea Sabina und sein durch diese herbeigeführter Entschluss, die Agrippina zu tödten, S. 303. Der Muttermord im J. 59, S. 304. Ehrenbeschlüsse des Senats und Dankfeste in Rom, S. 307. Sein Auftreten als Wagenlenker und Schauspieler und seine sonstigen Liebhabereien, S. 308. Die üppigen und schwelgerischen Volksfeste, S. 309. Erneuerung der Majestätsklagen, S. 310. Tod des Burrus und Beseitigung des Seneca, S. 311. Sofonius Tigellinus nebst Faenius Rufus Befehlshaber der Prätorianer, S. 312. Ermordung der Octavia, S. 312. Der Brand Roms, S. 313, und die erste Christenverfolgung, S. 315. Das goldene Haus, S. 316. Die verunglückte Verschwörung des Piso, S. 317, und die zahlreichen Hinrichtungen in Folge derselben, S. 319. Tod des Seneca, S. 319. Process des Paetus Thrasea und Barea Soranus. S. 320. Nero trägt seine Schwelgerei und seine Ausschweifungen offen zur Schau, S. 322, und tritt ganz öffentlich als Wagenlenker und Schauspieler auf, S. 323. Seine Künstlerreise nach Griechenland und sein fast zweijähriger Aufenthalt daselbst, S. 323. — Aeussere Geschichte: die Erfolge des Suetonius Paulinus in Britannien, S. 325. Die Verhältnisse von Parthien und Armenien; der Krieg daselbst durch Corbulos Verdienst glücklich beendet, S. 327. Corbulo wird von Nero nach Griechenland berufen und erhält hier den Befehl sich zu tödten, für Nero werden in Rom Dankfeste und sonstige Ehren beschlossen, S. 330. — Neros Rückreise nach Rom und Aufstand des Julius Vindex, S. 331. Galba zum Kaiser ausgerufen, Neros Leichtsinn und Feigheit, S. 322. Neros Tod, S. 338. Die geschichtliche Bedeutung des Aussterbens des Julisch-Claudischen Geschlechts, S. 333.

Literatur, Kunst und Sitte, S. 335—363.

Der Charakter der Literatur des Zeitabschnitts im Allgemeinen, S. 335. Der Rhetor Seneca als Hauptzeuge für die herrschende rhetorische Richtung der Zeit, S. 337. Vellejus Paterculus, S. 340. Valerius Maximus, S. 343. L. Annaeus Seneca als Staatsmann, S. 344, als Schriftsteller und Philosoph, S. 345; Beurtheilung seines Werths und seiner Bedeutung, S. 347; Lebensumstände und einzelne Schriften, S. 351. M. Annaeus Lucanus, S. 352. A. Persius Flaccus, S. 354. Petronius Arbiter, S. 357. Kunst, S. 361. Sitte, S. 362.

Einleitung.

Es ist gewiss ein grossartiges Schauspiel, welches in den beiden vorausgehenden Bänden vor unseren Augen vorübergezogen ist. Ein Volk, von den geringsten Anfängen ausgehend, ursprünglich nicht grösser und anscheinend auch nicht anderer Art als unzählige andere kleine Völker Italiens oder Griechenlands, gewinnt in sich allmählich die Kraft, um erst seine Nachbarn, dann ganz Italien und endlich die sämmtlichen um das Mittelmeer herumwohnenden Völker, die Hauptträger der Cultur der alten Welt, seiner Herrschaft zu unterwerfen. Und mitten unter diesen äusseren fast ununterbrochenen Kämpfen schafft sich eben dieses Volk mit nicht geringerer Anstrengung eine Verfassung, in welcher Achtung und Gehorsam gegen Gesetz und Obrigkeit und die freie Bewegung aller seiner Bürger, die beiden Pole, durch deren Gegenwirkung das Leben und die Entwickelung eines Staatswesens bedingt ist, wenigstens ein Jahrhundert hindurch in dem glücklichsten Gleichgewicht erscheinen.

Das Geheimniss dieser Grösse besteht hauptsächlich in dem, was wir die politische Virtuosität der Römer nennen möchten. Theils durch den Dienst für das Vaterland im Krieg, theils durch die langen Parteikämpfe zwischen Patriciern und Plebejern hatte die dadurch bewirkte Hinrichtung aller Gedanken und Empfindungen auf die öffentlichen Angelegenheiten nach und nach eine Gewalt über die Gemüther gewonnen, vor der alle übrigen Interessen, auch die für Kunst und Literatur und für Familienleben, vor der aber auch alle Regungen des

Egoismus zurückstehen mussten. Jeder römische Bürger war zu jeder Zeit bereit, dem Rufe der Obrigkeit zur Kriegsarbeit für den Ruhm und die Grösse des Vaterlands zu folgen, der geringe sowohl wie der vornehme; jener verliess seine enge Hütte und opferte seinen geringen Wohlstand, um in die Reihen der Krieger einzutreten, dieser strebte nicht nur danach, auf der Stufenleiter der Ehre und der Macht immer höher zu steigen, sondern weigerte sich auch nicht, wenn es von ihm gefordert wurde, von höheren Ehrenstellen zu niedrigeren herabzusteigen. Und wie in der Wirkung nach aussen, so zeigte sich dieselbe lebhafte Betheiligung an den öffentlichen Angelegenheiten auch im Inneren. Das höchste Ziel aller Bestrebungen und der grösste Stolz für den römischen Bürger war es, dem Dienste des Staates in öffentlichen Aemtern alle seine Kräfte widmen zu können und sich durch seine Leistungen in denselben die Anerkennung des Senates und des Volkes zu erwerben; aber auch diejenigen, welchen es nicht gelang, sich zu einer höheren Stellung emporzuarbeiten, waren eifrig bemüht, durch Theilnahme an den Volksversammlungen und durch sonstige Bethätigungen des Gemeinsinnes ihren Bürgerpflichten zu genügen und das Ihrige zur Unterhaltung eines regen politischen Lebens beizutragen.

Es liegt auf der Hand, dass mit einem solchen Volke Alles auszurichten war; dass in dem Senate, in dem sich die Leitung der öffentlichen Angelegenheiten vereinigte, sich bei einem solchen Volke das stolzeste Gefühl der Unbesiegbarkeit und des Herrscherberufs ausbilden musste; dass erlittene Unfälle den Muth im Krieg nicht beugten, sondern stählten und lebhafter anfachten; dass es zum unverbrüchlichen Grundsatze wurde, nie mit einem siegreichen Feinde Frieden zu schliessen. Zum Beweis hierfür wird es hinreichen, auf den Verlauf der beiden punischen Kriege, auf die That des Militärtribunen in dem ersten derselben, der sich dem Tode für das Vaterland mit den Worten anbietet, dass er dazu bereit sei, wenn sich kein anderer Geeigneter finde (Bd. I. S. 299), und auf die im ersten Bande (S. 523) angeführten Beispiele des Aemilius Paulus und Spurius Ligustinus zu verweisen. Auch die Griechen haben in den Perserkriegen Wunder der Tapferkeit gethan und auch sonst in politischer Hinsicht Bewundernngswürdiges geleistet. Aber ihre Vaterlands- und Freiheitsliebe, die diese Erfolge hervorgebracht hat, war nicht in dem Maasse, wie bei den Römern, von dem bürgerlichen Sinne begleitet, der nicht bloss in Momenten der Begeisterung, sondern stets und unter allen Umständen alles Andere der Pflicht für das Vaterland nachsetzt, dem es zur Gewohnheit und unverbrüchlichen Regel geworden ist, keine Anstrengung, kein Opfer zn scheuen, wenn der Dienst des Vaterlands ruft, und der den Obrigkeiten, den Repräsentanten des Staats, einen unweigerlichen und stets bereiten Gehorsam leistet. Desshalb waren die Erfolge der Griechen zwar glänzend, aber bei Weitem nicht so umfassend und dauernd wie die der Römer.

Aber so gross und bewundernswürdig der Aufbau des römischen Staates und Reiches, eben so einzig in seiner Art ist auch das Zerstörungswerk, durch welches in einem hundertjährigen inneren Kampfe die Fundamente des Gebäudes allmählich untergraben wurden.

Man kann vielleicht sagen, dass Rom im letzten Grunde der Dinge an derselben Einseitigkeit, welche die Ursache seiner Grösse geworden, zu Grunde gegangen sei. Ein Volk verlangt, wenn es zu einer dauernden Blüthe gelangen soll, einer allseitigeren Bethätigung und Entwickelung seiner Kräfte, um immer neue Nahrung aus dem Boden ziehen und neue Zweige treiben zu können. Jene politische Virtuosität, die sich hauptsächlich in kriegerischen Grossthaten und in der Unterwerfung fremder Völker äussern musste, trieb das Volk schliesslich über das richtige Ziel hinaus, sie gab dem Reiche eine Ausdehnung, die der verhältnissmässig kleine eigentliche Staat nicht bewältigen konnte, sie führte Reichthümer und Schätze aller Art nach Rom, die den einfachen Sinn der Bürger untergruben, und wenn dann auf der einen Seite durch die ununterbrochene Kriegsübung die militärische Tüchtigkeit sich immer mehr als die werthvollste geltend machte und auf der andern Seite unter den Einflüssen der Fremde jener bürgerliche Sinn in Rom immer mehr verschwand, der den Einzelnen zu jeder Anstrengung für das Vaterland bereit machte und ihn auch im Felde nicht verliess, wenn sonach die Legionen immer mehr den Charakter von stehenden, den Krieg als Handwerk treibenden Heeren annahmen: so blieb zuletzt nichts übrig als dass die Militärmacht sich zur Herrscherin erhob und die Republik der Militärmonarchie Platz machte.

Im Näheren bestehen die Momente des Verfalls, wie wir uns erinnern, hauptsächlich darin: dass in dem Maasse, wie der römische Staat sich zum Weltreiche ausdehnte, die Inhaber der Regierung sich gegen das Volk abschlossen, um die Macht und die Vortheile der Regierung für sich allein zu geniessen; dass jene immer reicher und mächtiger und selbstsüchtiger wurden und ihre Stellung immer mehr zu sichern und zu erweitern suchten, während die Masse des Volks immer mehr in Dürftigkeit versank, sich dem Staatsinteresse immer mehr entfremdete und sich dafür den Empfindungen des Hasses und Neides gegen ihre bevorzugten Mitbürger hingab, und dass somit der Staat in zwei getrennte Hälften zerfiel, die statt wie bisher zusammen, vielmehr einander entgegen wirkten; dass sodann Einzelne aus der Nobilität die in dem Volke ruhende, bisher nur halb zum Bewusstsein gelangte Macht entfesselten und sie gegen die Regierung gebrauchten, anfänglich um dem Volk zu helfen und seine Lage zu verbessern, bald aber nur, um durch dasselbe ihren Ehrgeiz zu befriedigen, und dass endlich von hervorragenden Männern der Nobilität die mehr im Dienste der Oberfeldherren als des Staates stehenden Heere gebraucht wurden, um die bürgerlichen Gewalten niederzuschlagen und die innern Parteikämpfe nach ihrem Sinne zu entscheiden. Dies Letztere ist zuerst von Sulla geschehen, und hiermit war bereits der Untergang der Republik und ihre Verwandlung in die Militärmonarchie entschieden. Wenn noch mehrere Jahrzehnte vergingen, ehe die Militärmonarchie dauernd ins Leben trat, so hatte dies, abgesehen von mancherlei Zufälligkeiten, seinen Grund vorzüglich darin, dass die bürgerlichen Gewalten zwar besiegt, aber noch nicht völlig vernichtet waren, und dass es dazu eines längeren Zerstörungsprocesses bedurfte, ferner darin, dass die Masse der Nobilität erst durch die Bürgerkriege theils ihrer widerstrebendsten Elemente entledigt theils unter die Herrschergewalt gebeugt werden musste, und endlich darin, dass durch die Ermordung Cäsars, der bereits im völligen Besitz der Alleinherrschaft war, noch einmal der Kampfplatz für zwei Competenten um dieselbe eröffnet wurde.

Jetzt nach der Schlacht bei Actium und nach dem Tode des Antonius, war dieser neue Kampf entschieden. Octavian war der Sieger und damit zugleich der Herr Roms und des römischen Reichs. Die sämmtlichen Streitkräfte des Reichs gehorchten seinem Befehle; in Rom war man der Verwirrungen und des Druckes der Bürgerkriege müde, man sehnte sich nach Ruhe und Ordnung und Sicherheit des Daseins; noch mehr war dies in den Provinzen der Fall, die während der Bürgerkriege nicht sowohl verwaltet als geplündert und ausgesogen worden waren; der geringe Rest der Nobilität, so weit er sich nicht schon bisher unter die neue Ordnung der Dinge gebeugt hatte, machte seinen Frieden mit Octavian. So senkte sich also die Alleinherrschaft von selbst auf das zerrissene und ermüdete Reich herab.

Es ist kein Zweifel, dass diese Alleinherrschaft, wie sie unvermeidlich und nothwendig war, eben so auch in einem gewissen Sinne wohlthätig gewirkt hat. Octavian, der bisher auf dem Wege zur Alleinherrschaft kein gewaltsames Mittel, keine Grausamkeit gescheut hatte, bewies sich jetzt, nachdem er sein Ziel erreicht hatte, mild, schonend und rücksichtsvoll, das Eine wie das Andere, weil er es unter den obwaltenden Umständen für das Zweckmässigste erachtete, und daneben behielt er die Klugheit und die unermüdliche Thätigkeit und Besonnenheit bei, durch welche wir ihn dieses Ziel haben erreichen sehen. Er liess es sich daher angelegen sein, überall Frieden und Ordnung und Sicherheit herzustellen, er baute Strassen, gründete Städte, schmückte Rom mit Tempeln und öffentlichen Gebäuden, suchte durch Gesetze und Einrichtungen die Religiosität und die Moral seiner Unterthanen zu fördern; daneben vermied er für seine Person allen Prunk und Aufwand, er bewies nach allen Seiten hin die grösste Rücksicht und Schonung und schien für sich weiter nichts in Anspruch zu nehmen als die Sorge und Arbeit für das gemeine Beste, ohne irgend einen Lohn durch Ehre und äussere hohe Stellung oder sonstige besondere Vortheile. Indessen würde es doch ein grosser Irrthum sein, wenn wir, wie die schmeichelnden Zeitgenossen und ihnen folgend auch manche der Neueren gethan haben, in ihm den Regenerator des römischen Reichs finden wollten. Er verfolgte bei Begründung seiner Herrschaft das System, welches ihm allerdings durch die Verhältnisse und durch die Rücksicht auf seine Sicherheit mit Nothwendigkeit geboten war, dass er die Formen der Republik erhielt und sogar zum nicht geringen Theil wieder herstellte und unter der Hülle derselben seine unumschränkte Herrschaft einzurichten suchte. Dies hatte zunächst im Allgemeinen die Folge, dass eine gewisse innere Unwahrheit sich über das ganze Staatswesen verbreitete, die nicht anders als entsittlichend wirken konnte. Sodann aber wurde er selbst eben dadurch genöthigt, um jene Formen nicht den entsprechenden Inhalt gewinnen, den Schein nicht zur Wahrheit werden zu lassen, überall zu hemmen, niederzuhalten, zu beruhigen und jede freie Bewegung zu unterdrücken. Und so war denn das Ergebniss seiner langjährigen, fast ein halbes Jahrhundert umspannenden Regierung nicht, dass der Staatsorganismus neu belebt wurde, sondern vielmehr, dass das römische Volk, dem Scheine nach immer das Organ des Volkswillens und der öffentlichen Meinung, nur noch mehr zum niedrigen, willenlosen, vom Herrscher Unterhalt und Vergnügungen erwartenden Pöbel herabsank, und dass in den höheren Kreisen, unter den Senatoren und den Trägern der höchsten Würden, an Stelle des männlichen Freimuths, der einen ausgezeichneten Vorzug der Römer der bessern Zeit bildete, und von dem auch noch in der Zeit des Verfalls ein Rest erhalten war, immer mehr die Schmeichelei und Henchelei eines knechtisch gesinnten, kriechenden Hofadels herrschend wurde. Und dabei blieben, zum weiteren Unglück für Rom, trotz der völligen Vernichtung des Wesens der Republik gleichwohl die republikanischen Erinnerungen noch immer mächtig genug, um auf die bestehenden Zustände dunkle Schatten zu werfen, um das Gefühl der Unsicherheit in der römischen Welt zu verewigen, und um in schwächeren Individualitäten unter den

Kaisern Furcht und Misstrauen zu erwecken und sie dadurch zu grausamen Despoten zu machen.

Auch die Literatur unterlag schliesslich diesem Druck. In der ersten Hälfte seiner Regierung hatte ihr Octavian theils selbst theils durch seinen einflussreichen, vertrauten Freund Mäcenas seine besondere Gunst geschenkt — hauptsächlich um auch sie zur Förderung seiner politischen Zwecke zu gebrauchen — und hatte so eine neue Blüthe derselben heraufgeführt, die wesentlich dazu beigetragen hat, sein Zeitalter mit einem hellen Glanze zu umgeben. Nachher aber wurde ihm ihre freiere Bewegung lästig, es traten auch hier hemmende, niederhaltende Maassregeln ein, und so verbreitete sich auch auf diesem Gebiete dieselbe Oede und Ruhe, die das gesammte übrige öffentliche Leben gefesselt hielt.*)

---

*) Von den zahlreichen mit Obigem übereinstimmenden Urtheilen des Tacitus wollen wir nur das folgende anführen (Dial. 38): mediis divi Augusti temporibus — longa temporum quies et continuum populi otium et assidua senatus tranquillitas et maximi principis disciplina ipsam quoquo eloquentiam sicut omnia pacaverat.

Elftes Buch.

Augustus.

31 vor Chr. bis 14 nach Chr.

Die ersten Schritte zur Begründung der Alleinherrschaft bis 27 v. Chr.

Nach dem Tode des Antonius und der Kleopatra verweilte Octavian noch einige Zeit in Aegypten, theils um die Reichthümer des Landes in seine Hand zu bringen, theils um die Verhältnisse der neuen Provinz zu ordnen und festzustellen. Kleopatra hatte für den Krieg gegen ihn die Tempel und Privatwohnungen ihrer Unterthanen geplündert; der Rest der auf diese Art zusammengebrachten Schätze fiel jetzt dem Octavian von selbst zu; ausserdem erhob er noch bedeutende Contributionen, indem er den sämmtlichen Bewohnern des Landes eine Abgabe von zwei Drittheilen ihres Vermögens auferlegte. So gewann er die reichen Geldmittel, in deren Besitz wir ihn in der nächsten Zeit sehen, und die ihn neben und mit seinem Heere vorzugsweise in den Stand gesetzt haben, seine Pläne auszuführen. Er sorgte aber auch für die Zukunft. Aegypten konnte durch seine grosse Fruchtbarkeit wesentlich dazu beitragen, dem Getreidemangel in Italien abzuhelfen; er liess es sich also angelegen sein, das vernachlässigte Kanalsystem, durch welches seine Ertragsfähigkeit bedingt war, herzustellen und zu vervollkommnen, und traf auch sonst die nöthigen Anstalten, um die Ertragsquellen des reichen Landes ergiebiger zu machen und ihren Abfluss nach Rom zu sichern.

Da die Provinz wegen der Getreidezufuhren von besonderer Wichtigkeit war, da sie ferner wegen ihrer Entlegenheit und Unzugänglichkeit im Besitz eines ehrgeizigen und einflussreichen Statthalters leicht dem Beherrscher von Rom selbst gefährlich werden konnte: so wurde sie nicht einem Manne von höherer anspruchsvollerer Stellung, sondern einem Ritter, dem Dichter Cornelius Gallus, übergeben und auch für die Folge als Regel festgestellt, dass sie immer nur von Statthaltern aus dem Ritterstande verwaltet werden sollte, die, wie Octavian meinte, nicht daran denken könnten, sich der persönlichen Abhängigkeit von ihm zu entziehen.

Er brachte darauf den Winter von 30 auf 29 in Syrien zu und beschäftigte sich hier mit der Regulierung der Verhältnisse des Ostens. Diese reichen ausgedehnten Länder hatten seinen Gegnern, erst dem Brutus und Cassius, dann dem Antonius, die Mittel liefern müssen, mit denen sie ihn bekriegt hatten; sie waren daher durch die über sie verhängten Erpressungen auf's Aeusserste erschöpft und zugleich durch willkürliche Anordnungen in Verwirrung gebracht. Octavian hatte also genug zu thun, um ihnen theils Ruhe und Frieden zurückzugeben, theils sich ihren Besitz durch Aenderungen in den Personen der Statthalter oder der abhängigen Fürsten zu sichern.

Während dieses Aufenthalts in Syrien warf ihm die Gunst der Umstände noch einen besondern Vortheil in den Schooss. Wir erinnern uns, dass Antonius mit dem Mederkönig Artavasdes ein Bündniss gegen den Partherkönig Phraates geschlossen hatte (Bd. 2. S. 484). Antonius hatte zwar an dem Kriege, der nun zwischen Artavasdes und Phraates ausbrach, keinen directen Antheil genommen; indess war doch Phraates theils durch Artavasdes theils durch innere Parteiungen aus seinem Reiche vertrieben und statt seiner Tiridates als König eingesetzt worden. Jetzt aber, vielleicht in Folge des durch den Sturz des Antonius herbeigeführten allgemeinen Umschwungs der Dinge in Asien, war es dem Phraates gelungen, sich seines Reiches wieder zu bemächtigen. Tiridates flüchtete sich zu Octavian und übergab ihm zugleich einen Sohn des Phraates, der in seiner Gewalt war; aber auch Phraates, der sich im Besitz seiner Herrschaft nicht sicher fühlen mochte, schickte Gesandte an ihn, um sich um seine Freundschaft zu bewerben. So wurde Octavian von beiden streitenden Theilen gewissermaassen zum Schiedsrichter über ihre beiderseitigen Ansprüche erhoben, was an sich schon, den früher von den Parthern erlittenen Demüthigungen gegenüber, ein grosser Gewinn war. Noch wichtiger aber waren die Aussichten, die sich für die Folge hieran knüpften. Octavian vermied es vor der Hand, sich direct in diese Angelegenheiten zu mischen; er gab den Gesandten des Phraates eine freundliche, hinausschiebende Antwort; den Sohn desselben nahm er als Geissel mit nach Rom; dem Tiridates aber wies er seinen Wohnsitz in Syrien an, von wo er die Verbindungen mit seiner Partei unter den Parthern unterhalten und die Sicherheit des Phraates fortwährend durch Anspinnung von Intriguen bedrohen konnte. So behielt er die Fäden in der Hand, um bei passender Gelegenheit für sich und für Rom eine vollständige Genugthuung für jene Demüthigungen zu erlangen.

Alle diese Dinge hielten den Octavian auch noch die erste Hälfte des J. 29 in Asien zurück, wo er demnach auch am 1. Januar sein fünftes Consulat antrat. Die Angelegenheiten in Rom wurden mittlerweile durch seine vertrauten Freunde, M. Vipsanius Agrippa und C. Cilnius Mäcenas, hauptsächlich durch letzteren, geleitet.

Wie sich denken lässt, hatte sich dort der Senat schon nach dem Siege bei Actium, noch mehr aber nach Eingang der Nachricht vom Tode des Antonius beeifert, dem Octavian alle möglichen Auszeichnungen und Ehrenbezeigungen entgegen zu bringen. Es wurde beschlossen — um nur das Bemerkenswertheste anzuführen —, dass Siegesbogen in Brundisium und in Rom errichtet, dass sein Geburtstag und der Tag, an welchem er nach Rom zurückkehren würde, als Festtage gefeiert, dass alljährlich am 3. Januar für ihn und sein Wohlergehen (pro salute) feierliche Gelübde dargebracht, dass ferner alle vier Jahre zur Darbringung gleicher Gelübde ein besonderes Fest gefeiert und damit Spiele verbunden, dass er bei seiner Rückkehr durch die Obrigkeiten und Priester feierlich eingeholt und sein Name mit dem der Götter in den heiligen Gesängen der Salier (Bd. 1. S. 85) angerufen und gepriesen werden sollte; es wurde ihm ferner gestattet, nicht nur die gewonnenen Siege durch Triumphe zu feiern, sondern auch den Lorbeerkranz immer zu tragen; es wurde ihm durch ein besonderes Gesetz, die lex Saenia, so benannt von einem der Consuln in den letzten Monaten des J. 30, die Vollmacht ertheilt, die grossen Lücken in dem Patricierstand durch Aufnahme neuer Mitglieder in denselben zu ergänzen; es wurde beschlossen, dass als Zeichen des von ihm der Welt wieder geschenkten Friedens der Janustempel geschlossen werden sollte; endlich wurden auch schon am 1. Januar 29 alle von ihm bisher getroffenen Anordnungen im Senat genehmigt und beschworen.

Als er sodann in den ersten Tagen des Monats August nach Rom zurückgekehrt war (er hatte sich die feierliche Einholung verbeten und war, wie er es überhaupt liebte, unbemerkt in der Hauptstadt angekommen): so widmete er sich zunächst ganz dem Geschäft, Volk und Heer durch Schaustellungen, durch Spiele und durch Geschenke zu ergötzen und für sich zu gewinnen, zugleich aber auch die dem Staate durch die langen Bürgerkriege zugefügten Schäden zu heilen und die Bedingungen eines geordneten und friedlichen Zustandes herzustellen.

Zunächst erfreute er das Volk in den nächsten Tagen nach seiner Rückkehr durch einen dreifachen Triumph, der am 13. 14. und 15. August, am ersten Tage über die Dalmatier und die übrigen vor der Schlacht bei Actium von ihm bekriegten (s. Bd. 2. S. 482), im Nordosten von Italien wohnenden Völker, am zweiten Tage zur Feier des Sieges bei Actium, am dritten über Aegypten begangen wurde, wobei jedoch der Sitte der Römer gemäss, welche einen Triumph über Mitbürger nicht gestattete, sorgfältig vermieden wurde, des Antonius zu gedenken. Der letzte dieser Triumphe war der glänzendste; er war, abgesehen von den Schätzen des reichen Aegyptens, die dabei zur Schau gestellt wurden, auch dadurch ausgezeichnet, dass in demselben zwei Kinder der Kleopatra und Kleopatra selbst, letztere in einem Abbilde, das sie im Moment des Sterbens auf einem Ruhebett liegend darstellte, aufgeführt wurden. Hierauf folgten auf Veranlassung der

Weihung des von Octavian errichteten Heiligthums des Julius Cäsar Spiele aller Art, bei denen dem Volke unter Anderem das bisher nie gesehene Schauspiel eines Rhinoceros und eines Nilpferdes geboten wurde, und ähnliche Spiele wurden auch im folgenden Jahre (28) wiederholt, als zum ersten Male jenes alle vier Jahre wiederkehrende Fest zu Ehren des Octavian begangen wurde.

Hierzu kamen aber noch weitere solidere Geschenke und Darbringungen. Von den Soldaten empfing bei Gelegenheit des Triumphs jeder Gemeine 1000 Sestertien, dem Volke schenkte er Mann für Mann je 400 Sestertien, an welchem letzteren Geschenk diesmal zu Ehren des Marcellus, des Schwestersohnes des Octavian, auch die Kinder Theil nahmen. Ferner wurden 120,000 Veteranen von ihm mit Grundbesitz in Italien oder in den Provinzen ausgestattet. Er bewies hierbei eine Billigkeit und eine Rücksicht, wie sie bisher noch nicht vorgekommen war, indem er den bisherigen Besitzern, die ihre Grundstücke an die Veteranen abgeben mussten, eine Geldentschädigung zahlte, deren Höhe sich daraus ergiebt, dass er den Aufwand, den er in diesem und in einem späteren ähnlichen Falle machte, zusammen auf 860 Millionen Sestertien (etwa 50 Millionen Thaler) berechnete. Er erliess seinerseits alle Schulden oder enthielt sich wenigstens, sie beizutreiben, während er dagegen seinen Verpflichtungen allen aufs Pünktlichste und Vollständigste nachkam, und daneben wandte er die grössten Summen auf, um die verfallenen Tempel der Stadt wieder herzustellen, deren er nicht weniger als 82 in den Stand setzte, um eine Menge neuer Heiligthümer zu errichten, um die sämmtlichen Tempel mit Weihgeschenken zu schmücken, für welchen letzteren Zweck er nach seiner eigenen Angabe 100 Millionen Sestertien aufwendete. Er stellte die von Rom nach Ariminum führende Flaminische Strasse wieder her; er liess die ihm selbst errichteten silbernen Statuen einschmelzen und aus dem Silber Weihgeschenke für die Tempel verfertigen; endlich vollendete er in dieser Zeit (im J. 28) auch den Tempel des palatinischen Apollo, den or im J. 36 begonnen hatte, und richtete daselbst eine öffentliche Bibliothek, die zweite ihrer Art (Bd. 2. S. 483) und wenn wir eine von Asinius Pollio um das J. 37 errichtete mitzählen, die dritte, ein.

Es war von jeher Sitte gewesen, dass den triumphierenden Feldherren von den Provinzen, in denen und für die sie Krieg geführt hatten, eine Beisteuer unter dem Namen Kranzgold (aurum coronarium) zur Bestreitung der Kosten des Triumphs geleistet wurde, und in der letzten Zeit war dies auch einige Male von den Municipien und Colonien in Italien geschehen. Auch dem Octavian bot man jetzt unter diesem Namen eine Summe von 35,000 Pfund Gold an; er lehnte sie aber ab.

So strömte von ihm seit seiner Rückkehr eine Fülle von Genuss und Wohlleben und Wohlstand über das Volk aus, und dieses war um so dankbarer dafür, je schwerer bisher die düsteren Zeiten der Bürgerkriege auf ihm gelastet hatten. Der Capitalienreichthum in der Stadt vermehrte sich in Folge des Zuströmens der Schätze des Ostens in einem solchen Maasse, dass der Zinsfuss auf ein Drittheil des bisherigen herabsank und dagegen der Preis des Grundbesitzes auf das Doppelte stieg. Um dem Volke den zurückgekehrten Frieden recht deutlich vor Augen zu stellen und ihm gewissermaassen eine Bürgschaft für die Fortdauer desselben zu geben, machte er im J. 29 von der ihm durch Senatsbeschluss ertheilten Befugniss Gebrauch, indem er den Janustempel schloss (s. Bd. 1. S. 25 u. 322): eine Handlung, die ihm eine besondere Befriedigung gewährte, und die er, nachdem die Thore mittlerweile wieder geöffnet worden, noch zweimal, im J. 25 und dann wahrscheinlich im J. 2 vor Chr., wiederholt hat.

Daneben verlor er aber auch seine politischen Zwecke nicht aus den Augen. Noch im J. 29 vollzog er die ihm vom Senat gestattete Ergänzung des Patricierstandes durch Creierung neuer Patriciergeschlechter. Er machte es dadurch möglich, dass gewisse Priesterämter, die von jeher dem Patricierstande vorbehalten geblieben waren, wieder der Regel und dem Herkommen gemäss besetzt werden konnten. Zugleich aber erreichte er damit den doppelten Zweck, dass die Auszeichnung der patricischen Geburt durch die Beimischung plebejischer Geschlechter herabgedrückt wurde, und dass er zugleich Manche, an dere Unterstützung ihm gelegen war, durch Verleihung des patricischen Standes sich verpflichten konnte.

Von grösserer Wichtigkeit war, was sich an die censorischen Funktionen knüpfte, die er im J. 29 und 28 nicht als Censor, sondern nur vermöge seiner consularischen Gewalt mit seinem Collegen Agrippa zusammen ausübte. Es hatte seit dem Census vom J. 70 zwar wiederholt Censoren gegeben; es war aber seitdem nie zu dem eigentlichen Hauptgeschäft der Censoren, zur Zählung und Abschätzung der Bürger und zur Vollziehung der beim Schluss des Geschäfts üblichen feierlichen Gebräuche (lnstrum), gekommen. Es war also schon an sich ein eben so heilsames als nothwendiges Werk, wenn Octavian zuerst wieder die Censusrollen anstellte, auf denen die Gliederung der römischen Bürgerschaft nach Ständen und Rechten beruhte, und auch im übrigen die Obliegenheiten der Censoren vollständig erfüllte. Dabei ergab sich eine Zahl von 4,063,000 Bürgern, die einer Kopfzahl von etwa 16 Millionen entspricht, während im J. 70 die Zahl der Bürger sich nur auf 900,000 belaufen hatte: eine Zunahme, die sich zum grossen Theil daraus erklärt, dass jetzt zuerst auch die Bürger, die sich ausserhalb Italiens aufhielten, mitgezählt wurden. Nun benutzte aber Octavian diese Gelegenheit zugleich, um eine Reinigung des Senats vorzunehmen, der in den vorausgehenden unruhigen Zeiten durch das Eindringen Unwürdiger vom niedrigsten Stande und vom schlechtesten Rufe (der Volkswitz nannte sie Unterirdische, Orcini) auf 1000 angewachsen war. Er richtete zunächst an alle diejenigen, die sich des Senatorenstandes nicht würdig fühlen möchten, die Aufforderung freiwillig auszutreten, und als dieser Aufforderung nur 50 Folge leisteten, so zwang er noch 140 durch Streichung ihrer Namen aus der Senatorenliste zum Austritt. Es musste dem Octavian daran gelegen sein, die Corporation, die ihm zum Werkzeug dienen sollte, wieder einigermaassen in den Augen der Welt zu heben; es lässt sich indess denken, dass er nicht unterliess, neben den Unwürdigen auch solche zu beseitigen, von denen er eine feindliche Opposition zu erwarten hatte.

Sodann aber wurde ihm selbst durch seinen Collegen Agrippa bei dieser Gelegenheit eine Auszeichnung verliehen, die in nicht vielmehr als einem Ehrentitel bestand, die aber doch nicht ohne Werth für ihn war. Agrippa ernannte ihn nämlich zum Princeps Senatus d. h. zum Ersten des Senats und trug damit einen Theil des Glanzes auf ihn über, der die ausgezeichnetsten Männer der Republik, wie Q. Fabius Maximus und P. Cornelius Scipio Africanus Major, die diese Würde bekleidet hatten, noch immer in der Erinnerung der Menschen umgab. Der Titel schloss ursprünglich keinen weiteren reellen Vorzug in sich, als dass der Inhaber bei den Berathungen im Senat zuerst um seine Meinung befragt werden musste. Wie aber durch ihn Octavian gehoben wurde, so auch wiederum der Titel durch Octavian und die nachfolgenden Kaiser, so dass er schliesslich in den allgemeinen Gebrauch zur Bezeichnung einer fürstlichen Stellung übergegangen ist.

Nach diesen Vorbereitungen that er einen Schritt, durch den er zuerst das System deutlich ankündigte, nach dem er den Neubau seiner Alleinherrschaft aufzuführen gedachte. Er legte nämlich im J. 28 durch ein Edikt das Triumvirat förmlich nieder und erklärte zugleich alle Anordnungen für aufgehoben, die er als Triumvir getroffen hatte. Zwar war das Triumvirat ohnehin schon mit dem Ende des J. 33 abgelaufen (Bd. 2. S. 488). Indem er sich aber förmlich von ihm lossagte und es durch Aufhebung der während desselben getroffenen Anordnungen sogar für ungesetzlich erklärte, so gab er damit deutlich zu erkennen, dass er eine andere Bahn einzuschlagen beabsichtigte.

Er erklärte bei dieser Gelegenheit, dass er mit dem Consulate und dem tribunicischen Rechte zufrieden sei, und auch letzteres nur behalte, um das Volk schützen zu können.*) Aber noch war er im Besitz des militärischen Oberbefehls, des Imperium, und damit auch der sämmtlichen Provinzen.

---

*) Wegen des Wortlauts der Stelle Tac. Ann. 1, 2: posito triumviri nomine consulem se ferens et ad tuendam plebem tribunicio jure contentum, ist es nöthig, die obige Erklärung des Octavian in enge Verbindung mit der Niederlegung des Triumvirats zu setzen. Ueber den Unterschied zwischen dem tribunicischen Recht (jus) und der tribunicischen Gewalt (potestas) wird unten beim J. 23 v. Chr. gehandelt werden.

Das Imperium war ihm im J. 32 und (nach Dio LII, 41) nachher noch einmal im J. 29 ausdrücklich übertragen worden; die Niederlegung desselben war also nicht nothwendig mit der Niederlegung des Triumvirats verbunden, und es lässt sich denken, dass sich Niemand beeiferte, ihn daran zu erinnern.

Da trat er am 13. Januar 27 im Senat mit einer Rede auf, in welcher er den — wenigstens grossentheils erstaunten — Senatoren eröffnete, dass nunmehr seine Aufgabe gelöst sei, und dass er nur auf diesen Augenblick gewartet habe, um die Last seiner Stellung abzuwerfen, um dem Staate seine volle Freiheit zurückzugeben und sich selbst nach den aufreibenden und seine Kräfte erschöpfenden Sorgen und Arbeiten Ruhe und Erholung zu gönnen; was unter den obwaltenden Umständen nichts Anderes heissen konnte, als dass er das Imperium und die Provinzen in die Hände des Senats zurückgeben wolle.*)

---

*) Wenn spätere Schriftsteller, wie namentlich Dio, dies so ausdrücken, dass er die Alleinherrschaft habe niederlegen wollen, und dass er nachher auch auf Bitten des Senats die Alleinherrschaft wieder übernommen habe, so ist dies freilich ein ungenauer Ausdruck, ist aber doch nicht geradezu falsch, da in der That dem Wesen nach das Imperium die Alleinherrschaft in sich schloss. — Mommsen (Monum. Anc. S. 98) nimmt an, dass Octavian die Provinzen (und somit auch das Imperium) wirklich an den Senat zurückgegeben habe, und zwar so, dass er bereits im J. 28 mit der Provinz Asien den Anfang gemacht und am 13. Januar 27 das Werk mit Rückgabe der noch übrigen Provinzen geschlossen habe. Wir halten es mit der Politik des Octavian für völlig unvereinbar, dass er sich des Wesens der Macht wirklich entkleidet und sich der Discretion des Senats völlig preisgegeben haben sollte, er, von dem Tacitus (Ann. III, 28) auch in Betreff der Vernichtung der Acte des Triumvirats sagt, dass er diese Maassregel „potentiae securus" d. h. ohne von seiner wirklichen Macht etwas aufzugeben, getroffen habe; wir halten es auch für undenkbar, dass die Rückgabe der Provinzen, an die sich die Einsetzung neuer Statthalter mit dem Imperium sofort anschliessen musste, geschehen sein sollte, ohne dass in den uns erhaltenen Nachrichten von diesem wichtigen Vorgang irgend eine Spur übrig geblieben wäre. Und was die Begründung durch die Quellen anlangt, so glauben wir sagen zu können, dass unsere obige Auffassung von dem Hergang, von der im Eingang dieser Anm. erwähnten Ungenauigkeit im Ausdruck abgesehen, mit allen Quellen übereinstimmt. Mommsen dagegen stützt seine Ansicht nur

Es ist nicht anders zu denken, als dass von der Mehrzahl der Senatoren der Sinn und Zweck des Octavian sofort durchschaut wurde. Jedenfalls aber wurde von den Freunden Octavians, die im Geheimniss waren, dafür gesorgt, dass die Verhandlung den gewünschten Gang nahm. Man bat ihn also, dass er die Last auf seinen Schultern behalten möge, man stellte ihm vor, dass im anderen Falle Rom den schrecklichsten Gefahren entgegengehe, und dass sonach das Wohl des Vaterlands dieses Opfer von ihm fordere, und so liess er es sich endlich nach längerem Widerstreben gefallen, dass ihm die Provinzen übertragen wurden, jedoch nur diejenigen, die zu ihrer Behauptung eine Truppenmacht erforderten, und auch diese erklärte er nur auf 10 Jahre übernehmen zu können; nach Ablauf dieser Zeit oder, wenn die Ruhe in den Provinzen eher gesichert werden könne, in noch kürzerer Frist, werde er auch sie dem Staate zurückgeben. Es wurden demnach die sämmtlichen Provinzen in zwei beinahe gleiche Hälften getheilt, je nachdem darin grössere Truppenkörper standen oder nicht; die erstere Hälfte wurde dem Kaiser überlassen,

---

auf eine Münze mit der Aufschrift: imp. Caesar divi f. cons. VI. libertatis p. R. vindex, die, wahrscheinlich in Asien geprägt, die Rückgabe dieser Provinz an den Senat beweisen soll; ferner auf Ovid. Fast. I, 589, wo es heisst: redditaque est omnis populo provincia nostro; endlich auf einige andere Stellen, wo von Octavian gesagt ist, dass er den Staat (res publica) wieder hergestellt, dass er den Gesetzen, den Gerichten, dem Senat das alte Ansehen zurückgegeben habe u. dgl. Allein diese letzteren Stellen erklären sich alle, auch ohne die Zurückstellung der Provinzen an den Senat, aus der panegyrischen Sprache der Zeit, die den Schein für Wirklichkeit nahm und als solche pries; die Inschrift der Münze ist nichts als eine ebenfalls panegyrische Lobpreisung der Verdienste, die sich, wie oben erwähnt, Octavian im Winter von 30 auf 29 und einem Theile des Sommers 29 um Asien erwarb, und was endlich die Stelle aus den Fasten des Ovid anlangt, so stimmt diese mit unserer Auffassung mindestens eben so gut überein wie mit der Mommsens; denn mit Worten gab Octavian allerdings am 13. Januar die Provinzen an den Senat zurück und insofern sogar auch in der That, als er sie nachher nur wieder, übrigens auch nur theilweise, vom Senat zurückempfing; was eben so von der Stelle des Monum. Anc. (VI, 15) zu sagen ist. Mit Mommsens Ansicht stimmt die Stelle des Ovid insofern nicht ganz zusammen, als nach dieser die Rückgabe aller Provinzen am 13. Januar geschehen ist, während Mommsen sie allmählich („continuo biennio", S. 95) erfolgen lässt.

die andere verblieb dem Senat. Die kaiserlichen Provinzen waren für jetzt (denn es wurden im Verlauf der Zeit mehrfache Aenderungen getroffen): das tarraconensische und lusitanische Spanien, die vier gallischen Provinzen (Narbonensis, Lugdunensis, Aquitania und Belgica), das obere und untere Germanien, Syrien, Cilicien, Cyprus und Aegypten; die senatorischen: Africa, Asia, Achaja, Illyricum, Macedonia, Sicilia, Creta mit Cyrene, Bithynia, Sardinia und das bätische Spanien. In jene schickte der Kaiser, da er selbst der eigentliche Statthalter war, Stellvertreter (Legati), im Wesentlichen in derselben Weise, wie es Pompejus mit Spanien gemacht hatte (Bd. 2. S. 243); diese wurden, wie bisher, durch Proconsuln oder Proprätoren verwaltet, welche der Senat bestimmte. Die Einkünfte der ersteren flossen in den kaiserlichen Schatz (fiscus), der jetzt von dem Staatsschatze (aerarium) getrennt wurde, die der letzteren in den Staatsschatz; dem Fiscus wurden auch die Erträge der bedeutenden Privatbesitzungen des Kaisers sowohl in den senatorischen wie in den kaiserlichen Provinzen zugewiesen; diese letzteren wie auch die Einkünfte der kaiserlichen Provinzen wurden von Procuratoren des Kaisers verwaltet, während die Verwaltung der Einkünfte der senatorischen Provinzen nach wie vor in den Händen von Quästoren lag. In beiden Arten von Provinzen empfingen übrigens nicht nur die Statthalter, sondern auch die übrigen öffentlichen Beamten feste Besoldungen: eine Aenderung, die der gesammten monarchischen Umgestaltung des Staates entsprach, und die zusammen mit der besseren Aufsicht, die von den Kaisern geführt wurde, die wohlthätige Folge hatte, dass die Erpressungen der Statthalter in den Provinzen, zwar nicht völlig beseitigt, aber doch wesentlich vermindert wurden.

So hatte es Octavian erreicht, dass der bisherige faktische Besitz der Provinzen und des Oberbefehls in einen legitimen verwandelt wurde. Er war jetzt der vollkommen gesetzlich bestellte Statthalter der Provinzen, so weit sie für ihn von Werth waren, und hatte damit auch für den Oberbefehl über sämmtliche Streitkräfte des Reichs die gesetzliche Sanction erlangt. Das Opfer, welches er dafür dem Senat durch Rückgabe der unbewaffneten Provinzen brachte, war diesem Vortheile gegenüber kaum nennenswerth, wurde aber gleichwohl von Senat und Volk durch neue ausgesuchte Ehrenbezeigungen vergolten. Die glänzendste derselben war die Verleihung des Titels Augustus, welche am 16. Januar erfolgte.*) Octavian war klug genug, den Königstitel nicht zu begehren; jener Titel war mindestens eben so glänzend und frei von der Gehässigkeit, die dem Königstitel anhaftete, er erhob ihn nicht nur über alle seine Mitbürger, sondern gab ihm auch eine Weihe, die der göttlichen wenigstens nahe kam.**) Ausserdem wurde auf Beschluss des Senats sein Haus mit Lorbeerzweigen und einer Bürgerkrone geschmückt und ihm zu Ehren ein goldener Schild in der Julischen Curie aufgehängt.

Hiermit war der neue Grund zu der Alleinherrschaft, wie sie Octavian wünschte, gelegt. Durch das Beispiel seines Adoptivvaters gewarnt und dem natürlichen Zuge folgend, den wir bei den meisten Usurpatoren wahrnehmen, wollte er die Alleinherrschaft, die er faktisch schon bisher besessen hatte, in eine legitime umwandeln, was in Rom nur dadurch geschehen konnte, dass ihm die obrigkeitlichen Gewalten in der bisherigen Weise durch Senat und Volk übertragen wurden. Dazu hatte er jetzt den Anfang gemacht und zwar einen Anfang, mit dem das Wesentliche bereits erreicht war. Er war Consul und konnte darauf rechnen, so oft wieder gewählt zu werden, als er wünschte; er besass das tribunicische Recht d. h. die Unverletzlichkeit und das Recht der Intercession, und war der in vollkommen gesetzlicher Weise bestellte Proconsul in allen Provinzen, die Werth für ihn hatten, und damit zugleich Herr der sämmtlichen Streitkräfte des Reichs. Was ihm noch fehlte, das fügte er in den folgenden Jahren, in seiner Weise allmählich und mit der grössten Vorsicht vor-

---

*) S. Corpus Inscr. Lat. vol. I. S. 384.

**) Ovid sagt in Bezug auf diesen Beinamen von Octavian (Fast. I, 608 flg.):
    Hic socium summo cum Iove nomen habet.
    Sancta vocant augusta patres, augusta vocantur
    Templa sacerdotum rite dicata manu;
    Huius et augurium dependet origine verbi
    Et quodcunque sua Iupiter auget ope.

schreitend, hinzu, bis er endlich für Alles, was er bereits seit der Schlacht bei Actium mit völliger Unbeschränktheit ausübte, die gesetzlichen Vollmachten in seiner Person vereinigte.*)

Die auswärtigen Kriege hatten während dieser Jahre, in denen im Innern so wichtige Dinge geschahen, fast völlig geruht. Nur in den Donaugegenden an der Nordostgrenze von Macedonien war von dem Statthalter dieser Provinz, M. Licinius Crassus, seit dem J. 30 ein Krieg gegen die Mösier und andere benachbarte Völker geführt worden, und ungefähr gleichzeitig hatte M. Valerius Messala gegen die aufständischen Aquitaner einen Feldzug gemacht, dessen Andenken hauptsächlich dadurch erhalten worden ist, dass sich der Dichter Tibull in der Begleitung des Feldherrn befand.

---

*) Die betreffenden Worte des Tacitus hierüber lauten an der schon oben theilweise angeführten Stelle (Ann. I, 2): ubi militem donis, populum annona, cunctos dulcedine otii pellexit, insurgere paulatim, munia senatus magistratuum legum in se trahere, nullo adversante, cum ferocissimi per acies aut proscriptione cecidissent, ceteri nobilium, quanto quis servitio promptior, opibus et honoribus extollerentur ac novis ex rebus aucti tuta et praesentia quam vetera et periculosa mallent.

Der weitere Ausbau der neuen Alleinherrschaft und die Kriege in Spanien, in den Alpen und in Arabien und Aethiopien,

27 — 19 v. Chr.

Nachdem Augustus in der erzählten Weise seine Stellung in Rom neu begründet hatte, so wandte er zunächst seine Aufmerksamkeit nach aussen. Trotz der geschlossenen Janusthore war doch Friede und Ordnung in den Provinzen noch nicht völlig hergestellt; namentlich bedurften die westlichen und nördlichen Provinzen nicht allein der friedlich ordnenden, sondern auch der kriegerischen Thätigkeit des Alleinherrschers. Hierauf also, auf die Beruhigung und Sicherung der Provinzen, nicht auf neue Eroberungen, waren die Unternehmungen des Augustus zunächst ausschliesslich gerichtet, ganz seiner Sinnesweise gemäss, die überall den nutzlosen Glanz mied und nur das Nützliche und Zweckmässige suchte.

Er brach also noch im J. 27 von Rom auf, zog auf der von ihm neu hergestellten Flaminischen Strasse nach Ariminum und von da durch Oberitalien und über die Alpen, wo die Salassier seinen Zug beunruhigten, nach dem jenseitigen Gallien, wo er in Lugdunum (Lyon) einen längeren Aufenthalt machte, um die Angelegenheiten des Landes zu ordnen.

Es ist aus den uns zu Gebote stehenden Quellen nicht mit Bestimmtheit zu entnehmen, was er für diesen Zweck jetzt, was er bei einem späteren Aufenthalt in Gallien in den Jahren 16 bis 13 that; im Allgemeinen ist wohl anzunehmen, dass das Wesentliche schon jetzt geschah oder wenigstens schon jetzt angeordnet wurde, und dass der spätere Aufenthalt nur dazu diente, die getroffenen Einrichtungen zu ergänzen und zu befestigen. Vor Allem mussten die Grenzen der vier Provinzen, in die das Land zerfiel, regulirt und festgestellt werden. Die alte Provinz (Narbonensis) behielt ihre alten Grenzen, für die drei übrigen Provinzen zwischen Pyrenäen und Rhein (Aquitania, Lugdunensis, Belgica) wurden Garonne und Seine als Grenzen bestimmt, jedoch so, dass die südlichste (Aquitania) noch einige Districts jenseits der Garonne erhielt und eben so auch die Lugdunensis die Seine bis zum Ausfluss der Somme hin überschritt. Die Grenzlinien wurden durch Strassen bezeichnet, die von Lugdunum aus bis zum Meer liefen; auch sonst wurden mehrere Strassen gebaut, die von Lugdunum, dem Centrum des ganzen Landes, sich strahlenförmig nach allen Richtungen hin ausbreiteten. Ferner wurde das Land für Handhabung des Rechts und Erhebung der Steuern in der gewöhnlichen Weise in Districte getheilt. Andere Maassregeln wurden zu dem Zweck getroffen, um diejenigen Klassen der Bevölkerung, welche die Herrschaft Roms am widerwilligsten ertrugen, die Vornehmen und die Druiden, ihres Einflusses zu berauben: ein bemerkenswerthes Beispiel für die völlig veränderte äussere Politik der römischen Monarchie, die es eben so in ihrem Interesse fand, die bevorzugten Klassen herabzudrücken, wie einst die Republik, sie empor zu heben und zur Unterdrückung des Volks zu gebrauchen. Endlich wurde jedenfalls schon jetzt die Vertheidigung der Rheingrenze gegen die Germanen geordnet. Wir haben schon oben (S. 18) zwei Provinzen, das obere und untere Germanien (Germania superior und inferior, durch die Nahe von einander getrennt), anzuführen gehabt. Diese Provinzen waren aus einem schmalen Landstrich längs dem linken Rheinufer gebildet, und hier standen später 8 Legionen, der Kern der römischen Streitkräfte, in den festen Lagern, aus denen nachher die meisten Rheinstädte hervorgegangen sind. Ob jetzt die Besetzung gerade in dieser Weise angeordnet wurde, ist fraglich; dass aber die Vertheidigung überhaupt regulirt wurde, kann nicht bezweifelt werden, da sie durch ein dringendes Bedürfniss gefordert wurde.

Bisher hatte Augustus als Ziel seines Zuges immer Britannien bezeichnet, welches von seinem Adoptivvater zweimal mehr berührt als unterworfen worden war und nicht daran gedacht hatte, den Römern den versprochenen Tribut zu entrichten. Jetzt erschienen indess von dort Gesandte in Lugdunum, und diese gaben, wie gesagt wurde, hinsichtlich ihrer Unterwerfung so zufrieden stellende Versicherungen, dass Augustus in den Stand gesetzt wurde, den Zug, an den er kaum ernstlich gedacht haben mochte, aufzugeben.

Er wandte sich also nach Spanien. Obwohl dies eine der ältesten Provinzen des römischen Reichs war, so war es doch am weitesten von einer völligen Unterwerfung entfernt. Insbesondere hatten die in und an dem nördlichen Randgebirge der Halbinsel wohnenden Cantabrier und Asturier immer der römischen Herrschaft getrotzt und sich derselben nicht nur nicht selbst gebeugt, sondern auch die unterworfenen Theile des Landes durch Einfälle beunruhigt, trotz der Triumphe über sie, von denen uns die Triumphalfasten noch aus den letzten Decennien (aus den Jahren 45. 43. 36. 28) berichten. Jetzt, noch im Herbst des J. 27, erschien Augustus in der Gegend der Quellen des Ebro und der Pisuerga, um die Feinde von vorn anzugreifen, während gleichzeitig eine von der gallischen Küste herbeigerufene Flotte sie im Rücken beunruhigte. Allein so lange Augustus selbst das Heer befehligte, versagten sich die Feinde dem Kriege, indem sie sich in ihre unzugänglichen Gebirge zurückzogen. Erst als Augustus, durch Krankheit genöthigt, den Schauplatz des Kriegs verlassen und sich nach Tarraco zurückgezogen hatte, wagten sie sich hervor und wurden nun von dem Legaten des Augustus, C. Antistius, in einer grossen Schlacht geschlagen. Weiterhin hören wir nur noch (eine genauere Verfolgung des Krieges ist bei der Unbestimmtheit und Unvollständigkeit der uns erhaltenen Nachrichten unmöglich), dass sie sich wieder auf unzugängliche Höhen zurückziehen, dass sie sich endlich im Nordwesten des Landes auf einem sich steil bis zur Höhe von 9000 Fuss erhebenden Berge versammeln, den, wie sie meinen, eher das Meer als das römische Heer ersteigen werde, dass aber die Römer sie im Umkreis von 18 (röm.) Meilen durch Wall und Graben einschliessen und zur Capitulation zwingen, und dass endlich T. Carisius auch ihre grösste Stadt Lancia eroberte. Nun kommt auch Augustus wieder herbei, um Anstalten zu ihrer dauernden Unterwerfung zu treffen. Er nöthigt sie, ihre Berge zu verlassen und sich in der Ebene anzusiedeln und Geisseln zu stellen, und beginnt die Anlegung von Militärcolonien, die dazu dienen sollen, das Land zu bewachen, indem er die Colonie Emerita (Merida am Guadiana in Estremadura) gründet und sie mit ausgedienten Veteranen besetzt. Der gewonnene Erfolg erschien so bedeutend, dass Augustus jetzt (im J. 25) die geöffneten Januspforten wieder schliessen liess. Zwar empörten sich die neu unterworfenen Völker wieder im J. 24, dann im J. 22 und endlich im J. 19, wo die in die Sclaverei verkauften Kantabrier ihre Herren tödteten, in ihre Heimath zurückkehrten und noch einmal einen letzten Kampf der Verzweiflung entzündeten. Indessen diese Aufstände wurden alle niedergeschlagen, der letzte durch Agrippa, und nun war das Land auf Jahrhunderte hinaus so völlig beruhigt, dass es zu den friedlichsten Gebieten des römischen Reichs gehörte und sich für römische Sitte und Sprache in einem Maasse zugänglich erwies wie kaum ein anderes Land. Augustus fuhr fort, die Romanisirung und die Sicherheit desselben durch Anlegung von Militärcolonien zu fördern, deren von ihm im Ganzen nicht weniger als 16 — unter diesen Corduba (Cordova) und Caesarea Augusta (Saragossa) die namhaftesten — gegründet wurden.

Während Augustus sich an dem ersten Kriege in Spanien wenigstens so weit selbst betheiligte, als es ihm seine Gesundheit erlaubte, so wurden gleichzeitig in seinem Auftrag zwei andere kriegerische Unternehmungen durch seine Legaten ausgeführt. Um die Salassier für die Feindseligkeiten zu züchtigen, die sie ihm bei seinem Uebergang über die Alpen zugefügt hatten, schickte er den Terentius gegen sie, der im J. 25 von mehreren Seiten in ihr Gebiet eindrang, eine Menge von ihnen tödtete und als sie sich endlich auf eine falsche Vorspiegelung ergaben, den Rest, 44000 Seelen, worunter 8000 streitbare Männer, in die Sclaverei verkaufte. Am Fuss der Gebirge wurde die Colonie Augusta Praetoria (Aosta) angelegt. Hierdurch waren die Strassen über den grossen und kleinen St. Bernhard gesichert: der erste Anfang zur völligen Unterwerfung der Alpenvölker und zur Sicherung der sämmtlichen Strassen, die Rom mit den jenseits liegenden Provinzen verbanden.

Die andere Unternehmung fand in demselben Jahre (25) von Aegypten aus statt. Sie geschah weder mit bedeutenden Streitkräften, noch hatte sie einen irgend erheblichen Erfolg, sie erregte aber in Rom eine besondere Aufmerksamkeit, weil sie gegen ein bisher so gut wie völlig unbekanntes und in dem Ruf unerschöpflicher Reichthümer stehendes Land gerichtet war. In Aegypten hatte der erste Präfect Cornelius Gallus (S. 9), obgleich durch Herkunft und Rang wenig zu ehrgeizigen Absichten berechtigt, dennoch den Versuchungen nicht widerstanden, die seine mächtige und unabhängige Stellung mit sich führte. Obwohl seine Ausschreitungen allem Anschein nach nicht über eine ungebührliche Befriedigung seiner Eitelkeit hinausgingen — es wird uns nur berichtet, dass er sich überall im Lande Statuen habe errichten und seine Grossthaten in die Pyramiden habe eingraben lassen —, so wurde er doch von Augustus zurückberufen und von dem übereifrigen Senat zum Exil und zum Verlust seines Vermögens verurtheilt, was seinen Lebensmuth so völlig brach, dass er sich selbst ins Schwert stürzte. Dies geschah im J. 26. Zu seinem Nachfolger wurde C. Aelius Gallus bestellt,*) und dieser erhielt nun von Augustus den Auftrag, einen Feldzug nach Arabien zu unternehmen, dem Lande, von wo Seide, Elfenbein, Specereien und eine Menge anderer kostbarer, theils einheimischer theils aus Indien eingeführter Erzeugnisse nach Rom gebracht wurden. Der Zug wurde im J. 25 mit nicht mehr als 10,000 Mann (worunter auch 500 Juden) unternommen, weil man

---

*) Mommsen (Mon. Anc. S. 74 ff.) hat dargethan, dass Aelius Gallus den Feldzug als Präfect geleitet, und dass er diese Stellung nicht nach, sondern vor C. Petronius eingenommen hat. Eben daselbst sind auch sowohl für den Feldzug des Aelius Gallus als für die des Petronius richtigere chronologische Bestimmungen getroffen, denen wir uns im Folgenden haben anschliessen können mit einer kleinen Abweichung, über die in der nächsten Anm. das Nöthige bemerkt werden wird.

eine grössere Truppenmacht nicht für nöthig hielt, nnd in der That erwies sich die Widerstandskraft der Bewohner so gering, dass sie, so oft sie sich mit den Waffen entgegen stellten, mit Leichtigkeit geschlagen wurden. Gleichwohl scheiterte der Zug an der Ortsunkenntniss und Leichtgläubigkeit des Feldherrn. Es war in Cleopatris in dem Meerbusen von Suez eine Flotte von Kriegsschiffen ausgerüstet worden. Diese erwiesen sich aber wegen der häufigen Klippen und Untiefen dieser Gewässer sofort als unbrauchbar, und es entstand daher ein erster grosser Zeitverlust, indem zunächst Transportschiffe gebaut werden mussten. Mit diesen fuhr man nun längs der Ostküste des Meerbnsens von Suez, dann quer über die Mündung des Meerbusens von Elkaba nach Drepanum. Auch von hier wurde der Zug auf den Rath eines verrätherischen Führers, des Syllaens, eines ehrgeizigen hohen Dieners des Nabatäerkönigs Obodas, nicht ohne Schwierigkeiten und Zeitverlust zu Schiffe fortgesetzt, obgleich längs der Küste ein durch die Handelskarawanen viel betretener Landweg führte, bis nach Lence Come (Haura), wo die Mannschaft ausgeschifft wurde. Nun wurde der Zug wiederum durch eine in jenen Gegenden herrschende Krankheit lange aufgehalten, und als endlich im Frühjahr 24 der Aufbruch erfolgte, so schlng Aelins Gallus, durch Vorspiegelungen des Syllaeus verlockt, die Richtung nach dem Binnenlande ein, statt den geraden Weg längs der Küste nach dem glücklichen Arabien (Jemen), dem Ziele der Unternehmung, zu verfolgen. Auf weiten Umwegen, unter fortwährenden grossen Verlusten zwar nicht durch den Feind, aber durch die Wasserlosigkeit und Unfruchtbarkeit des Landes, gelangte man doch endlich bis zu den Städten Maribe und Cataripa (Mareb und Hariba), nicht mehr als zwei Tagemärsche von der Grenze des glücklichen Arabiens. Aber nun waren auch die Kräfte der Truppen völlig erschöpft. Gallus trat daher den Rückzug, jetzt auf dem geradesten Wege an, nnd gelangte mit dem kleinen Rest seiner Truppen nach Nera Come, von wo er zu Schiffe nach der gegenüber liegenden Küste übersetzte.

Eine Folge dieses arabischen Feldzugs war endlich noch der Krieg mit den Aethiopiern, den der Nachfolger des Gallus,

C. Petronius, in den Jahren 22 und 21 führte. Die Königin der Aethiopier, Candace, hatte, die Abwesenheit des Gallus und des grössten Theils der Streitkräfte der Provinz benutzend, die Grenzplätze derselben, Elephantine, Philä und Syene, überfallen, sie genommen und die dort stationierten drei Cohorten niedergemacht. Desshalb zog Petronius im J. 22 gegen sie, nahm jene Plätze wieder, schlug die Feinde in zwei Schlachten, und eroberte ihre Städte Pselchis, Premnis und endlich auch die Hauptstadt Napata, kehrte aber dann, die Schwierigkeiten eines weiteren Vordringens scheuend, mit Zurücklassung einer Besatzung in Premnis, wieder nach Aegypten zurück. Er wiederholte aber den Einfall im J. 21, als die Aethiopier Premnis mit einem grossen Heere belagerten. Die Belagerer wurden vertrieben, und nun war der Muth der Candace so weit gebrochen, dass sie um Frieden bat. Petronius wies sie an Augustus. Ihre Gesandten fanden diesen in Samos, wo er sich im Winter von 21 auf 20 aufhielt, und Augustus war grossmüthig und einsichtig genug, um ihnen gegen das blosse Versprechen, sich aller Feindseligkeiten zu enthalten, den Frieden zu schenken.*)

Augustus, zu dem wir jetzt zurückkehren, verliess Spanien nach Beendigung des ersten dortigen Kriegs, traf aber erst im J. 24 in Rom ein, da er unterwegs durch einen neuen Krankheitsanfall aufgehalten wurde. Während seiner Abwesenheit hatte sein Freund und Gehülfe, Agrippa, die Römer die Segnungen des hergestellten Friedens empfinden lassen,

---

*) Mommsen hat an der in der vor. Anm. angeführten Stelle die beiden Feldzüge des Petronius in die J. 23 und 22 gesetzt; wir halten die oben angenommenen Jahre für wahrscheinlicher, weil es feststeht, dass die Gesandten der Königin den Augustus im Winter 21.20 auf Samos antreffen, und weil es kaum denkbar ist, dass die Gesandtschaft sich nach der Unterwerfung der Königin noch über ein Jahr verzögert haben sollte. Unsere Quellen lassen die eine wie die andere Annahme zu, und wenn sonach zwischen dem Angriff der Aethiopier und der Abwehr und Bestrafung durch Petronius ein etwas längerer Zeitraum vorfliesst, so erklärt sich dies vielleicht dadurch, dass in der Zwischenzeit der Präfectenwechsel stattfand, und dass Petronius erst einiger Zeit bedürfen mochte, um die durch den Zug des Gallus geschwächten Streitkräfte der Provinz wieder herzustellen.

indem er die Stadt auf seine Kosten mit grossartigen Bauwerken schmückte; unter Anderem hatte er in dieser Zeit die von Julius Cäsar begonnenen Septa Julia vollendet, ein mit Säulenhallen umgebener Platz zu den Volksversammlungen auf dem Marsfelde, und das noch jetzt erhaltene Pantheon, ebenfalls auf dem Marsfelde, erbaut, einen, wie der Name besagt, für sämmtliche Götter bestimmten Tempel, in dessen Innerem auch die Statue des Julius Cäsar Platz fand, während die Statuen des Augustus und des Agrippa selbst in der Vorhalle aufgestellt wurden. Augustus selbst steigerte die sympathischen Empfindungen der Römer bei Volk und Senat, indem er dem Volke, noch ehe er nach Rom kam, ein Geschenk von je 100 Drachmen verkündigte, aber zugleich befahl, dass das Geschenk nicht eher verabreicht werden sollte, ehe der Senat seine Genehmigung ertheilt hätte. Der Senat bethätigte seine Erkenntlichkeit für diese zarte Rücksicht — abgesehen von den gewöhnlichen Ehrenbezeigungen für seine Kriegsthaten in Spanien — dadurch, dass er ihn von dem Gesetze entband, welches solche Geschenke von einer besonderen Genehmigung abhängig machte,*) und dass er dem Marcellus, dem Sohne seiner Schwester und Gemahl seiner Tochter Julia, der damals 19 Jahre alt war, gestattete, sich 10 Jahre vor dem durch das Gesetz bestimmten Alter um das Consulat zu bewerben, und seinem 20 Jahre alten Stiefsohne Tiberius, die Ehrenämter 5 Jahre vor dem gesetzlichen Termine zu bekleiden.

Nun kam noch hinzu, dass Augustus im J. 23, wo er sein elftes Consulat erst mit Terentius Varro und dann nach dessen Tode mit C. Calpurnius Piso zusammen führte, wieder krank wurde und zwar so schwer, dass man allgemein an seinem Aufkommen zweifelte. Als sein Tod nahe schien, versammelte er an seinem Krankenlager die Inhaber der obrigkeitlichen Aemter und ausserdem eine Anzahl der ausgezeich-

---

*) Dio (LIII, 28) berichtet, dass Augustus jetzt von allen Gesetzen entbunden worden sei. Es ist dies aber kaum glaublich und daher mit gutem Grund angenommen worden, dass die Entbindung sich nur auf das Gesetz, um das es sich eben handelte (wahrscheinlich die lex Cincia de donis et muneribus), bezogen habe.

netsten Männer aus dem Senatoren- und Ritterstande, wie man erwartete, um ihnen die Wahl seines Schwiegersohnes Marcellus zu seinem Nachfolger zu verkünden. Statt dessen aber überreichte er eine von ihm verfasste Uebersicht über die Streitkräfte und die Einkünfte des Reichs, gewissermaassen seinen Rechenschaftsbericht, seinem Mitconsul Piso, womit er zu erkennen gab, dass die Herrschaft seinem Willen nach an die legitimen republikanischen Obrigkeiten zurückfallen solle; seinen Siegelring übergab er dem Agrippa, wie es scheint, um damit anzudeuten, dass man in Fällen ausserordentlicher Bedrängniss zu diesem seine Zuflucht nehmen möge. Und als er wider Erwarten von dem Arzte Antonius Musa durch kalte Bäder und Trinken von kaltem Wasser — eine damals ganz neue Kur — wieder hergestellt worden war, so verlangte er im Senat, dass ihm gestattet werde, sein Testament vorzulesen, um dadurch zu beweisen, dass er nicht beabsichtigt habe, der freien Bestimmung des Senats durch Ernennung eines Nachfolgers vorzugreifen; was indess der Senat unter lebhaften Versicherungen des vollsten Vertrauens zu ihm ablehnte. So war auf der einen Seite dem Senat und Volk die Gefahr seines Verlustes und damit zugleich die lebhafte Empfindung seines Werthes und seiner Verdienste vor die Seele geführt worden, auf der andern Seite hatte Augustus Gelegenheit gefunden, von seiner bürgerlichen Gesinnung einen neuen glänzenden Beweis zu geben.

Nachdem auf diese Art die Gemüther vorbereitet waren, so legte er in der Mitte des J. 23 das Consulat nieder, welches er vom J. 31 an ununterbrochen geführt hatte. Dasselbe hatte bisher ein wesentliches Glied in der Kette der in seiner Hand vereinigten legalen Gewalten gebildet; schon aus diesem Grunde ist nicht anders anzunehmen als dass seine Niederlegung, ähnlich wie die des Imperium im J. 27, für den Senat als Veranlassung und Antrieb zu einer neuen besonderen Concession dienen sollte. Und so geschah es auch in der That. Am 27. Juni des J. 23 wurde ihm jedenfalls auf seine Eingebung [*])

---

[*]) Tacitus bezeichnet diese Uebertragung deutlich als etwas von Augustus selbst klüglich Ausgesonnenes, wenn er sagt (III, 56): Id

die tribunicische Gewalt (tribunica potestas) auf Lebenszeit übertragen: ein Zugeständniss von solcher Bedeutung, dass von nun an unter Augustus wie unter seinen Nachfolgern bei Zeitbestimmungen immer auch die Jahre von Uebertragung der tribunicischen Gewalt an angegeben zu werden pflegten.

Wir erinnern uns, dass Augustus schon bisher das tribunicische Recht besessen hatte (S. 15). Dieses entbielt aber nur dasjenige, was das Tribunat bei seiner Einsetzung gewesen, und woranf es von Sulla wieder auf kurze Zeit zurückgeführt worden war (B. 1. S. 115 fl. und Bd. 2. S. 121), also die Unverletzlichkeit und das Recht der Einspracbe. Mit der ihm jetzt übertragenen tribunicischen Gewalt wurde Alles das binzugefügt, was die Tribunen im Laufe der Zeit durch einen Jahrhunderte langen Kampf hinzuerworben batten, und wodurch sie sich, wie früher mehrfach ausgeführt worden (s. z. B. B. 1. S. 269), der Senatspartei gegenüber wenigstens der Befugniss nach zu souveränen Herren des Staats gemacht hatten, insbesondere die Befugniss, das Volk und den Senat zu versammeln und an das erstere Anträge zu stellen und sie zu Gesetzen mit für den ganzen Staat verbindlicher Kraft erheben zu lassen. Es leuchtet ein, wenn die Volkstribunen zur Zeit der Republik vermittelst der ihnen verliehenen Gewalt den Staat vollkommen legal beberrscben und lenken konnten, dass dies dem Augustus noch viel mebr möglich war, da bei ihm die thatsächlichen Schwierigkeiten, die bei jenen die unumschränkte Ausübung ihrer Befugnisse binderten, von selbst wegfielen.**)

---

summi fastigii vocabulum Augustus repperit, ne regis aut dictatoris nomen adsumeret ac tamen appellatione aliqua cetera imperia praemineret.

*) Z. B. Orelli Inscr. Nr. 706: Ti. Claudius Drusi F. Caes. Aug. Germ. Pont. Mag. Trib. pot. II. Cos. Design. III. Imp. III. P. P. dedit.

**) Man hat darin, dass dem Augustus das tribunicische Recht nach Dio XLIX, 15 schon im J. 36 (s. Bd. 2. S. 482) und dann nach Dio LI, 19 noch einmal im J. 30, und dass ihm jetzt die tribunicische Gewalt übertragen wird, einen Widerspruch finden wollen, und daher, da die letztere, durch zahlreiche Münzen und Inschriften bezeugte Uebertragung über allen Zweifel erhaben ist, entweder angenommen, dass die Angaben des Dio über beide Uebertragungen irrthümlich seien, oder man hat nur die Uebertragung vom J. 36 völlig aufgegeben, hinsichtlich der vom J. 30

Ausserdem wurde ihm gleichzeitig auch noch die unumschränkte proconsularische Gewalt übertragen, d. h. eine Art

---

aber auf Grund von Dio LI, 20 vermuthet, dass sie durch Nichtannahme von Seiten des Augustus erfolglos gemacht worden sei: Letzteres eine Ansicht, zu der auch Mommsen (Mon. Anc. S. 28) hinneigt. Jedenfalls also hat man die früheren Uebertragungen vor dem J. 23 bescitigen zu müssen geglaubt. Indess dies wird nach unserer Ansicht schon durch die oben angeführte Stelle des Tacitus (Ann. I, 2) widerlegt, wo bestimmt gesagt ist, dass Octavian im J. 28 das ius tribunicium besass; auch kann die Stelle Dio LI, 20 nicht zur Unterstützung der Ansicht dienen, dass dem Octavian im J. 30 zwar das tribunicische Recht angeboten, von ihm aber abgelehnt worden sei, da es dort heisst, dass Octavian das ihm Angebotene, worunter auch das tribunicische Recht, angenommen habe ausser einigen geringen Dingen (πλὴν βραχέων), zu denen man doch wohl das tribunicische Recht nicht wird zählen wollen. Durch die im Text angenommene Unterscheidung wird, wie uns scheint, die ganze Schwierigkeit gehoben, bis auf den einen als unklar zurückbleibenden Punkt, dass das ius tribunicium dem Octavian schon im J. 36 übertragen und dann, aus irgend einem Grunde, im J. 30 noch einmal erneuert wird. Diese Unterscheidung stimmt aber erstens mit der Wortbedeutung von ius und potestas vollkommen zusammen; sodann wird sie hauptsächlich durch Tacitus unterstützt oder vielmehr geradezu nöthig gemacht, der an der eben wieder angeführten Stelle (Ann. I, 2) das ius tribunicium als schon im J. 28 im Besitz des Octavian erwähnt und wenige Capitel weiter (Ann. I, 9) sagt, dass er die tribunicia potestas 37 Jahre besessen habe, was ohne jene Unterscheidung nur durch eine völlige Gedankenlosigkeit des Tacitus zu erklären wäre; endlich erhält sie auch noch eine weitere Unterstützung dadurch, dass sie bereits von Sulla thatsächlich gemacht worden war, von dem man vollkommen sachgemäss sagen kann, dass er den Tribunen die potestas entzogen und ihnen nur das ius gelassen habe, und dass sie also den Römern in unserer Zeit nahe genug lag, um sie unter geeigneten Umständen wieder anzuwenden, wie uns denn auch von Dio (XLIX, 38) berichtet wird, dass Octavian im J. 35 seiner Schwester Octavia und seiner Gemahlin Livia die Unverletzlichkeit, also einen wesentlichen Bestandtheil des ius tribunicium, verliehen habe. Wenn Dio (LI, 19) schon im J. 30 von Uebertragung der ἐξουσία τῶν δημάρχων spricht, so ist dies nur eine Ungenauigkeit des Ausdrucks, die uns bei einem Schriftsteller wie Dio nicht auffallen darf. — (Dio fügt noch hinzu, dass Augustus im J. 23 mit der tribunicia potestas zugleich das Recht erhalten habe, in jeder Senatssitzung einen Antrag zu stellen, und aus dem Anfang des Bellum Civile von Cäsar, wo die Tribunen M. Antonius und C. Cassius es nicht durchsetzen, dass ein Antrag an den Senat gestellt wird (B. 2. S. 264), geht allerdings hervor, dass diese Befugniss nicht ohne Weiteres in der tribunicia potestas enthalten war.)

von Oberstatthalterschaft über alle Provinzen, auch über diejenigen, die dem Senat überlassen worden waren, so dass also auch die Proconsuln und Proprätoren ihm unterstellt und verpflichtet wurden, seinen Anordnungen Folge zu leisten.

Hiermit war der Kreis der obrigkeitlichen Befugnisse im Besitz des Augustus abgeschlossen. Man kann sagen: er besass jetzt die ganze Regierungsgewalt; das Einzige, was ihm zum unbeschränkten Herrscher noch fehlte, war die gesetzgebende Gewalt, die er zwar ebenfalls durch seine Edicte oder durch die Comitien, von denen nicht anzunehmen war, dass sie irgend einen Antrag von ihm ablehnen würden, ausüben konnte, die ihm aber doch noch nicht legal übertragen war. Es ist wenigstens wahrscheinlich, dass Alles dasjenige, was wir von ihm zunächst zu berichten haben, im Wesentlichen eben hierauf, auf die Erlangung dieser Gewalt, abzielte.

Man wollte nun dem Augustus wieder das Consulat für das J. 22 und dann sogar auf Lebenszeit übertragen.*) Er weigerte sich aber standhaft es anzunehmen. Als hierauf im J. 22 die Hauptstadt und ganz Italien von Pest und Hungersnoth heimgesucht wurde, belagerte das Volk den Senat in seinem Versammlungsort, zwang ihn, den Augustus zum Dictator zu ernennen, zog dann vor dessen Haus und suchte ihn zu bewegen, die Dictatur anzunehmen. Allein Augustus wies auch diese Würde mit Entschiedenheit zurück. Eben so lehnte er die censorische Gewalt ab, die man ihm übertragen wollte; er ernannte vielmehr zwei andere Censoren, L. Munatius Plancus und Paulus Aemilius Lepidus, die letzten Privatmänner, die diese Würde bekleideten, die indess nicht dazu gelangten, einen Census des römischen Volks vorzunehmen. Das Einzige, was er annahm, war die Oberaufsicht über das Getreidewesen.

Hierauf trat er noch im J. 22 eine Reise nach dem Osten an, auf der er bis zum J. 19 vom Rom abwesend blieb, trotzdem dass in dieser Zeit die Unruhen in der Hauptstadt

---

*) Es ist dies eine von den Notizen, die wir den durch Perrot in neuester Zeit an's Licht gebrachten Fragmenten des griechischen Textes des Ancyranischen Denkmals verdanken, s. Mommsen M. A. S. 13.

bei jeder Consulwahl wiederkehrten und das Volk nicht nachliess, die Uebernahme des Consulats immer wieder von ihm zu verlangen. Er verweilte im Winter von 22 auf 21 in Sicilien, ging dann nach Griechenland, wo er die Athener für die dem Antonius erwiesenen Huldigungen durch die Entziehung von Aegina und Eretria und durch das Verbot, forner ihr Bürgerrecht für Geld zu verkaufen, bestrafte, die Spartaner aber für die einst der Livia bewiesene Gastfreundschaft durch das Geschenk von Cythera belohnte; hierauf begab er sich nach Samos, wo er den Winter von 21 auf 20 zubrachte, und nach Kleinasien, überall je nach Verdienst belohnend oder bestrafend und die Verhältnisse ordnend, worauf er wiederum den Winter von 20 auf 19 in Samos zubrachte.

Der Hauptgewinn dieser Reise in Bezug auf die äusseren Angelegenheiten war die Huldigung, welche ihm der Partherkönig Phraates im J. 20 darbrachte, womit Augustus endlich die Früchte seiner geschickten Behandlung dieser Sache erntete. Jener Tiridates (o. S. 9 fl.) hatte der Absicht des Augustus gemäss nicht unterlassen, von Syrien aus Intriguen unter den Parthern anzuspinnen und dadurch die Unruhen und die Unsicherheit in dem Reiche zu unterhalten. Dies hatte die Folge, dass beide Theile im J. 23 gegen einander in Rom Beschwerde führten; Tiridates kam selbst dahin, Phraates hatte Gesandte geschickt. Augustus blieb auch jetzt seiner hinhaltenden Politik treu. Phraates verlangte die Auslieferung des Tiridates; dies schlug er ab, gab ihm aber seinen Sohn zurück, den er im J. 30 als Geissel mit nach Rom genommen hatte, verlangte jedoch dafür die Rückgabe der römischen Gefangenen und Feldzeichen. Wie vorauszusehen, beeilte sich Phraates nicht, dieser Forderung Folge zu leisten; jetzt aber, wo Augustus in der Nähe war und wo gleichzeitig Tiberius mit einem Heere gegen Armenien heranrückte, hielt er es doch für rathsam, nachzugeben. Feldzeichen und Gefangene wurden ausgeliefert und damit, wie es die Römer ansahen, die Schmach von 53 und 36 gesühnt und die römische Oberherrlichkeit auch von den Parthern anerkannt. Römische Münzen zeigen uns noch heute den Phraates, wie er vor Augustus (der indess die Feldzeichen nicht selbst empfing, sondern sich von Tiberius dabei vertreten liess) die Kniee beugt und ihm die Adler übergiebt, und wie durch Münzen, so wurde dieses Ereigniss auch durch Denkmäler und ganz besonders auch durch die Dichter der Zeit in stolzen Worten gefeiert. Die Feldzeichen wurden in dem Tempel des rächenden Jupiter aufgehängt; den Triumph, den der Senat dem Augustus desshalb zuerkannte, lehnte er ab.

Gleichzeitig wurde durch den eben erwähnten Zug des Tiberius auch Armenien wieder in das Vasallenverhältniss zu Rom zurückgebracht. Dort herrschte jetzt Artaxias, der, von Antonius aus dem Reiche getrieben (s. Bd. II. S. 485), von Phraates wieder in dasselbe eingesetzt worden war. Die Armenier waren aber selbst mit ihm unzufrieden, sie verlangten daher seinen jüngeren Bruder Tigranes zum König, der sich in Rom befand, und Tiberius war eben desshalb mit einem Heere unterwegs, um diesen auf den Thron zu setzen. Ehe er aber nach Armenien gelangte, wurde Artaxias von seinen Verwandten getödtet, der Zweck des Zugs wurde daher ohne alle Anwendung von Gewalt erreicht. Es verstand sich von selbst, dass Tigranes eben so der Vasall der Römer wurde, denen er seine Krone verdankte, wie es Artaxias den Parthern gegenüber gewesen war.

In Rom hatten sich unterdess die Unruhen bei der Consulwahl für das J. 21 wiederholt. Man wählte nur einen Consul und verlangte, dass Augustus die andere Stelle annehmen sollte. Als Augustus die Wahl ablehnte, so wurde erst nach langen Kämpfen zwischen zwei Bewerbern, Q. Aemilius Lepidus und L. Silanus, die Wahl des ersteren durchgesetzt. Zwar machte Augustus jetzt, um den Unruhen vorzubeugen, den Agrippa zum Stadtpräfecten, den er in derselben Zeit durch die Verheirathung mit seiner Tochter Julia enger mit sich verknüpfte. Demungeachtet wiederholten sich die Unruhen wahrscheinlich schon bei den Wahlen für 20, jedenfalls aber und besonders gefährlich bei denen für das J. 19, wo sie eine so drohende Gestalt annahmen, dass der Senat den einen Consul, dessen Wahl zu Stande gekommen war, C. Sentius, mit ausserordentlichen Vollmachten auszurüsten und ihn mit einer Leibwache zu umgeben beschloss, um sie zu dämpfen. Sentius wies aber den Auftrag in richtiger Erkenntniss der Verhältnisse zurück, und nun beschloss der Senat, zwei ausserordentliche Gesandte mit der Bitte um Abhülfe an Augustus zu senden. Dieser ernannte den einen der beiden Gesandten, Q. Lucretius, zum Consul und entschloss sich nun auch endlich nach Rom zurückzukehren, wo er im J. 19 eintraf.

Es ist in der That kaum zu erklären, warum Augustus diese Störungen der Ruhe und Sicherheit in Rom zugelassen haben sollte, die er doch leicht durch Annahme des Consulats oder durch Anwendung der anderweiten ihm zu Gebote stehenden Mittel verhüten konnte, wenn er nicht einen besondern Zweck dabei verfolgte, ähnlich, wenn auch in feinerer Weise und unter veränderten Umständen, wie es Pompejus in den J. 54 und 53 gethan hatte (s. Bd. II. S. 247 fl.). Es ist daher wenigstens wahrscheinlich, dass er dabei den Zweck verfolgte, Senat und Volk in Rom empfinden zu lassen, wie sehr man seiner bedürfe, um Beide dadurch zu einem neuen Zugeständniss geneigter zu machen. Vielleicht war auch die Reise darauf berechnet, in Rom die Besorgniss zu erwecken, dass er sich von Rom ganz abwenden und seine Residenz im Orient aufschlagen wolle: eine Besorgniss, die durch das Beispiel des Antonius nahe gelegt war, und die auch dadurch eine gewisse Unterstützung erhalten konnte, dass allerdings die Verlegung der Residenz an irgend einen andern Ort ausserhalb Roms für die Begründung der Alleinherrschaft grosse Vortheile zu versprechen schien.*)

Mag dem aber sein, wie ihm wolle: jedenfalls wurde dem System des Augustus nach seiner Rückkehr der Schlussstein aufgesetzt, indem ihm die Aufsicht über die Gesetze und Sitten (cura legum et morum) übertragen und damit zugleich das Recht, Verordnungen mit voller Gesetzeskraft zu erlassen, verliehen wurde;**) die Senatoren wollten sogar

---

*) Letzteres eine Vermuthung Löbells (Raumers hist. Taschenbuch, 1834. S. 211—289), der sie unter Anderem auch auf Hor. Od. III, 3 gründet.

**) Die obige Annahme beruht hinsichtlich der gesetzgebenden Gewalt auf Dio LIV. 10, wo von den Senatoren gesagt wird: $\psi\eta\varphi\iota\sigma\acute{\alpha}\mu\varepsilon\nu\sigma\iota$ δὲ

XI. Augustus.

im Voraus sich eidlich auf alle von ihm zu gebenden Gesetze, die man von da an leges Augustae nannte, verpflichten, was er indess ablehnte. Ausserdem wurde ihm die consularische Gewalt auf Lebenszeit verliehen mit der näheren Bestimmung,

ταῦτα (d. h. nachdem sie ihm die cura legum et morum und einiges Andere übertragen hatten) διορθοῦν τε πάντα αὐτὸν καὶ νομοθετεῖν ὅσα βούλοιτο ἠξίουν καὶ τούς τε νόμους τοὺς γραφησομένοις ὑπ' αὐτοῦ Αὐγούστοις ἐκεῖθεν ἤδη προςηγόρευον καὶ ἐμμενεῖν σφίσιν ὁμόσαι ἤθελον, sie wird aber ferner bestätigt durch das Gesetz de imperio Vespasiani (s. z. B. Orelli Inscr. I. S. 567), wo es heisst: utique quaecunque ex usu reipublicae majestate divinarum humanarum publicarum privatarumque rerum esse censebit ei agere facere jus potestasque sit ita uti divo Augusto Tiberioque Julio Caesari Augusto Tiberioque Claudio Caesari Augusto Germanico fuit, wo also dem Vespasian die gesetzgebende Gewalt eben so übertragen wird, wie sie Augustus besessen hatte. Dass dies nichts Unerhörtes war, geht daraus hervor, dass nicht nur die späteren Kaiser diese Gewalt unzweifelhaft besassen, sondern dass sie auch schon dem Sulla durch das Valerische Gesetz verliehen wurde, s. Baiter Ind. Legg. S. 290, vergl. die dort übersehene Stelle Cic. Verr. A. II. L. III. §. 81. Dass dem Augustus gleichzeitig die cura legum et morum übertragen wurde, ist jetzt durch den neuen griechischen Text des Monumentum Ancyranum (bei Mommsen S. 14) über allen Zweifel erhoben worden, woraus wir entnehmen, dass ihm diese cura dreimal, nämlich in den Jahren 19, 18 und 11 v. Chr., und zwar vom Senat und Volk übertragen wurde. Der nahe liegende Zusammenhang zwischen beiden Uebertragungen scheint uns der zu sein, dass Augustus zu dem Auftrag, der ihm durch die cura legum et morum ertheilt wurde, durch die Verleihung der gesetzgebenden Gewalt die zur Ausführung desselben erforderlichen Machtmittel erhielt. Man hat diese gesetzgebende Gewalt des Augustus bezweifelt und sie darauf beschränken wollen, dass die Edicte des Augustus factisch Gesetzeskraft gehabt hätten. So namentlich Hoeck, Röm. Gesch. Bd. 1. Abth. 1. S. 398 fl., und besonders ausführlich Merivale, hist. of the R., Bd. 3. S. 485 fl. Allein dies würde dem ganzen System des Augustus widersprechen, dessen Bestreben, wie wir gezeigt haben, überall dahin geht, sich für Alles, was er that, die legale Befugniss ertheilen zu lassen; wenn er auch nachher noch Gesetzesanträge an das Volk brachte, wie es in der That der Fall war, so stimmt dies vollkommen mit der klugen und vorsichtigen Art des Augustus überein, vermöge deren er es unter Umständen unterliess, von der ihm wirklich zustehenden Befugniss Gebrauch zu machen. Von Walter (Gesch. des r. Rechts, 3. Aufl., Bd. 1. S. 418) wird das „Recht" des Augustus, dass seine „Edicte und Verordnungen wie Gesetze und Senatusconsulte galten", anerkannt, eben so von Rudorff (Röm. Rechtsgesch. Bd. 1. S. 142) und von Mommsen (Mon. Anc. S. 101.). Letzterer scheint freilich an einer anderen Stelle (ebend.

dass er beständig 12 Lictoren führen und seinen Sitz auf dem curulischen Stuhl zwischen den beiden jeweiligen Consuln haben sollte.*)

S. 16) nicht nur die gesetzgebende Gewalt lediglich als einen Bestandtheil der cura legum et morum anzusehen, so dass sie ihm nur auf Zeit übertragen worden wäre, sondern er spricht auch ebendaselbst die Ansicht aus, dass seine Gesetze noch der Bestätigung durch das Volk bedurft hätten. Allein eine solche Uebertragung würde in der That ganz eitel und ohne Inhalt gewesen sein, da er ja die Befugniss, Anträge an das Volk zu bringen, ohnehin vermöge der tribunicischen Gewalt besass. Von der gesetzgebenden Gewalt ist übrigens die Entbindung von den bestehenden Gesetzen (das legibus solvi) wohl zu unterscheiden, die ihm, wie das Gesetz de imperio Vespasiani beweist und wie es auch in der Natur der Sache liegt, nicht mit einem Male für alle Gesetze, sondern nur gelegentlich für einzelne Gesetze gewährt wurde, vgl. Hoeck a. a. O. S. 334. Merivale a. a. O. S. 433.

*) Mommsen (M. A. S. 13) bezeichnet diese Uebertragung der consularischen Gewalt als verdächtig und kaum zulässig, indem er sich auf Marquardt, Handb. der r. Alt. Th. 2. Abth. 3. S. 293, beruft. Allein Marquardt bestreitet sie selbst nicht und meint nur, dass sie „mehr von der Bestimmung eines Rangverhältnisses zu verstehen" sei, was man insoweit gelten lassen kann, als selbstverständlich die meisten und regelmässigen Geschäfte von den wirklichen Consuln versehen wurden und Augustus nur zeitweise Gelegenheit nahm, davon Gebrauch zu machen oder wenigstens darauf Bezug zu nehmen, wie z. B. bei Ausübung des Census. Wenn Mommsen an einer andern Stelle noch bemerkt, dass Augustus in dem Monumentum Ancyranum der consularischen Gewalt erwähnt haben würde, wenn sie ihm wirklich übertragen worden wäre, so können wir hierauf bei der noch immer lückenhaften und unsichern Beschaffenheit dieses Denkmals und insbesondere der Stelle desselben, wo man diese Erwähnung am ersten erwartete (I, 37 und die entsprechenden Stellen des griechischen Textes Ancyr. 3, 11 und Apoll. I, 1—6), kein Gewicht legen. Eben so wenig lässt sich daraus etwas folgern, dass Augustus sagt, er habe den dritten Census conlega Tib. Caesare vorgenommen, und dass nach Sueton (Tib. 21) Tiberius durch ein Gesetz bevollmächtigt wurde, diesen Census mit vorzunehmen. Mommsen meint nämlich, wenn dem Tiberius das imperium consulare nur ad hoc ertheilt worden wäre, so sei das Gleiche auch von Augustus anzunehmen. Allein erstens ist davon nirgends etwas gesagt, dass dem Tiberius das consulare imperium hierzu ertheilt worden sei, und zweitens scheint uns der Rückschluss von Tiberius auf Augustus nichts weniger als bündig und nothwendig.

Der Höhepunct der Regierung des Augustus und die Kriege in den Donau- und Rheingegenden.

19—2 v. Chr.

Wir haben in Vorstehendem den Augustus bis auf den Höhepunct seiner Macht begleitet. Wir haben gesehen, wie er alle obrigkeitlichen Gewalten, so weit sie irgend eine politische Bedeutung hatten, in seiner Hand vereinigte, und wie er schliesslich zu diesem Alles umspannenden Complex von Befugnissen auch noch die gesetzgebende Gewalt hinzufügte. Er besass ferner, wie wir aus dem bereits angeführten Gesetz über das Imperium des Vespasian ersehen, auch das Recht, nach Belieben Bündnisse abzuschliessen, und wenn wir nichts davon hören, dass ihm ein directer Einfluss auf die Volkswahlen durch ein Gesetz oder einen Senatsbeschluss zuerkannt worden, so ist es doch nicht zweifelhaft, dass er auch die Wahlcomitien vollkommen beherrschte und die Wahlen lenkte, wohin er wollte. Der einzige erhebliche Zuwachs, der nach dem Anfangstermine unseres Abschnitts noch hinzukam, ist seine Wahl zum Pontifex Maximus, die im J. 12 v. Chr. nach dem Tode des Lepidus (Bd. 2. S. 476) erfolgte, und die ihm mit dem Vorsitz in dem Collegium der Pontifices zugleich die oberste Leitung Alles dessen, was den religiösen Cultus betraf, in die Hand gab.

Es liegt in der Natur der Sache, dass von nun an von einer inneren Geschichte wenig zu berichten ist. Alle dahin einschlagenden Veränderungen, die uns noch gemeldet werden, sind der unumschränkten Gewalt des Kaisers gegenüber, die nunmehr feststeht, von geringer Bedeutung; sie gewähren uns auch durch ihr Zustandekommen wenig Interesse, da sie nicht aus einem Kampfe verschiedener gegen einander streitender Kräfte, sondern nur aus dem Belieben eines Einzelnen hervorgehen und eben so leicht wie getroffen auch wieder beseitigt werden. Dagegen wird es jetzt an der Stelle sein, von dem gewonnenen Höhepunkte aus eine Umschau zu halten und uns von den Mitteln, durch welche Augustus die gewonnene Alleinherrschaft in den Gemüthern der Menschen wie in den Dingen fest zu gründen suchte, und den Verhältnissen Roms und des römischen Reichs, wie sie sich in Folge davon gestalteten, eine möglichst deutliche Vorstellung zu bilden.

Wer etwa vor dem Ausbruch des Bürgerkriegs zwischen Pompejus und Cäsar Rom und die Grenzen des römischen Reichs verlassen hätte und jetzt, nachdem er in der Zwischenzeit von den Vorgängen auf der Schaubühne der römischen Geschichte gar nichts gehört, nach der Hauptstadt zurückgekehrt wäre (wir können uns wenigstens denken, dass etwa einer der römischen Gefangenen aus dem Feldzug des Crassus gegen die Parther nach seiner Befreiung im J. 20 in diesem Falle gewesen wäre): der würde daselbst auf den ersten Blick wenig oder gar nichts geändert gefunden haben. Der Senat versammelte sich nach wie vor; er stellte sich sogar, nachdem eine grosse Anzahl unwürdiger Mitglieder beseitigt war, äusserlich weit ehrbarer und würdiger dar als in den letzten Zeiten der Republik; die wichtigsten Angelegenheiten wurden seiner Beschlussfassung unterworfen und anscheinend mit voller Freiheit der Rede verhandelt. Die Magistrate und Priesterämter der Republik bestanden mit geringen oder gar keinen Veränderungen fort, die letzteren waren z. Th., nachdem sie unter den Unruhen und Verwirrungen der Bürgerkriege in Vergessenheit gerathen, sogar wieder neu hergestellt. Eben so fanden die Volksversammlungen sowohl für die Wahl der Magistrate als für Gesetze statt, letztere freilich viel seltener. So war also das ganze Gerüste des republikanischen Roms noch ganz dasselbe, und Alles, was zur Form der Republik gehörte, war sogar besser geordnet und vollzog sich regelmässiger als früher. Augustus selbst konnte durch seine Erscheinung und durch sein sonstiges äusseres Verhalten nichts weniger als den Eindruck des Alleinherrschers machen. Er bewegte sich unter seinen Mitbürgern völlig wie einer Ihresgleichen, ohne Pomp und ohne irgend eine ihn als Herrscher kenntlich machende äussere Auszeichnung; sein Hauswesen war ganz so eingerichtet wie das anderer vornehmer Römer, in mancher Hinsicht sogar noch einfacher und bescheidener; er hielt darauf, dass seine Tochter und seine Enkelinnen sich gleich den alten Römerinnen mit Weben und anderen ähnlichen weiblichen Arbeiten beschäftigten, und trug selbst von den Frauen seines Hauses gewebte Kleider; auch in seinen Mahlzeiten und seinen sonstigen Lebensgewohnheiten gab er seinen Mitbürgern durchaus das Muster von Einfachheit, Mässigkeit und Anspruchslosigkeit. Eben so vermied er in seinem öffentlichen Leben allen Prunk auf das Sorgfältigste. Nach längerer Abwesenheit von Rom kehrte er gewöhnlich in der Nacht in die Hauptstadt zurück, um die feierliche Einholung unmöglich zu machen, die der Senat in einem solchen Falle zu beschliessen pflegte. So oft ihm ferner der Triumph vom Senat zuerkannt wurde, triumphierte er doch nach den oben erwähnten Triumphen vom J. 29 nie wieder; nur das Eine pflegte er sich von der ihm ertheilten Befugniss anzueignen, dass er den Lorbeer in dem Schoosse des capitolinischen Jupiter niederlegte, also denjenigen Theil des Triumphs, in dem sich von jeher bei dieser stolzen und glänzenden Handlung die fromme Resignation des Römers in eben so schöner als charakteristischer Weise gezeigt hatte. In den Senatssitzungen hielt er sich stets innerhalb der Grenzen völliger Gleichheit; er ertrug jeden Widerspruch, und wenn derselbe zu heftig und ungebührlich wurde, wie es trotz der allgemeinen Zahmheit der Senatoren doch zuweilen vorkam, so verliess er lieber den Senat, als dass er sich über die Linie der Mässigung und rücksichtsvollen Höflichkeit hätte fortreissen lassen. Er erschien vor Gericht wie jeder Andere, wenn er als Zeuge geladen wurde, und in den Volksversammlungen pflegte er wenigstens in den ersten Jahren seiner Herrschaft selbst zu erscheinen und gleich den übrigen Bürgern seine Stimme abzugeben, ja er liess sich sogar zuweilen herab, vor Wahlcomitien der herrschenden Sitte gemäss mit den Candidaten, deren Wahl er wünschte, bei

den Tribus herum zu gehen und sie um ihre Stimme
zu bitten.

Allein unter dieser republikanischen Schale war dennoch
als Kern eine völlig absolute Alleinherrschaft verborgen, und
während Augustus diesen Kern auf das Sorgfältigste verhüllte,
so war er daneben nicht minder eben so unablässig als vorsichtig bemüht, die Alleinherrschaft, die ihm durch die im
vorigen Abschnitt angeführten Zugeständnisse eingeräumt war,
nun auch in die Gemüther der Menschen zu pflanzen und sie
nach allen Richtungen hin in allen Verhältnissen des Reichs
wirksam zu machen.

Um hierfür freien Raum zu schaffen, war es zunächst
nöthig, dass er alles Hohe, ihn selbst Verdunkelnde und mit
der Alleinherrschaft Unvereinbare beseitigte, was aus der Zeit
der Republik noch übrig war. Er that dies nicht etwa in
der Weise der griechischen Tyrannen, indem er die Köpfe der
hervorragenden Männer abschlug, sondern vielmehr nur, indem
er die Auszeichnungen, Aemter und Würden, die eine solche
hohe Stellung gewährten, theils ausser Gebrauch setzte, theils
und zwar viel häufiger herabzog und auf ein dem Wesen der
Monarchie entsprechendes Niveau herabbrachte. So wurde
der Triumph vom J. 19 v. Chr. an, wo noch einmal der Proconsul von Africa, L. Cornelius Balbus, triumphirte, ausschliesslich auf die Glieder des kaiserlichen Hauses beschränkt;
allen übrigen wurden statt des wirklichen Triumphs nur die
Ehrenzeichen desselben (die ornamenta oder insignia triumphalia) zugestanden. Das Consulat wurde dadurch herabgesetzt, dass es häufig nicht auf das ganze Jahr, sondern
nur auf Monate verliehen wurde, was zuerst von Julius Cäsar
begonnen, dann von Augustus immer häufiger angewendet
und nach diesem völlig zur Regel wurde, so dass schon unter
den nächsten Kaisern die Consuln alle zwei Monate zu wechseln pflegten. Es leuchtet ein, wie sehr hiermit theils durch
die Verkürzung der Amtsführung theils durch die Verallgemeinerung der Ehre die Bedeutung und Geltung dieses
höchsten Amts geschwächt werden musste. Es kam noch
hinzu, dass auch neben das Consulat der blosse Schatten desselben, die consularischen Ehrenzeichen (die ornamenta consu-

laria), gesetzt wurde, was ebenfalls nur dazu dienen konnte, das Amt herabzudrücken. Auch der Senat wurde durch die mehrmaligen Reinigungen, die er mit ihm vornahm, nicht nur abhängiger und willfähriger gemacht, sondern auch, als natürliche und nothwendige Folge davon, in seinem Ansehen herabgesetzt. Wir haben die erste dieser Reinigungen vom J. 29 bereits erwähnt. Die nächste besonders gewaltsame und durchgreifende geschah im J. 18 v. Chr. Octavian wählte dabei zuerst aus der gesammten mehr als 1000 betragenden Zahl der Senatoren 30 aus, von diesen sollten 150 gewählt, davon 30 durchs Loos ausgeschieden, und in derselben Weise fortgefahren werden, bis die Zahl von 300 erfüllt wäre, auf welche er den Senat beschränken wollte; er musste sich indess überzeugen, dass dies Verfahren wegen der dabei nicht zu verhütenden Unredlichkeiten unausführbar war, und entschloss sich daher, selbst und auf eigene Verantwortung 600 Senatoren auszuwählen, wobei er — so gross dünkte ihm die Gefahr — mit einem Panzer geschützt in den Senat kam und zehn besonders getrene und zuverlässige Senatoren ihn als Wache umgaben. Nachher ist diese Reinigung noch dreimal von ihm wiederholt worden.*) Endlich nahm er auch den Heeren gegenüber eine andere erhöhte Stellung ein als die früheren Befehlshaber, indem er sie nicht mehr wie diese als Kameraden (commilitones), sondern als Soldaten anredete und auch den übrigen Gliedern des kaiserlichen Hauses verbot, sich jener Anrede zu bedienen. Noch mehr freilich als durch diese einzelnen Maassregeln wurden Alle, welche zu hoch strebten, durch den stillen, unablässig wirkenden, wenn auch selten oder nie gewaltsam hervortretenden Druck niedergehalten, den Augustus dadurch ausübte, dass trotz aller republikanischen Formen die wirkliche Macht doch allein in seiner Hand lag, und dass Gunst oder Ungunst, Belohnungen oder Strafen ganz und gar von seinem Belieben abhingen.

---

*) So nach Dio, nämlich im J. 13 v. Chr. (LIV, 26), 11 v. Chr. (LIV, 35) und 2 v. Chr. (LV, 13). Augustus selbst sagt (Mon. Anc. II, 1): Senatum ter legi, ein Widerspruch, den Mommsen (Mon. A. p. 21) durch die Annahme zu beseitigen sucht, dass Augustus bloss die regelmässigen, mit dem Census zusammen vorgenommenen Reinigungen des Senats zähle.

Was nun aber die Mittel anlangt, die er anwandte, um die Gemüther nach dem Bedürfniss und dem Modell der Monarchie umzuformen — wobei selbstverständlich nur die römischen Bürger und unter ihnen wiederum diejenigen in Betracht kommen, welche in Rom wohnten und die öffentliche Meinung daselbst bildeten —: so ist darunter eins besonders hervorzuheben, das eben so wirksam wie für Augustus und das damalige Rom überhaupt charakteristisch war. Dies waren die Anstalten, die er zu dem Zweck traf, um die alte Sitte und alte Ehrbarkeit, insbesondere auch die strenge Religionsübung der Vorzeit zurückzurufen, — nicht um Rom zu regenerieren, woran er wenig dachte, und was auch unter den obwaltenden Umständen nicht mehr möglich war, sondern um mit dem Drucke, den diese schön klingenden Dinge wenigstens noch in der Vorstellung auf die Römer ausübten, den seiner eigenen Herrschaft in die Gemüther zu senken. Er liess es sich daher besonders angelegen sein, Tempel und Heiligthümer zu errichten oder die alten und verfallenen zu restaurieren; er rief eine Menge vergessener religiöser Gebräuche ins Leben zurück, besetzte Priesterämter von Neuem, die seit langer Zeit in Abgang gekommen waren, wie z. B. das des Flamen Dialis, welches seit dem Tode des Merula (Bd. II. S. 101) nicht wieder besetzt worden war, liess die sibyllinischen Bücher revidieren und nachdem alles Unächte und Ungeeignete daraus entfernt worden, sie neu abschreiben und in vergoldeten Kisten an heiliger Stelle niederlegen; er gab, um der Verschwendung und Schwelgerei zu steuern, ein Luxusgesetz, durch welches dem Aufwand bei Mahlzeiten bestimmte ziemlich enge Grenzen gesetzt wurden; zu demselben Zweck verbot er den Prätoren, denen er statt der Aedilen die Leitung der öffentlichen Spiele übertragen hatte, mehr als das Dreifache dessen, was sie dazu aus öffentlichen Mitteln erhielten, auf dieselben zu verwenden und mehr als 60 Paare von Gladiatoren dabei auftreten zu lassen; ja er stieg in seiner Fürsorge für äussere Ehrbarkeit sogar bis zu einer Art Kleiderordnung herab, indem er den römischen Bürgern verbot, bei feierlichen Gelegenheiten anders als in ihrem Ehrenkleide, der Toga, zu erscheinen; ferner schärfte er die früheron Gesetze gegen Bestechung und gegen Erpressungen in den Provinzen ein, um den hieraus besonders entspringenden Unordnungen vorzubeugen und zugleich das durch die Uebertretung dieser Gesetze bisher gegebene öffentliche Aergerniss zu beseitigen. Ein besonderes Augenmerk aber richtete er auf die Förderung der Ehen unter den vornehmen und wohlhabenden Klassen der Bevölkerung Roms. Unter diesen Klassen war — ein besonders charakteristisches Merkzeichen der damaligen sittlichen Entartung — eine grosse Abneigung gegen die Ehe verbreitet, weil man die damit verbundenen Opfer scheute und in dem Verkehr mit den griechischen Hetären mehr Genuss fand als im häuslichen Kreise und im Umgang mit Ehefrauen. Schon Julius Cäsar hatte diesem Uebel zu steuern gesucht. Augustus gab im J. 28 ein Gesetz dagegen, durch welches die Ehe- und Kinderlosigkeit mit gewissen Nachtheilen belegt und dagegen mit der Ehe und dem Besitz von Kindern gewisse Vortheile verknüpft wurden, und nachdem dieses Gesetz in Folge der grossen Unzufriedenheit, die es hervorrief, wahrscheinlich bald nachher wieder aufgehoben worden, so wiederholte er es im J. 18 v. Chr. und brachte endlich die Angelegenheit nach Ueberwindung vieler Schwierigkeiten im J. 9 n. Chr. durch die Lex Papia Poppaea, so benannt von den Consuln des J. M. Papius Mutilus und Q. Poppaeus Secundus, zum Abschluss, durch welche z. B. Ehelose von allen Erbschaften, ausser von nahen Verwandten, völlig ausgeschlossen, Verheirathete aber Kinderlose auf die Hälfte solcher Erbschaften herabgesetzt, Ehelose von den Ehrenämtern ausgeschlossen und dagegen diejenigen, welche in Rom 3, in Italien 4, in den Provinzen 5 Kinder hatten, durch Ehren und Vorzüge ausgezeichnet wurden. Dabei versäumte er nicht, alle diese Maassregeln durch sein eignes Beispiel und durch persönliche Einwirkung zu unterstützen (so las er z. B. einst im Senat die merkwürdige Rede des Metellus Numidicus*) über die Ehe vor, die wir Bd. 2. S. 77 angeführt haben), und endlich mussten ihm eben dazu auch die Schriftsteller der Zeit dienen, die er wenigstens in der

---

*) Oder Macedonicus? S. Liv. Epit. LIX.

ersten Hälfte seiner Regierung lebhaft begünstigte und theils selbst theils durch seine Vertrauten förderte, und die ihm dies dadurch, bewusst oder unbewusst, vergalten, dass sie entweder, wie Livius und Virgil, mit den nationalen Traditionen über die Geschichte Roms die Erinnerungen an die gute alte Zeit belebten, oder, wie Horaz, geradezu seine Anstalten zur Wiedererweckung der Religiosität und zur Herstellung von Ordnung und Sitte anpriesen und ins hellste Licht setzten. Es leuchtet ein, wie sehr dieser Weg, der, dem der griechischen Tyrannen, die Alles, was mit der Republik zusammenhing, mit Feuer und Schwert auszurotten suchten, so völlig entgegengesetzt, seitdem aber bekanntlich mit allerlei Modifikationen vielfach eingeschlagen worden ist, wie sehr derselbe dem schlauen, am liebsten durch versteckte Mittel wirkenden Charakter des Augustus, wie sehr er ferner dem der Römer selbst entspricht, wie er in den letzten Zeiten der Republik sich in der äusseren Politik gezeigt hatte (s. Bd. 1. S. 426. 456 u. ö.); nicht minder aber ist es klar, dass mit der Unterordnung unter Herkommen, Sitte und Gesetz zugleich die unter den Willen des Herrschers gefördert werden musste. Mehr als äussere Zucht und Ehrbarkeit konnte auf diesem Wege nicht erzielt werden, schon desswegen nicht, weil für die römische Tugend mit dem Verlust der republikanischen Freiheit für immer der Nerv durchschnitten war.

Nach aussen hin, für die Provinzen, kam es hauptsächlich darauf an, um die kaiserliche Macht immer mehr zur Anerkennung und Geltung zu bringen, sie den Provinzialen durch eine geregelte, einheitliche, alle Verhältnisse umspannende Verwaltung fühlbar zu machen. Eine solche hatte es bisher, so gut wie gar nicht gegeben. Die in der Regel jährlich wechselnden Statthalter hatten in den Provinzen nach ihrem Belieben, je nach ihrer Individualität bald gerecht und mild, bald grausam und habgierig geschaltet, meist aber in der letzteren Weise, da sie die Statthalterschaften gewöhnlich nur als Mittel ansahen, sich zu bereichern und für den Aufwand bei Führung der städtischen Aemter schadlos zu stellen; jedenfalls aber hatte es an Einheit und Zusammenhang der Verwaltung ganz gefehlt. Es wurde daher schon dadurch für jenen Zweck viel gewonnen, dass jetzt alle Statthalter der Oberleitung und den Weisungen des Kaisers unterworfen waren, dass sie von dem Kaiser alle überwacht, dass sie, um ihnen den Vorwand zu Erpressungen zu benehmen, besoldet wurden, und dass der Schutz der Provinzen gegen äussere und innere Feinde durch stehende Heere und durch ein einheitliches, festgeordnetes Vertheidigungssystem gesichert wurde. Alle diese Veränderungen dienten eben so sehr, die Gewalt des Kaisers über die Provinzen zu verstärken und zu befestigen, als sie für die Provinzen selbst wohlthätig und heilsam waren. Nun traf aber Augustus noch mehrere besondere Anstalten, um die Provinzen völlig in seine Gewalt zu bringen. Hierzu dienten zunächst die Kunststrassen, die bisher mit wenigen Ausnahmen auf Italien beschränkt gewesen waren, die er aber über das ganze Reich auszudehnen aufs Angelegentlichste bemüht war. Sein Plan war, dass von Rom aus, wo er im J. 20 den goldenen Meilenstein auf dem Forum als Ausgangspunkt aller Strassen errichtete, ein vollständiges Strassensystem über das ganze Reich ausgebreitet werden sollte; er setzte für die dazu erforderlichen Arbeiten nicht nur ein besonderes aus zwei gewesenen Prätoren bestehendes Amt ein, sondern übernahm auch selbst die Oberleitung derselben, und wenn auch von dem grossen Werk, welches uns theils in einer erhaltenen Abbildung der römischen Welt (der sog. Peutingerschen Tafel), theils in den Schriftwerken der Römer, theils endlich in zahlreichen, leicht verfolgbaren Ueberresten vor Augen liegt, Manches seinen Nachfolgern zu ergänzen übrig blieb, so ist dasselbe doch in den Grundzügen von ihm zur Ausführung gebracht worden. Und hiermit verband er noch zur weiteren Erleichterung und Beschleunigung der Communication eine Art Staatspost, vermittelst deren, erst durch Boten, dann durch Wagen, die von Station zu Station wechselten, Nachrichten und Anordnungen im Dienst der Regierung mit einer verhältnissmässig grossen Schnelligkeit befördert wurden. Sodann führte er ferner die schon von Julius Cäsar im J. 44 begonnene geographische Aufnahme nicht bloss des römischen Reichs, sondern der ganzen bekannten Welt fort, die im J. 19 v. Chr. vollendet wurde, und deren Frucht ein von Agrippa verfasstes choro- und topographisches Verzeichniss der Länder, Flüsse und Orte der Erde mit Angabe ihrer Maasse und Entfernungen und eine Abbildung der ganzen Erde war, die nach Agrippa's Tode von dessen Schwester und von Augustus selbst ihm zu Ehren errichtete und seinen Namen führende Säulenhalle zierte. Endlich aber liess er in Fortsetzung dieser Arbeit in den Provinzen die Bewohner zählen und die Grundstücke nach Grösse und Werth abschätzen, wodurch er namentlich in den Stand gesetzt wurde, die directen Steuern, die Kopf- und Grundsteuer, gleichmässiger und billiger zu vertheilen und jedenfalls zugleich auch einträglicher zu machen. Durch alle diese Maassregeln wurde es erst möglich, eine tiefer greifende, wirksamere Verwaltung zu schaffen, wie wir sie uns heut zu Tage in wohlgeordneten Staaten vorzustellen gewohnt sind, die aber selbstverständlich mit der Wohlthat, die sie gewährte, zugleich auch einen bedeutend verschärften Druck auf die Provinzen legen musste.

Noch ist einer besonderen Richtung der kaiserlichen Politik an dieser Stelle zu gedenken, deren Verfolgung ebenfalls wesentlich dazu beigetragen hat, die Alleinherrschaft durch Umgestaltung der allgemeinen Verhältnisse und durch Aenderung der Stimmungen der Menschen zu fördern und fester zu begründen. Dies ist das Streben des Augustus, den Gegensatz zwischen Rom und Italien auf der einen und den Provinzen auf der andern Seite auszugleichen und diese beiden bisher so verschiedenen Bestandtheile des römischen Reichs immer mehr zu nivellieren, ein Streben, das sich der neuen Monarchie von selbst aufdrang, da es in ihrem Interesse lag, die bisherigen Herrscher d. h. die römischen Bürger eben so wie die Provinzialen zu Unterthanen zu machen, das daher weiterhin von den Kaisern fortwährend verfolgt wird, bis es zu Anfang des dritten Jahrhunderts durch die Erhebung aller freien Bewohner des Reichs zu römischen Bürgern sein Ziel erreicht, das aber schon von Augustus lebhaft ergriffen und schon von ihm wenigstens um einige bedeutende Schritte gefördert wird. Hierher gehören alle die bereits angeführten Maassregeln, durch die, wie wir gesehen haben, einerseits der herrschende Theil herabgedrückt, andererseits aber die

Provinzen gehoben und in ihrer Lage verbessert werden. Ferner gehört hierher die ebenfalls bereits angeführte Zuziehung der in den Provinzen wohnenden römischen Bürger zum römischen Census (S. 14), die auch als ein zwischen Italien und den Provinzen geknüpftes, die Zusammengehörigkeit beider Theile förderndes Band anzusehen ist. Namentlich aber sind unter diesen Gesichtspunkt die Maassregeln zu stellen, durch welche zahlreiche Provinzialstädte in den Verband des römischen Bürgerrechts aufgenommen oder doch einer solchen erhöhten Stellung nahe gebracht wurden. Dies geschah theils durch die Anlegung von Colonien, deren wir etwa 60 von Augustus gegründeter nachzuweisen im Stande sind,*) theils durch die Erhebung von Provinzialstädten zu Municipien, welche eben so wie die Colonien das römische Bürgerrecht besassen, theils endlich durch die Verleihung des lateinischen Rechts, wodurch wenigstens einem Theile der Bewohner der Zugang zum römischen Bürgerrecht eröffnet wurde. Auf der anderen Seite wurde die Ausgleichung dadurch gefördert, dass zwei wichtige Privilegien Roms und der in Italien wohnenden römischen Bürger wo nicht völlig aufgehoben, so doch wesentlich beschränkt wurden. Die Hauptstadt hatte bisher das Vorrecht gehabt, dass ihr Umkreis von keiner bewaffneten Macht überschritten werden durfte. Jetzt wurden daselbst — eine Folge davon, dass der Imperator in Rom seinen Wohnsitz hatte, was freilich selbst wieder einem alten geheiligten Grundsatz zuwider lief — 9 Prätorianercohorten, eine jede zu 1000 Mann, errichtet, von denen unter Augustus wenigstens 3 ihren ständigen Aufenthalt daselbst hatten, und hierzu kamen noch 3 sog. städtische Cohorten (cohortes urbanae), 7 Wächtercohorten (cohortes vigilum) und endlich noch besondere, meist aus Deutschen oder Batavern gebildete Leibgarden für die Angehörigen des kaiserlichen Hauses. Das andere Privilegium war die Steuerfreiheit der in Italien wohnenden römischen Bürger, welche schon unter Augustus dadurch verletzt wurde, dass sogleich nach Beendigung der Bürgerkriege eine Steuer

---

*) S. A. W. Zumpt, Mon. Ancyr. S. 86 u. Commentt. Epigr. I. S. 361 flg.

von 1 Procent von allen in öffentlicher Auction verkauften Gegenständen (centesima rerum venalium) eingeführt wurde, wozu dann im J. 6 n. Chr. eine Abgabe von 5 Procent von allen nicht auf die nächsten Verwandten übergehenden und nicht unter 100,000 Sestertien betragenden Erbschaften (vicesima hereditatum) und im J. 7 n. Chr. eine von 2 Procent von den verkauften Sclaven hinzukam.

Suchen wir uns nun die Zustände zu vergegenwärtigen, wie sie sich in Folge dieser Maassregeln und der sonstigen Veränderungen in den allgemeinen Verhältnissen gestalteten, so leuchtet von selbst ein, dass zunächst die römische Aristokratie eine ganz andere Stellung einnehmen musste. Diese Aristokratie war der besiegte Theil, und sie war es, deren Rechte und Privilegien der Kaiser an sich zog und sich selbst aneignete, um daraus das neue Gebäude der Alleinherrschaft aufzurichten. Dazu kam, dass die alten Geschlechter zum grossen Theil durch die Bürgerkriege ausgerottet worden waren,*) und dass ihre Stelle durch zahlreiche Emporkömmlinge aus niederen Ständen und zum nicht geringen Theile von nichtrömischer Abkunft, die sich durch ihre den Machthabern geleisteten Dienste emporgehoben hatten, ersetzt worden war. Aber auch diejenigen, welche sich von höher stehenden Römern durch die Bürgerkriege hindurch gerettet hatten, verdankten dies hauptsächlich der Bereitwilligkeit und Fügsamkeit, mit welcher sie sich entweder sogleich beim Beginn der Bürgerkriege oder doch im Lauf oder auch wohl noch nach Beendigung derselben den Führern der siegreichen Partei unterworfen hatten; es wurde ihnen daher leicht, ihr republikanisches Selbstgefühl abzulegen und mit jenen Emporkömmlingen in Unterwürfigkeit gegen den Herrscher zu wetteifern, von dem ihr Wohlleben und ihre äussere vornehme

---

*) C. G. Zumpt (Ueber den Stand der Bevölkerung und die Volksvermehrung im Alterthum, S. 37) führt als solche untergegangene edle Geschlechter an: die Manii Curii, die Curiones, die Fulvii Flacci, Julii Caesares, Licinii Luculli, Licinii Murenae, Livii, Lutatii Catuli, Caecilii Metelli, Claudii Marcelli, Manlii Torquati, Marcii Philippi, Marcii Reges.

Stellung lediglich abhing.*) So verwandelte sich die alte stolze Aristokratie immer mehr in einen Hofadel, der seine Entschädigung für den Verlust an Geltung und Macht und an sittlichen Interessen, wie zu geschehen pflegt, in Schwelgerei und Müssiggang suchte.

Den Mittelpunkt und das verknüpfende Band für die Aristokratie bildete nach wie vor der Senat, für den Augustus einen Census, erst von 400,000, dann von 1,000,000 festsetzte, und der auch hierdurch, noch mehr freilich durch die allgemeine Umwandlung der Dinge allmählich immer mehr den Charakter eines socialen Standes annahm, so dass auch die Frauen und Söhne der Senatoren dazu gerechnet wurden, welche letzteren zwar noch wie früher Ritter hiessen, aber durch den Beinamen „die erlauchten" (equites illustres) von den übrigen Rittern unterschieden wurden. Die wirklichen Senatoren hatten wie die Inhaber der öffentlichen Aemter die Hauptaufgabe, den Sinn des Herrschers zu errathen und ihm durch ihre Abstimmungen und sonstigen Handlungen zu dienen, während sie zugleich vor den Augen der Welt den Schein der Selbstständigkeit möglichst zu bewahren suchen mussten. Neben dem Senat richtete sich Augustus bereits im J. 27 v. Chr. einen engeren, aus einer kleinen Zahl besonders vertrauter und ergebener Anhänger bestehenden Rath ein, und wenn dieser auch lange Zeit keine anerkannte öffentliche Autorität hatte, mit der er erst im J. 13 n. Chr. bekleidet wurde, so lässt sich doch denken, dass der wirkliche Einfluss sich schon von Anfang an auf ihn zurückzog, während dem eigentlichen Senat nur die Repräsentation und allenfalls noch die Verantwortung für unpopuläre Maassregeln, deren Gehässigkeit der Kaiser von sich abzuwenden wünschte, verblieb.

Noch ist ein von Augustus so gut wie völlig neu gegründetes Amt zu erwähnen, welches neben dem Senat und den

---

*) Dies wird von Tacitus in seiner treffenden und prägnanten Weise so ausgedrückt (Ann. I, 2): Cum ferocissimi per acies aut proscriptione cecidissent, ceteri nobilium, quanto quis servitio promptior, opibus et honoribus extollerentur ac novis ex rebus aucti tuta et praesentia quam vetera et periculosa mallent.

republicanischen Magistraten stehend und lediglich vom Kaiser abhängig, wesentlich dazu dient, den Wirkungskreis der republicanischen Institutionen einzuengen und die Befugnisse der übrigen Beamten zu absorbieren. Dies ist das Amt des Stadtpräfecten (praefectus urbi), welches im J. 36 während des sicilischen und im J. 31 während des actischen Krieges dem Mäcenas vorübergehend übertragen, im J. 25 aber als ein stehendes eingesetzt wurde. Er hatte zunächst nur die Obliegenheit, die Ruhe und Ordnung in der Stadt und in einem Umkreis derselben von 20 Meilen aufrecht zu erhalten, zu welchem Zweck die städtischen Cohorten unter seinen Befehl gestellt wurden; durch die nahe Beziehung zum Kaiser und durch den Besitz dieser militärischen Macht wurde es ihm aber leicht, seine Macht immer weiter auszudehnen. Er zog daher nicht nur unter dem Namen der polizeilichen Gewalt, die ihm eigentlich allein zustand, allmählich die ganze Criminalgerichtsbarkeit in seinem Bereich an sich, sondern es kam auch bald dazu, dass man von den Entscheidungen der übrigen Magistrate in allen sonstigen Angelegenheiten an ihn appellierte, so dass er etwa die Stellung eines Ministers des Innern in einem modernen absoluten Staate einnahm.

Ein besonders deutliches Anzeichen, wie sehr der Adel seine frühere Würde vergessen hatte, ist darin zu erkennen, dass Augustus schon im J. 22 v. Chr. den Frauen und Söhnen von Senatoren verbieten musste, auf der öffentlichen Schaubühne bei den Mimenspielen als Tänzer aufzutreten, ferner dass Viele sich weigerten, in den Senat einzutreten und öffentliche Aemter zu übernehmen, und erst durch sanftere oder strengere Mittel dazu genöthigt werden mussten.

Ausser dem Senatorenstande hoben sich noch die eigentlichen Ritter aus der Masse des Volkes hervor, d. h. diejenigen, welche mindestens 400,000 Sestertien besassen und von freien Eltern abstammten. Die Angehörigen dieses Standes trieben, wie früher (s. Bd. I. S. 507. Bd. II. S. 33), hauptsächlich Geldgeschäfte; es gehörten aber dazu auch alle diejenigen, welche ein viel grösseres Vermögen und vielleicht auch bedeutenden politischen Einfluss besassen, wenn ihre Familie nicht ohnehin senatorischen Rang hatte oder sie selbst durch Bekleidung hoher Staatsämter in den Senat gelangten, wie z. B. der mächtige Freund und Günstling des Augustus, Maecenas, der es verschmähte, mehr zu sein und zu heissen als ein römischer Ritter, und mit diesem Titel sogar einen gewissen bescheiden stolzen Prunk trieb.

Diesen bevorzugten Klassen gegenüber stand in Rom eine, mit verhältnissmässig nur wenigen besseren Bestandtheilen untermischte, besitz- und erwerblose, müssige, unruhige und anspruchsvolle Volksmasse, so zahlreich, wie keine andere Stadt sie je aufzuweisen gehabt hat*), und wie sie eben nur durch die eigenthümlichen Verhältnisse Roms gross gezogen werden konnte, die Nachfolgerin und Erbin des ehemaligen römischen Herrschervolks, die eben deshalb ein Recht zu haben meinte, statt von ihrer Arbeit von dem Tribut der Unterthanen zu leben, die daher schon in den letzten Zeiten der Republik nicht nur auf Staatskosten durch Brodspenden ernährt (Bd. II. S. 30 und 221), sondern auch von den Magistraten durch Feste und Spiele unterhalten worden war, und die jetzt Beides, Brod und Belustigungen (panem et Circenses), in erhöhtem Maasse empfing. Augustus fügte, wie er selbst in dem mehrerwähnten Ancyranischen Denkmal berichtet, zu den regelmässigen Brodspenden im J. 22 v. Chr. 12 ausserordentliche hinzu und schenkte dem Volk im J. 44 v. Chr. einem Jeden 300 Sestertien, im J. 29 v. Chr. 400, eben soviel im J. 24 und im J. 12 v. Chr., im J. 5 v. Chr. 240 und eben soviel im J. 2 v. Chr. Die Feste und Lustbarkeiten wurden schon dadurch unter ihm bedeutend vermehrt, dass der Senat ihm zu Ehren eine Menge neuer Festtage einsetzte; so wurden z. B. sein Geburtstag, die Tage seiner Siege, die seiner Rückkehr in die Hauptstadt nach längerer Abwesenheit, u. dgl. m. zu Festtagen erhoben. Ausserdem veranstaltete

---

*) Zu der Zeit, wo das Proletariat von Paris die Herrschaft in Frankreich führte, wurden in der Hauptstadt bei einer Gesammtbevölkerung von 600,000 Seelen regelmässig 12,000 Arbeiter auf Staatskosten beschäftigt, d. h. gefüttert, eine Zahl, die nur ausnahmsweise einmal bis auf 31,000 stieg, s. v. Sybel, Gesch. der Revolutionszeit, Bd. 1. S. 212 u. 213, während in Rom, wie wir sogleich hören werden, die Zahl der auf Staatskosten ernährten Proletarier sich auf mindestens 200,000 belief.

aber auch noch Augustus selbst eine grosse Anzahl ausserordentlicher Festlichkeiten, so z. B. — wiederum nach seinen eigenen Angaben im Ancyranischen Denkmal — 8 mal Gladiatorenspiele, bei denen zusammen 10,000 Fechter auftraten, 3 mal Athletenkämpfe, 27 mal vorzugsweise so genannte Spiele, d. h. Wettrennen im Circus mit Allem, was dazu gehörte, und Bühnenspiele, 26 mal Thierhetzen (venationes), wozu noch die grosse Säcularfeier, die er auf Grund einer willkürlichen oder doch unklaren Zählung der Jahre im J. 17 v. Chr. veranstaltete, und die Festlichkeiten bei der Weihung des Tempels des rächenden Mars hinzukamen, unter letzteren z. B. ein Schaugefecht zur See in einem dazu besonders gegrabenen Bassin von 1800 Fuss Länge und 1200 Fuss Breite, an dem 30 Zwei- und Dreiruderer und 3000 Kämpfer Theil nahmen. Die Zahl der Empfänger belief sich bei den Brodspenden zur Zeit des Julius Cäsar auf 320,000, wurde aber von diesem auf 150,000 oder nach einer anderen Deutung auf 170,000 herabgesetzt; unter Augustus stieg sie wieder höher, vielleicht bis auf die frühere Zahl von 320,000, wurde aber dann im J. 2 v. Chr. theils durch Anwendung grösserer Strenge in der Zulassung theils durch die Ausführung ärmerer Bürger in Colonien wieder auf 200,000 beschränkt. Jene Geschenke kamen die ersten Male bis zum J. 12 v. Chr. an „mehr als 250,000 Empfänger," im J. 5 an 320,000, im J. 2 v. Chr. an „etwas mehr als 200,000," was, da dabei nur der männliche Theil der Bevölkerung, dieser allerdings bis auf die kleinen Kinder herab, betheiligt war, mit Hinzurechnung der Frauen eine Gesammtmenge von etwa 600,000 Köpfen ergiebt. Diese ganze grosse beschäftigungslose und von jedem Wind erregte Masse in einer Stadt von überhaupt etwa 1¼ Millionen Einwohnern*) hatte zwar gar keine eigentliche politische

---

*) Ueber die Bevölkerung Roms sind die verschiedensten Ansichten aufgestellt worden. Lipsius schlägt sie zu 4 Millionen an (andere noch überschwenglichere Angaben s. bei Dureau de la Malle, Economie pol. I. S. 348), Bunsen, C. G. Zumpt, Marquardt (Handb. des röm. Alterth. III, 2. S. 101) auf 2 Millionen, Dureau de la Malle (a. a. O. I. S. 366 ff.), dem Merivale (History of the Romans under the empire, Vol. IV. S. 515 ff.) im Wesentlichen beistimmt, auf nicht mehr als 562,000, während Gibbon

Macht, denn die Volksversammlungen, welche allerdings hauptsächlich durch sie gebildet wurden, hatten, wie wir wissen, alle politische Bedeutung verloren; allein sie war demungeachtet ein wichtiges Element der Bevölkerung Roms und übte namentlich einen bedeutenden Druck auf die Kaiser aus, welche sie befriedigen mussten, wenn sie nicht Störungen der Ordnung und des Friedens in der Hauptstadt befürchten sollten, und die noch immer auf die Beifallsbezeugungen des Volks einen nicht geringen Werth legten. Sie war es, die noch immer den Namen des römischen Volks führte und dasjenige hauptsächlich bildete, was von einer öffentlichen Meinung noch übrig war.

---

und in nenester Zeit Friedländer (Darstellungen aus der Sittengesch. Roms, S. 21 ff.) im Ganzen mit unserer Ansicht übereinstimmen. Es giebt in der That keinen andern sichern Anhalt — der freilich auch nicht weit reicht — als die Zahl der Brod- und Geschenkempfänger, die wir oben angegeben haben. Nun glaube ich zwar nicht, dass darin die ganze plebs urbana begriffen war, denn sollten z. B. die reichen Freigelassenen, deren es in Rom nicht wenige gab und die trotz der grössten Reichthümer doch nicht Ritter oder Senatoren werden konnten, deren einer, C. Caecilius Claudius Isidorus, nach Plinius (H. N. XXXIII, 10) bei seinem Tode 4116 Sclaven, 3600 Joch Ochsen, 251,000 Stück anderes Vieh und über 60 Millionen Sestertien hinterliess, sollten ferner, wenn einmal eine Auswahl getroffen wurde, diejenigen freigeborenen Römer, welche dem Census der Ritter nahe kamen, z. B. die sogenannten Ducenarii, welche 200,000 Sestertien und darüber besassen und aus denen Augustus eine eigene Rittercenturie bildete, an jenen Spenden participiert haben? Auf der andern Seite halte ich es aber auch nicht für wahrscheinlich, dass die Zahl der nicht Theil nehmenden Plebejer sehr gross gewesen sei, und wenn man nun vielleicht die Zahl dieser zu 200,000, die der Angehörigen des Senatoren- und Ritterstandes zu 20,000, die der Sclaven zu 3—400,000, endlich die der Fremden und der Soldaten auf 50,000 anschlägt, so ergiebt sich ungefähr die oben angenommene Gesammtsumme. Dureau de la Malle's Annahme widerlegt sich schon durch die Zahl der Almosenempfänger; sie beruht auf einer Messung des bewohnten Areals von Rom und einer hieraus nach Maassgabe der Bevölkerung von Paris auf gleichem Flächenraum gezogenen Schlussfolgerung, die bei der gänzlichen Verschiedenheit der antiken Wohnungsverhältnisse alles festen Grundes entbehrt. Höck's Berechnung (Röm. Gesch. II. S. 383 ff.) ist ganz und gar auf eine Ergänzung des Ancyranischen Denkmals (III, 14) basiert, die schon von A. W. Zumpt vorworfen und neuerdings durch die Entdeckung des gründlichen Textes als falsch erwiesen worden ist.

Das übrige Italien ist, seitdem das römische Bürgerrecht
über die ganze Halbinsel ausgedehnt worden war, gewissermaassen als die Vorstadt Roms anzusehen. Seine Kraft und
Blüthe war zum grossen Theil schon durch die Kriege, durch
welche es der römischen Herrschaft unterworfen wurde, gebrochen worden; was davon noch übrig blieb, war durch die
Vertreibung der bisherigen Einwohner aus den Städten und
durch die Ansiedlung der Veteranen zur Zeit des letzten
Triumvirats (Bd. II. S. 461) und durch die sonstigen zerstören-
den Wirkungen der Bürgerkriege vernichtet worden. Augustus
bemühte sich zwar, die Lage des Landes zu verbessern. Er
gründete daselbst, um die freie Bevölkerung zu vermehren,
nicht weniger als 28 Colonien, in denen er neben den Veteranen auch ärmere Bürger der Hauptstadt ansiedelte; er
theilte die ganze Halbinsel in 11 Regionen, für die er besondere Verwaltungsbehörden einsetzte, um überall die lang ent-
behrte Ordnung und Sicherheit wieder herzustellen; er traf
endlich die Einrichtung, um den ausserhalb Roms wohnenden
römischen Bürgern die Theilnahme an den Volksversammlungen zu erleichtern, dass die Decurionen der Städte (d. h.
die Mitglieder des Raths) für die Wahlen in Rom zu Hause
abstimmen und das Ergebniss ihrer Abstimmung nach Rom
schicken sollten, eine Maassregel, die auch deswegen bemerkenswerth ist, weil in ihr eine gewisse Analogie zu dem
heut zu Tage herrschenden, den alten Völkern sonst unbekannten Repräsentativsystem enthalten ist. Indessen konnte
durch alle diese Maassregeln weder die Bevölkerung des
Landes wesentlich gehoben noch ein eigenthümliches und
selbstständiges Leben darin geweckt werden. Ein nicht geringer Theil desselben diente lediglich dem Luxus und der
Bequemlichkeit der römischen Grossen, die ihre Landgüter
immer mehr vergrösserten und weiter ausbreiteten und auf
denselben nur Sclaven zur Bearbeitung des Landes und zu
den sonstigen Diensten gebrauchten. Die übrigen Bewohner
waren wenig zahlreich, meistentheils arm und ohne politische
Interessen, nur etwa Oberitalien ausgenommen, welches am
spätesten von Rom unterworfen und vorzugsweise durch
Fruchtbarkeit begünstigt war, welches daher wenigstens einen

gewissen Wohlstand bewahrte, obgleich auch hier die Ackeranweisungen der letzten Jahrzehnte der Republik zerstörend genug gewirkt hatten.

Was die Provinzen anlangt, so wurde, wie wir gesehen haben, unter den Kaisern ihre Lage wesentlich verbessert, und es ist nicht zu verkennen, dass sie jetzt im Ganzen zu einer gewissen materiellen Blüthe gelangten. Man könnte nun meinen, dass unter dieser verhältnissmässig milden und gerechten Herrschaft sich dort auch durch den Einfluss römischen Geistes und römischer Bildung ein regeres, freieres und demnach auch in einem gewissen Sinne nationales Leben hätte entwickeln müssen. Indessen dies war nicht der Fall. In Asien war die Nationalität der verschiedenen Völker bereits durch die Herrschaft der Griechen und Macedonier vernichtet; es war dort ein Halbgriechenthum verbreitet, selbst veraltet und verblichen und doch an Bildung sich über alle anderen Völker, auch über die Römer weit erhaben dünkend, welches durch die Nothwendigkeit, den Römern zu dienen und zu schmeicheln, nur noch tiefer herabgedrückt wurde und jeden sonstigen besseren Einfluss von sich abwies. Anderwärts, wie in Palästina und Aegypten, traf Rom mit einem so in sich abgeschlossenen, so völlig verschiedenen Volksthum zusammen, dass jede Annäherung und jede Art einer Verschmelzung unmöglich war und Rom also nur durch Niederhaltung oder, wie in Palästina, durch völlige Vernichtung der Nationalität herrschen konnte. Wiederum gab es Völker, wie die im Nordosten von Italien und in den Donaugegenden, wo Rom jetzt nicht über die erste Niederwerfung der rohen ungebändigten Naturkraft hinauskam. Anders war es allerdings in Gallien, Spanien und Africa, wo in der That die griechisch-römische Bildung der Herrscherin die bereitwilligste Aufnahme fand, und wo die Studien in mehreren Städten, wie in Augustodunum, Massilia, Lugdunum, Burdigala, in Gades, in mehreren der blühenden Städte Bätica's und in Carthago, fast mit mehr Eifer getrieben wurden als in Rom selbst; indess war es nicht viel mehr als die Schale der Literatur, die Rhetorik, auf die sich der jugendlich frische Trieb dieser Völker warf, freilich bald auch

in Rom selbst das Einzige, was von der Literatur noch übrig
war. Nun kam noch hinzu, dass das stolze Vorurtheil der
Römer gegen alles Fremde auch unter den Kaisern trotz der
milderen Behandlung den Provinzialen gegenüber dasselbe
blieb wie früher, wie sich unter Anderem darin zeigt, dass
schon Augustus seine göttliche Verehrung in den Provinzen
zuliess, indem er im J. 29 der Provinz Asien gestattete ihm
und der Stadt Rom in Pergamum einen Tempel zu errichten,
und dass auch die folgenden Kaiser hierin seinem Beispiele
folgten, während das Gleiche in Rom unmöglich hätte geschehen
können. Es ist daher völlig undenkbar, dass sie in den
Provinzen eine freiere, selbstständigere Entwickelung gefördert
oder auch nur gestattet hätten. Endlich aber — und dies ist
ein Hauptgrund, warum die Völker in den Provinzen sich
nicht zu einer Einheit zusammenschliessen und demnach auch
nicht zu einer selbstständigen Entwickelung gelangen konnten
— beharrten die Römer auch jetzt noch, wenn auch mit
manchen Modifikationen, bei dem System der Spaltung unter
ihren Unterthanen, bei dem Divide et Impera, welches von
jeher ein Grundprincip ihrer äusseren Politik gebildet hatte
(s. Bd. I. S. 270 u. 506). Noch immer wurden die civitates
liberae und foederatae und liberae et immunes beibehalten und
gelegentlich vermehrt, über welche Bd. I. S. 507 gehandelt
worden ist, und dazu kamen jetzt noch die römischen Colonien,
die Municipien und die Städte mit dem alten lateinischen
Recht (Bd. I. S. 273), welches, nachdem es in Italien selbst
durch die allgemeine Verleihung des römischen Bürgerrechts
ausser Anwendung gekommen, nunmehr auf die Provinzen
übertragen wurde; endlich kam auch noch der weitere Unterschied
hinzu, dass einem Theile der Colonien und vielleicht
auch der Municipien als besondere Auszeichnung theils gewisse
Vorrechte hinsichtlich der Verwaltung, theils Freiheit von der
Grund- und Kopfsteuer, theils unter dem Namen des italischen
Rechts diese beiden Vorzüge zusammen verliehen wurden.
So gab es z. B. in dem diesseitigen Spanien unter 179 Städten
12 Colonien, von welchen 2 als abgabenfrei, 2 als Städte
italischen Rechts bezeichnet werden, 13 Municipien, 18 lateinische
und 1 verbündete Stadt. Alle diese bevorzugten Städte

waren eben so viele Bande, durch welche die Provinzen eng mit Rom verkettet, in sich aber zertheilt und zerrissen wurden.

War aber sonach in Rom selbst in Senat und Volk der alte Geist erloschen oder entartet und konnte hierfür auch die Bevölkerung Italiens und der Provinzen keinen Ersatz durch ein neu erwachtes Leben leisten: so gab es allerdings noch einen Bestandtheil des römischen Staates, in welchem wenigstens etwas von dem alten römischen Wesen erhalten war. Dies war das Heer. Es gab jetzt in Folge der Entwickelung der Dinge im römischen Staate zum ersten Male in der Welt ein stehendes Heer; denn die verhältnissmässig geringen Schaaren von Leibwächtern der griechischen Tyrannen lassen sich eben so wenig als solches ansehen wie etwa die 10000 Unsterblichen der Perserkönige. Augustus hatte von den ungefähr 50 Legionen, die nach Beendigung der Bürgerkriege sich in seiner Gewalt vereinigten, Anfangs 18 im Dienst behalten. Hierzu fügte er später, vielleicht im J. 4 n. Chr., noch 8 hinzu, verlor aber durch die Niederlage des Varus 3, von denen er nachher nur 2 wieder ersetzte, so dass er also nach seinem Tode deren 25 hinterliess. Alle diese Legionen standen in den Provinzen, 8 in den beiden Germanien längs des linken Rheinufers, 3 in Spanien, 7 in Dalmatien, Pannonien und Mösien, 4 an der Ostgrenze von Asien, 2 in Aegypten, 1 in Africa;*) Rom und Italien wurde durch die oben schon erwähnten Prätorianer und die städtischen Cohorten geschützt, von denen die ersteren als der Person des Kaisers am nächsten stehend selbstverständlich unter allen Truppen den höchsten Platz einnahmen. Diese gesammten Streitkräfte — mit den Hülfstruppen der Provinzen mindestens 300,000 Mann — bildeten einen geschlossenen Körper und einen abgesonderten Stand, in dem wenigstens einige der ächt römischen Tugenden, insbesondere Tapferkeit und Römerstolz, erhalten waren;

---

*) Diese Stellung der Legionen ergiebt sich aus Tac. Ann. IV, 5 vgl. mit III, 9, IV, 23. Die obigen Angaben über Zahl und Vermehrung der Legionen stützen sich hauptsächlich auf die Ausführungen von Mommsen zum Mon. Anc. S. 47.

wie ehedem die Streitkraft des römischen Staates in dem römischen Volk geruht hatte, so war sie jetzt fast gänzlich in diesem stehenden Heere aufgegangen. Die Dienstzeit wurde im J. 13 v. Chr. für die Prätorianer auf 12, für die übrigen Truppen auf 16, nachher im J. 5 v. Chr. für jene auf 16, für diese auf 20 Jahre festgestellt, Viele blieben aber auch nach Ablauf dieser Frist unter besonderen Vergünstigungen noch länger bei den Fahnen; bei ihrem Austritt wurden sie mit einem Geldgeschenk, welches in dem letztgenannten Jahre für die Prätorianer auf 5000, für die übrigen auf 3000 Drachmen normiert wurde, gewissermaassen zur Ruhe gesetzt. Auf ihnen beruhte die Macht des Kaisers, der als Imperator der oberste Kriegsherr war; auf ihnen die Sicherheit der Provinzen nach Innen wie nach Aussen und des ganzen Reichs. Freilich konnte es nicht ausbleiben, dass sie allmählich das Geheimniss ihrer Macht erkannten und über den Thron, der hauptsächlich von ihnen abhing, auch die Disposition in Anspruch nahmen, wie es zuerst von den Prätorianern und dann auch von den Legionen in den Provinzen geschehen ist.

Gegen diese Umbildung des römischen Reichs, welche Augustus theils durch die in Vorstehendem angeführten einzelnen Maassregeln theils noch mehr durch seine ununterbrochene stille, fast unmerkliche, eben so kluge als consequente Einwirkung herbeiführte, und durch welche dem ganzen Staatsorganismus immer mehr das monarchische Gepräge aufgedrückt wurde, treten die sonstigen innern Vorgänge der römischen Geschichte völlig zurück, und es ist aus der Zeit, welche unser Abschnitt umfasst, nur noch zu erwähnen, dass Augustus sich das Imperium im J. 18, als die ersten 10 Jahre desselben abzulaufen im Begriff waren, auf 5 Jahre, dann im J. 13 wieder auf 5 und im J. 8 auf 10 Jahre verlängern liess, was darauf im J. 3 n. Chr. und im J. 13 noch zweimal auf je 10 Jahre geschah; ferner, dass er dem Agrippa, den er im J. 22 mit seiner Tochter Julia verheirathet hatte, im J. 18 und im J. 13 auf je 5 Jahre zu seinem Collegen in der tribunicischen Gewalt ernennen und nach dessen im J. 12 erfolgten Tode dieselbe Auszeichnung im J. 6 dem Tiberius übertragen liess, womit er den einen wie den andern als seinen Gehülfen und für den Fall seines Todes als seinen Nachfolger bezeichnete; endlich, dass er im J. 17 seine beiden Enkel aus der Ehe des Agrippa und der Julia, C. und L. Cäsar, adoptirte, Letzteres Maassregeln, die offenbar darauf abzweckten, seinem Hause die Herrschaft für die Folge zu sichern.

Dagegen ziehen die Kriege der Zeit unsere Aufmerksamkeit in höherem Grade auf sich. Obgleich Augustus, zum grossen Glück für Rom und das römische Reich, wenig militärischen Ehrgeiz besass, so wurde er doch durch die Unsicherheit der römischen Grenzen am Rhein und in den Donaugegenden und durch die noch ungebrochene Feindseligkeit mehrerer Alpenvölker genöthigt, eine Reihe von blutigen, theilweise lang dauernden Kriegen zu führen, um in diesen Gegenden die römische Herrschaft festzustellen. Ausserdem wurde er wohl auch theilweise wider seinen Willen durch seine Stiefsöhne Tiberius und Drusus in den Krieg getrieben, die beide tüchtige Feldherren waren und von denen namentlich der letztere den glühenden Drang hatte, sich durch Kriegsthaten einen glänzenden Namen zu machen.

Der erste Act des langen und blutigen Kriegsspiels fand am unteren Rhein statt, in der Gegend wo überhaupt Römer und Germanen hauptsächlich auf einander gestossen sind, und von wo die ersteren fast alle ihre Einfälle in Deutschland gemacht haben, da sie nur hier ein ebenes, zugängliches Land vor sich fanden. Hier wohnten ihnen zunächst auf dem jenseitigen Ufer des Rheins etwa von der Lahn bis herab in die Gegend wo der Rhein sich theilt, die Sigambrer*) nebst den Usipetern und Tencterern, deren Ueberreste nach der Niederlage durch Cäsar im J. 55 bei ihnen Aufnahme gefunden hatten (Bd. II. S. 280). Diese tödten im J. 16 eine Anzahl Römer, die sich in ihrem Gebiet befinden, setzen über den Rhein, locken die Reiterei der Römer in einen Hinterhalt, schlagen sie und dann auch die Legionen des untern Germaniens unter

---

*) So ist der Name nach seiner etymologischen Deutung (s. J. Grimm, Gesch. der d. Spr. I. S. 525) zu schreiben, während er sich bei den griechischen und römischen Autoren theils so, theils Sugambri, $\Sigma o\acute{v}\gamma a\mu\beta\rho o\iota$ oder $\Sigma\acute{v}\gamma a\mu\beta\rho o\iota$ geschrieben findet.

dem Statthalter M. Lollius, wobei sie sich auch eines Adlers bemächtigen. Der Schrecken über diese schimpfliche Niederlage war in Rom so gross, dass Augustus selbst auf den Kriegsschauplatz eilte. Indess die Sigambrer kehrten mit der gemachten Beute in ihre Heimath zurück, da sie ihren Zweck erreicht hatten, und verstanden sich sogar dazu, auf Augustus' Verlangen zur Bürgschaft für den Frieden Geisseln zu stellen; worauf hier die Waffen für einige Jahre ruhten.

In demselben Jahre (16) begann aber auch der Krieg mit den Alpenvölkern. Wir erinnern uns, dass die Uebergänge über den grossen und kleinen Bernhard im J. 25 durch die Unterwerfung der Salassier gesichert wurden. Die hiervon östlich gelegenen Alpen waren bisher von der römischen Herrschaft völlig unberührt. Hier wohnten im Centrum der Alpen und auf den südlichen Abhängen derselben in der Ausdehnung vom St. Gotthard bis zum Terglou und dem Grossglockner, also im heutigen Graubündten, Tyrol und einem Theil von Kärnthen, die in eine Menge kleiner Völkerschaften zerfallenden Rätier und nördlich von ihnen auf den jenseitigen Abhängen der Alpen vom Bodensee bis zum Inn und im Norden bis zur Donau, also im Würtenbergschen und Baierschen, die mit ihnen eng verbundenen Vindelicier. Gegen diese Völker eröffnete im J. 16 P. Silius den Krieg. Er schlug die Camunier und Venonen oder Venosten, zwei der tapfersten Völker Rätiens und Vindeliciens, und dann auch die Pannonier und Noriker, welche jenen zu Hülfe kamen. Indessen ein dauernder Erfolg wurde erst im folgenden Jahre (15) durch einen combinierten Angriff des Tiberius und Drusus erzielt. Drusus drang vom Süden her die Etsch aufwärts in das Land, schlug die Feinde im oberen Thale der Etsch am Fuss der tridentinischen Alpen und durchzog dann die Höhen und Thäler des Landes, den tapfern, aber vereinzelten Widerstand der Bewohner überall unter grossem Blutvergiessen niederschlagend, während Tiberius seinen Feldzug vom Bodensee eröffnete und von da nach Osten vordringend Alles verheerte und niedermachte, bis er sich mit seinem Bruder vereinigte. Hiermit war die Unterwerfung von Rätien und Vindelicien vollendet. Es wurde aus beiden Ländern eine

Provinz gemacht, und um jede Wiedererhebung zu verhindern, wurde ein grosser Theil der Bewohner aus dem Lande geführt und nur so viele darin gelassen, als zur nothdürftigen Bebauung unentbehrlich waren; ferner wurde zu gleichem Zweck eine Strasse durch das Land gezogen, die die Etsch aufwärts lief, dann über den Brenner und hierauf, wie es scheint, zunächst bis Augsburg*) ging, um später unter dem Kaiser Claudius bis zur Donau verlängert zu werden. Auch Noricum, das Nachbarland zwischen Inn und dem Kahlemberge, wurde jetzt zur Provinz gemacht, sei es, dass die Bewohner nach der Niederlage vom vorigen Jahre sich die völlige Unterwerfung gefallen liessen, sei es dass sie durch nochmalige Anwendung von Gewalt dazu genöthigt wurden.

Die Strassen über die Westalpen, über den Mont Cenis, M. Genèvre und M. Viso, wurden den Römern — ungewiss wann — durch die freiwillige Unterwerfung des Königs Cottius eröffnet, der dafür das römische Bürgerrecht und den Titel eines Präfecten empfing; die Strasse längs der Küste wurde durch einen glücklichen Krieg gegen die feindlichen Ligurer gesichert, der im J. 14 geführt wurde. Zur Verherrlichung der gänzlichen Unterwerfung der Alpenvölker wurden zwei Siegesbogen errichtet, der eine zu Segusio (Susa) im J. 9 n. Chr., der noch erhalten ist und uns die Namen von 15 Völkerschaften des Cottius nennt, die sich dem Augustus unterwarfen, der andere am Südwestfusse der Alpen in der Nähe des heutigen Monaco, dessen Inschrift 45 Völker aufzählt, als diejenigen, durch deren Besiegung die Alpen unter die römische Herrschaft gebracht worden seien.**)

---

*) Man nimmt gewöhnlich an, dass Augusta Vindelicorum jetzt als Colonie zur Sicherung des eroberten Landes gegründet worden sei, und glaubt die splendidissima Raetiae provinciae colonia bei Tacitus (Germ. 41) auf sie beziehen zu müssen. Indessen sind hiergegen gewichtige Gründe von Zumpt (Comment. epigr. p. 403) geltend gemacht worden, welcher vermuthet, dass die Stadt erst von Hadrian gegründet und nicht Colonie, sondern Municipium gewesen sei.

**) Die erstere Inschrift ist bei Orelli (Nr. 626) abgedruckt, die andere steht Plin. Hist. N. III, 20, 136.

Durch diese völlige Bezwingung der Alpenvölker war nicht nur die Verbindung mit dem Norden, sondern auch mit den im Osten an der Donau gelegenen Ländern Pannonien und Mösien erleichtert und gesichert, von denen ersteres in den J. 35 und 34 (Bd. II. S. 483), letzteres von Crassus im J. 29 (o. S. 20) zuerst unterworfen worden war. Indess war dieses Heranrücken der Römer an die eigenen Grenzen vielleicht die Ursache, dass Pannonien, welches östlich von Noricum, im Norden und Osten von der Donau begrenzt war und sich südlich bis über die Save erstreckte, im J. 14 einen Versuch machte, durch einen Aufstand die römische Herrschaft abzuschütteln. Es wurde aber im J. 14 von Neuem unterworfen und nachdem es sich im J. 13 nochmals erhoben, in den folgenden Jahren nebst Dalmatien, welches sich im J. 11 an den Aufstand anschloss, durch drei Feldzüge des Tiberius in den J. 12, 11 und 10 so völlig gebrochen, dass nunmehr der Friede wenigstens so lange erhalten blieb, bis wieder an der Stelle der ausgerotteten waffenfähigen Mannschaft des Landes eine neue streitbare Jugend herangewachsen war (bis zum J. 6 nach Chr.).

Mittlerweile waren in Gallien und an der Grenze von Deutschland seit der Niederlage des Lollius vom J. 16 Augustus und sein anderer Stiefsohn Drusus unablässig thätig gewesen, die dortigen Verhältnisse zu ordnen und sicher zu stellen. Augustus verliess Gallien im J. 13 und überliess es dem Drusus, das bisher gemeinsame Werk allein fortzusetzen, der nunmehr sofort die grossartigsten Anstalten traf, nicht nur um fernere Einfälle der Germanen zu hindern, sondern um den zunächst zugänglichen nordwestlichen Theil Deutschlands zwischen Rhein und Elbe und nördlich vom Main der römischen Herrschaft völlig zu unterwerfen.

War die Kette von festen Lagern am Rhein von Basel bis in die Gegend, wo die Waal sich vom Rhein trennt, schon vorhanden (worüber sich nichts Bestimmtes aus unseren Quellen ergiebt), so wurde sie doch von Drusus jetzt verstärkt und durch Anlage von Brücken und von Befestigungen derselben auf dem jenseitigen Ufer zum Angriffskriege geschickter gemacht. Der untere Lauf des Rheins von jener Stelle an, wo sich die Waal abzweigt (der dritte mittlere Arm, der Leck, existierte damals noch nicht, weshalb auch der Rhein selbst noch ein starker mächtiger Strom war), wurde durch ein Bündniss geschützt, welches mit dem germanischen, zwischen Waal und Rhein wohnenden Volke der Bataver abgeschlossen und von diesen die nächsten Jahrzehnte hindurch treu bewahrt wurde. Ausserdem erhielt die römische Stellung noch durch ein anderes germanisches Volk eine weitere Stärkung, durch die Ubier, welche von den suevischen Chatten aus ihren Wohnsitzen auf dem nördlichen Ufer des Mains vertrieben, von Agrippa im J. 38 auf das rechte Rheinufer in die Gegend von Cöln übergeführt und hierdurch zugleich der Natur der Sache nach von den übrigen Germanen getrennt und auf die Seite der Römer gestellt worden waren. Endlich schuf sich Drusus noch einen ganz neuen Weg in das Feindesland, indem er durch das grossartige Werk des Drususgrabens (fossa Drusiana) eine Wasserstrasse vom Niederrhein nach dem Zuydersee und somit nach der Nordsee und nach den Mündungen der deutschen Ströme in dieses Meer eröffnete. Er verband zu diesem Zweck die Yssel von Doesburg an durch einen Kanal mit dem in den Zuydersee mündenden Flüsschen Berkel und zwang durch Dämme einen Theil der Gewässer des Rheins, seinen Weg durch das Bett der Yssel, jenes Kanals und des Berkel nach dem Zuydersee zu nehmen, der sich damals nur durch einen Strom zwischen den heutigen Inseln Vlieland und Ter Schelling nach der Nordsee öffnete. Bei dieser Gelegenheit war es wahrscheinlich auch, wo er mit den um den Zuydersee herum bis zur Ems hin wohnenden Friesen ein Bündniss schloss, die sich in den folgenden Feldzügen als treue und nützliche Bundesgenossen der Römer bewiesen; denn es war ohne ein vorher mit den Bewohnern des Landes getroffenes friedliches Abkommen nicht möglich, diese Wasserstrasse anzulegen, von einer früheren Berührung aber der Römer mit den Friesen ist nirgends die Rede.

Um aber das Band zwischen Rom und Gallien fester zu knüpfen und dadurch die Treue der Gallier im Rücken zu sichern, veranstaltete Drusus am 1. August des J. 12 für die ganze Nation glänzende festliche Spiele zur Einweihung eines

Altars der Stadt Rom und des Augustus, der in dieser Zeit
von 60 gallischen Völkern gestiftet und mit symbolischen
Abbildungen dieser Völker geschmückt worden war, und
ordnete an, dass diese Spiele auch ferner alljährlich an demselben Tage — gewissermaassen als Feier der Vereinigung
Galliens mit dem römischen Volke — begangen werden sollten.

Nachdem alle diese Vorbereitungen getroffen waren, gab
ein neuer Angriff der Sigambrer das Signal zum Krieg. Diese
überschritten im J. 12 den Rhein, wurden aber von Drusus
zurückgeschlagen. Und nun ging Drusus selbst von der Insel
der Bataver aus über den Rhein, durchzog plündernd und
verwüstend erst das Gebiet der Usipeter und dann eben so,
nach Süden längs dem Rhein vorrückend, das der Sigambrer.
Hierauf aber schritt er zu der Hauptunternehmung des Jahres.
Er schiffte sein Heer ein und führte es auf seiner neuen
Wasserstrasse nach der Mündung der Ems und diesen Fluss
aufwärts, wobei er die vor der Mündung der Ems liegende
Insel Burchana (j. Borchum) eroberte und auf der Ems den
Bructerern eine siegreiche Schlacht lieferte. Das Hauptergeb-
niss des Zugs war, dass er auf diese Art zuerst die weiter
rückwärts gelegenen Gegenden von Norddeutschland genauer
kennen lernte und mit den längs der Küste von der Ems bis
zur Elbe wohnenden Chauken ein Bündniss schloss. Im folgenden Jahre (11) wiederholte er zunächst den Zug durch
das Gebiet der Usipeter und Sigambrer, wobei er, um in das
Gebiet der letzteren zu gelangen, eine Brücke über die Lippe
schlug, wendete sich aber dann nach Osten und zog durch
das Gebiet der Cherusker bis zur Weser hin, welche er
wahrscheinlich in der Gegend von Corvey erreichte. Hier
wendete er aber um, weil es ihm an Lebensmitteln gebrach
und der Winter herannahte. Mittlerweile aber hatten sich
Sigambrer, Chatten und Cherusker, wahrscheinlich in den
Waldgebirgen in der Gegend der Quellen der Lippe, gesam-
melt, um ihm den Rückweg zu verlegen. Die Sigambrer
waren während seines Hinmarsches auf einem Kriegszuge gegen
die Chatten abwesend gewesen, die sie zur Theilnahme an
dem Kriege gegen die Römer zwingen wollten. Jetzt hatten
sie ihren Zweck erreicht, sie waren darauf mit den Chatten

in die bezeichnete Gegend geeilt, mit ihnen hatten sich auch
die Cherusker vereinigt, die sich wahrscheinlich vorher auf
das rechte Ufer der Weser zurückgezogen hatten, und nun
gelang es ihnen, nicht nur den Rückzug des Drusus zu beunruhigen, sondern ihn auch endlich in einer Schlucht einzu-
schliessen, wo er und sein Heer völlig verloren schien, so
dass die Feinde bereits die Beute untereinander vertheilten.
Indess eben diese Siegesgewissheit rettete ihn und gab ihm
sogar einen glänzenden Sieg in die Hand. Er überfiel die
sorglosen Feinde und brachte ihnen eine völlige Niederlage
bei, worauf er seinen Rückweg unbehindert bis zum Rhein
zurücklegte. Um in den durchzogenen Gegenden einen festen
Anhaltepunkt für die ferneren Unternehmungen zurückzulassen,
legte er am Einfluss des Aliso in die Lippe ein Castell an,
welches den Namen jenes Flüsschens, Aliso, führte*); ein
anderes Castell wurde am Rhein im Lande der Chatten Mainz
gegenüber angelegt (das heutige Castell).

Im folgenden Jahre (10) wird uns wenig von kriegerischen Unternehmungen berichtet, und es scheint, als ob Drusus den grössten Theil desselben zu dem Bau der Befesti-
gungen verwendet habe, die aus Wall und Graben und aus
Castellen bestehend dazu dienten, die feste Grenze über den
Rhein hinüberzuschieben und die Stützpunkte für weitere
Unternehmungen zu bilden, und die später bekanntlich zu
einem vollständigen, den mittleren Rhein mit der mittleren
Donau verbindenden System fortgeführt wurden. Die Linie,
die Drusus jetzt anlegte, mochte von Mainz aus über den
Taunus durch das Gebiet der Chatten und einen Theil des
Gebietes der Sigambrer führen**), und sie mochte es auch

---

*) Unter den zahlreichen Vermuthungen, die über diese wie über
andere in den Kriegen der Römer gegen die Deutschen vorkommende
Oertlichkeiten aufgestellt worden sind, ist die wahrscheinlichste diejenige,
welche die Lage des Castells in die Gegend bei Lippstadt setzt, da wo
die vereinigten Flüsschen Liese und Glenne in die Lippe fliessen.

**) Ausser der inneren Wahrscheinlichkeit stützt sich diese Annahme
theils auf eine Stelle des Florus (IV, 12, 26), wo gesagt ist, dass Drusus
mehr als 50 Castelle am Ufer des Rheins angelegt habe, theils darauf,
dass Tacitus (Ann. I, 56) ein von Drusus auf dem Taunus erbautes Castell
erwähnt.

sein, welche die Chatten bewog, ihre Wohnsitze in dem alten Lande der Ubier zu verlassen und in ihre früheren Wohnsitze in der Gegend der Eder zurückzuweichen. Gegen diese, die Chatten, war nun auch die einzige kriegerische Unternehmung des Jahres, ein gewöhnlicher Plünderungs- und Verwüstungszug, gerichtet. Dagegen ist das folgende Jahr (9) wieder durch einen grossen Zug, den letzten des kühnen römischen Helden, bezeichnet. Derselbe wurde, wie es scheint, von Mainz aus unternommen und führte von da — dies ist das Einzige, was uns in den unvollkommenen Nachrichten darüber erhalten ist — durch die Gebiete der Chatten, Sueven und Cherusker bis an die Elbe, die bei dieser Gelegenheit zum ersten Male von einer römischen Streitmacht berührt wurde. Hier trat ihm aber ein Weib von übermenschlicher Grösse mit dem Warnungsrufe entgegen: „Wohin, Unersättlicher? Nicht Alles zu schauen ist dir vergönnt." Er wandte also um, wurde aber auf dem Rückzuge durch einen Sturz mit dem Pferde zwischen Saale und Elbe schwer verletzt und starb in Folge davon, noch ehe er den Rhein erreichte. *)

*) Auch hier begegnen wir wieder einer Menge von Vermuthungen, durch die man die Richtung dieses Zuges näher zu bestimmen gesucht hat; insbesondere hat man sich auf einige Anklänge in Ortsnamen, wie Römbild, Trostadt (= Drususstadt), Drusenthal, ferner auf die Erwähnung der Sueven bei Dio und der Marcomannen und des hercynischen Waldes bei Florus (IV, 12, 23 u. 27) gestützt, um die weit verbreitete Annahme zu begründen, dass der Zug des Drusus aus dem Gebiet der fränkischen Saale über Römhild, Trostadt durch das Drusenthal und über den Thüringer Wald gegangen sei. Allein alle diese Stützen erweisen sich bei näherem Zusehen sofort als unhaltbar. Der alte Name für Römhild ist z. B. um 800 n. Chr. Rottmulte und Rottmull, dann Rottmultidorp, Rotermulti, Rothermulti, Romulte u. s. w. (s. Brückner, Landeskunde des Herzogthums Meiningen, Bd. II. S. 200): wo bleibt da die Beziehung auf Rom? und wie sollte es auch zugegangen sein, dass ein Ort von einem doch immer flüchtigen Durchzug eines unbekannten Feindes den Namen angenommen hätte? Aehnlich aber verhält es sich auch mit den andern Namen, was wir nach der angeführten Probe nicht weiter ausführen zu dürfen glauben. Was aber die Sueven anlangt, so sind diese fast überall auf deutschem Boden zu finden: die Sueven des Ariovist wohnten am Oberrhein im heutigen Baden (s. J. Grimm, Gesch. der d. Spr. Bd. I. S. 494); Sueven wohnten im Rücken der Ubier in den Main-

XI. Augustus.

Wenn auch durch den Tod des Drusus die Gefahr einer schnelleren gewaltsamen Unterwerfung von Nordwestdeutschland beseitigt war, so zeigt doch der weitere Verlauf der Dinge, dass der Widerstand der Deutschen in diesem Theile des Landes zur Zeit gebrochen war. Tiberius, der sich mit Augustus selbst im J. 8 auf den Schauplatz des Kriegs begab, durchzog Deutschland, ohne auf Gegenwehr zu stossen; ja die deutschen Völkerschaften bequemten sich sogar, Gesandte an den Augustus zu schicken, um mit ihm über den Frieden zu unterhandeln. Nur die Sigambrer weigerten sich Anfangs, ein Gleiches zu thun; als aber Augustus erklärte, dass er sich ohne sie nicht auf Friedensunterhandlungen einlassen werde, so schickten auch sie ihre Gesandten. Augustus liess hierauf die sämmtlichen Gesandten festnehmen und in gallische Städte vertheilen, wo sie sich indess aus Verzweiflung über den Verlust der Freiheit und um die Ihrigen von der Rücksicht auf sie zu entbinden, selbst tödteten, und nun benutzte Tiberius den Augenblick, wo die Völker ihrer Führer beraubt und völlig unvorbereitet waren, um

---

gegenden, Caes. Bell. G. IV, 8; Sueven waren es, welche die Usipeter und Tencterer aus ihren Wohnsitzen am rechten Ufer des Niederrheins verdrängten, ebend. IV, 1; nach Strabo (VII. p. 290) wohnten sie vom Rhein bis an die Elbe und theilweise noch jenseits der Elbe; nach Tacitus in der Germania sind fast sämmtliche östlich der Elbe wohnende Deutsche Sueven; kurz der Name Sueven und ihre Wohnsitze erweisen sich als völlig unfassbar, und es ist daher unmöglich, ihre Erwähnung als Anhaltepunkt für die Bestimmung des Zugs des Drusus zu benutzen. Ebenso unsicher und unbrauchbar ist die Erwähnung der Marcomannen und des hercynischen Waldes bei Florus, abgesehen davon, dass dessen Bericht über die Kriege mit den Germanen durchweg an den grössten Unklarheiten leidet. Wir wissen von den Marcomannen nur, dass sie später in Böhmen wohnten, und dass sie hierher von Maroboduus aus näherer Berührung mit den Römern geführt werden, s. Vell. Pat. II, 108. Strab. a. a. O. Tac. Ann. II, 46. Germ. 42, und wie vieldeutig der hercynische Wald, ist zu bekannt, als dass es einer weiteren Ausführung bedürfte. Es ist daher jedenfalls bedenklich, hier wie in vielen andern ähnlichen Fällen, etwas Bestimmtes behaupten zu wollen, und es wird immer am wahrscheinlichsten sein, mit Wietersheim in seiner Gesch. der Völkerwanderung anzunehmen, dass Drusus seinen Weg in ziemlich gerader Richtung von Mainz zur Mittelelbe genommen habe.

noch einen Einfall in das Gebiet der Sigambrer zu machen und 40,000 derselben auf das linke Rheinufer überzuführen, wo er ihnen ihre Wohnsitze zwischen den Ubiern und Batavern anwies; der Rest derselben verliess die bisherigen Wohnsitze und siedelte sich weiter östlich zwischen den Friesen und Bructerern an. Im folgenden Jahre (7) wiederholte Tiberius seinen Einfall noch einmal in gleicher Weise. Seitdem hören wir bis zu Ende unseres Abschnitts nur noch von einem Zuge des L. Domitius, des Grossvaters des Nero, über die Elbe, den dieser von Rätien aus unternahm, und auf dem er, wie uns berichtet wird, so tief in das Land jenseits dieses Stromes eindrang, wie kein römischer Feldherr vor oder nach ihm.*)

Es war in der That ein grosses Resultat, welches durch diese Kämpfe erreicht wurde. Italien mit einem fortwährend durch die Germanen bedrohten Gallien im Rücken, von diesem durch die von kriegerischen und feindseligen Völkern bewohnten Alpen getrennt, und auch im Nordosten nach der Donau zu gegen die dort wohnenden, nur theilweise bezwungenen, mächtigen und zahlreichen Völker noch ungeschützt, war zu schwach, um das Centrum des Weltreichs zu bilden. Jetzt war alles Land bis zum Rhein und zur Donau völlig unterworfen und Deutschland, das Kernland von Europa, nicht nur von einer Kette auf den Rhein und die Donau gestützter Festungen umfasst, sondern auch zum nicht geringen Theile, zwar nicht völlig unterworfen, aber doch geschwächt und entmuthigt, so dass die Römer selbst das Land zwischen Rhein und Elbe mit einem gewissen Recht als römische Provinz ansahen. Man kann also wohl sagen, dass jetzt erst die römische Weltherrschaft vollkommen gesichert war.

) Unsere Kunde von diesem Zuge beruht lediglich auf Tac. Ann. IV, 44 und auf einem Fragmente des Dio (LV, 10). Etwas Näheres und Bestimmteres über ihn lässt sich ausser dem, was wir oben im Text berichtet haben, nicht beibringen. Dass er von Rätien aus unternommen wurde, wird von Dio ausdrücklich gesagt, und hieraus ergiebt sich zugleich hinsichtlich der Zeit wenigstens so viel, dass er vor dem J. 1 v. Chr. anzusehen ist, da in diesem J. Domitius von Rätien als Statthalter an den Rhein versetzt wurde, s. Nipperdey zu Tac. a. a. O.

So haben wir also Augustus bis zu Ende unseres Abschnitts im Inneren wie nach Aussen sein Ziel Schritt für Schritt in fast völlig ununterbrochenem Gelingen erreichen sehen. Aber nicht nur ihn selbst, sondern auch das Reich werden wir in dieser Zeit für so glücklich halten müssen, als es unter den obwaltenden Umständen möglich war. Es war in der That eine günstige Fügung für die damalige Welt, dass ihre Geschicke in die Hände eines Mannes gelegt wurden, der so unermüdlich thätig, so klug, so vorsichtig war, wie Augustus, und der den Krieg nicht scheute, wenn die Umstände und die Sicherheit des Reichs ihn forderten, der ihn aber nicht so sehr liebte, um der Befriedigung seines Ehrgeizes und dem Glanze seines Namens die nach den Erschütterungen der Bürgerkriege so nothwendige Beruhigung und Erholung der Welt zum Opfer zu bringen. Auch erntete er dafür nicht nur eine wenigstens bei der Mehrzahl der Angehörigen seines Reichs unzweifelhaft aufrichtige Dankbarkeit und Liebe, sondern auch für sich selbst das Gefühl der Befriedigung und der Freude an seinem überall gelingenden Werke, woraus zugleich der Natur der Sache nach auch das in jedes Menschen Brust schlummernde Wohlwollen bei ihm reiche Nahrung zog. Es ist vielfach sehr wahr bemerkt worden, dass der Geist des Augustus durch die Dinge und durch seine Stellung erhoben und gewissermaassen gross gezogen worden sei. Wir finden diese Grösse besonders ausgeprägt in der Einfachheit und Objectivität, mit der er selbst in dem mehrerwähnten und später noch zu besprechenden Ancyranischen Denkmal seine Thaten der Nachwelt überliefert. Für die Empfindungen des Wohlwollens und der Liebe und Dankbarkeit zwischen Herrscher und Volk werden wir allerdings auf die überschwenglichen Lobpreisungen der Dichter und Schriftsteller der Zeit eben so wenig als auf die ihm zu Ehren von Senat und Volk gefassten Beschlüsse ein besonderes Gewicht zu legen haben, obwohl auch diese Huldigungen in solcher Weise kaum ohne eine gewisse Zustimmung der öffentlichen Meinung möglich waren. Dagegen werden wir wenigstens in einem Act einen starken Beweis dafür zu erkennen haben, nämlich in der Art und Weise, wie er im J. 2 v. Chr.

feierlich zum Vater des Vaterlands ernannt wurde. Wenn da Valerius Messalla ihn im Namen und unter lebhaftester Zustimmung aller Senatoren im Senat als solchen begrüsst, wenn Augustus darauf unter Thränen erwiedert, er habe hiermit das Ziel aller seiner Wünsche erreicht, und es bleibe ihm nunmehr nichts weiter von den unsterblichen Göttern zu erbitten übrig, als dass es ihm gestattet sein möge, sich diese übereinstimmende Meinung bis zum letzten Ziel seiner Tage zu erhalten, wenn Ritter und Volk diesem Beschlusse des Senats ihre freiwillige, allgemeine, lebhafte Zustimmung geben: wer wollte hierin nicht wenigstens ein starkes Element wahrer aufrichtiger Empfindung anerkennen?

Noch sind zwar die Regungen des alten aristokratischen Stolzes, der keinen Höheren neben sich zu ertragen vermag, noch sind auch gewisse reinere, weniger selbstsüchtige, meist mit der stoischen Philosophie verschmolzene republicanische Empfindungen nicht völlig ausgetilgt. Es fehlt auch nicht an Ausbrüchen der hieraus oder aus anderen Ursachen fliessenden Unzufriedenheit. Wie schon zur Zeit der Schlacht bei Actium M. Aemilius Lepidus, der Sohn des Triumvirn, wie dann im J. 23 A. Terentius Varro Murena und Fannius Caepio eine Verschwörung zum Sturz des Augustus versucht hatten, so wird uns ein Gleiches auch aus dem J. 19 von M. Egnatius und aus dem J. 2 v. Chr. von Julus Antonius berichtet, welchem letzteren Schuld gegeben wird, dass er mit Julia, der Tochter des Kaisers, einen unzüchtigen Umgang angeknüpft habe, um sich dadurch den Weg zur Herrschaft zu bahnen. Indessen sind dies doch nur vereinzelte Erscheinungen; im Grunde waren die überall hervortretenden Segnungen des Friedens und der Ruhe und Ordnung zu gross, als dass dadurch nicht in der Mehrzahl lebhafte Gefühle der Zufriedenheit und der Dankbarkeit gegen den Urheber dieses Glücks hätten geweckt werden sollten.

Endlich blieb Augustus auch im Kreise seines Hauses und seiner Familie zwar nicht völlig von schweren Unfällen verschont, indess schritt doch die Härte des Schicksals, die ihn nach dieser Seite hin schwer getroffen hat, im Laufe unseres Abschnitts noch nicht bis zu den letzten schmerzlichsten Schlägen vor. Er verlor seine beiden treuesten und bewährtesten Freunde, Agrippa und Mäcenas, ersteren im J. 12, letzteren im J. 8. Indess war sein Verhältniss zu ihnen schon in der letzten Zeit vor ihrem Tode einigermaassen erkaltet; es lag in den Umständen, dass Augustus seine Familienangehörigen über sie zu erheben suchte, und dass dagegen die Freunde, die ihm selbst immer die treueste Ergebenheit bewiesen hatten, die Unterordnung unter andere Familienglieder des kaiserlichen Hauses ungern und widerwillig ertrugen. Von seinen Stiefsöhnen wurde ihm der edlere, beliebtere, Drusus, wie wir gesehen haben, im J. 9 entrissen; der andere, Tiberius, zog sich im J. 6 in einer Missstimmung, deren Ursachen theils in den Ausschweifungen seiner Gemahlin Julia, die er nicht länger zu ertragen vermochte, theils in der Bevorzugung der Enkel des Kaisers gesucht werden, auf die Insel Rhodus zurück, wo er 7 Jahre lang in völliger Trennung vom Kaiser und von den Regierungsgeschäften wie ein Verbannter lebte. Endlich wurden im J. 2 die Ausschweifungen der Julia, die schon längst für die ganze Stadt Gegenstand des Gesprächs gewesen waren, auch dem kaiserlichen Vater bekannt, und dieser wurde darüber — vielleicht auch auf Anreizen seiner Gemahlin Livia, die die Julia hasste und sie und ihre Kinder als ein Hinderniss für das Emporkommen ihres Sohnes Tiberius ansah — so aufgebracht, dass er sie auf die kleine Insel Pandateria an der Küste von Campanien verbannte und sich auch später nie bewegen liess, ihr zu verzeihen. Indess blieben ihm doch die fünf Enkel aus der Ehe der Julia mit Agrippa, von denen insbesondere die beiden ältesten, eben zu Jünglingen heranwachsenden, C. Cäsar und L. Cäsar, für ihn den Gegenstand der Freude und der Hoffnungen und Pläne für die Zukunft bildeten.

Die letzten Regierungsjahre des Augustus,

von 2 v. Chr. bis 14 n. Chr.

Die noch übrigen 15 Jahre der Regierung des Augustus — die Periode des Niederganges seines Gestirns — sind für das Herz des Reiches, für Rom, eine Zeit der Stille, ohne wichtige politische Ereignisse, ohne lebhafte Interessen, ohne Streben und Bewegung auf irgend einem Gebiete des Lebens. Augustus hatte sein Werk gethan; seine Herrschaft war gesichert und befestigt; die Welt war beruhigt; die Triebe, welche bisher Rom bewegt hatten, waren unterdrückt und nirgends an ihrer Stelle neue gepflanzt; er erschien bald gar nicht mehr in den Volksversammlungen, auch von den Senatssitzungen und von den Volksfesten zog er sich immer mehr zurück; seine Verdienste um den Staat waren mit ihm selbst alt geworden und hatten in den Gemüthern der Römer zusammen mit der Erinnerung an die Uebel der Bürgerkriege ihre Kraft verloren. Kurz der einst rauschende, lebendige Strom der Herrschaft des Augustus war jetzt in der Ebene angelangt und schlich durch die flache, reizlose Gegend langsam dahin. Es kam noch dazu, dass er um die Bedürfnisse der Regierung zu decken, genöthigt wurde, den Römern die oben (S. 52) erwähnten Steuern aufzulegen, die bis zu Ende seiner Regierung den Gegenstand nie ruhender Klagen bildeten, und dass Rom in derselben Zeit (6 n. Chr.) von einer schweren Hungersnoth heimgesucht wurde. Kein Wunder also, dass der Glanz seiner Herrschaft verblich und die Volksgunst, deren er sich lange Zeit erfreut hatte, allmählich einem allgemeinen Gefühle des Druckes und der Unbefriedigtheit Platz machte.

Nach aussen hin fehlte es allerdings nicht an Leben und Bewegung. Allein die kriegerischen Unternehmungen, mit denen der Abschnitt erfüllt ist, bestehen nur in mühsamen Anstrengungen, das früher Gewonnene zu behaupten, die, so verdienstlich sie sind, doch dem Volke keinen Schwung und keinen Ersatz für die sonst fehlenden Interessen zu bieten vermögen, und ihr Gelingen ist wenigstens durch ein schweres Missgeschick unterbrochen, das wie auf den Kaiser, so auch auf das Volk einen grossen niederschlagenden Eindruck machte.

Endlich kam noch hinzu, um diese Zeit noch mehr zu verdüstern, dass das Haus des alternden Kaisers von schweren Schlägen getroffen wurde. Die beiden Enkel, auf die er seine liebsten Hoffnungen gesetzt hatte, C. Caesar und L. Caesar, wurden ihm bald nach dem Beginn unseres Abschnitts durch den Tod entrissen; den dritten und letzten, Agrippa Postumus, verlor er dadurch, dass er ihn wegen seiner Rohheit und Zügellosigkeit*) in die Verbannung schicken musste. Er wurde daher genöthigt, seine Pläne für die Zukunft hauptsächlich auf Tiberius zu bauen, den er unter den Angehörigen seiner Familie am wenigsten liebte. Daneben trugen auch die Gerüchte, dass seine ränkevolle Gemahlin Livia ihrem Sohne den Weg zu dieser Erhebung, dem Ziele ihrer eigenen Wünsche, durch Verbrechen gebahnt habe, nicht wenig dazu bei, dunkele Schatten auf die kaiserliche Familie zu werfen.

Dies ist der wesentliche Inhalt dessen, was wir von der Geschichte des Augustus noch zu berichten haben.

Zunächst wurde kurz nach dem Beginn unseres Abschnittes eine kriegerische Unternehmung nach dem Osten gegen Armenien und Parthien ausgeführt, die schon seit mehreren Jahren beabsichtigt, bisher aber immer durch zufällige Umstände verhindert worden war. Dort war in den Verhältnissen, wie sie im J. 20 durch Augustus und Tiberius geordnet worden waren, um das J. 6 v. Chr. eine für die Römer sehr

---

*) Tacitus (Ann. I, 3) nennt ihn „rudem bonarum artium et robore corporis stolide ferocem". Jedoch waren vielleicht auch hierbei, wie Tacitus ebenfalls bemerkt, die Intriguen der Livia nicht ohne Antheil.

nachtheilige Veränderung eingetreten. In diesem Jahre war
der von Tiberius eingesetzte König von Armenien Tigranes
(s. o. S. 34) gestorben, und seine Nachfolger auf dem Throne,
sein gleichnamiger Sohn und seine Tochter Erato, die sich
nach der Sitte des Landes mit einander verheirathet hatten
und die Herrschaft gemeinschaftlich führten, hatten wieder
einen Versuch gemacht, sich an das Partherreich anzulehnen
und sich dadurch von dem Druck des römischen herrschenden
Einflusses zu befreien. Ungefähr um dieselbe Zeit war auch
bei den Parthern eine ähnliche Wendung der Dinge eingetreten. Phraates, der sich im J. 20 der römischen Uebermacht
gefügt (o. S. 33) und noch im J. 9 vier Söhne als Geisseln
nach Rom geschickt hatte,[*] war kurz nach diesem letzteren
Beweise seiner Ergebenheit von seinem Sohne Phraataces
getödtet worden[**], und Phraataces, der sich darauf der Herr-

---

[*] Das J. 9 ist von Mommsen zum Mon. Anc. p. 98 als die wahr-
scheinliche Zeit dieser Auslieferung nachgewiesen.

[**] Die Zeit des Todes des Phraates wird uns nirgends bestimmt
angegeben; es ist aber wenigstens sehr wahrscheinlich, dass er kurz nach
dem J. 9 v. Chr. gestorben sei. Dass er zu der Zeit, als Gajus Cäsar
nach Asien kam, todt war, geht theils aus Dio LV, 10ᵃ hervor, wo
ausdrücklich gesagt wird, dass Phraataces zu dieser Zeit König der Parther
war, theils aus Vell. II, 101, wo bei Gelegenheit der Zusammenkunft
zwischen dem Partherkönig und C. Caesar jener iuvenis excessissimus
genannt wird, was auf Phraates, der bereits im J. 37 v. Chr. die Herrschaft angetreten hatte, durchaus nicht passt (vergl. Krits z. d. St., der
indess darin irrt, dass er den Nachfolger Pharnaces nennt). Dass er
aber schon vor dem J. 6 gestorben, wird durch die in dieser Zeit ein-
getretene oben erwähnte Wendung in der Politik von Armenien und Parthien wahrscheinlich gemacht, die sich kaum anders als unter dieser Voraussetzung erklären lässt. Dass Phraates in dieser Zeit von den Römern
hätte abfallen sollen, ist kaum denkbar; dagegen hatte Phraataces alle
Ursache dazu. Er war der Sohn einer Buhlerin, die Phraates erst später
heirathete (s. hierüber wie über das Folgende bes. Joseph. Antiqq. XVIII,
2, 4); er hatte sich den Weg zum Thron durch die Ermordung des den
Römern befreundeten Phraates gebahnt; jene 4 nach Rom gesandten Söhne
(deren Entfernung übrigens selbst hauptsächlich das Werk seiner und seiner Mutter Intriguen war) waren viel besser zur Herrschaft berechtigt als
er und wurden, wie er voraussetzen musste, von den Römern begünstigt:
was war also bei ihm natürlicher als dass er eine den Römern feindliche
Stellung nahm und sich auch durch Armenien, welches wahrscheinlich

schaft bemächtigte, hatte ebenfalls sofort eine den Römern
feindliche Stellung eingenommen. Augustus wollte nun schon
im J. 6 v. Chr. den Tiberius wieder nach dem Osten schicken,
um diese Angelegenheit zu reguliren; seine Absicht wurde
aber durch den oben (S. 72) erwähnten Ausbruch der Missstimmung des Tiberius vereitelt. Er liess dann durch einen
Andern — man weiss nicht, von wem und unter welchen
Umständen — Artavasdes als König einsetzen; allein dieser
wurde bald wieder nicht ohne Verlust der Römer vertrieben
und Tigranes und Erato wieder in der Herrschaft hergestellt.
Und nun liess Augustus diese Angelegenheiten einige Jahre
auf sich beruhen, weil er wegen seines vorgerückten Alters
den Zug nicht selbst übernehmen wollte und Niemand hatte,
dem er eine so ausgedehnte Vollmacht, wie sie dazu nöthig
war, ohne Gefahr übertragen zu können glaubte.

Jetzt hielt Augustus seinen Enkel C. Caesar, obgleich
derselbe erst 18 Jahre zählte, für alt genug, um diesen wichtigen Auftrag — selbstverständlich unter Leitung erfahrener
Männer — zu übernehmen. Dieser trat den Zug im J. 1
v. Chr. an, durchschiffte das ägäische Meer, wo ihm Tiberius
auf Samos seine Aufwartung machte, landete hierauf in Aegypten, zog dann im J. 1 n. Chr. zuvörderst gegen die aufrüh-
rerischen im Norden Arabiens wohnenden Nabatäer, und endlich,
nachdem er diese gezüchtigt, durch Syrien den Hauptfeinden,
den Armeniern und Parthern, entgegen. Allein schon die
Kunde von seiner Annäherung reichte hin, diese nachgiebig
zu stimmen. Beide hatten bereits an Augustus demüthige,
unterwürfige Briefe gerichtet und von diesem milde, Gnade
verheissende Antworten erhalten. Jetzt [noch im J. 1 n. Chr.*)]

---

erst durch ihn zum Abfall von Rom verlockt wurde, zu verstärken suchte?
(Auch Mommsen zum Mon. Anc. p. 95 nimmt aus allgemeinen Gründen
an, dass Phraates wahrscheinlich kurz nach dem J. 9 v. Chr. gestorben sei.)

*) Es wird gewöhnlich (auch von Clinton und Fischer) angenommen,
dass die Zusammenkunft im J. 2 n. Chr. stattgefunden habe; dies beruht
aber lediglich auf einer falschen Deutung von Vell. II, 101, indem man
aus dieser Stelle ganz gegen den Sinn und Zusammenhang der Worte
herausgelesen hat, dass P. Vinicius damals Consul gewesen sei. Wir
glauben daher an der Chronologie des Dio (LV, 10ᵃ, 4. 5) festhalten zu
müssen.

wurde die Ausgleichung mit den Parthern durch eine persönliche Zusammenkunft des Phraataces und C. Caesar herbeigeführt, wobei sich ersterer dazu verstand, Armenien aufzugeben, wogegen ihm versprochen wurde, dass jene vier Söhne des Phraates in Rom zurückgehalten werden sollten. Auch mit Tigranes von Armenien würde ein ähnliches Abkommen getroffen worden sein; er fiel aber in dieser Zeit in einem Kriege mit einem benachbarten Volke, und nun wurde ein Medier, Ariobarzanes, als König daselbst eingesetzt, dem nach seinem Tode bald darauf sein Sohn Artavasdes folgte. Obgleich diese Königswahl im Ganzen mit Zustimmung der Armenier geschah, so brach doch in einem Theile des Reichs ein Aufstand aus,*) und C. Caesar wurde daher genöthigt, noch einen Zug gegen die Stadt Artagira zu unternehmen, wo sich die Aufständischen unter Führung eines gewissen Adduus versammelt hatten. Er wurde hierbei von Adduus bei einer Zusammenkunft mit ihm hinterlistiger Weise verwundet; die Stadt wurde aber erobert und hierdurch der Aufstand niedergeschlagen, womit überhaupt wenigstens für jetzt diese Angelegenheiten wieder im Interesse der Römer geordnet waren.

So endete diese Unternehmung ohne grosse kriegerische Anstrengung und auch ohne erheblichen Erfolg, denn die gewonnene Stellung der Römer im Orient wurde, wie wir später sehen werden, bald wieder erschüttert; sie hatte indess gleichwohl eine für den Staat nicht unwichtige und insbesondere für Augustus persönlich und für seine Familienpolitik schmerzliche und entscheidende Folge. Gajus Caesar, ohnehin an Geist und Körper schwächlich, wurde durch die vor Artagira empfangene Wunde völlig gebrochen. Er versank in Trübsinn und verlangte von Augustus, dass er ihm gestatten möchte, im Orient als Privatmann zu leben. Als Augustus

---

) Dass Ariobarzanes mit Zustimmung der Armenier (volentibus Armeniis) eingesetzt wurde, sagt Tacitus (Ann. II, 4); Dio dagegen (LV, 10, 5) berichtet, dass die Armenier desshalb Krieg gegen die Römer angefangen hätten. In der obigen Auffassung des Hergangs scheint sich uns eine nahe liegende Lösung dieses anscheinenden Widerspruchs darzubieten.

dies nicht zugab und in ihn drang, dass er nach Rom zurückkehren möchte, so trat er zwar die Rückreise an, wobei er indess immer das Vorhaben festhielt, sich von allen öffentlichen Geschäften zurückzuziehen, starb aber auf der Rückreise zu Limyra in Lycien am 21. Februar des J. 4 n. Chr. Sein nächster Bruder Lucius Caesar war 18 Monate vorher im August des J. 2 n. Chr. auf einer Reise nach Spanien in Massilia gestorben.

Hierdurch wurde Tiberius nach langer Zurücksetzung wieder auf die höchste Stelle nach Augustus emporgehoben. Es war dies so sehr der Wunsch und das Streben seiner Mutter Livia gewesen, dass sich sofort der Verdacht auf sie warf, die beiden Jünglinge, die ihrem Sohne im Wege standen, durch Gift beseitigt zu haben, und das Bild, welches wir von ihrem Character haben, ist allerdings von der Art, dass es den Verdacht unterstützt, wenn wir uns auch in diesen wie in den unzähligen Fällen ähnlicher Art hüten müssen, eine Vermuthung für eine historische Thatsache ausgeben zu wollen. Tiberius hatte durch wiederholte Bitten schon im J. 2 n. Chr. kurz vor dem Tode des L. Caesar erreicht, dass ihm die Rückkehr nach Rom gestattet wurde, aber erst, nachdem dazu auch die Erlaubniss des C. Caesar eingeholt worden war, und unter der demüthigenden Bedingung, dass er sich aller thätigen Theilnahme an den öffentlichen Angelegenheiten enthalte. Jetzt im J. 4 n. Chr., nach dem Tode des C. Caesar, wurde er von Augustus, obwohl, wie man allgemein glaubte, ungern und nur, weil es die Verhältnisse forderten, adoptiert und ihm die tribunicische Gewalt wieder auf 5 Jahre verliehen, und nun ist er nicht allein der designierte Nachfolger, sondern auch der wenigstens nach aussen fast ganz allein handelnde Stellvertreter des alternden Kaisers. Zwar wurde auch Agrippa von Augustus adoptiert und Tiberius genöthigt, seinerseits seinen Neffen Germanicus, den Sohn des Drusus, zu adoptieren; allein beide waren zu jung (jener erst 14, dieser 17 Jahre alt), um ihm in den Weg zu treten, ersterer wurde überdies, wie schon erwähnt worden, im J. 7 völlig beseitigt. Nachdem jene 5 Jahre der tribunicischen Gewalt abgelaufen waren, wurde ihm dieselbe im J. 9 für immer*) und ausserdem im J. 13 anch noch die proconsularische Gewalt in allen Provinzen übertragen.

Es sind von nun an die Rhein- und Donaugegenden, welche die kriegerischen Anstrengungen der Römer zur Abwehr hauptsächlich erfordern und demnach auch die Thätigkeit des Tiberius fast ununterbrochen in Anspruch nehmen.

Am Rhein finden wir im J. 1 v. Chr. jenen Domitius Ahenobarbus, der von den Donauprovinzen aus jenen glücklichen Zug bis über die Elbe unternommen hatte (S. 69 Anm.), als Statthalter. Er machte von hier aus in dem genannten Jahre einen unglücklichen Versuch, sich in die Angelegenheiten der Cherusker durch Unterstützung einer Partei daselbst zu mischen, wodurch der Kriegsmuth nicht nur der Cherusker, sondern auch der übrigen Germanen wieder belebt wurde. In den folgenden Jahren wurde der Krieg von M. Vinicius nur vertheidigungsweise, obwohl nicht unglücklich geführt. Nun übernahm aber sogleich nach seiner Adoption Tiberius den Oberbefehl am Rhein, und dieser stellte sofort die Ueberlegenheit der römischen Waffen wieder her. Er drang im J. 4 n. Chr. bis an die Weser vor, schlug seine Winterquartiere zum ersten Male in Deutschland selbst, in der Gegend der Quellen der Lippe und Ems, auf, und dehnte dann im J. 5 seinen Zug bis an die Elbe aus, wobei ihn eine Flotte unterstützte, die die Elbe aufwärts fuhr und sein Heer mit Mundvorrath und sonstigen Bedürfnissen versah. Wie uns berichtet wird, wagten die Deutschen nirgends Widerstand zu leisten, und es scheint allerdings für den Augenblick der Kriegsmuth derselben so niedergeschlagen gewesen zu sein, dass die Römer das nordwestliche Deutschland zwischen Rhein und Elbe als zu ihrem Herrschaftsgebiet gehörig ansehen konnten.

---

*) So Nipperdey zu Tac. Ann. I, 10 auf Grund von Suet. Tib. 9. 16, während Mommsen zum Mon. Anc. p. 17, dem Dio (LV, 13. LVI, 28) folgend, annimmt, dass die Uebertragung im J. 4 auf 10 Jahre und dann wieder im J. 13 auf den gleichen Zeitraum erfolgt sei. Wir glauben, der Auctorität Suetons den Vorzug geben zu müssen. Dass unter Augustus schon die Uebertragung auf Lebenszeit geschehen, wird auch dadurch wahrscheinlich, dass nachher keine weitere Uebertragung erfolgt ist.

Tiberius glaubte daher auch seine kriegerischen Unternehmungen jetzt gegen eine andere Gegend Deutschlands wenden zu können, wo die Widerstandskraft Deutschlands ihren zweiten Schwerpunkt hatte. Vor nicht allzulanger Zeit nämlich hatte Maroboduus *) einen deutschen Volksstamm, welcher das westliche Grenzland Deutschlands gegen Gallien inne hatte und eben davon den Namen der Marcomannen führte, aus diesen durch die Römer bedrohten Wohnsitzen nach dem Lande der Bojer, dem heutigen Böhmen, geführt, hatte die Bojer theils vertrieben, theils unterworfen und in dem ausgedehnten, ringsherum durch natürliche Grenzen geschützten Lande ein grosses Reich gegründet, welches durch seine Stärke und seine geordneten Zustände auch die benachbarten Völker, darunter auch die jenseits der Elbe wohnenden Semnonen und Langobarden, in den Bereich seiner Macht zog. Marobodnus hatte in seiner Jugend, wie viele Söhne deutscher Edelen, in Rom gelebt und dort nicht nur die militärischen Einrichtungen, sondern auch die geordnete, einheitliche Regierung kennen gelernt, auf welcher die Ueberlegenheit Roms über die Deutschen hauptsächlich beruhte; nach diesem Muster suchte er sein eigenes Reich einzurichten. Er erbaute sich eine feste Burg, umgab sich mit einer Leibwache, nahm den Königstitel an und schuf sich ein stehendes Heer von 70,000 Mann z. F. und 4000 Reitern, mit welchem er sich im Innern Gehorsam erzwang und sich gegen alle Gefahren von aussen sicher stellte. Rom gegenüber suchte er zwar den Krieg zu vermeiden, eben so sehr aber auch eine unabhängige Stellung zu behaupten. Er schickte daher öfter Gesandtschaften an Augustus, um sich ihm zu empfehlen und sich seine günstige Gesinnung zu erhalten; auf der andern Seite aber liess er auch sein stolzes Machtgefühl nicht selten in einer für Rom verletzenden Weise hervortreten und enthielt sich namentlich nicht, römische Flüchtlinge bei sich aufzunehmen und ihnen Schutz zu verleihen.

---

*) Nach J. Grimm (Gesch. der d. Spr., Bd. I, S. 504) entspricht dieser Name dem althochdeutschen Meripots, dem mittelhochdeutschen Merbote und würde also neuhochdeutsch Meerbote lauten, die Germanisirung desselben durch Marbod entbehrt sonach alles Grundes.

Gegen diesen beschloss also Tiberius zu ziehen, um ihn zu demüthigen; mit seiner Unterwerfung wäre die Verbindung zwischen dem nordwestlichen Deutschland und den Donauprovinzen hergestellt und somit das ganze westliche Deutschland bis zur Elbe von der römischen Herrschaft umfasst gewesen. Der Plan des Tiberius hierzu war ungemein kühn und grossartig. Er selbst drang (im J. 6 n. Chr.) von dem festen Carnuntum an der Donau (j. Hainiburg oder Petronella wenig unterhalb Wiens) gegen Maroboduus vor; vom Rhein her bahnte sich auf seinen Befehl Saturninus den Weg durch den hercynischen Wald ihm entgegen; so sollte Maroboduus durch die beiden sich vereinigenden, zusammen 12 Legionen zählenden Heere erdrückt werden. Und schon war Tiberius nur noch 5 Tagemärsche von dem Feinde entfernt, und auch Saturninus war von der entgegengesetzten Seite bis zu gleicher Nähe vorgedrungen; das glänzende, entscheidende Unternehmen schien also seinem Gelingen ganz nahe zu sein.

Es war dies der Moment der grössten Gefahr für Deutschlands Selbstständigkeit und freie Entwickelung, zugleich der Moment, wo die römischen Adler ihre Fittige am stolzesten entfalteten, wo der letzte Rest von Widerstandskraft im Gesichtskreis Roms gebrochen werden zu sollen schien. Aber eben jetzt trat eine plötzliche Wendung ein. Das Unternehmen gegen Maroboduus wurde in diesem Moment des Gelingens durch ein unvorhergesehenes Ereigniss vereitelt, und damit begann eine Reihe von Unfällen und Schwierigkeiten, welche den Horizont des römischen Kaiserreichs umdüstern und seine Waffen von nun an auf eine mühevolle, mit grossen Opfern verbundene Anstrengung zur Behauptung des Erworbenen einschränken.

Jenes unvorhergesehene Ereigniss war der ausbrechende Aufstand der Dalmatier und Pannonier im Rücken des Tiberius. Die beiden Völker hatten das ihnen im J. 9 v. Chr. wieder auferlegte römische Joch mit Widerwillen ertragen; jetzt war wieder eine kampffähige Jugend herangewachsen, die die Niederlagen der früheren Kriege nicht mit erlitten hatte und sie daher nicht so schwer empfand wie ihre Väter; der Druck des römischen Heeres war durch den Wegzug des

Tiberius für den Augenblick von ihnen genommen, und die
Hülfsvölker, die auch bei ihnen für dessen Unternehmung ausgehoben wurden, stellten ihnen die eigene Kraft und zugleich
die Möglichkeit eines grossen Verlustes im Dienste des verhassten Drängers lebhaft vor Augen. So loderte also der
Aufruhr erst in Dalmatien empor, und von hier verbreitete
er sich bald über ganz Pannonien. Das Signal dazu wurde
durch die Ermordung aller in beiden Ländern anwesenden
Römer gegeben; hierauf wurde von Pannonien aus ein Einfall
in Macedonien gemacht, und von Dalmatien aus drang ein
Heer gegen Griechenland bis in die Nähe von Apollonia vor;
ausserdem glaubte man immer noch Mannschaften genug zu
haben, um die eigene Heimath zu schützen. Die gesammten
Streitkräfte der Aufständischen werden auf 200,000 Mann z. F.
und 9000 Reiter angegeben und waren nm so furchtbarer,
weil beide Völker durch den langen Verkehr mit den Römern
und durch die bisher mit ihnen geleisteten Kriegsdienste Gelegenheit genug gehabt hatten, hinsichtlich der Kriegszucht
und Kriegskunst etwas von ihnen zu lernen.

So konnte also Tiberius nicht umhin, die Unternehmung
gegen Maroboduus aufzugeben. Er bot ihm einen Frieden
unter gleichen Bedingungen an, und Maroboduus war unentschlossen und uneinsichtig genug, denselben anzunehmen, statt
die günstige Gelegenheit zu benutzen, um sich mit den Aufständischen zu verbinden und mit ihnen die Römer zu unterdrücken. Allein die Streitkräfte des Tiberius, so bedeutend
sie waren, schienen dem gefährlichen Feinde gegenüber noch
nicht einmal ausreichend. Es wurde daher der Statthalter
von Moesien mit den dort stehenden Legionen und der König
von Thracien aufgeboten, und auch in Rom selbst wurden
neue Rüstungen gemacht, wobei, wie nach der Schlacht bei
Cannä, sogar Sclaven mit ausgehoben wurden; Augustus
war durch die Nachricht von dem Aufstande so erschüttert,
dass er im Senat ausrief, der Feind könne in zehn Tagen in
Rom sein. Und so begann der Krieg, welcher 4 Jahre lang
(von 6 — 9 n. Chr.) mit der grössten Anstrengung und mit
einem Heere so gross, wie seit den Bürgerkriegen keins auf
demselben Schauplatz vereinigt gewesen war, geführt und

erst zu Ende gebracht wurde, als die Länder völlig verwüstet und die Völker zum grossen Theil ausgerottet waren. Die Nachrichten über denselben sind so unklar und unvollständig, dass es uns nicht möglich ist, seinen Verlauf im Einzelnen zu verfolgen. Nur so viel lässt sich mit Sicherheit erkennen, dass die Römer einige blutige Schlachten, aber nicht ohne grosse Verluste gewannen, dass die Aufständischen, wenn sie sich nicht im offenen Felde behaupten konnten, den Widerstand in ihren Bergen und Wäldern fortsetzten, dass Tiberius das Land durch drei Heereshaufen unter Sengen und Morden durchziehen liess, dass im J. 8 Streitigkeiten unter den Anführern, Hunger und Krankheiten die Niederlage der Feinde vollendeten und die Pannonier zur Unterwerfung brachten, und dass endlich im J. 9 der Krieg durch Ueberwältigung einer Reihe von Bergvesten in Dalmatien nach dem hartnäckigsten, verzweifeltsten Widerstande beendigt wurde. Augustus hatte im J. 7 auch den Germanicus auf den Kriegsschauplatz geschickt, der hier die ersten Proben seiner später bewährten kriegerischen Talente ablegte, und hatte sich im J. 8 selbst nach Ariminum begeben, um dem Kriege näher zu sein: so gefährlich schien ihm derselbe. Der letzte der feindlichen Anführer, der Dalmatier Bato, ergab sich selbst, als Alles verloren war, und gab dem Tiberius auf die Frage, was ihn und sein Volk zum Aufstand bewogen habe, die bezeichnende Antwort: „Weil ihr uns nicht Hirten und Hunde, sondern Wölfe zu Hütern geschickt habt." Jetzt erst wurden, wie es scheint, Pannonien und Dalmatien völlig als Provinzen eingerichtet.

Dieselbe Zeit, wo dieser aufopferungsvolle und gewinnlose Krieg geführt wurde, sie ist es auch, wo Augustus den Römern die schwer empfundene Last der schon früher erwähnten Steuern auferlegte, die wahrscheinlich durch eben diesen Krieg nöthig gemacht wurden, wo ferner die ebenfalls schon erwähnte Hungersnoth in Rom wüthete, und wo endlich Augustus (im J. 7) in die für ihn gewiss überaus schmerzliche Nothwendigkeit versetzt wurde, seinen Enkel Agrippa zu verbannen.

Indess waren damit die schweren Geschicke noch nicht erfüllt, die den Augustus in seinen letzten Jahren treffen sollten. Es war ihm noch eine Niederlage vorbehalten, so schwer, wie er noch keine erlitten hatte und wie sie überhaupt die römische Geschichte nur in wenigen Beispielen kennt.

In Deutschland führte jetzt P. Quintilius Varus den Oberbefehl. Dieser sah nirgends in dem Lande Widerstand und glaubte daher Deutschland eben so regieren zu können wie das weichliche, unkriegerische Syrien, wo er früher Statthalter gewesen war. Er zog überall umher, um militärische Sicherheitsmaassregeln wenig bekümmert, erhob Abgaben und hielt unter den Deutschen Gericht, gleich als ob er als Prätor auf dem Forum in Rom Recht zu sprechen hätte. Allein unter den Deutschen war zwar für den Augenblick der Widerstand gebrochen, aber unter der Oberfläche glimmte der Funke des Gefühls für Freiheit und Unabhängigkeit fort, der nur der Gelegenheit und der Anregung bedurfte, um zur hellen Flamme aufzulodern. Beides empfing man durch die Sorglosigkeit des römischen Feldherrn und durch den Zorn, mit dem der Anblick der römischen Ruthenbündel und Beile die Gemüther erfüllte. So vereinigten sich also die sämmtlichen Völker zwischen Rhein und Weser zu einem geheimen Bunde gegen Rom, nur mit Ausnahme der Friesen und Chauken, welche an dem Bündniss mit Rom festhielten; die Seele der Bewegung waren die Cherusker und unter diesen Armin, der Sohn des Cheruskerfürsten Segimer, ein 26 jähriger Jüngling, der im römischen Dienst als Führer einer cheruskischen Hülfsschaar römisches Wesen und römische Kriegskunst kennen gelernt und sich durch seine Tapferkeit nicht nur das römische Bürgerrecht, sondern auch den Rang eines römischen Ritters erworben hatte, der erste Deutsche, in dem uns nicht nur ein dunkler, gegenstandsloser Unabhängigkeitssinn und ungestüme Tapferkeit und Kühnheit, wie Beides unter jugendlichen, kräftigen Naturvölkern häufig vorzukommen pflegt, sondern daneben auch begeisterte Vaterlandsliebe, Klugheit, planmässige Thätigkeit und die Gabe, grosse Massen zu leiten und zu begeistern, entgegentritt. Man lockte nun im J. 9 den Varus mit seinem Heere, welches aus 3 Legionen, 3000 Reitern und zahlreichen Hülfsvölkern bestand, tief in das Innere von Deutschland bis an die Weser und in das

Gebiet der Cherusker, während man ihn zugleich mit einer
List, die, wenn irgend wo, hier dem Unterdrücker der eigenen Freiheit gegenüber gerechtfertigt war, auf alle Art in
Sicherheit wiegte und ihn durch allerlei Vorspiegelungen verleitete, das Heer durch Entsendungen einzelner Theile zu
schwächen. Jetzt, wo dies erreicht und im Uebrigen Alles
vorbereitet war, wurde ihm gemeldet, dass im Westen in
seinem Rücken — wahrscheinlich wurden die Chatten als die
Aufrührer genannt — ein Aufstand ausgebrochen sei. Vergebens warnte ihn Segestes, der Oheim und Schwiegervater,
aber unversöhnliche Feind des Arminius, der den Varus sogar
bei dem letzten Mahle aufforderte, ihn selbst nebst Arminius
und den übrigen Fürsten in Fesseln zu legen, bis die Wahrheit seiner Anzeige durch eine Untersuchung ermittelt wäre.
Varus verharrte in seiner Verblendung. Er hielt es für nöthig,
die Aufrührer sofort zu züchtigen, und brach daher auf dem
kürzesten Wege durch ein benachbartes Waldgebirge, den
Teutoburger Wald,*) auf, um so bald als möglich in deren
Land zu gelangen, während Arminius und seine Genossen
zunächst zurückblieben, um, wie sie vorgaben, Hülfsvölker
für die Römer zu werben. Sobald aber diese sich in das
Waldgebirge eingelassen hatten, ein endloser, ungeordneter,
von Frauen, Kindern und Gepäck beschwerter Zug, so sahen
sie sich ringsherum von den Deutschen angegriffen, die von
den Höhen herab auf sie einstürmten, ihnen überall grosse
Verluste beibrachten und vor jedem kräftigeren Widerstand
sich mit Leichtigkeit zurückzogen, um bald an einer andern
Stelle wieder hervorzubrechen. Mit Mühe gelang es dem

---

*) Bei dem grossen Interesse, den der Vorgang für uns Deutsche
hat, sind vielfache, immer wieder erneuerte Versuche gemacht worden,
den Weg, den Varus nahm, und den Ort der letzten Katastrophe genau
zu bestimmen. Indessen haben wir hierfür keine weiteren festen Anhalte-
punkte, als die oben im Texte gegebenen Notizen und die aus dem Feldzuge des Germanicus im J. 15 zu ziehenden Schlüsse, und diese reichen
nicht weiter als um das von der Diemel bis gegen Osnabrück sich hin-
ziehende Waldgebirge, den sog. Osning, und zwar den Theil desselben,
welcher sich in der Nähe der Quellen von Ems und Lippe befindet, als
den Schauplatz des denkwürdigen Ereignisses zu bezeichnen.

Varus, eine offene Stelle zu erreichen, wo er ein Lager aufschlagen konnte. Er verbrannte das Gepäck oder liess es zurück, und setzte am andern Tage den Marsch fort, aber unter noch viel grösseren Verlusten als am ersten Tage, die überdem noch durch Regen und Sturm vermehrt wurden. Am Abend reichte schon die Zahl und die Kraft der Truppen nicht mehr hin, um ein Lager von der gehörigen Festigkeit aufzuschlagen. Am dritten Tage aber wurde der letzte Rest der Widerstandskraft gebrochen. Varus selbst gab dem Heere das Beispiel der Verzweiflung, indem er sich in sein Schwert stürzte; viele Andere thaten dasselbe; der Rest wurde theils getödtet, theils gefangen genommen. Auch die Veste Aliso wurde von den vordringenden Deutschen genommen; doch gelang es dem tapferen Befehlshaber der Besatzung, L. Caedicius, sich mit seiner Mannschaft durchzuschlagen, so dass er glücklich über den Rhein entkam. Ganz Deutschland war hierdurch, mit Ausnahme einiger festen Plätze im Gebiet der Friesen und Chauken, von den römischen Eroberern gereinigt.

Diese Niederlage war schon durch den damit verbundenen unmittelbaren Verlust bedeutend genug; denn mit den Hülfsvölkern belief sich das vernichtete Heer wohl auf 40,000 Mann, und die drei Legionen zählten zu den besten der ganzen römischen Streitmacht. Von noch grösserer Bedeutung aber waren die Folgen, die man befürchten musste. Wie, wenn die Deutschen ihren Sieg mit Raschheit und Energie verfolgten? wenn sie über den Rhein gingen und in Gallien die Fahne des Aufruhrs aufpflanzten? wenn sich von da die Empörung auch nach den Donaugegenden ausbreitete? Es ist daher leicht begreiflich, dass die Nachricht davon in Rom den grössten Schrecken verbreitete. Augustus ordnete sofort ausserordentliche Wachen an, um Aufläufe in der Stadt zu verhüten; er gelobte den Göttern Feste und Spiele, wenn sie die Gefahr glücklich abwehrten, entfernte alle Deutsche aus Rom, die sich als Leibwächter oder sonst daselbst aufhielten, ordnete unter Anwendung der strengsten Zwangsmittel eine neue Aushebung an, bei welcher wiederum Sclaven zugezogen wurden, verlängerte den Statthaltern in sämmtlichen Provinzen ihre Amtsgewalt, um jede gefährliche Bewegung in denselben zu verhüten; er selbst soll sogar beim Empfang der Nachricht sein Kleid zerrissen haben und mit dem Kopf gegen die Wand gerannt sein mit dem Ausruf: „Varus, Varus, gieb mir meine Legionen wieder."

Nun gingen zwar diese Besorgnisse nicht in Erfüllung. Der Legat des Quintilius Varus, L. Asprenas, nahm mit den zwei Legionen, die ihm noch zu Gebote standen, eine achtunggebietende Stellung am Rhein ein und wusste durch seine Thätigkeit und Unerschrockenheit nicht nur den Strom zu schützen, sondern auch jeder Fortpflanzung der Bewegung nach Gallien Halt zu gebieten; im nächsten Frühjahr kam Tiberius mit den neu geworbenen Streitkräften am Rhein an, der im J. 11 sogar, obwohl nur mit der grössten Vorsicht und ohne allen dauernden Erfolg, wieder einen Einfall in Deutschland machte, und vom J. 12 an wurde diese schützende Thätigkeit von Germanicus fortgesetzt; vor Allem aber schienen die Deutschen selbst, zufrieden mit der Befreiung ihres Vaterlandes, nicht an einen Uebergang über den Rhein gedacht zu haben. Allein alle Früchte der bisherigen Versuche, Deutschland zu unterwerfen, waren vernichtet; Deutschland blieb nun an der Grenze des römischen Reichs wie eine drohende Veste stehen, die eine fortwährende Anstrengung Roms zu seinem Schutze bedurfte, und aus der endlich die Völker hervorbrachen, die vom Schicksal dazu bestimmt waren, das römische Reich zu vernichten.

Neben diesen Kriegsereignissen der letzten Jahre gehen nur noch einige wenige Vorgänge im Inneren her, deren bereits anderweit gelegentlich im Zusammenhange gedacht worden ist. Diese sind der endliche Abschluss der Maassregeln gegen die Ehelosigkeit durch die Lex Papia Poppaea im J. 9 (S. 44), die Bekleidung des engeren Raths des Augustus mit ausserordentlichen Befugnissen im J. 13, womit zugleich die völlige Zurückziehung des Augustus vom öffentlichen Leben verknüpft ist (S. 50), die Erneuerung der tribunicischen Gewalt für Tiberius im J. 9 und die Uebertragung der proconsularischen Gewalt an denselben im J. 13 (S. 79), endlich die letzte Verlängerung des Imperiums des Augustus auf neue 10 Jahre im J. 13 (S. 59).

Hiermit aber sind wir am Ende der langen denkwürdigen
Regierungsthätigkeit des Augustus angelangt. Im Sommer
des J. 14 sollte Tiberius noch einmal nach Illyricum abgehen,
um die dortigen noch immer schwankenden Verhältnisse zu
befestigen. Augustus begleitete ihn langsam durch Latium,
dann zur See nach Capreae und von hier durch Campanien
reisend, wo er in Neapel noch einmal den Festspielen beiwohnte, die auch dort alle 4 Jahre ihm zu Ehren gefeiert
wurden, bis nach Benevent, wo er von ihm Abschied nahm,
um nach Rom zurückzukehren. Auf der Rückreise aber wurde
er zu Nola durch ein Unwohlsein festgehalten, welches ihn
schon unterwegs ergriffen hatte, sich aber hier zu einer
gefährlichen Höhe steigerte, so dass er selbst bei der Klarheit seines Geistes, die ihn auch jetzt nicht verliess, seinen
Tod mit Bestimmtheit voraussah. Auf die Nachricht hiervon
eilte seine Gemahlin Livia herbei, auch Tiberius wurde zurückgerufen, und so starb er in Beider Beisein (wenigstens war
es schon im Alterthum die überwiegende Ansicht, dass Tiberius ihn noch lebend angetroffen habe) am 19. August des
J. 14, 35 Tage vor seinem vollendeten 76. Lebensjahre,
nachdem er, von der Schlacht bei Actium an gerechnet, die
Regierung beinahe 44 Jahre geführt hatte, an demselben
Tage, an welchem er sich vor 57 Jahren mit Gewalt des
Consulats bemächtigt hatte.

Auch jetzt blieb Livia nicht frei von dem Verdacht, den
Tod durch Gift herbeigeführt zu haben. Indess wenn bei C.
und L. Cäsar allerdings ein sehr bestimmtes Interesse der
Livia das gleiche Verbrechen wenigstens wahrscheinlich machte,
so war bei Augustus jetzt gar kein Grund für Livia vorhanden. Es wurde zwar, um den Verdacht zu motivieren,
erzählt, Augustus habe sich kurz vorher nach Planasia begeben und sich dort mit Agrippa versöhnt, und Livia habe
desshalb Gefahr für die Nachfolge ihres Sohnes gefürchtet.
Allein Tiberius hatte sich dadurch, dass er thatsächlich die
Regierung eine Reihe von Jahren fast allein geführt hatte,
bereits zu fest in Besitz der Herrschaft gesetzt, und Augustus
war viel zu klug, um es zu unternehmen, ihn durch einen
unfähigen und unerfahrenen Jüngling zu verdrängen.

Er wurde, wie sich von selbst verstand, unter den ausgesuchtesten und glänzendsten Ehrenbezeugungen bestattet. Sein Leichnam wurde von Nola aus von den höchsten obrigkeitlichen Personen der auf dem Wege liegenden Städte und auf der letzten Strecke von römischen Rittern nach Rom getragen, dort wurde er durch eine ihm zu Ehren errichtete Triumphalpforte unter Vorantragung der Siegesgöttin geleitet, hierauf wurde er, nachdem ihm sowohl von Tiberius als von Drusus die üblichen Leichenreden gehalten worden, auf dem Marsfelde verbrannt und die Asche in der von ihm selbst errichteten Grabstätte, dem Mausoleum, beigesetzt. Von dem Senat wurde ihm neben andern ausserordentlichen Ehren die göttliche Verehrung zuerkannt.

Sein Testament, welches er 16 Monate vor seinem Tode bei den Vestalinnen niedergelegt hatte, setzte an erster Stelle Tiberius und seine Gemahlin Livia, jenen zu zwei, diese zu einem Drittheile, an zweiter Stelle Drusus und Germanicus nebst dessen Kindern, an dritter eine Anzahl anderer angesehener Männer zu Erben ein. Ausserdem hatte er noch eine Menge Legate bestimmt, so hatte er dem Staatsschatze 40,000,000 Sestertien vermacht, 1,500,000 Sestertien sollten unter das Volk vertheilt werden, jeder Prätorianer sollte 1000, jeder Soldat der städtischen Cohorten 500, jeder Legionar 300 Sestertien erhalten, so dass, wie er selbst in seinem Testament erklärte, an seine Erben nur 150 Millionen Sestertien gelangten. Er hatte aber ferner noch durch drei andere Schriften seine Fürsorge über die Zeit seines Lebens hinaus erstreckt. In der einen derselben waren die Anordnungen über sein Begräbniss niedergelegt; die andere enthielt jene schon öfter erwähnte interessante und lehrreiche Uebersicht über die wichtigsten Ereignisse und Thaten seines Lebens (index rerum a se gestarum), die auf seinen Befehl in ehernen Tafeln vor dem Mausoleum aufgestellt wurde und von der uns ein grosser Theil durch das Ancyranische Denkmal erhalten ist; die dritte bestand in einem Verzeichniss der Streitkräfte, der Einkünfte und Ausgaben und des Vermögens des Staates. Der letzteren waren, wie es heisst, auch einige Rathschläge für seinen Nachfolger beigefügt, z. B. dass er

das Reich nicht durch neue Eroberungen vergrössern und die
Zahl der Bürger nicht allzusehr durch Freilassung von Sclaven vermehren möchte.

Es bleibt uns nun noch übrig, einige allgemeine Bemerkungen über den Charakter des Augustus hinzuzufügen und
namentlich den anscheinenden, beiläufig schon berührten Widerspruch zwischen der Zeit vor und nach seiner Gelangung
zur Herrschaft, zwischen der Grausamkeit und Gewaltthätigkeit in jener und der Milde und dem Wohlwollen in dieser
zu erklären. Wenn die Alten erzählen, er habe kurz vor
dem Moment des Sterbens die umstehenden Freunde gefragt,
ob er auf der Schaubühne des Lebens seine Rolle gut gespielt,
und habe auf ihre bejahende Antwort sie aufgefordert, ihm
Beifall zu klatschen, so ist dies wahrscheinlich nur ein Mythus,
um die Ansicht auszudrücken, dass seine bessere Art in der
zweiten grösseren Hälfte seines Lebens nichts als eine äusserliche, seiner eigentlichen Natur zuwiderlaufende, also falsche
Rolle gewesen sei, und diese Ansicht ist auch in neuerer
Zeit ausgesprochen worden. Es wird indess kaum einer Beweisführung bedürfen, dass in dieser Form die Ansicht unhaltbar ist, dass es nicht nur eine grosse Unbilligkeit, sondern,
wenigstens für unsere menschliche Beurtheilung, eine völlige
Unzulässigkeit sein würde, eine 44 Jahre in Wort und That
nach allen Seiten und ohne Ausnahme mild und wohlwollend
ohne Ostentation geführte Regierung einer bewussten Heuchelei zuzuschreiben. Dagegen ist insofern in dieser Auffassung
etwas Wahres enthalten, als allerdings zu sagen ist, dass
das Bessere bei ihm, wie auch das Schlechtere, nicht der
unmittelbare Erguss einer auf das Eine oder das Andere
gerichteten constanten Gemüthsstimmung, nicht die Wirkung
durch Natur und Bildung in ihm vorhandener sittlicher Triebe
und Ziele, sondern dass es Berechnung war. Augustus war
eine kalte, Alles nach Verstandesgründen abwägende, vorsichtige, selbstsüchtige Natur, nicht ohne ein gewisses Wohlwollen, welches sogar mit der Zeit durch das Gelingen seines
Werks und durch die zahlreichen Beweise von Dankbarkeit
und Verehrung zu einiger Wärme gedieh, welches aber im
Grunde und von Haus aus auch von jener selbstsüchtigen

Art war, die sich gegen Andere freundlich und gefällig erweist, um Unbequemlichkeiten und Unannehmlichkeiten zu vermeiden und ihre Zwecke desto besser zu erreichen. Dabei besass er eine ungemeine Schärfe und Klarheit des Urtheils, die eben so wenig von Leidenschaften getrübt wie von strengen sittlichen Principien eingeschränkt war; er war in dieser Hinsicht das rechte Musterbild seiner principien- und ideenlosen Zeit und daher auch berufen, sie zu beherrschen. Die einzige Ausnahme hiervon war die Leidenschaft der Herrschsucht, die den Hauptinhalt und die Haupttriebkraft seines Lebens bildete. Um die Herrschaft zu erlangen, scheute er vor der Schlacht bei Actium keine Grausamkeit, keine Gewaltthat; um sie zu behaupten, schlug er nachher sofort den Weg der Milde und des Wohlwollens ein, das Eine wie das Andere, weil er es für das Geeignetste zur Erreichung seines Zweckes hielt. Doch stand auch seine Herrschsucht durchaus unter der Leitung einer kalten, verständigen Berechnung und Vorsicht, so dass er sich nie zu unüberlegten Schritten fortreissen liess und für seine Zwecke auch die grössten Opfer an Zeit und die schwersten Geduldproben nicht scheute.

Wir besitzen glücklicher Weise eine Reihe von einzelnen kleinen Zügen, die uns diesen seinen Charakter recht deutlich zeigen. Seine Vorsicht und Geduld spricht sich schon in den Sprüchwörtern aus, die er im Munde zu führen pflegte: Eile mit Weile ($\Sigma\pi\varepsilon\tilde{\iota}\delta\varepsilon$ $\beta\varrho\alpha\delta\varepsilon\omega\varsigma$), oder: Alles geschieht schnell genug, was gut geschieht. Von ähnlicher Art ist es, dass er von solchen, die sich um kleiner Vortheile willen aus Tollkühnheit in grosse Gefahren stürzen, zu sagen pflegte: das sei, wie wenn einer mit goldenen Angeln fische. Als besonders charakteristisch aber ist in dieser Hinsicht hervorzuheben, dass er -- wie Kaiser Karl V. -- wichtige Gespräche, selbst mit seiner Gemahlin Livia, gewöhnlich vorher aufschrieb, um nicht zu viel oder zu wenig zu sagen. Am meisten freilich spricht sich seine Vorsicht in der zögernden, langsamen Art aus, durch die er Senat und Volk allmählich unter sein Joch beugte, nichts übereilend, nichts wagend, wohl auch einen Schritt zurückthuend, zufrieden, wenn er nur sein Ziel, obschon nach längerer Zeit, erreichte. Von einzelnen Vorgängen ist wohl keiner in dieser Art bezeichnender, als sein Verfahren hinsichtlich des Ehegesetzes, welches er, wie wir gesehen haben (S. 44), schon in ersten Jahren seiner Regierung vorbrachte, dann fallen liess, dann wieder aufnahm und erst nach 36 Jahren vollständig ins Werk setzte.

Auch für seine Milde und sein Wohlwollen fehlt es uns nicht an einzelnen Zügen, die zugleich insofern charakteristisch sind, als sie meist eine Beimischung von jenem leichten, gemüthlichen Witz haben, wie er klaren, verständigen Naturen eigen zu sein pflegt. Zu einem Bittsteller, der ihm sein Bittschreiben mit besonderer Aengstlichkeit übergab, sagte er: Du zitterst ja, als ob du einem Elephanten einen Bissen reichtest. Als ihm einst angezeigt wurde, dass ein gewisser Aelianus Uebles von ihm gesprochen habe, stellte er sich erst sehr erzürnt und sagte dann zu dem Denuncianten: Wenn dies wahr ist, so werde ich dem Aelianus zeigen, dass ich auch eine Zunge habe und von ihm nicht weniger Schlechtes zu sagen weiss, als er von mir. Ueberhaupt liebte er es — auch dies ein Beweis einer gewissen Freundlichkeit des Gemüths — durch eine scherzhafte Redeweise eine heitere Atmosphäre um sich zu verbreiten. Als einst das Volk über die theuren Weinpreise klagte, erliess er ein Edict, worin er sagte, durch die Wasserleitungen des Agrippa sei gesorgt, dass das Volk keinen Durst leide. Eben dahin gehören gewisse stehende scherzhafte Ausdrücke, die er gern gebrauchte; so pflegte er z. B. von schlechten Schuldnern zu sagen, sie würden an den griechischen Kalenden bezahlen; was recht schnell geschah, das geschah ihm schneller, als man Spargel kocht; wenn von wunderlichen, schwer zu begreifenden und zu behandelnden Menschen die Rede war, sagte er wohl: es muss auch solche Cato's, d. h. solche Käuze geben. Einen recht deutlichen Beweis für seine Art geben ferner die von ihm erhaltenen Briefe, worin er z. B. dem Horaz schreibt, er wünsche, dass seine Gedichtsammlungen so dickleibig sein möchten, wie ihr Verfasser, worin er den Maecenas in einer scherzhaften Weise wegen seiner gezierten Sprache verspottet, oder dem Tiberius sein Glück im Würfelspiel, welches er

sehr liebte, meldet und hinzufügt, dass er sich durch die
Freigebigkeit, die er dabei beweise, unsterblich zu machen
hoffe. Auch hier ist freilich zu sagen, dass seine ganze
Regierung, seine unermüdliche Bereitwilligkeit, überall zu
helfen und zu unterstützen, seine Freigebigkeit, seine Milde
in Ausübung seines richterlichen Berufs, seine Freundlichkeit
im Verkehr mit Hohen und Niedrigen, den besten Beweis für
sein Wohlwollen liefert. Als einen besonders charakteristischen Beweis dafür wollen wir noch sein Verhalten bei der
letzten der gegen ihn versuchten Verschwörungen erwähnen.
Er hatte bisher das gewöhnliche Mittel gegen dieses Verbrechen angewendet, nämlich die Todesstrafe oder Verbannung
für die Schuldigen, aber auch mit dem gewöhnlichen Erfolg;
denn die Verschwörungen kehrten immer wieder, und noch
im J. 4 n. Chr. musste er erfahren, dass einer der angesehensten Männer, Cn. Cornelius Cinna, der Enkel des Pompejus,
eine Verschwörung gegen ihn angezettelt habe. Er war
darüber aufs Aeusserste betroffen und bekümmert, und beschloss
nun nach langer Ueberlegung, wie es heisst, auf den Rath
seiner Gemahlin, den entgegengesetzten Weg einzuschlagen.
Er berief den Cinna zu sich, bat sich zuerst von ihm aus,
dass er ihn nicht unterbrechen wolle, hielt ihm dann in langer
Rede seine Absicht und sein Unrecht vor, bewies ihm, dass
er Alles wisse, dadurch, dass er ihm alle Einzelnheiten seines
Planes vorführte, und schloss endlich damit, dass er ihm volle
Verzeihung ankündigte und ihn um seine Freundschaft bat.
Er bewies auch die Aufrichtigkeit seiner Verzeihung dadurch,
dass er ihm für das folgende Jahr das Consulat verlieh, und
die Wirkung war in der That, dass von nun an keine weitere
Verschwörung gegen ihn versucht wurde.

Die Kehrseite dieser Aeusserungen von Wohlwollen ist
hauptsächlich darin zu erkennen, dass er daneben seine ganze
Regierung hindurch den Zweck verfolgte, alle freie Regungen
des Geistes lediglich unter seinen Willen zu beugen, dass er
dieselben, wie wir besonders im nächsten Abschnitt bei Gelegenheit der Literatur sehen werden, zwar eine geraume Zeit
hindurch nicht nur duldete, sondern auch innerhalb gewisser
Grenzen förderte und pflegte, aber nur um sich ihrer zu seinen

Zwecken zu bedienen und nur so lange dies nöthig war, dass er sie aber sofort unterdrückte, als er sich im Besitz der Herrschaft vollkommen sicher fühlte und sonach dieser Nachgiebigkeit nicht mehr zu bedürfen glaubte. Schon dies wird hinreichen, um zu beweisen, dass sein Wohlwollen nicht das wahre, auf Achtung unserer Mitmenschen gegründete, vollkommen unselbstsüchtige war.

Die Regierung des Augustus im Allgemeinen erscheint allerdings als etwas Grosses, wenn wir uns den Umfang des römischen Reiches, wenn wir uns die Kraft und Energie des einen menschlichen Geistes vorstellen, der dieses Reich völlig durchdrang und nach seinem Willen lenkte und bestimmte, auch, wenn wir uns die materiellen Wohlthaten vergegenwärtigen, die durch sie der Welt zu Theil wurden; indess unsere Anerkennung und Bewunderung wird wenigstens um ein Bedeutendes vermindert werden, wenn wir berücksichtigen, dass auf dem ideellen geistigen Gebiete so wenig Neues gepflanzt und geschaffen wurde, dass vielmehr die freie Bewegung auf diesem Gebiete, die Bedingung einer vollen, des Menschen würdigen Existenz, nach einem festen Plane durch die Beugung unter den einen Willen des Herrschers niedergehalten und gehemmt wurde. Nehmen wir hinzu, was aus der ganzen vorstehenden Geschichte der Regierung hervorgeht, dass der ganze Staatsorganismus durch die äussere Beibehaltung der republicanischen Formen von einer gewissen inneren Unwahrheit durchdrungen wurde, so werden wir uns nicht wundern dürfen, wenn über Rom so bald schwere Zeiten hereinbrechen, als die geschickte, Schäden und Gefahren verdeckende und ablenkende Hand des Augustus sich zurückzieht, wenn wir auch weit entfernt sind, die persönlichen Fehler und Laster der Nachfolger ihm zur Last legen zu wollen.

Sitte, Literatur und Kunst unter Augustus.

Die Römer der späteren Zeit pflegen, wenn sie den Sittenverfall der Gegenwart beklagen, im Gegensatz gegen die einfache Grösse ihrer Vorfahren immer vorzugsweise die Schwelgerei und Verschwendung als das Hauptgebrechen hervorzuheben. So also auch die Schriftsteller unter Augustus, und in der That ist dieser Vorwurf nichts weniger als unbegründet. Die Ungleichheit des Besitzes, wie sie schon in der letzten Zeit der Republik bestand, hatte sich durch die Verwüstungen und Zerstörungen der Bürgerkriege noch gesteigert und führte also nothwendig in noch höherem Maasse als früher Luxus und Schwelgerei in ihrem Gefolge; wofür gewöhnlich als hervorstechendes Beispiel Vedius Pollio angeführt wird, ein Mensch von niedriger Herkunft, der sich durch Glück und schlechte Künste unermessliche Reichthümer erworben hatte und dieselben zu dem unsinnigsten Luxus verwendete, dabei ein Ungeheuer von Grausamkeit, das die Muränen in seinen Fischteichen mit seinen Sclaven fütterte.

Indessen ist diese Schwelgerei und Verschwendung doch nicht das Hauptmerkmal der Entartung unserer Zeit; es lässt sich sogar annehmen, dass sie im Laufe der Regierung des Augustus allmählich wieder einigermaassen gemindert wurde, weniger in Folge der gegen sie erlassenen, oben (S. 43) von uns erwähnten Gesetze, die sich, wie immer, nutzlos erwiesen, als durch das Beispiel und den persönlichen Willen des Kaisers, der sein Missfallen darüber bei jeder Gelegenheit zu erkennen gab und es z. B. auch jenem Vedius Pollio empfinden liess. Dies Hauptübel ist vielmehr in der mehrerwähnten Abwesenheit aller edleren, über Selbstsucht und

Gemeinheit erhebenden sittlichen Motive zu suchen. Das, was bisher den Römer geadelt und sittlich gross gemacht hatte, das hingebende, zu jedem Opfer bereite Interesse für das Gemeinwesen, war durch die Beseitigung der Republik völlig vernichtet; der Genuss wie die erhebende, Kraft und Sinn steigernde Arbeit der Regierung war jetzt das Privilegium eines Einzigen, von dessen Belieben es abhing, wem er davon einzelne Brocken zuwerfen wollte. Die Religion, bei den Römern ohnehin von Hause aus der Politik untergeordnet, war fast völlig einem mehr oder minder geistreichen Spiele mit der griechischen Mythologie gewichen. Für den Segen der dem Erwerb und der Vervollkommnung unseres äusseren Daseins gewidmeten Arbeit, der überhaupt den Alten, den einzigen Ackerbau ausgenommen, fast völlig unbekannt war, gab es keinen Raum zwischen einer stolzen, überreichen Aristokratie und einem Pöbel, der gewohnt war, sich von seinen Herren füttern zu lassen. Kein Wunder also, dass Schlaffheit, Genusssucht, Niedrigkeit der Gesinnung und bei denen, welche dem Herrscher näher standen und von dessen Gunst oder Ungunst Vortheil oder Nachtheil zu erwarten hatten, Schmeichelei und Kriecherei wie verderbliche, markverzehrende Krankheiten sich allgemein über den Körper des römischen Volks verbreiteten.

Wir wollen, um dieses Bild der Zeit zu veranschaulichen, nur einige Einzelnheiten hervorheben. Vor Allem wollen wir auch hier wieder auf die herrschende Ehelosigkeit hinweisen, gegen die, wie wir gesehen haben, Augustus einen 36jährigen Kampf führte, ohne gleichwohl sein Ziel zu erreichen. Ein anderes besonders charakteristisches Merkmal ist die einreissende Leidenschaft selbst von Männern aus den höheren Ständen, bei den öffentlichen Spielen statt der Sclaven dem Publikum als Gladiatoren zum Schauspiel zu dienen, wogegen Augustus ebenfalls lange vergeblich ankämpfte, bis er endlich im J. 11 n. Chr. wenigstens den Rittern die Erlaubniss dazu gab, weil er einsah, dass alle Gegenmittel fruchtlos waren: eine Leidenschaft, die sich nicht wohl anderswoher als aus einer Nichtachtung des leeren Lebens und aus einem krankhaften Reizbedürfniss erklären lässt, mit der übrigens auch die unter den höheren Ständen immer zahlreicher werdenden Selbstmorde einen gewissen inneren Zusammenhang haben. Für die niedrige, raffinierte Schmeichelei wird die Geschichte des Tiberius und zwar sogleich bei ihrem Beginn die schlagendsten Beispiele liefern, zum deutlichen Beweis, dass dieselbe schon unter Augustus ihren Einzug in die Gemüther der vornehmen Römer gehalten hatte.

Dasjenige, was von edleren Regungen und Bedürfnissen unter den Römern der Zeit noch übrig war — wie ja das Höhere in den Menschen nie völlig erstirbt —, suchte seine Befriedigung hauptsächlich in der griechischen Philosophie, die gewissermaassen die Stelle der Religion vertrat, indem die Römer aus ihr nicht sowohl Aufklärung über die Räthsel der Welt und des menschlichen Daseins als Nahrung und Stärkung für ihre sittliche Vervollkommnung schöpften, am meisten in der Philosophie der Stoa, die schon früher den Vereinigungspunkt der strengeren, strebsameren Naturen unter den Römern gebildet und die selbst erst bei den Römern zwar nicht eine weitere wissenschaftliche Ausbildung, wohl aber ihre volle practische Bedeutung gewonnen hatte. Es ist nicht zu leugnen, dass der Stoicismus mit seinem Streben nach einem Ideal menschlicher Vollkommenheit, mit seiner Geringschätzung irdischer Güter, mit seiner Strenge gegen alle Schwächen der menschlichen Natur, mit dem lebhaften Gefühl der Verpflichtung, dem gemeinen Besten mit allen Kräften zu dienen, einen der hellsten Lichtpunkte in dieser dunkeln Zeit bildet, obwohl die allgemeine Entartung sich auch bei ihm in der Hinneigung zu Aeusserlichkeiten und Sonderbarkeiten zu äussern begann, und obwohl der Widerspruch mit der Erfahrungswelt — von jeher der schwächste Punkt der Stoa — bei der Schlechtigkeit jener immer greller wurde, und dieser Widerspruch schon an sich nicht verfehlen konnte, die Stoiker zu allerlei Extravaganzen und Verirrungen zu verleiten. Die schwächeren Gemüther flüchteten sich, um die fehlende Befriedigung zu finden, in die Religionen und Ceremonien des Orients, insbesondere in das Judenthum und den ägyptischen Isisdienst, die desshalb in unserer Zeit eine immer weitere Verbreitung in Rom gewannen, während endlich die Welt-

und Genussmenschen zu einem Epicureismus schworen, der
von der Lehre seines Stifters nicht viel mehr bewahrt hatte
als den Grundsatz, dass das Vergnügen der Endzweck des
menschlichen Daseins sei.

Haben nun aber nicht Literatur und Kunst wenigstens
etwas Wesentliches geleistet, um diese grosse Leere in der
geistigen und sittlichen Welt auszufüllen? Ist dies doch z. B.
in unserem deutschen Vaterlande in einem gewissen Sinne
der Fall gewesen, wo die geistigen Interessen höherer Art
im vorigen Jahrhundert eine geraume Zeit fast völlig auf die
Literatur beschränkt waren, und wo diese nicht nur überhaupt
einen erhebenden Einfluss ausgeübt, sondern auch unzweifelhaft dazu beigetragen hat, Nationalgefühl und Religiosität aus
ihrem Schlummer zu erwecken.

Man möchte dies um so mehr meinen, als bekanntlich
das Augusteische Zeitalter sprüchwörtlich für eine Blüthezeit
der Literatur geworden ist und in der That für die römische
Literatur eben so den Höhepunkt der Poesie bezeichnet wie
das Ciceronianische Zeitalter den der Prosa. Die höchst-
stehenden Männer der Zeit, C. Asinius Pollio, L. Munatius Plancus, M. Valerius Messalla, insbesondere C. Cilnius Maecenas,
Augustus selbst waren Freunde und eifrige, freigebige För-
derer der Literatur; es entstand eine zahlreiche Klasse von
Dichtern, welche die Poesie zu ihrem Lebensberuf machten;
dieser Beruf wurde zu einer Staffel des höchsten Ruhms, die
Dichter selbst hegten das stolze Bewusstsein, dass ihre Werke
ihnen die Unsterblichkeit sicherten, während noch in den letzten Jahrzehnten die Schriftsteller es für nöthig befanden, sich
wegen ihrer Beschäftigung mit dem Schreibgriffel statt mit
dem Schwert oder mit Staatsangelegenheiten zu entschuldigen.
Endlich fehlte es auch nicht an sonstigen äusseren Förde-
rungsmitteln. So wurden z. B. in unserer Zeit drei öffentliche Bibliotheken errichtet, die erste (um das J. 37) von
Asinius Pollio, die beiden andern, die Octavia und Palatina,
von Augustus selbst (in den J. 33 und 28), die nicht nur
die Benutzung der Schätze der Literatur erleichterten, sondern auch dazu dienten, die Ehren ausgezeichneter Schriftsteller zu vermehren, da diese die Aussicht hatten, nicht nur

ihre Werke, sondern auch sich selbst im Bild in denselben aufgestellt zu sehen.

Demungeachtet aber kann es nicht zweifelhaft sein, dass jene Frage verneinend zu beantworten ist. Das, was schon immer die Schwäche der römischen Literatur gebildet hatte, dass sie zu wenig volksthümlich war, fand jetzt in noch viel höherem Grade statt. Die Poesie hatte besonders dadurch ihre Leistungen so sehr gesteigert, dass man sich immer tiefer in die griechische Literatur hineinstudierte, dass man die vollendete Form der griechischen Muster durch Nachahmung in immer ausgedehnterem Maasse auf römischen Boden verpflanzte und auch den reichen Inhalt derselben immer mehr ausbeutete. Dadurch war sie recht eigentlich ein Werk der Kunst und der Gelehrsamkeit geworden, und es ist in dieser Hinsicht bezeichnend genug, dass man die Dichter geradezu Gelehrte (docti) nannte; eben desshalb aber existierte sie auch nur als ein Gegenstand der Unterhaltung und Ergötzung für diejenigen, die sie ausübten, und für einen verhältnissmässig kleinen Kreis von Gönnern und Freunden; für das Volk, auch wenn wir dabei nicht an die niedrigste Klasse der Proletarier denken, war sie so gut wie nicht vorhanden. Ein weiterer Grund ihrer Schwäche und ihrer Wirkungslosigkeit liegt darin, dass sie, im Kreise des Hofes grossgezogen, nothwendig auch mehr oder weniger vom Charakter einer Hofpoesie annahm, und dass die Dichter demnach nicht immer den Musen, sondern nicht selten auch den Zwecken der Machthaber opferten. So dienten sie, bewusst oder unbewusst, den besondern Absichten des Augustus, wenn sie z. B. die Vergangenheit in dem Lichte, wie er es wünschte, darstellten, wenn sie die Greuel und das Unheil der Bürgerkriege in lebendiger Erinnerung erhielten, wenn sie ein von dem öffentlichen Leben entferntes, ganz der Musse gewidmetes Leben empfahlen und die Tugenden der Einfachheit, der Genügsamkeit, der Sittenreinheit und der Frömmigkeit priesen, nicht zu gedenken, dass sie sich nicht selten geradezu mit Lobpreisungen der Grossthaten und Verdienste des Herrschers beschäftigten. Es leuchtet ein, wie sehr dies nicht allein ihrem Werth, sondern auch ihrer Wirkung auf das Publikum Eintrag

thun musste. Eben desshalb blühte und verwelkte sie auch
mit der Gunst des Augustus. Dieser fand es in der zweiten
Hälfte seiner Regierung, als er sich in der Herrschaft fest
gesetzt zu haben glaubte, nicht mehr für nöthig, ihre Unterstützung in Anspruch zu nehmen, und zugleich wurde ihm der
Rest von freier Bewegung lästig, den er ihr bisher gestattet
hatte; er entzog ihr also seine Gunst, und dies hatte sofort
die Folge, dass sie völlig erlosch und dass auch auf dem
Gebiete der Literatur dieselbe Stille und Leblosigkeit eintrat,
die wir im Uebrigen wahrgenommen haben.

Dass schon die Zeitgenossen ein gewisses Gefühl von
der Unvolksmässigkeit dieser Poesie hatten, geht daraus hervor, dass sich schon jetzt gegen die neue Weise eine Reaction
regte, die nur die Dichter der ältesten Zeit, wie Nävius,
Livius Andronicus und Ennius gelten liess und diesen bei
Weitem den Vorzug vor den modernen Dichtern gab, die aber,
da sie selbst völlig unproductiv war, zur Zeit wenig ausrichtete.

Innerhalb dieser Grenzen aber, dies dürfen wir eben
so wenig bezweifeln, ist in unserer Zeit Vortreffliches geleistet worden, am meisten, wie schon mehrfach bemerkt, auf
dem Gebiete der Poesie, die in der epischen, lyrischen, dramatischen Gattung, wie auch in den Nebengattungen der Satire, der Elegie und des Lehrgedichts Werke hervorgebracht
hat, welche den unsterblichen Ruhm noch heute behaupten,
den ihre Urheber zu hoffen kühn und selbstbewusst genug
waren. Stehen sie auch an Leben, Frische und Unmittelbarkeit den griechischen Mustern der besten Zeit nach, so bleibt
ihnen doch immer noch ein hoher Werth, und in einer Hinsicht dürfte ihnen sogar vor denen der Griechen ein gewisser
Vorzug nicht abzusprechen sein. Dies ist die vollendete
Kunstform, durch die sich mehrere derselben in hohem Grade
auszeichnen. Dieselbe gelehrte Richtung, welche die Römer
von den höchsten Leistungen in der Poesie ausschloss, wie
wir sie bei den Griechen bewundern, setzte sie, zusammen
mit der Energie und Verstandesschärfe, die den Römern eigen
ist und die auch jetzt noch, so oft sich Raum und Gelegenheit dazu findet, hervorbricht, in den Stand, die Vorzüge

ihrer Sprache vor den modernen Sprachen, namentlich die Freiheit der Wortstellung, das feste Silbenmaass, die scharf ausgeprägte Bedeutung der Worte und die volleren Flexionsendungen, noch vollständiger auszuprägen, als es die Griechen vermocht hatten, und so ihren poetischen Werken jene, seitdem kaum je wieder erreichte formelle Kunstvollendung zu verleihen, die sie wenigstens in dieser einen Hinsicht für immer zu einem nachahmungswerthen Muster erhoben hat.*) Man möchte zuweilen die Dichtungen eines Virgil, Tibull, Properz, Ovid mit besonders geschickt und sorgfältig ausgeführten Mosaikarbeiten vergleichen, wie wir sie aus derselben Kaiserzeit mehrfach besitzen, denen allerdings das Leben und die Bewegung wirklicher Gemälde fehlt, die denselben aber auch in dieser Hinsicht öfter wenigstens nahe kommen und es ihnen an Glanz und dem Eindruck von Kunstfertigkeit nicht selten zuvorthun.

Geringer sind die Leistungen in der Prosa, die ihren Höhepunkt in der Ciceronianischen Zeit bereits überschritten hatte, worin ferner der Verlust an Kraft und Einfachheit weniger als in der Poesie ersetzt werden konnte, und auf die endlich die mit der Monarchie nothwendig verbundene Beschränkung der Oeffentlichkeit und Freiheit viel nachtheiliger als dort wirken musste. Von den beiden Gattungen, welche auf diesem Gebiete vorzugsweise in Betracht kommen, der Beredtsamkeit und Geschichtschreibung, hat die erstere die nachtheilige Wirkung der Zeitumstände am meisten empfunden. Ihr war die Gelegenheit entzogen, auf dem Forum durch Talent und Kühnheit Ruhm und Ehre und Macht zu gewinnen; der einzige Schauplatz ihrer Wirksamkeit war theils der Senat, wo der Redner genöthigt war, jedes Wort auf die Wagschale zu legen, theils der enge Kreis der Centumviraloder anderer ähnlicher Specialgerichte, wo die Geringfügigkeit der Gegenstände jeden höheren Aufflug unmöglich machte.

---

*) Ueber das Verhältniss der antiken zu den modernen Sprachen in dieser Hinsicht finden sich einige treffende, geistreiche Bemerkungen in der Vorrede von W. Wackernagel zu seiner Geschichte des deutschen Hexameters und Pentameters.

Sie wurde daher zwar noch immer eifrig gepflegt, allein diejenige Beredtsamkeit, deren Wirkung hauptsächlich aus dem Gegenstande selbst und aus dem Charakter und dem Freimuth des Redners hervorgeht, konnte in dieser beschränkten Sphäre nicht mehr gedeihen. So war es also natürlich, dass man den Reiz, der durch diese einfachen und gesunden Mittel nicht mehr zu erzielen war, durch die Künstlichkeit der Rede, hauptsächlich durch Antithesen und sonstige Figuren und durch fein zugespitzte, pikante Sentenzen zu ersetzen suchte. Ferner aber ist es nicht zu verwundern, dass neben diesem Rest der wirklichen Beredtsamkeit als besonders charakteristisches Zeichen der Zeit ein Schatten jener ein künstliches Leben gewann. Die Rednerschulen nämlich traten aus ihrer nächsten Aufgabe als Vorbereitungsschulen für die wirkliche Ausübung des Rednorberufs heraus. Die Meister derselben versammelten nicht nur ihre Jünger, sondern auch mehr oder minder zahlreiche Kreise von Bewunderern um sich und suchten nun ihre Zuhörer durch kunstreiche Reden über weithergeholte historische und mythologische Fragen oder über fingierte, möglichst complicierte und unwahrscheinliche Processfälle zu fesseln und damit zugleich ihren Schülern ein Muster zur Nachahmung aufzustellen. Die Männer, die hier auftraten, waren z. Th. dieselben, die die Boredtsamkeit auch praktisch ausübten, selbst Asinius Pollio achtete es nicht für zu gering, auch auf diesem Felde um den Lorbeer zu werben, z. Th. aber waren sie der Praxis völlig fremd und nicht einmal im Stande, sich in einem geringfügigen wirklichen Processfall vor dem Prätor als Redner zu behaupten. Es wird kaum der Bemerkung bedürfen, dass eine solche aller Wahrheit des Inhalts völlig baare Beredtsamkeit nothwendig zu einer leeren Wortspielerei ausarten musste, wie wir dies später unmittelbar nach dem Tode des Augustus als das Resultat seiner Regierung durch einige Beispiele beweisen werden.

Besser stand es mit der Geschichtschreibung. Auf diese übten die Umstände eine weniger nachtheilige Wirkung, und gleichzeitig konnte die Kunst hier mehr leisten, um die Nachtheile zu überwinden. In der ersten Hälfte unseres Abschnitts wurde dieses Gebiet noch von Männern von politischer Bedeutung,

wie Asinius Pollio und Messalla, bearbeitet und zwar, wie
wir nicht zweifeln können, mit dem alten Freimuth und
mit der Absicht, mit der die Geschichte bisher in der Regel
geschrieben worden war, das Urtheil über diejenigen Ereignisse, die sie selbst erlebt und bei denen sie wohl selbst mitgewirkt hatten, festzustellen und durch ihr Ansehen zu unterstützen. Indess in der zweiten Hälfte der Regierung des
Augustus hörte dies auf,*) oder wenn es, wie wir wenigstens
an einem Beispiele sehen werden, dennoch geschah, so wurde
mit Maassregeln der Gewalt dagegen eingeschritten, und so
blieb nur noch Raum für eine Geschichtschreibung, die entweder ausschliesslich oder doch vorzugsweise ferner liegende,
für die Gegenwart indifferente Gegenstände behandelte und
nicht sowohl auf das Urtheil als auf die Phantasie zu wirken
suchte, die daher nicht sowohl persönliches Ansehen, als vielmehr Gelehrsamkeit und rhetorische Ausbildung in die Wagschale legte. Leider ist uns nur eins dieser Werke und
zwar eins von der letzteren Art, und auch dies nicht vollständig erhalten, das des Livius, aus dem sich aber hinlänglich erkennen lässt, was damals auf diesem Gebiete die reich
ausgebildete Sprache zusammen mit dem allgemein verbreiteten Ideenreichthum zu leisten vermochte.

Wir lassen nun nach diesen allgemeinen Bemerkungen
eine kurze Uebersicht über die Hauptvertreter der Literatur
unter Augustus und über ihre Werke folgen.

Unter den Dichtern stehen der Zeit wie der Bedeutung
nach voran: P. Virgilius Maro und Q. Horatius Flaccus, jener
im J. 70 v. Chr. zu Andes bei Mantua, dieser im J. 65 v. Chr.
zu Venusia gehoren, jener der Sohn eines nicht unbemittelten
Grundbesitzers, dieser eines Freigelassenen Sohn, beide auf
Grund gelehrter, eindringender Studien der griechischen Literatur die römische anbauend, beide gleich schöpferisch und
Bahn brechend, aber jeder in seiner Weise und jeder nach
einer verschiedenen Richtung hin.

---

*) Temporibusque Augusti dicendis non defuere decora ingenia, donec
gliscente adulatione deterrerentur (Tac. Ann. I, 1).

Virgil*) ist in Vergleich zu seinem Freunde Horaz der
gelehrtere oder doch derjenige, der bei der einmal eingeschlagenen
gelehrten Richtung ausschliesslicher beharrt ist, eine
stille, bescheidene, anspruchslose, der grössten Hingebung an
Personen wie an wissenschaftliche Interessen fähige Natur,
durch diese Eigenschaften der Liebling Aller, die ihm im
Leben näher traten, von denen, die wir oben als die hohen
Gönner der Literatur kennen gelernt haben, gesucht und
geehrt, Freundschaft und Gunst dankbar erwiedernd, dabei
aber, soweit als irgend möglich, sein Stillleben immer vor
fremder Berührung bewahrend. Er erwarb sich seine gelehrte
Bildung durch einen längeren Aufenthalt in Cremona, Mediolanum,
Neapel und Rom, kehrte aber dann auf das von seinem
Vater ererbte Landgut zu Andes zurück, und würde
sich hier vielleicht sein ganzes Leben hindurch mit dem stillen
Dienst der Musen begnügt haben, wenn seine Ruhe nicht
durch die Aeckervertheilungen der Triumvirn nach der Schlacht
bei Philippi gestört worden wäre. Auch er nämlich wurde,
wie der grösste Theil der friedlichen Bevölkerung Italiens,
mit dem Verlust seines Grundbesitzes bedroht. Dies nöthigte
ihn, den Schutz der Mächtigsten der Zeit, des Pollio, des
Maecenas, des Octavianus selbst, und des Statthalters des
cisalpinischen Galliens, des Alfenus Varus, zu suchen. So
entstanden zunächst in den J. 42 bis 37 die 10 Eclogen,
Idylle nach dem Muster des Theokrit, theilweise nur Uebersetzungen
dieses seines Vorbildes, denen er jedoch durch die
eingeflochtenen Beziehungen auf seine Gönner und auf die
realen Zeitverhältnisse einen ganz anderen allegorischen Charakter
verlieh. Nachdem er aber hiermit einmal in den herrschenden
Kreis der Literatur hineingezogen worden war, so
wurde er auch darin festgehalten und zu weiteren grösseren
poetischen Productionen gebracht. Auf Veranlassung des Maecenas
dichtete er in den J. 37 bis 30 die 4 Bücher über den

---

*) Wir nennen ihn so, obwohl man in neuerer Zeit nachgewiesen
hat, dass Vergilius die richtigere und ursprüngliche Schreibung ist, weil
er einmal unter diesem Namen seit langer Zeit in unserer Literatur eingebürgert
ist.

Landbau (Georgica), und alsdann verwandte er den Rest seines Lebens auf sein Hauptwerk, die Aeneide, das er einer Aufforderung des Augustus zu Folge übernommen hatte und an dem er bis zu seinem Tode fortarbeitete, ohne mit der Durchfeilung desselben zu Stande zu kommen oder doch ohne es als vollendet und mit dem Gefühle der Befriedigung aus der Hand zu legen. Er hielt sich in der zweiten Hälfte seines Lebens meist zu Neapel auf und starb im J. 19 v. Chr. auf der Rückkehr von einer Reise nach Griechenland zu Brundisium.

Seine Eclogen lassen sich gewissermaassen als eine Vorstudie ansehen. Obwohl manches nicht Ungefällige enthaltend (die ansprechendste unter allen dürfte die nach der gewöhnlichen Ordnung erste, dem Octavian gewidmete sein), sind sie doch von der Einfachheit und Natürlichkeit ihres Vorbildes weit entfernt und erhalten namentlich durch jene Beziehungen etwas Fremdartiges und Unpassendes; theilweise ist von dem eigentlichen bucolischen Character gar nichts übrig geblieben, z. B. in der vierten, in welcher das mit dem Consulat des Pollio im J. 40 und mit dessen in eben diesem Jahre geborenen Sohne angeblich beginnende goldene Zeitalter in einem übertriebenen, trotz einzelner ansprechender Stellen dennoch im Ganzen wenig geschickten Weise geschildert wird; dazu ist Vers und Sprache noch unvollkommen und von der späteren Glätte und Durchbildung noch weit entfernt. Dagegen zeigen die Georgica schon den reifen vollendeten Künstler. Sie gehören freilich der wenig dankbaren Gattung des Lehrgedichts an; allein der Stoff ist doch für ein Dichtwerk geeigneter, als wir nach unseren Verhältnissen und Vorstellungen vorauszusetzen geneigt sind, einmal, weil der Ackerbau bei den Römern besonders hoch geschätzt und mit der Erinnerung an die glänzendsten Grossthaten verknüpft war, sodann weil die Phantasie der Griechen ihn vielfach durch Personificirung der Kräfte der Natur und durch dichterische Sagen belebt und geschmückt hatte. Diesen Vortheil aber hat sich Virgil vollkommen zu eigen gemacht und dazu den Reiz eines vollendeten Versbaues und einer correcten, vollen, kräftigen Sprache gefügt, wie ihn die Römer bis dahin noch

nicht gekannt hatten. Indessen auch dieses Werk trat weit
zurück gegen sein letztes, die Aeneide, worin er theils die
Irrfahrten des Aeneas, des Stifters des römischen Volkes und
des Urahnen des Julischen Geschlechts, theils die Kriege
besang, durch die derselbe seine Herrschaft in Italien begründete, dort die Odyssee, hier die Iliade nachahmend, und worin er die dichterische Sprache und die Kunst des Hexameters
in einer Vollkommenheit entfaltete, dass die Aeneide gleich
dem Doryphorus des Polyclet für die Späteren zum Kanon,
zum unbedingt bewunderten und allgemein nachgeahmten
Muster und Vorbild, gedient hat. So sehr sie auch den
Homerischen Gesängen an Einfachheit und wahrhaft epischen
Character, an Anschaulichkeit der Sprache und lebendiger
Fülle des Stoffes nachsteht, so wurde sie doch von den Zeitgenossen weit höher gestellt als jene, so mächtig wurden die
Gemüther von dem vollen, wohllautenden, kunstreichen Rhythmus und von dem Glanze, der Majestät, der rhetorischen
Fülle der Sprache ergriffen; man widmete dem Dichter noch
mehr als Bewunderung, man weihte ihm eine abergläubische
Verehrung, so dass man aus seinem Buche, wie es der Aberglaube immer mit heiligen Büchern gethan, durch Aufschlagen
Prophezeiungen über die Zukunft schöpfte, und diese Empfindung hat sich bis in die dunkeln Zeiten des Mittelalters, wo
diejenigen, die seine Gedichte nicht lesen konnten, ihn wenigstens als Zauberer kannten, ja sogar bis in die neue Zeit
herab fortgepflanzt, bis eine tiefere Einsicht in die Vorzüge
der griechischen Literatur ihm den rechten Platz anwies.

Obgleich man dem Virgil nach seiner ganzen Individualität sehr Unrecht thun würde, wenn man ihn für einen
Schmeichler halten wollte, so hat doch auch er dem Interesse
des Augustus gedient. Er war zu ehrlich, um etwas zu dichten, was seiner Ueberzeugung widersprach, aber auch wieder
zu weich, um den Einflüssen des Hofkreises, in den er einmal hineingezogen worden, zu widerstehen. Und so war es
den Zwecken dieses Kreises vollkommen entsprechend, wenn
er durch ein schönes Phantasiebild die Gemüther der Menschen von der Wirklichkeit ablenkte, wenn er die Vergangenheit in ein glänzendes Licht stellte und die Tugenden der

Vorzeit pries; insbesondere aber diente es dazu, den Augustus mit einem hellen Glanze zu umgeben und ihm eine Art Recht auf die Herrschaft zu verleihen, wenn er sein Geschlecht nicht nur auf den Urahnen des römischen Volks, sondern durch diesen sogar auf die Göttin Venus zurückführte.

Anders dachte und dichtete Horaz. Auch er begann mit eifrigen Studien der griechischen Literatur, die er erst in Rom, dann in Athen trieb. Er wurde diesen Studien auf eine kurze Zeit entzogen, als ihn Brutus im philippensischen Kriege zu einem seiner Militärtribunen machte. Nach der Schlacht bei Philippi kehrte er nach Rom zurück, um eine jugendliche Täuschung ärmer, zugleich aber auch seines ererbten Grundbesitzes beraubt, welches den Veteranen zur Beute fiel, und widmete sich nun, wie er selbst, wohl mehr im Scherz, sagt, durch die kühne Armuth getrieben, der Ausübung der Dichtkunst; daneben verwaltete er, wenn es wahr ist, was Sueton berichtet, einen öffentlichen Schreiberdienst. Im J. 39 oder 38*) wurde er durch Virgil und einen andern ausgezeichneten Dichter der Zeit, Varius, dem Maecenas zugeführt, der ihn in den Kreis seiner Umgebung aufnahm und ihn nach und nach, je näher er ihn kennen lernte, immer mehr an sich zog. Von ihm wurde er auch mit dem sabinischen Landgute beschenkt, welches ihm bei mässigen Ansprüchen eine vollkommene Unabhängigkeit gewährte. In seinen späteren Lebensjahren mied er, so viel als möglich, die Stadt und lebte meist auf diesem Landgute; auch gab er das Dichten allmählich auf und beschäftigte sich vielmehr mit Philosophie und mit theoretischen Betrachtungen über die Dichtkunst. Er starb im J. 8 v. Chr., wie er selbst in einer seiner Ode gelobt hat, kurz nach seinem Gönner und Freunde Maecenas.

---

*) Dieses Jahr ergiebt sich aus Sat. I, 6, 40, vorausgesetzt, dass diese Satire, wie die geschichtlichen Anspielungen v. 53 und v. 55 lehren, kurz nach der Schlacht bei Actium verfasst ist; denn wenn es dort heisst: Septimus octavo proprior jam fugerit annus, so kann dies nur heissen, es möge das 7te und beinahe schon das 8te, d. h. also, es mögen seitdem beinahe 8, nicht wie man gewöhnlich erklärt, beinahe 7 Jahre verflossen sein.

Ist hiernach das äussere Leben des Horaz dem Virgils nicht unähnlich, so war doch seine ganze geistige Natur und die Art seiner Dichtungen eine völlig verschiedene. Obgleich, abgesehen von jener kurzen Episode im philippensischen Kriege und von seinem Schreiberdienste, eben so wenig wie Virgil zur thätigen Theilnahme am öffentlichen Leben berufen, war er doch nicht die innerliche Natur wie dieser. Er selbst führt in einer bekannten, sehr ansprechenden Schilderung seine Neigung, die Menschen und die Dinge ausser sich zu beobachten, auf seinen Vater zurück, der ihn in seiner Jugend zu seiner Warnung überall auf die Fehler und Thorheiten der Menschen aufmerksam gemacht habe; wir werden aber nicht irren, wenn wir den Grund hiervon vielmehr in der allgemeinen reflectirenden, verständigen Richtung seines Geistes suchen. Diese Richtung ist es, aus der seine Lebensphilosophie geflossen ist, und die zusammen mit den Zeitverhältnissen seinen Gedichten hauptsächlich ihr eigenthümliches Gepräge verliehen hat. Zwar ist es nicht anders denkbar, als dass er in seiner Jugend für die Republik geschwärmt hat; denn wie hätte Brutus dazu kommen sollen, ihm, dem Sohne eines Freigelassenen, eine höhere Officierstelle in seinem Heere anzuvertrauen, wenn er nicht einen Gesinnungsgenossen in ihm erkannt hätte? Auch mochte die Schlacht bei Philippi ein harter Schlag für ihn sein, und wenn er sagt, dass ihm durch diese Niederlage die Flügel verschnitten worden seien, so wird dabei wohl mehr an die Schwingen seines Geistes zu denken sein als an die materiellen Verluste, obwohl ihn auch diese schwer genug trafen. Allein nach dieser Katastrophe streifte er diesen jugendlichen Enthusiasmus sofort ab und fing nun an, wie es seinem Naturell am gemässesten war, in der wirklichen Welt zu leben, wenn auch nicht als Mithandelnder, so doch als den realen Verhältnissen Rechnung tragender Beobachter. Seinem scharfen Auge konnten die Fehler und Laster der Zeit, die Genusssucht, Verschwendung, Habsucht, der Ehrgeiz und Alles, was hiermit zusammenhängt, nicht entgehen; er sah sie aber nicht sowohl von der sittlich verwerflichen Seite an, sondern als Thorheiten, durch welche sich diejenigen, die sich ihnen hingaben, am meisten selbst schadeten, als Uebertreibungen, die über das selbstgesteckte Ziel des Genusses und der Glückseligkeit weit hinaus führten, und setzte für sich selbst als Lebensaufgabe Maasshalten und Freisein von jeder Leidenschaft als das Einzige, was dem Menschen die Gleichgestimmtheit der Seele und damit die Glückseligkeit geben und erhalten könne. Sich durch nichts beunruhigen, eben so wenig aber durch irgend etwas begeistern lassen, sich mit dem begnügen, was man hat, nicht nach Höherem streben, jede sich darbietende Gunst des Geschicks ergreifen, das Heute geniessen, da ja das Morgen ungewiss und das Leben so kurz ist, die Freundschaft, die Liebe und den Umgang mit den Musen pflegen und geniessen, Alles aber mit Maass und ohne Leidenschaft — dies sind die Hauptsätze der Lebensphilosophie, die er sich bildete. Es ist dies, wie man sieht, zwar nicht das epicureische System, zu dem er sich hier und da bekennt, aber nur um es bald wieder zu verleugnen, es ist aber der epicureische Sinn, der den Genuss zur Aufgabe des Lebens macht und ihn nur so weit beschränkt, als es Klugheit und Anstand gebieten. Die Heiterkeit und Anmuth, womit er diese Sätze verkündet, haben ihn von jeher zum besondern Liebling aller der Weltmänner gemacht, die ihre Art und Weise mit der Vernunft zu vereinbaren und mit einem gewissen Schein von Philosophie zu umgeben gesucht haben.

Wir haben gesagt, dass er sich nicht als Mithandelnder an den Dingen der wirklichen Welt betheiligt habe; in einer Hinsicht hat er dies aber doch gethan, nämlich durch seine Gedichte, durch welche er und zwar mit Bewusstsein und aus Ueberzeugung die Zwecke des Augustus thätig gefördert hat. Auch hierin ist er von Virgil wesentlich verschieden. Während Virgil die Mächtigen der Erde mit kindlicher Hingebung und mit dem Respecte verehrt, den eine grossartige praktische Thätigkeit immer auf die weiche Seele eines Dichters gewinnen wird, der nur Dichter ist, und sich somit, wie wir gesehen haben, unbewusst durch die Einflüsse seiner hohen Gönner bestimmen lässt: so gewann Horaz bei seinem klaren, verständigen, praktischen Sinne bald nach seiner Rückkehr in die Hauptstadt die Ueberzeugung, dass die

Alleinherrschaft eine Sache der Nothwendigkeit war und dass sie von Augustus mit Klugheit und Mässigung und zum Wohle der Welt geführt wurde, und aus dieser Ueberzeugung heraus preist er nicht nur die Segnungen der Regierung des Augustus, sondern benutzt auch seine dichterische Musse, um diejenigen Tugenden und Eigenschaften, deren Förderung dem Augustus besonders am Herzen lag, insbesondere Einfachheit, Genügsamkeit, die Hingebung an ein stilles, beschauliches Leben, die Fernhaltung von ehrgeizigen Plänen zu empfehlen; ja selbst die Ehe gehörte zu diesen Dingen, obwohl er selbst ehelos lebte. Und zwar richtet er, zum deutlichen Beweis, dass diese Gedichte nicht ein unbewusster, absichtsloser Erguss seiner eigenen Stimmungen und Empfindungen sind, die Empfehlungen der Mässigung und des ruhigen, ehrgeizlosen Genusses des Lebens vorzugsweise an solche Männer, deren hohe Geburt, deren Reichthum oder stolzer Sinn dem Augustus am meisten Besorgnisse einflössen konnte.*) Dabei bewahrte er sich für seine Person so viel Freiheit und Unabhängigkeit, als unter den gegebenen Verhältnissen irgend

---

*) Diese interessante und wichtige Bemerkung ist unseres Wissens zuerst von Merivale (hist. of the Rom., Bd. IV. S. 594) gemacht worden. Sie findet ihre Bestätigung hauptsächlich durch die Oden des 1. und 2. Buchs, insbesondere durch I, 4. 7. II, 3. 10. Alle diese Oden behandeln die oben bezeichneten Materien, und I, 4 ist an L. Sestius gerichtet, von dem Dio (LIII, 32) bezeugt, dass er ein Anhänger des Brutus gewesen sei und diesem immer eine treue, liebevolle Anhänglichkeit bewahrt habe, I, 7 an den bekannten L. Munatius Plancus, einen der glänzendsten Namen, die aus der Zeit der Republik noch vorhanden waren, II, 3 an Q. Dellius, einen besonders unruhigen Kopf, welchen Messalla Corvinus (s. Sen. Suas. I, 8) desultor bellorum civilium nannte, II, 10 an L. Licinius Muraena, den im J. 2 v. Chr. sein Ehrgeiz zu einer Verschwörung gegen Augustus verleitete. Vielleicht gehören auch Quintius Hirpinus, Postumus, Pompejus Grosphus und Numicius zu derselben Kategorie von Männern, die Augustus zu fürchten hatte; wir ersehen wenigstens aus Horaz selbst, dass sie reich waren. An sie sind Od. II, 11. 14. 16 und Epist. I, 6 mit den gleichen Ermahnungen gerichtet. Die Oden an Asinius Pollio (II, 1) und Lollius (IV, 9) enthalten zwar keine solchen Ermahnungen, sondern nur Lobpreisungen dieser einflussreichen Männer; indessen war es wahrscheinlich auch nicht eigenes Interesse, sondern das des Augustus, was Horaz bewog, ihnen diese Productionen seiner Musse zu widmen.

möglich war, und die Feinheit und Sicherheit, womit er seine Beziehungen zu Maecenas, zu Augustus selbst und zu andern hochgestellten Männern zu behandeln wusste, ist mit Recht immer vorzugsweise an ihm gepriesen worden.

Die frühesten unter den Dichtungen des Horaz sind die Epoden und die zwei Bücher Satiren, welche zusammen ungefähr in die Zeit von 40 bis 31 v. Chr. fallen. Die ersteren, so benannt von dem Umstand, dass in einem grossen Theile derselben immer auf einen längeren Vers ein kürzerer folgt, (übrigens nicht von Horaz selbst, der sie Jamben nennt) sind in ähnlicher Weise wie die Eclogen Virgils eine Art Vorstudie, meist Schmähgedichte und Nachbildungen des Archilochus, die daher auch nicht selten etwas Unfreies haben, von einem Inhalte, der im Ganzen wenig Erfreuliches hat und durch den darin befindlichen Schmutz auf den gebildeten Geschmack sogar oft einen widerwärtigen Eindruck machen muss; nur einige (1. 2. 7. 9. 16) sind von der Art, dass sie durch die Gewandtheit der Ausführung und durch ihren ansprechenden Inhalt auch höheren Anforderungen genügen. Dagegen erkennen wir ihn in den Satiren sofort als Meister, obwohl dieselben im Ganzen mit den Epoden gleichzeitig, mehrere sogar wahrscheinlich noch früher sind als diese, jedenfalls weil diese Dichtungsart seinem Naturell und vielleicht auch seiner damaligen Stimmung am meisten entsprach. Er selbst verehrt hierin als Muster und Vorgänger den Lucilius, der, wie wir im zweiten Bande (S. 504) gesehen haben, zwar nicht die Satire überhaupt, aber doch diese Gattung derselben geschaffen hat; die Zeitverhältnisse gestatteten ihm nicht, gleich dem Lucilius die Politik zum Gegenstande seiner humoristischen Darstellungen zu machen; wenn er aber hierin gegen seinen Vorgänger im Nachtheil stand, so übertraf er ihn dagegen durch die Leichtigkeit und Gefälligkeit, mit der er sich überall bewegte. Seinen Hauptgegenstand bilden die Thorheiten seiner Zeit: der Geiz, die Habsucht, die Unmässigkeit in jeder Art von Genuss, die Veränderlichkeit und Unzufriedenheit, der Hochmuth und die Genialitätssucht der Dichterlinge, die geschmack- und tactlose Grossthuerei der Emporkömmlinge, jene oben erwähnte thörichte Reaction, die auf

dem Gebiete der Literatur nur an dem Roste des Alterthums
Gefallen fand u. dergl. m. Alles dies führt er uns in sprechenden, aus dem Leben gegriffenen Scenen und Beispielen
vor, selbst heiter und ohne Hass und Bitterkeit, daher auch
dieselbe Heiterkeit bei dem Leser erweckend, ohne sich übrigens auf die angeführten Gegenstände zu beschränken. Denn
wie nach seinem eigenen Ausdruck Lucilius seinen Büchern
gleich trauten Genossen alle Geheimnisse anvertraute, so dass
sie sein ganzes Leben wie im Bild darstellten, eben so legt
auch er in seinen Satiren ohne Rücksicht auf irgend eine
strenge Grenze dieser Dichtungsart die verschiedensten Dinge
und Urtheile und Empfindungen nieder. Wir finden daher,
dass er sich in einer derselben über die Dichtungsart selbst
ausspricht und die Grundsätze rechtfertigt, nach denen er
dieselbe behandelt; anderwärts setzt er sein Verhältnis zu
Lucilius auseinander und wägt dessen Verdienste ab; oder er
gedenkt seines Vaters und preist dessen väterliche Liebe,
oder lobt das Landleben oder das Glück einer sorglosen
Musse, oder beschreibt mit einigem (nicht selten etwas überschätztem) Humor eine in Begleitung des Maecenas gemachte
Reise nach Brundisium. Kurz er bewegt sich überall mit der
grössten Freiheit und Ungebundenheit, man fühlt sich bei der
Lectüre wie als Theilnehmer eines geistreichen, ungezwungenen Gesprächs (wie er denn auch selbst diese Gedichte meist
Gespräche nennt), und wie im Inhalt, so herrschte dieselbe
Freiheit in der Form, die weit entfernt von der Regelmässigkeit und dem Ebenmaasse eines Virgil oder Tibull oder Ovid,
in dem Gegentheil davon, in einer gewissen Nachlässigkeit
und Bequemlichkeit ihren Hauptreiz sucht und findet. Es
entspricht diesem Charakter, dass in den Satiren die Personen
häufig redend eingeführt werden und dass im zweiten Buche
die grössere Zahl der Satiren (6 von 8) aus vollständig durchgeführten Zwiegesprächen besteht. Letzteres vielleicht eine
Aenderung, die der Dichter in Folge einer schärferen Auffassung des Wesens der Satire mit Bewusstsein und Absicht
getroffen hat.

Es folgen nun der Zeit nach die drei ersten Bücher
Oden, die im Ganzen etwa in die Jahre von 30 bis 20 v. Chr.

zu setzen sind, obwohl einige ihrer Entstehung nach auch schon in eine etwas frühere Zeit fallen mögen. Hier ist Horaz ganz der gelehrte Dichter, der es sich zur Aufgabe macht und zum höchsten Ruhm rechnet, die lyrische Poesie des Alcaeus und der Sappho auf römischen Boden zu verpflanzen. Es giebt eine Anzahl von Oden, die durch ihre Beziehungslosigkeit und ihren Mangel an eigenthümlichem Leben eine nahe an blosse Uebersetzung streifende Nachahmung vermuthen lassen, wenn wir auch nicht im Stande sind, einen bestimmten Beweis dafür zu führen, da die Urbilder bis auf wenige Bruchstücke verloren gegangen sind. Andere dagegen sind so römisch oder so individuell, dass sich bei ihnen die Nachahmung unmöglich weiter als auf die allgemeine dichterische Form und auf das Metrum erstreckt haben kann.*) Zu dieser letzteren Klasse gehören diejenigen, welche einen Satz seiner Lebensphilosophie, etwa die Genügsamkeit, die goldene Mitte oder die Süssigkeit der Musse oder das Glück der Zufriedenheit behandeln, desgleichen diejenigen, welche dem Lobe oder dem Dienste des Augustus gewidmet sind, nicht minder aber auch eine Reihe anderer, besonders kleinerer Gedichte, welche einzelne besondere Züge und Situationen erotischer Art zum Gegenstand haben, welche z. B. die süss redende und süss lachende Lalage oder die unbeständige, aber nach jedem verletzten Eidschwur nur um so schöner erstrahlende Barcine preisen. Die allgemeinen Vorzüge sämmtlicher Gedichte bestehen hauptsächlich in der Kürze und Prägnanz des Ausdrucks, in dem Wohllaut und in der Symmetrie der einzelnen Theile. Dazu kommt in einer grossen Zahl derselben neben der Anmuth mehrerer erotischer Gedichte namentlich noch die Fülle kurzer, treffend ausgedrückter Sentenzen, die über das Ganze ausgegossen ist. Nirgends hat die schon früher bemerkte Neigung der Römer zum Sententiösen schönere und reichere Blüthen getrieben, nirgends hat die Flüchtigkeit des Lebens, die Nutzlosigkeit der quälenden Sorge, das Glück einer heiteren, gleichgewogenen, von Begierde

---

*) Dies stimmt auch mit seinen eigenen Erklärungen überein, s. bes. Epist. I, 19, 23—34.

und Leidenschaften freien Stimmung einen kürzeren und treffenderen Ausdruck gefunden als hier. Am wenigsten sind einige grösser angelegte, einen höheren Flug nehmende Gedichte gelungen, in welchen die Fittige des Dichters nicht selten zu erlahmen scheinen.

Was uns von den Werken des Horaz nun noch übrig ist, das besteht, so zu sagen, in zwei Zugaben, einer zu den Oden und einer zu den Satiren. Wie er selbst wiederholt sagt, so hielt er nach Beendigung der bisher genannten Gedichte seine dichterische Thätigkeit für geschlossen, und nur auf Andringen des Augustus fügte er erstens noch ein viertes Buch Oden und das für die Feier der Säcularspiele im J. 17 gedichtete Carmen saeculare hinzu. Unter diesen Oden ist eine verhältnissmässig grössere Anzahl dem Ruhme des Augustus und seiner beiden Stiefsöhne, Tiberius und Drusus, gewidmet und gehört also zu jener Gattung, welcher, wie schon bemerkt, das Talent des Dichters am wenigsten gewachsen ist; aber auch sonst dürfte sich in ihnen eine gewisse Abnahme der Kraft für die lyrische Dichtung nicht undeutlich erkennen lassen. Dagegen glauben wir nicht zu irren, wenn wir in dem anderen Anhange, in den Briefen, das reifste und eigenthümlichste Erzeugniss des Horazischen Geistes finden. Sie schliessen sich durch das gleiche Versmaass, durch die Freiheit der Bewegung und die überall herrschende heitere Laune eng an die Satiren an und sind in allen diesen Beziehungen nahe mit ihnen verwandt. Indess fehlt es doch nicht an manchen Verschiedenheiten, die theils in der Briefform, theils auch in dem vorgerückten Alter des Dichters ihren Grund haben. In Folge jener bilden nicht, wie in den Satiren, äussere Umstände und Vorgänge, sondern persönliche Beziehungen zu denen, an welche die Briefe gerichtet sind, den Anknüpfungspunkt; die Schilderung der Thorheiten der Zeit, obwohl nicht ganz fehlend, tritt doch mehr zurück; dagegen sind nach anderen Richtungen die Gegenstände noch mannichfaltiger als in den Satiren. Bald sind es — wirkliche oder fingierte — blosse Gelegenheitsbriefe, die einen Gruss oder die Empfehlung eines Dritten oder eine Anfrage, nirgends jedoch ohne eine geistreiche Wendung oder

irgend eine allgemein interessante Ausführung, enthalten, bald
ein Katechismus von Klugheitsregeln für den Umgang mit
höher gestellten Männern, ein Lob der Philosophie oder irgend
ein Satz der Lebensweisheit, etwa durch Beispiele aus Homer
belebt, bald wiederum ein Lob des Landlebens und der ländlichen Musse; namentlich aber sind es literarische Gegenstände, auf die der Dichter immer zurückkömmt, und denen
das zweite Buch der Episteln, das späteste Erzeugniss seiner Musse, ganz gewidmet ist; die letzte derselben enthält
sogar eine so reiche Sammlung von Regeln der Dichtkunst,
dass man darin, obwohl mit Unrecht, eine systematische Darstellung der Poetik hat finden wollen. Ueber das Ganze der
Episteln aber ist ein Hauch der heitersten Ironie ausgebreitet,
durch den insbesondere die in reichster Fülle strömenden
Sentenzen einen eigenthümlichen Reiz gewinnen.

Die noch übrigen Dichter der Zeit, deren Werke wir
noch besitzen, Albius Tibullus, Sextus Propertius und P. Ovidius Naso, sind alle jüngere, durch einen verhältnissmässig
nicht unbedeutenden Zwischenraum getrennte Zeitgenossen
des Virgil und Horaz, so dass sie alle von dem Erwerb dieser für die poetische Sprache und für Rhythmus und Metrik
Gebrauch machen konnten. Tibull ist um das J. 50 v. Chr.
in Rom, Properz ungefähr 47 in Umbrien, wahrscheinlich in Assisium, Ovid im J. 43 v. Chr. in Sulmo, im Gebiet der Peligner, geboren; Tibull und Ovid gehörten dem
Ritterstande an, Properz war aus wohlhabendem plebejischen
Geschlecht.

Das Gebiet, auf welchem diese Nachfolger des Virgil und
Horaz ihre Talente entwickelten und zwar Tibull und Properz
ausschliesslich, Ovid wenigstens in einem grossen Theil seiner
Gedichte, war die Elegie, die gewissermaassen zwischen dem
Epos und der Lyrik mitten inne steht. Sie hat von dem
ersteren den Hexameter; während sie aber mit diesem immer
einen Anlauf zur zusammenhängenden epischen Darstellung
zu nehmen scheint, so unterbricht sie diesen fortlaufenden
Strom immer wieder durch den Pentameter und geht damit,
indem sie durch Hexameter und Pentameter eine abgeschlossene Strophe bildet, in den Charakter der lyrischen Dichtung

über*). Sie umfasst daher beide Objecte, das des Epos wie das der Lyrik, also Handlung und Empfindung, aber mit der bedeutenden Modifikation, dass Beides eben nur berührt wird, die Handlung, um die Empfindung an sie zu knüpfen, die Empfindung, um durch sie die Handlung zu verinnerlichen und zu beleben. In Bezug auf den Stoff ist ihr Gebiet ein völlig unbeschränktes. Die Elegie ist es, in welche Kallinos und Tyrtäos, die ältesten griechischen Elegiker, den Ausdruck ihrer kriegerischen Begeisterung gekleidet haben; Theognis und Solon haben in Elegien ihre politischen und ethischen Grundsätze und Empfindungen niedergelegt; Andere haben sie hauptsächlich für das Klaglied verwendet; in dem Zeitalter der Alexandriner endlich dichteten die Elegiker Philetas, Hermesianax, Kallimachos, Phanokles u. A. vorzüglich Liebeselegien, obwohl ihnen darin auch schon Elegiker der älteren Zeit, wie z. B. Mimnermos, vorangegangen waren. Diesem Beispiel der Alexandriner folgten nun auch die römischen Elegiker, sowohl diejenigen, von denen wir jetzt handeln, als auch ihre Vorgänger, Catull, von dem wir im vorigen Bande (S. 506) gesprochen haben, und C. Cornelius Gallus, jener erste Statthalter von Aegypten, der im J. 26 v. Chr. starb und nicht selten als der erste bedeutende Elegiker gepriesen wird, von dessen Gedichten uns aber nichts erhalten ist. Auch ihre Elegien sind meist der Liebe gewidmet, und zwar den Verhältnissen des Alterthums gemäss der Liebe zu Hetären, einem kleinen Theile nach auch zu Knaben; sie bewegen sich also in dem niederen Kreise der sinnlichen Liebe, und es darf nicht verschwiegen werden, dass diese sich uns nicht selten in einer unser sittliches Gefühl verletzenden, sogar widerwärtigen Weise darstellt. Nur zuweilen, am häufigsten noch bei Tibull, wird diese Liebe durch Idealisierung in eine höhere Sphäre erhoben, so dass wir uns dem Spiele der Muse mit ungetheiltem Beifall hingeben können.

---

*) Ovid drückt dies in der ersten Elegie seiner Amoren sehr bezeichnend so aus: Er habe eigentlich ein episches Gedicht verfassen und daher nur Hexameter gebrauchen wollen, Amor aber habe ihm immer in dem je zweiten Verse einen Fuss gestohlen und ihn so genöthigt, Liebeslieder zu dichten.

In Sprache und Rhythmus haben wir in ihnen vielleicht das Vollendetste und Gefälligste, was die römische Literatur überhaupt hervorgebracht hat. Wenn wir oben bemerkten, dass die römischen Dichter durch Studium und durch geschickte Benutzung der Eigenthümlichkeiten ihrer Sprache in mancher Hinsicht über ihre griechischen Vorbilder hinausgegangen seien, so gilt dies besonders von den Elegikern. Durch sie ist das Distichon erst zu seiner vollen Berechtigung gelangt; sie sind es, die das Gesetz zuerst vollkommen durchgeführt haben, dass das Distichon immer mit dem Sinne abschliessen müsse, die die Freiheit der Wortstellung und die scharfe Ausprägung der Begriffe in der lateinischen Sprache zuerst ausgebeutet haben, um durch eine angemessene Vertheilung der Worte an die Haupt- und Nebenstellen dem Distichon eine schönere Harmonie und eine grössere Kraft zu verleihen. Namentlich ist von ihnen der Pentameter zuerst zu seiner vollen Geltung und Ausbildung gebracht worden.

Tibull unterscheidet sich von den übrigen Dichtern der Zeit dadurch, dass er ausser aller Beziehung zu Augustus steht, dessen Name nicht einmal in seinen Gedichten vorkommt. Er gehörte ganz dem Kreise des Messalla an, den er als seinen Patron verehrt, und den er auch auf seinem Feldzuge nach Aquitanien (im J. 31) begleitete. Sein im frühen Alter abgeschlossenes Leben (er starb schon im J. 19 v. Chr.) war ganz der Muse und dem Genusse gewidmet; das einzige Werk desselben sind seine Elegien. Wir besitzen unter seinem Namen 4 Bücher Elegien, von denen indess wahrscheinlich nur die beiden ersten ihm selbst angehören. Diese beiden Bücher enthalten zusammen 16 Elegien, von denen die 10 des ersten hauptsächlich die Liebe zur Delia, die 6 des zweiten die zur Nemesis zum Gegenstand haben. Der Verfasser des dritten Buchs nennt sich selbst Lygdamus und giebt ein Geburtsjahr an (das J. 43), welches unmöglich das des Tibull sein kann; auch sind die Elegien selbst, obwohl des Tibull nicht unwürdig, doch von einem verschiedenen Charakter. Das vierte Buch beginnt mit einem Lobgedicht auf Messalla, welches nach Inhalt und Form so geschmacklos und unvollkommen ist, dass es unmöglich dem

Tibull zugeschrieben werden kann.*) Es folgt darauf eine
Reihe von Elegien in der Form von Briefen der Sulpicia an
Cerinth nebst einem Briefe des Cerinth selbst und zwei Briefen eines Dritten, die zusammen eine Art Liebesroman zwischen Sulpicia und Cerinth darstellen, und die im Einzelnen
manches Gefällige und Anmuthige enthalten, im Ganzen aber
doch einen unangenehmen Eindruck machen, besonders aus
dem Grunde, weil die Geliebte, nicht der Liebhaber, der
andrängende, begehrliche Theil ist, so dass man auch sie
nicht gern dem Tibull zuschreiben möchte. Endlich enthält
das Buch noch eine Elegie ohne persönliche Beziehungen, die
aber von der Art ist, dass man keinen Grund findet, sie dem
Tibull abzusprechen, zwei sogenannte Priapeische Gedichte
von der bekannten schmuzigen Art und ein Epigramm des
Domitius Marsus, eines Dichters des Augusteischen Zeitalters,
aus dem wir erfahren, dass Tibull ungefähr gleichzeitig mit
Virgil gestorben ist. Das Wahrscheinlichste ist in Betreff
dieser sämmtlichen Gedichte des dritten und vierten Buchs,
dass sie einer in neuerer Zeit aufgestellten Vermuthung gemäss
in dem Kreise des Messalla entstanden und, weil man sie im
Nachlass des Tibull fand, mit dessen Gedichten zusammen
und unter seinem Namen herausgegeben worden sind. Die
beiden ersten unbezweifelt ächten Bücher enthalten ausser den
Liebeselegien noch ein Glückwünschungsgedicht zum Geburtstage des Messalla, worin dessen Grossthaten geschildert werden, ein anderes eben solches an Messalinus, den Sohn des
Messalla, auf Veranlassung seiner Wahl zum Quindecimvir,
und ein Lied zur Feier der Ambarvalien, welches letztere
jedoch seinem Haupttheile nach sich auch um Liebe und

---

*) Von den zahlreichen geschmacklosen Stellen wollen wir nur die eine am Schluss hervorheben, wo es heisst: Er werde den Messalla immer besingen, und wenn er, früh oder spät, gestorben sei, so werde er, sei es, dass er in ein Pferd oder in einen Stier oder in einen Vogel verwandelt werde, alsbald, wenn er wieder Mensch geworden, die angefangenen Gedichte fortsetzen. Hinsichtlich der Unvollkommenheit der Form fällt Eins besonders unangenehm auf. Dies ist der klappernde Ton, den das Ganze dadurch erhält, dass die einzelnen Hexameter ganz gegen das Wesen des heroischen Metrums meist mit dem Sinne abschliessen.

Landleben bewegt. In den Liebesliedern bildet die Schilderung des ruhigen Genusses der Liebe im Schoosse eines stillen, einfachen Landlebens im Gegensatz zu den Mühen und Gefahren des Kriegsdienstes einen öfter wiederkehrenden und mit besonderem Glück behandelten Gegenstand; aber auch sonst finden wir in ihnen, was sich nur irgend für Liebeselegien eignet, Bitten, Schmeicheleien, Anrufungen der Götter, Besorgnisse, Verwünschungen, Klagen über Härte oder Treulosigkeit der Geliebten, auch über deren Habsucht, über die Ungunst der Kupplerin u. dergl. m.; zwei Gedichte sind sogenannte Paraklausithyra d. h. Klagelieder vor der verschlossenen Thür der Geliebten; endlich fehlt es auch nicht an solchen Gedichten, die sich auf dem unglücklichen Gebiete der Knabenliebe bewegen. Am ansprechendsten sind überall gewisse kleine Züge, für deren Darstellung der Dichter das meiste Talent hat, wenn er z. B. schildert, wie Delia ihn, den nach langer Abwesenheit zurückkehrenden, in freudiger Ueberraschung vom Webestuhle aufspringend empfangen werde, oder wie die Geliebte dem Liebhaber durch geheime Zeichen ihre Liebe kundgebe, wie sie mit leisem Schritt komme, wie sie im Dunkeln mit Händen und Füssen taste und ihm ohne Geräusch die Thüre öffne. Wenn die Composition hier und da an Unebenheiten leidet, wie allerdings öfter der Fall, so ist es wenigstens fraglich, ob dies die Schuld des Dichters und nicht vielmehr des Sammlers oder Abschreibers sei, da wir den Text nur in einer sehr unsicheren Ueberlieferung besitzen.

Man hat es versucht, unter der Voraussetzung, dass die Gedichte überall nur reale Wahrheit enthielten, aus ihnen eine Lebensbeschreibung des Dichters zu componieren, wonach er, wie Virgil und Horaz, durch die Bürgerkriege seinen ererbten Besitz oder doch den grössten Theil desselben verloren, wonach er wirklich den Wunsch gehabt habe, sich mit seiner Delia (oder Plania, wie ihr wahrer Name gewesen sein soll) auf dem dürftigen Landgute, das ihm geblieben, zu einem einfachen Landleben in der Weise der biedern Altvordern unter den Arbeiten der Hacke und des Spatens zu vereinigen, wonach dieses Vorhaben aber durch die Untreue der Delia vereitelt worden sei und er sich nunmehr erst der Knabenliebe und dann der Liebe zu der seiner unwürdigen, habsüchtigen Nemesis hingegeben habe. Allein erstens pflegen ja bekanntlich die Ergüsse der Dichter überhaupt nicht in dem Sinne Gelegenheitsgedichte zu sein, dass Ort und Zeit und einzelne Umstände der Wirklichkeit genau entsprechen,*) und wie soll man jenen Lebensroman Tibulls mit dem unzweifelhaft der Wahrheit entsprechenden Bilde vereinbaren, welches uns Horaz in einem seiner Briefe (I, 7) von dem Dichter entwirft, wonach derselbe reich, mit allen äussern und innern Glücksgütern gesegnet und in der Kunst des Genusses erfahren war?

Der zweite unserer Elegiker, Properz, ist gelehrter oder trägt wenigstens seine Gelehrsamkeit mehr zur Schau als Tibull. Er hat nicht nur in der Sprache zahlreiche Neuerungen nach dem Muster des Griechischen eingeführt, sondern liebt es namentlich auch Beispiele aus der griechischen Mythologie zu gebrauchen, die oft so gesucht sind, dass unsere Kenntniss der alten Literatur kaum zu ihrer Erklärung ausreicht. Seine Sprache ist daher nicht selten fremdartig, der Inhalt überladen, die Composition schwerfällig; indess neben den weniger gelungenen Gedichten findet sich auch eine ziemliche Anzahl solcher, die eben so gefällig sind wie die besten des Tibull, während sie sich zugleich durch den Vorzug einer grösseren Kraft und Frische vor ihnen auszeichnen. Properz arbeitet, nach dem Eindruck seiner Gedichte zu urtheilen, mühsamer und schwerer als Tibull; es ist, als ob man ihm seinen Ursprung aus dem rauhen Gebirgslande Umbriens anmerkte, wo noch mehr Naturkraft, aber auch ein geringerer Grad von Bildung einheimisch war; wo es ihm aber gelingt, die ihm entgegenstehenden Schwierigkeiten zu überwinden, da tritt die Wirkung um so voller und ansprechender hervor.

---

*) Lessing hat bekanntlich in seinen Rettungen des Horaz den Nachweis geführt, dass dessen „Lydien, Neären, Chloen, Leuconoen, Glyceren und wie sie alle heissen, Wesen der Einbildung" seien. Aehnlich verhält es sich auch mit Tibull. Wenn wir auch die Existenz der Delia oder Plania und der Nemesis vielleicht nicht geradezu in Abrede zu stellen haben, so ist doch so viel gewiss, dass Situationen und Umstände nicht als wirklich und historisch wahr anzusehen sind. Sind doch z. B. auch Göthes römische Elegien weder in Rom verfasst noch an eine Römerin gerichtet.

Wir besitzen von ihm (nach der gewöhnlichen Eintheilung) vier Bücher Elegien. In den ersten 3 Büchern, welche nicht weniger als 91 Elegien enthalten, sind nur wenige Gedichte nicht erotischen Inhalts, wie II, 10, welches dem Preise des Augustus gewidmet ist, obwohl auch dieses eigentlich nur den Vorsatz ausspricht, hinfort statt Liebeslieder heroische zu singen, wie ferner die Trauerelegie auf den Tod des Marcellus und eine an seinen Freund Tullus gerichtete Elegie (III, 22); noch einige knüpfen wenigstens an ein nicht erotisches Motiv an (wie III, 4. 7), oder laufen doch in ein solches aus (wie III, 11), oder es wird zwar von der Liebe ausgegangen, aber doch ein anderer Gegenstand eingeflochten, wie z. B. das Lob des Maecenas (II, 1). Die übrigen sind sämmtlich erotischer Art, und zwar sind sie entweder an Cynthia (deren eigentlicher Name Hostia gewesen sein soll) gerichtet oder beschäftigen sich doch mit ihr. Sie enthalten daher Schilderungen der Geliebten, Lobeserhebungen ihrer Treue oder Klagen über ihre Untreue, Versicherungen der eignen Treue oder Versuche und Gelöbnisse, sich von ihr loszureissen, sie malen das Glück des Liebhabers aus oder auch seine Leiden, preisen die Freuden der dichterischen Musse trotz aller Dürftigkeit im Gegensatz zu den Gefahren und Beschwerden des Kriegs oder eines dem mühsamen Erwerb gewidmeten Lebens; nicht selten wird auch das Anakreontische Thema ausgeführt, dass der Dichter wohl Grösseres und Ernsteres besingen möchte, aber die Kraft dazu nicht besitze und immer wieder in das Thema von der Liebe zurücksinke. Dies die Gegenstände, die wir meistentheils gern behandelt finden und mit Beifall lesen. Es fehlt aber auch nicht an Gegenständen von minder ansprechender Art, wie wenn er über die Begehrlichkeit oder über die Trunksucht der Cynthia klagt (II, 33), wenn er einem Freunde die Heftigkeit derselben schildert, um ihn von dem Umgang mit ihr abzuschrecken (I, 5), wenn er, als Cynthia ihm einen reicheren Nebenbuhler vorzieht, sich nicht nur dabei beruhigt, sondern auch die Hoffnung ausdrückt, dass sie, wenn sie jenen ausgeplündert, wieder zu dem Umgange mit ihm zurückkehren werde (II, 16), ein Thema, welches in ähnlicher Weise

auch noch in einer andern Elegie (II, 21) behandelt wird,
wenn er das Glück preist, zwei Geliebte, neben der Cynthia,
zu besitzen (II, 22), wenn er auseinandersetzt, warum es
vortheilhafter sei, sich mit Dirnen geringerer Art als mit
anspruchsvolleren Hetären oder mit Matronen abzugeben (II, 23),
was wohl für eine Satire des Horaz, aber kaum für eine
Elegie ein passender Gegenstand sein dürfte u. dgl. m. Zu
diesen drei Büchern kommt nun noch ein viertes von nicht
unwesentlich verschiedener Art. Auch hier finden sich zwar
unter den 11 Elegien, die das Buch bilden, einige erotischer
Art. In einer derselben (7) steigt Cynthia als Schatten aus
der Unterwelt herauf, um dem Dichter die Geschichte ihrer
Liebe vorzuführen, in einer andern (8) überrascht sie den
ungetreuen Liebhaber und überschüttet ihn mit ihren Vorwürfen, eine dritte (5) enthält Verwünschungen gegen die Kupplerin, welche die Cynthia verleite, ihre Gunstbezeigungen nur
um Geld zu verkaufen, auch eine vierte (11) lässt sich noch
zu dieser Gattung zählen, sie besteht nämlich in einem Briefe,
den eine liebende Gattin, Arethusa, an ihren im Kriege gegen
die Parther abwesenden Gemahl Lycortas sendet. Die übrigen
Elegien aber haben einen ganz anderen Charakter. Eine, die
letzte, enthält die ernste und würdige, aus Klagen und Ermahnungen bestehende Rede des Schattens der Cornelia an
ihren Gemahl Paullus und ihre zurückgelassenen Kinder, die
andern (2. 4. 6. 9. 10) behandeln Stoffe aus Geschichte und
Mythologie, den Vertumnus, die Schlacht bei Actium, die Tar-
peja, die Gründung des Altars des Hercules, endlich den
Dienst des Jupiter Feretrius und die dreimalige Gewinnung
der Spolia opima, etwa in der Weise, wie die Fasten des Ovid,
nur nicht mit derselben Leichtigkeit und Flüssigkeit. Die
Einleitung zu dem ganzen Buche bildet die sonderbare und
räthselhafte erste Elegie, worin der Dichter zuerst Rom preist
und seine Absicht verkündet, diesem Gegenstand ferner seine
Muse zu widmen, worin aber dann ein Chaldäer auftritt, um
ihn unter vielfachen Abschweifungen abzumahnen und auf die
Liebe, als seinen eigentlichen Gegenstand hinzuweisen, so
dass also diese Elegie dieselbe Mischung zeigt, wie das ganze
Buch, von dem man mit grosser Wahrscheinlichkeit vermuthet,

dass es nach dem Tode des Dichters aus den in seinem Nachlass vorgefundenen, wahrscheinlich von ihm selbst nicht für die Oeffentlichkeit bestimmten oder doch nicht ganz vollendeten Gedichten zusammengestellt sei.

Auch bei Properz ist es eben so zweifelhaft wie bei Tibull, inwieweit wir in seinen Elegien wirkliche und thatsächliche Vorgänge und Situationen vorauszusetzen haben. Ohne zu leugnen, dass sie irgend wie mit selbstgemachten Erfahrungen zusammenhängen und in denselben wurzeln, glauben wir doch der freien Empfindung oder der Nachahmung der griechischen Muster ein sehr weites Feld einräumen zu müssen. Hierfür scheint uns theils der allgemeine künstliche Charakter der Gedichte,*) das Gesuchte im Ausdruck, die Häufung griechischer Gelehrsamkeit, theils und hauptsächlich auch der Umstand zu sprechen, dass die Wirklichkeit, so wie man sie festzuhalten sucht, als nebelhaft erscheint und sich jedem Versuche, einen Zusammenhang der Erlebnisse herzustellen, entzieht.**) So ist namentlich Cynthia bald treu, bald untreu, bald keusch, bald Jedem sich hingebend, höchst uneigennützig und doch wieder habsüchtig, ja bei aller sonstigen Liebenswürdigkeit doch wieder dem Alter und dem Verblühen nahe, sogar todt und wieder lebendig; der Dichter selbst ist jetzt einzig und allein der Cynthia ergeben, er versichert

---

*) Nur beiläufig wollen wir in Bezug auf die Composition der künstlichen strophenartigen Gestaltung gedenken, die Müllenhoff in einer Abhandlung „Ueber den Bau der Elegien des Properz" (Kieler Monatsschr. 1854. S. 186 ff.) nachzuweisen gesucht hat. Einzelne Elegien lassen sich, was Müllenhoff leugnet, in der That „nach einer einfachen Grundzahl" theilen. So z. B. I. 10, wo das Ganze in drei Stücke von je 5 Distichen, I, 14, wo es in eben so viel Stücke von je 4 und III, 16, wo es wiederum in 3 Stücke von je 5 Distichen zerfällt. Ueberall ist hier in den einzelnen Stücken ein besonderer Inhalt durchgeführt und zwar in einer Weise, dass die Gleichzahl der Distichen offenbar gesucht und beabsichtigt ist.

**) Hiervon kann man sich leicht überzeugen, wenn man den Versuch Gruppe's in dem Buche „Die römische Elegie" einer näheren Prüfung unterwirft, obgleich derselbe sich nicht gescheut hat, die einzelnen Gedichte mit der grössten Willkür durch einander zu werfen und zu zerreissen.

seine Treue mit den heiligsten Eidschwüren, bald aber rühmt
er sich wieder seines Leichtsinns und seiner anderweiten Liebesgenüsse, er ist hier glücklich in der Ueberzeugung von
der Treue seiner Geliebten, dort aber verzweifelt er an Allem
und ist fest entschlossen, sich von der Cynthia zu trennen,
aber nur um bald wieder aufs Engste mit ihr verbunden zu
erscheinen, und dies Alles im buntesten Wechsel, ohne Vermittelung und Zusammenhang, so dass die bekannte Unbeständigkeit der wechselnden Empfindungen der Liebe zur
Erklärung bei Weitem nicht ausreicht. Es sind nicht verschiedene Empfindungen, sondern verschiedene, sich widersprechende Voraussetzungen und Lagen, die nur erklärlich werden, wenn wir uns die Situationen in den einzelnen Gedichten
nicht als wirklich, sondern im Wesentlichen als gedacht vorstellen. Es ist desshalb auch nicht möglich, aus seinen Gedichten irgend etwas Bestimmtes über sein Leben zu entnehmen; nur das Eine geht aus den angeführten Gedichten an
Augustus und Maecenas, wie aus dem über den Tod des
Marcellus hervor, dass er es nicht an Bemühungen fehlen liess,
sich wie Horaz und Virgil dem höchsten, herrschenden Kreise
zu nähern, ohne dass wir doch zu erkennen vermögen, in
wieweit ihm dies gelungen sei. Auch über Ort und Zeit und
Art seines Todes lässt sich nichts Sicheres ermitteln.

Der letzte unter den Elegikern und überhaupt unter den
Dichtern des goldenen Zeitalters ist Ovid. Wenn auch nach
seinem eigenen Zeugniss jüngere Dichter sich eben so an ihn
anschlossen wie er an Tibull und Properz, so hat doch keiner
von diesen etwas Nennenswerthes geleistet; die römische
Poesie hat in der That mit Ovid ihren Höhepunkt erreicht
und ist mit ihm zugleich von demselben herabgesunken. Bei
ihm erscheint wenigstens äusserlich Alles auf der höchsten
Stufe der Vollendung; Composition, Sprache, Vers sind wie
auf den ersten Wurf gelungen; was wir oben von dem Fortschritt in der Kunst des Distichons bemerkt haben, das gilt
namentlich von ihm, bei ihm zuerst ist jenes Ebenmaass, jener
kunstreiche Wechsel, jene harmonische Correspondenz der
einzelnen Theile vollständig ausgebildet; über Alles, was er
gedichtet, ist ein gewisser Hauch von Leichtigkeit, Anmuth

und Grazie verbreitet. Allein neben diesen Vorzügen liegen
auch manche nicht geringe Schwächen und Mängel. Es fehlt
ihm vor Allem an jeglichem sittlichen Ernst; er spielt mehr
mit den Gegenständen, als dass er einen Gedanken- oder
Gefühlsinhalt aus seinem Inneren herausarbeitet; die Leichtigkeit der Form überwuchert, so zu sagen, den Inhalt und
ist zu wenig durch eine gewisse angemessene Schwere des
Gehalts beschränkt und bedingt; die Verse entströmen ihm,
wie er selbst sagt, von selbst und ohne alle Mühe, indem er
sich aber diesem Strome völlig hingiebt und keine sich ihm
darbietende Wendung, keinen Gedanken, keinen Einfall unterdrückt, so geräth er nicht selten auf unfruchtbare Gebiete
und verliert sich nicht selten in Spielereien und Spitzfindig-
keiten; wir werden durch ihn erregt, angenehm unterhalten,
unwillkürlich — nach dem treffenden Ausdruck eines neueren
Gelehrten*) — zum raschen Lesen fortgerissen, aber nicht
gehoben und wahrhaft befriedigt. Etwas besonders Charakteristisches ist die Ironie, die über einen grossen Theil seiner
Gedichte ausgegossen ist, und die nicht selten beinahe den
Eindruck einer parodischen Behandlung des Gegenstandes
macht, ein unwillkürlicher Ausfluss seiner übermüthigen Laune
und seiner frivolen negativen Stimmung und zugleich der
natürliche Ausgang einer Literatur, die alle Kunstmittel erschöpft
hat und keine neue Nahrung aus dem unerschöpflichen Borne
des Volkslebens schöpfen kann. Am meisten tritt diese Ironie
in seiner „Kunst zu lieben" hervor.**) Nachdem seit den
Alexandrinern Lehrgedichte über die trockensten Gegenstände,
über die Heilkräfte der Pflanzen, über die Fische, die Vögel,
die Sterne, verfasst worden waren, so musste es für einen
Mann wie Ovid den grössten Reiz haben, diese Gattung der
Dichtkunst durch die Wahl eines Gegenstands, der eine interes-
santere Behandlung zuliess und seinem Talente so sehr ent-

---

*) v. Lentsch in der Ersch- und Gruberschen Encyclopädie.

**) In Bezug auf die Ars amatoria ist dies zuerst von Bouterweck,
Aesthetik (Bd. II. S. 125), bemerkt worden. In neuerer Zeit hat es
Hertzberg in seiner Uebersetzung weiter ausgeführt, dem auch Carriere
(Hellas und Rom, S. 542) beistimmt.

sprach, zu beleben: wie konnte es aber einen andern als einen scherzhaften Eindruck machen, wenn gerade die Liebe, die sich am allerwenigsten zur Belehrung eignet, zum Gegenstand eines kunstgerechten mit dem ganzen Apparat der Rhetorik ausgestatteten Lehrgedichts gemacht wurde? Aehnlich wie mit der „Kunst zu lieben" verhält es sich auch mit den verwandten „Heilmitteln der Liebe." Aber auch die Heroiden und die Metamorphosen scheinen uns einen starken ironischen Anstrich zu haben. Es macht wenigstens einen zum guten Theile komischen Eindruck, wenn in den Heroiden die berühmten Frauen der grauen Vorzeit, eine Penelope, Hippodamia, Medea, Hero, in den Briefen an ihre Gatten oder Geliebten alle Künste der damaligen Rhetorik entwickeln, und nicht minder, wenn in den Metamorphosen die Thatsachen der Mythologie und Geschichte unter dem Gesichtspunkt von Verwandlungen an einander gereiht und diese Verwandlungen bis ins Einzelnste herab beschrieben werden.

Wir besitzen von ihm erstlich 21 Heroiden, von denen jedoch ein ziemlicher Theil nicht von ihm, sondern von einem oder mehreren Nachahmern herrührt. Es sind dies die schon erwähnten Briefe von Heroinnen an ihre Gatten oder Geliebten, eine Dichtungsart, die, wie er sich selbst rühmt, von ihm zuerst neu erfunden worden ist. In ihnen ist der Eindruck der Rednerschulen, in denen der Dichter seine erste Ausbildung erhielt, noch besonders deutlich zu erkennen; schon hierdurch geben sie sich als ein Werk seines frühesten Jugendalters kund, was auch dadurch bestätigt wird, dass sie in den Amoren bereits erwähnt werden. Diese, die Amoren, sind sein nächstes Werk. In ihnen wandelt er ganz in den Fussstapfen seiner Vorgänger, des Tibull und Properz, er behandelt zum nicht geringen Theil dieselben Motive, wie diese, erinnert auch nicht selten, absichtlich und unabsichtlich, an sie; wie er sie aber an Leichtigkeit und Vollendung der Form übertrifft, so steht er ihnen dadurch weit nach, dass von einer Idealisierung der Liebe bei ihm wenig oder gar nichts übrig ist. Er erklärt es selbst ausdrücklich, dass er nur den sinnlichen Genuss im Auge habe, den er uns denn mit allen Details und Nebenumständen in der rücksichtslosesten und nacktesten Weise vorführt.*) Zu der Zeit, wo er die Amoren dichtete, die wahrscheinlich nach und nach entstanden und veröffentlicht und schliesslich zu einem Ganzen (erst in 5, dann in einer spätern Redaction in 3 Büchern) vereinigt wurden, beschäftigte er sich auch mit der Tragödie. Er dichtete mehrere Stücke, das berühmteste darunter war die Medea, welche mit grossem Beifall aufgenommen und wiederholt aufgeführt wurde, an welcher jedoch die alten Kritiken, wie an seinen Gedichten überhaupt, das rechte Maass vermissen. Leider ist es völlig verloren gegangen, so dass kein irgend erhebliches Bruchstück mehr davon vorhanden ist. Von den erhaltenen Werken sind die nächsten: Die Kunst zu lieben, die Heilmittel der Liebe und die Schönheitsmittel. Ersteres besteht aus 3 Büchern, von denen die beiden ersten für Männer, das dritte für Frauen bestimmt ist; die Heil-

---

*) Es würde sehr unbillig und völlig ungerechtfertigt sein, wenn wir seinen eigenen Versicherungen, dass nur seine Poesie, nicht aber sein Leben unkeusch sei, den Glauben absprechen wollten. Er schreibt an Augustus (Trist. II, 353): Crede mihi, mores distant a carmine nostro, Vita verecunda est, Musa jocosa mihi, und an seinen Gönner und Freund Graecinus (Epp. ex P. IV, 91): Illa quies animo, quam tu laudare solebas, Ille vetus solita perstat in ore pudor: wie hätte er dies sagen können, wenn es nicht wahr gewesen wäre? Einen andern Beweis für ein ehrbares Leben liefert das glückliche, zärtliche Verhältniss zu seiner Gattin, wie es uns in zahlreichen Elegien sowohl in den Tristien wie in den Briefen aus dem Pontus mit unverkennbarer Wahrheit entgegentritt. Endlich ist auch noch zu beachten, dass, wie v. Leutsch in der Ersch- und Gruberschen Encyclopädie (Sectio 3. Bd. VIII. S. 56) scharfsinnig bemerkt, eine grosse Zahl der Amoren lediglich in der Ausführung von an die Spitze gestellten, allgemeinen Sätzen besteht, wodurch sie sich von selbst als künstliche Producte kund geben. Für diejenigen, welche an der Vereinbarkeit schlüpfriger Gedichte mit einem ehrbaren Leben zweifeln möchten, wollen wir an unsern Wieland erinnern oder, um auch ein Beispiel aus dem Alterthum anzuführen, an den jüngeren Plinius, der bei dem keuschesten und reinsten Leben sich doch dazu bekennt, dass er anstössige Verse mache, und dabei bemerkt: Erit eruditionis tuae cogitare, summos illos et gravissimos viros, qui talia scripserunt, non modo lascivia rerum, sed ne verbis quidem nudis abstinuisse (Epp. IV, 14). Es ist daraus nicht sowohl dem Ovid (obwohl wir auch diesen nicht freisprechen wollen) als vielmehr dem Zeitalter ein Vorwurf zu machen, welches an dergleichen Gefallen fand und es dadurch hervorrief.

mittel der Liebe sind in einem Buche behandelt, eben so die Schönheitsmittel; von letzteren ist uns aber nur ein Bruchstück von etwas über 100 Versen erhalten. Der Inhalt dieser Werke ergiebt sich von selbst aus dem Titel, und es ist daher nur zu bemerken, dass derselbe mit grosser Freiheit behandelt und Alles, Mythologie und Zeitbilder, Altes und Neues, aufgeboten ist, um den Gegenstand zu beleben; nur das dritte entbehrt dieses Vorzugs, indem es, soweit wir nach dem erhaltenen Bruchstück urtheilen können, abgesehen von der kurzen gefälligen Einleitung, nichts enthielt als eine Zusammenstellung von wirklichen Recepten zu Schönheitsmitteln, die, wie ein neuer Gelehrter sagt, ohne Weiteres in die Apotheke geschickt werden könnten.

So weit ist es also lediglich die Liebe, welche in dieser oder jener Form den Inhalt seiner Gedichte bildete, und diese Gedichte reichen bis zur Höhe seines Mannesalters; denn wie wir aus Anspielungen auf Zeitereignisse ersehen, so wurde die Kunst zu lieben im J. 2 oder 1 v. Chr., die Heilmittel der Liebe im J. 1 oder 2 nach Chr. verfasst. Jetzt legte er die Hand an zwei Werke von wesentlich verschiedener Art, an die Metamorphosen und Fasten. Die ersteren sollten alle in der Sage vorkommenden Verwandlungen und was sich sonst irgend als Verwandlung ansehen liess, von der Urzeit bis auf die Verwandlung Cäsars in einen Stern darstellen, die letztern sollten unter der Form eines Festkalenders seinen Landsleuten die ganze Fülle römischer Sagen. darbieten, die sich als Veranlassungen zu den Festen bequem in diesen Rahmen fassen liessen; beide Werke gehörten also der erzählenden Gattung an, so dass der Dichter volle Gelegenheit erhielt, sein ausgezeichnetes Talent für die Erzählung zu entfalten; ausserdem aber kamen die Fasten auch noch der Richtung der Zeit auf die nationalen Erinnerungen entgegen, und selbst in den Metamorphosen war dieses nationale Element nicht ganz ausgeschlossen. Ehe er aber beide Werke vollenden konnte, traf ihn im J. 8 n. Chr. der harte Schlag, dass ihn Augustus aus der Stadt verwies und ihn nach Tomi in die öde, barbarische Gegend am Ausfluss der Donau in das schwarze Meer verbannte, ein Schlag, der nicht leicht auf irgend einen Andern vernichtender fallen konnte, als auf Ovid, dessen ganzes Sein und Dichten durch das Leben in der Hauptstadt, dem Centralpunkt der Bildung und der Genüsse der Welt, bedingt war. Die Metamorphosen erhielten nun wenigstens nicht die letzte Feile, die er ihnen noch zugedacht hatte, an den Fasten arbeitete er noch im Exil, vollendete aber nur die 6 ersten, die erste Hälfte des Jahres umfassenden Bücher. Ausserdem dichtete er im Exil noch ein an einen ungenannten Gegner gerichtetes Schelt- und Drohgedicht unter dem Namen Ibis, eine Nachahmung des gleichnamigen Gedichts des Kallimachus, und ein Lehrgedicht über die Fische des schwarzen Meeres, Halieutica, von welchem letztern aber nur ein Bruchstück erhalten ist. Im Uebrigen ertönte seine Leier bis an seinen im J. 17 erfolgten Tod nur noch in Klagliedern, die in den 5 Büchern Tristien und 4 Büchern Briefe aus dem Pontus zusammengefasst sind, worin er seine Leiden, zahllos wie die Blätter des Waldes und der Sand des Tiber, schildert und alle seine Gönner und Freunde eben so demüthig und dringend als fruchtlos um Rückkehr anfleht.

Dies sind die Dichter des Augusteischen Zeitalters, so weit von ihnen noch etwas Vollständiges erhalten ist. Es sind zugleich, wie wir nicht zweifeln können, diejenigen, in denen sich die Eigenthümlichkeiten und Vorzüge der Zeit am vollkommensten darstellten, der glücklichen Fügung gemäss, die uns überhaupt von der alten klassischen Literatur bei allen grossen Verlusten das Werthvollste erhalten hat. Wir halten uns daher auch nicht dabei auf, die übrigen Dichter und Dichtwerke aufzuzählen, deren Namen uns überliefert sind. Nur der Tragödiendichter wollen wir noch mit einem Worte gedenken, weil sie es sind, welche auf das Volk am unmittelbarsten zu wirken pflegen, und an denen sich daher das Verhältniss des Publikums zu der Poesie der Zeit am deutlichsten erkennen lässt.

Es hat nicht an Männern gefehlt, die nach dem Vorbilde der Griechen diese Gattung der Poesie bearbeitet haben; auch sind ihre Erzeugnisse keineswegs völlig von der Bühne ausgeschlossen geblieben. Wir wissen, dass Asinius Pollio um

den Ruhm eines Tragödiendichters rang; das Gleiche wird
uns von Cassius Parmensis berichtet; Augustus selbst arbeitete
an einer Tragödie, die er jedoch nicht vollendete, weil ihr
Held Ajax, wie er sich scherzhaft ausdrückte, sich nicht in
das Schwert, sondern in den Schwamm stürzte; am meisten
wurden die schon erwähnten Tragödien des Ovid und eine
des L. Varius, des Freundes des Horaz, Thyestes, gerühmt,
und die Tragödien des Ovid und Varius wurden auch wirklich aufgeführt, vom Thyestes wissen wir, dass die Aufführung
bei den actischen Spielen stattfand, und dass der Dichter vom
Augustus einen Ehrensold von einer Million Sestertien empfing.
Indess waren diese Productionen wenig nach dem Geschmack
des Publikums. Wir besitzen eine lebhafte Schilderung bei
Horaz, wie das Volk sich dabei zu benehmen pflegte: da hören
wir, dass es sich allenfalls durch Schaustellungen von Pferden,
Wagen, Elephanten, Schiffen u. s. w. festhalten liess, dabei aber
einen solchen Lärm machte, dass es unmöglich war, die Schau-
spieler zu verstehen, und dass das Stück nicht selten durch
das stürmische Verlangen nach Thierhetzen und Faustkäm-
pfen unterbrochen wurde. Einen Genuss fand das Volk nicht
hierin, sondern in den Pantomimen, die jetzt zum deutlichen
Zeichen der Zeit die Bühne fast ausschliesslich einnehmen.
Hier war es fast nur das Auge, welches ergötzt wurde. Unter
Begleitung eines Chors, der irgend eine Handlung aus der
Mythologie darstellte, bot hier ein Spieler alle Künste der
Mimik und Orchestik auf, um die Sinne der Zuschauer zu
reizen, während zugleich alle mögliche Pracht der Scenerie
entwickelt wurde. Diese Art der scenischen Darstellung, die
zugleich, wie sich denken lässt, der Lüsternheit der Zuschauer
auf alle Art schmeichelte und so nicht wenig dazu beitrug,
die allgemeine Sittenverderbniss zu nähren, nahm das Interesse
nicht nur des niedrigen Volks, sondern auch der sogenannten
gebildeten Klasse so sehr in Anspruch, dass alle übrigen
scenischen Darstellungen ganz in den Hintergrund gedrängt
wurden. Die Hauptdarsteller dieser Art unter Augustus,
Pylades und Bathyllus, letzterer der besondere Liebling des
Maecenas, wurden der Gegenstand der übertriebensten Huldigungen und der leidenschaftlichsten Parteinahme von Seiten

des Publicums; auf sie concentrierte sich beinahe das ganze frühere politische Interesse, so dass Pylades sich sogar dem Augustus gegenüber des Dienstes rühmen konnte, den seine Kunst dem Staate leiste, indem sie das Volk beschäftige und dadurch von den politischen Angelegenheiten ablenke.

Für die Prosa ist der einzige bedeutende, noch vorhandene Repräsentant der schon genannte T. Livius. Derselbe ist im J. 59 v. Chr. zu Patavium geboren und hat, von den vorbereitenden Studien seiner Jugend abgesehen, sein ganzes langes Leben (er starb 17 n. Chr.) auf das Geschichtswerk verwandt, von dem wir noch Vieles, wenn auch nur einen kleinen Theil des Ganzen, übrig haben. Er schrieb nämlich die ganze römische Geschichte vom Anfang an bis zum J. 9 v. Chr. in 142 Büchern, von denen uns noch die 10 ersten Bücher, welche die Zeit von der Gründung Roms bis zum J. 293 v. Chr. umfassen, und dann die Bücher vom 21. bis zum 45., vom J. 218 bis zum J. 167 v. Chr., erhalten sind.

Livius ist in einem gewissen Sinne der Virgil der Prosa. Beide sind weiche, idealistische, mehr dem Studium als dem praktischen Leben zugewandte, mehr in der Vergangenheit als in der Gegenwart lebende Naturen. Beide haben diese Vergangenheit durch alle Mittel der Kunst geschmückt, Beide haben aus dem Bewusstsein des Volks und für dasselbe, der eine die Anfänge, der andere die ganze Geschichte des römischen Volkes gestaltet und festgestellt und so Nationalwerke geschaffen, die gleichen Beifall gefunden und eine gleich grosse Wirkung ausgeübt haben. Livius hat sein Werk für die älteste Zeit aus den sogenannten Annalisten geschöpft und aus diesen entnommen, was ihm zunächst lag und ihm nach einem allgemeinen Gutdünken als erwähnenswerth und glaublich erschien, hat es aber überall mit dem Reiz einer dichterischen Sprache geschmückt; vielleicht ist hier bei seine Phantasie auch durch die Benutzung der Annalen des Ennius unterstützt worden. Weiterhin vom zweiten, vielleicht auch schon vom ersten punischen Kriege an und so weit als wir ihn noch besitzen, hat er neben den römischen Quellen in ausgedehntester Weise den Polybius benutzt, indem er auch hier die durchaus unrhetorische, nicht selten etwas weitschweifige und nüchterne Darstellung seiner Quelle durch Abkürzung und Ausschmücknng zu beleben und interessanter zu machen gesucht hat. Der Umfang seines Unternehmens war viel zu gross, als dass er das Einzelne einer gründlichen Untersuchung hätte unterwerfen können; auch war dies nicht sein Zweck, vielmehr war sein Absehen nur darauf gerichtet, seinen Landsleuten ein belobtes, wirksames, von einem patriotischen Hauch durchwehtes Werk zu liefern, und eben hierin liegt auch hauptsächlich der bleibende Werth und Reiz desselben, der es nicht nur für die Alten, sondern auch bis in die neuere Zeit herab für jede, ästhetischen und praktischen Zwecken dienende Geschichtschreibung zum Muster gemacht hat. Er ist zwar insofern Republikaner, als er überall die Freiheit und die guten Sitten der alten Zeit preist, und wie konnte auch die Geschichte der Republik, wenn sie die Gemüther der Römer erwärmen sollte, in einem andern, als republikanischen Geiste geschrieben werden? Er stellte demgemäss auch die Führer der Senatspartei in den letzten Bürgerkriegen in ein helles Licht als Vorkämpfer für die republikanische Freiheit, so dass Augustus ihn einen Pompejaner nannte. Allein es ist dies bei ihm nur Sache des Gemüths und der Phantasie und wird reichlich durch die Einsicht und die Anerkennung aufgewogen, dass die republikanische Freiheit nicht mehr möglich und die Alleinherrschaft des Augustus also eine grosse Wohlthat sei: ein Standpunkt, der dem Augustus nicht nur nicht zuwider war, sondern den derselbe, wie wir bereits gesehen haben, vielmehr in jeder Weise begünstigte und förderte, so dass also auch er, bewusst oder unbewusst, der allgemeinen, der Lobpreisung des Augustus und der Förderung seiner Zwecke dienenden Richtung der Literatur sich anschliesst.

Ausser Livius ist noch Trogus Pompejus zu nennen, der die gesammte nichtrömische Geschichte seit Alexander und einleitungsweise auch die vor Alexander in 45 Büchern (Historiarum Philippicarum libri XLV) behandelte: ein Thema, welches jedem nationalpolitischen Interesse fern lag und sonach lediglich der Belehrung und Unterhaltung gewidmet war, welches er übrigens durch die gleichen Mittel, wie sie

Livius anwandte, zu beleben und zu schmücken suchte. Wir haben von dem Werke nur die Inhaltsangaben und den Auszug des Justin; von dem Verfasser ist nichts weiter bekannt, als dass er, wie sich aus dem Inhalt seines Werkes ergiebt, in der zweiten Hälfte der Regierung des Augustus lebte.

Die von uns in Vorstehendem genannten Dichter gehören mit den Jahren ihrer Vorbildung, etwa mit Ausnahme des Ovid, alle noch der Zeit der Republik an, so dass sie wenigstens ihre Wurzeln in dieser, nicht in der Zeit des Augustus haben; ihre Blüthe und ihre Wirksamkeit schliesst innerhalb der ersten Hälfte der Regierung des Augustus ab, wiederum nur mit Ausnahme des Ovid, dessen Dichterlaufbahn in Rom im J. 8 n. Chr. gewaltsam abgeschnitten wurde. Schon dies lässt uns vermuthen, dass der Glanz des Augusteischen Zeitalters der Literatur, der vorzüglich auf den poetischen Werken beruht, auf die erste Hälfte der Regierung des Augustus zu beschränken ist. Wir hören nun aber auch ausdrücklich von Maassregeln der Unterdrückung, die von Augustus später gegen die freie Bewegung der Literatur getroffen werden. Im J. 8 n. Chr. wurde der Redner Cassius Severus um seines Freimuths und seiner Keckheit willen verbannt; schon vorher*) wurde das Geschichtswerk des T. Labienus aus demselben Grunde öffentlich verbrannt, eine bis dahin unerhörte Maassregel, die den Verfasser so schmerzlich berührte, oder, was wahrscheinlicher, ihn für seine persönliche Sicherheit so besorgt machte, dass er sich selbst den Tod gab. Auch das Exil des Ovid mochte wenigstens zum grössten Theil seinen Grund darin haben, dass die zügellose Freiheit des Dichters dem Herrscher lästig wurde.**) Endlich wird

---

*) Dies geht aus einer Anekdote bei dem Rhetor Seneca (Controv. Lib. X. p. 293 Burs.) hervor.

**) Bekanntlich giebt Ovid selbst an zahlreichen Stellen der Tristien und der Briefe aus dem Pontus seine früheren Dichtwerke, insbesondere die Kunst zu lieben, als Grund seiner Verbannung an. Wenn er ausserdem in dunkeln, kaum zu enträthselnden Worten noch eines besondern geheimnissvollen Vorgangs gedenkt, der ihm diese Strafe zugezogen habe, so ist es wenigstens nicht unwahrscheinlich, dass dies nichts als eine Vorspiegelung seiner grübelnden Phantasie oder auch ein Vorwand des Augustus oder seiner Werkzeuge gewesen sei.

uns auch noch im Allgemeinen berichtet, wenn auch erst zum J. 11 n. Chr.,*) dass Augustus eine Anzahl missliebiger Schriften habe aufsuchen und verbrennen lassen, und dass er die Verfasser derselben bestraft habe. Noch ein weiterer besonders schlagender Beweis dafür, dass in der letzten Zeit des Augustus auch die Literatur in der allgemeinen Oede und Stille der römischen Welt begraben war, wird sich später von selbst ergeben, wenn wir sie unter Tiberius sogleich so gut wie völlig ausgestorben finden werden. Livius und Trogus Pompejus schrieben allerdings bis zum Ende der Regierung fort, aber wenigstens der erstere nur, weil er, wie er selbst sagt, der einmal lieb gewordenen Arbeit nicht habe entsagen können; was er gewiss nicht gesagt haben würde, wenn er sich einer besonderen Begünstigung von Seiten der Machthaber zu erfreuen gehabt hätte. Dass Augustus aber keinen Grund hatte, gegen den Einen oder den Andern einzuschreiten, ergiebt sich aus dem, was oben über den Inhalt und Zweck beider Werke bemerkt worden ist, von selbst.

Was endlich die Kunst anlangt, so nimmt diese allerdings unter Augustus einen grossen Aufschwung; aber im Grund ist ihre Ausübung und ihre Wirkung doch keine andere als wie wir sie oben (Bd. II. S. 500) für die nächst vorhergehende Periode charakterisiert haben. Rom wurde durch Tempel und öffentliche Gebäude geschmückt, insbesondere wurden das Marsfeld und ein von Augustus angelegtes neues Forum in wahre Prachtstädte umgewandelt, so dass Augustus sich rühmen konnte, die Stadt, die er von Backsteinen gebaut vorgefunden, als eine Marmorstadt zurückzulassen; die Häuser der Vornehmen wurden im Inneren durch die Malerei aufs Reichste und Geschmackvollste verziert, und dieser Luxus

---

*) Egger, der überhaupt in seinem Examen critique des historiens anciens de la vie et du règne d'Auguste den grossen Unterschied zwischen der ersten und zweiten Hälfte der Regierung des Augustus zuerst in das volle Licht gesetzt und ausführlich begründet hat, vermuthet (das. S. 70) nicht ohne Grund, dass Dio (LV, 27), dem wir diese Notiz verdanken, nur unter diesem späteren Datum die ganze Reihe von derartigen Maassregeln zusammengefasst habe, die bis dahin von Augustus getroffen worden seien.

wurde, wie wir an den Ueberresten von Pompeji und Herculanum sehen, auch auf Provincialstädte verpflanzt; der Kaiser und die Glieder des kaiserlichen Hauses wurden durch die Bildhauerkunst in den verschiedensten Formen dargestellt; endlich gab auch sonst Verehrung und Huldigung die Veranlassung zu ausgezeichneten Kunstwerken, wie z. B. zu den zwei berühmten Kameen, die sich jetzt, die eine in Wien, die andere in Paris, befinden. Durch Alles dies wurde eine Menge von Kunstwerken der verschiedenen Gattungen ins Leben gerufen, die aber, wie bisher, nur dem Luxus und dem Wohlleben der Reichen und Vornehmen dienten und auf das Volk wenig oder gar keinen Einfluss ausübten. Und auch die Künstler waren nur Griechen, die durch die Gunst der Umstände nach Rom gezogen und dort veranlasst wurden, die unter den Griechen noch immer durch Tradition fortgepflanzte Kunstfertigkeit in Anwendung zu bringen.

Zwölftes Buch.
Die übrigen Kaiser aus dem Julischen Hause, Tiberius, Gajus Caligula, Claudius, Nero,
14—68 n. Chr.

Augustus hatte seinen Zweck im Laufe seiner langen Regierung vollkommen erreicht. Im Innern war, wie Tacitus sagt, der Staat völlig umgewandelt, die republikanische Gleichheit war vernichtet, die Blicke der Menschen waren nicht mehr auf die Magistrate, auf den Senat, auf die Volksversammlungen, sondern lediglich auf den Kaiser gerichtet, dessen Befehlen man unbedingten Gehorsam leistete, und auf dessen Schultern man alle Sorge um das Gemeinwesen abgewälzt hatte.*) Selbst auf dem Gebiete der Literatur war der freie Ton der republikanischen Zeit verstummt und damit das frühere rege Leben erloschen. Nach aussen hin war das Reich theils durch Naturgrenzen, theils durch die an den Grenzen aufgestellten stehenden Heere gesichert und, wie es schien, abgeschlossen. Nachdem die Parther gedemüthigt, nachdem im Norden und Osten Rhein und Donau erreicht worden waren: so glaubte Augustus, dass für die Ausbreitung des Reichs alles Wünschenswerthe gethan sei; weshalb er auch, wie schon bemerkt, seinem Nachfolger in seinem letzten Willen den Rath gab, dass er keine weitere Ausdehnung der Grenzen versuchen möchte.

---

*) Tac. Ann. I, 4: Igitur verso civitatis statu nihil usquam prisci et integri moris, omnes exuta aequalitate iussa principis aspectare, nulla in praesens formidine, dum Augustus aetate validus seque et pacem et domum sustentavit.

Indessen waren die Schwierigkeiten und Gefahren der usurpierten Herrschaft durch Augustus doch noch nicht völlig überwunden und beseitigt, sondern wenigstens in manchen Beziehungen nur verdeckt. Noch immer war das Andenken an die republikanische Freiheit nicht erloschen; noch immer beugten sich die Angehörigen der alten vornehmen Geschlechter mit Widerwillen und nur aus Eigennutz und Selbstsucht der hervorragenden Stellung der kaiserlichen Familie, und selbst das Volk, so herabgekommen es in sittlicher wie in materieller Hinsicht und so unfähig es war, irgend einen Einfluss auf die öffentlichen Angelegenheiten zu üben, hatte doch seine Ansprüche aus der alten republikanischen Zeit nicht völlig vergessen und machte dieselben zuweilen durch Ausbrüche seiner Leidenschaft in einer Weise geltend, die für einen empfindlichen Herrscher nicht anders als verletzend sein konnte. Augustus hatte alle hieraus hervorgehenden Anstösse theils mit Geschicklichkeit abgewendet theils, wenn es nicht anders ging, mit Leichtigkeit und guter Miene ertragen und eben dadurch unschädlich gemacht, und wäre in dieser Weise fortgefahren worden, so würde sich vielleicht die Schärfe der Opposition abgestumpft haben; es ist sogar denkbar, dass durch eine Reihe edler und weiser Herrscher die noch vorhandenen sittlichen Elemente wieder Stärke gewonnen und andere neue Platz gegriffen hätten. Eine eigentliche Regeneration des römischen Volksthums freilich, welches mit der republikanischen Verfassung so innig verwachsen war, wäre auch so nicht möglich gewesen. Allein das Schicksal hatte es anders über Rom bestimmt. In dem nächsten Nachfolger, in Tiberius, lebte nur die berechnete Klugheit, die Verstellung und die Herrschsucht des Augustus, statt mit dessen Wohlwollen und Milde, mit Missgunst, Misstrauen und Härte gepaart, fort, und die übrigen Kaiser des Julischen Hauses, Caligula, Claudius, Nero, schlugen mit gleichem zügellosen Despotismus, wenn auch in verschiedener Weise, Alles, was von freier Bewegung übrig war, nieder, so dass das Julische Haus mit einer völligen Vernichtung des römischen Volksthums endete.

Tiberius.

Der Character und die Regierungsweise des Tiberius ist zum nicht geringsten Theile durch die früheren Schicksale desselben bedingt, die wir uns daher in kurzem Abriss vergegenwärtigen müssen.

Tiberius Claudius Nero war geboren am 17. November des J. 42 v. Chr. Sein gleichnamiger Vater hatte in dem perusinischen Kriege Partei gegen Octavian genommen und war nach Beendigung des Krieges vor ihm mit seiner Gemahlin Livia und seinem zweijährigen Sohne unter grossen Gefahren geflohen (Bd. II. S. 463). Er söhnte sich aber nachher mit Octavian aus und trat ihm sogar seine Gemahlin Livia ab. So wurde unser Tiberius im Alter von etwa 4 Jahren nebst seinem wenige Monate nach der neuen Vermählung der Livia gebornen Bruder Drusus ein Glied des Hauses des Octavian. Indess war er doch nur dessen Stiefsohn und musste daher selbstverständlich der eigenen Tochter Julia und deren Kindern nachstehen; auf diese war die Liebe des 'Octavian und alle Hoffnung für die Zukunft vorzugsweise gerichtet, wenn auch Tiberius durch Ehren und Würden ausgezeichnet wurde, durch die er Gelegenheit erhielt, sein Feldherrntalent und seine sonstige Tüchtigkeit zu beweisen. In eine besonders ungünstige Lage gerieth er, als Agrippa, der Gemahl der Julia, im J. 12 v. Chr. starb und Augustus ihn nöthigte, die leere Stelle als Gemahl der Julia auszufüllen. Julia war unter den sittenlosen Frauen der Zeit eine der sittenlosesten; ihre Söhne, Gajus und Lucius Caesar, waren die durch die Umstände und die allgemeine Meinung fest bestimmten Nachfolger auf dem kaiserlichen Thron; sie sah überdem auf Tiberius als auf einen ihr Uneben-

bürtigen herab, weil er dem kaiserlichen Hause nicht durch
Blutsverwandtschaft angehörte. Auf der anderen Seite fühlte
sich Tiberius in seinem Stolze durch die Verbindung mit einer
Gemahlin tief verletzt, deren Ausschweifungen Jedermann
ausser dem zärtlichen Vater bekannt waren; auch hatte er
sich ungern von seiner bisherigen Gemahlin Vipsania getrennt,
der er, wie glaubhaft versichert wird, mit Liebe zugethan
war. So konnte diese Ehe nur dazu dienen, den Druck der
Verhältnisse zu verschärfen, unter dem Tiberius schmachtete;
er ertrug ihn aber aus Rücksicht auf Augustus schweigend,
bis sich endlich ein Uebermaass von Groll und Bitterkeit in
ihm ansammelte, das er nicht mehr zu bewältigen vermochte.
Er fasste daher im J. 6 v. Chr. einen Entschluss, der wahrscheinlich in eben diesem unglücklichen ehelichen Verhältniss
seinen Grund hat, und der sich jedenfalls nur aus der Unerträglichkeit seiner Lage und aus einer gewissen Verzweiflung
erklären lässt, nämlich den Entschluss, trotz der Ungnade des
Augustus und trotz der Unzufriedenheit seiner Mutter, die
schon längst ihre ehrgeizigen Pläne in Bezug auf ihn verfolgte,
Rom zu verlassen und sich an einen fernen Ort in die Einsamkeit zurückzuziehen, und er führte ihn aus, indem er sich
nach Rhodus begab, wo er 7 Jahre fast vergessen und unter
mancherlei bitteren Erfahrungen wie ein Verbannter zubrachte.
Augustus war so sehr gegen ihn aufgebracht, dass er ihm,
nachdem mittlerweile Julia im J. 2 v. Chr. verbannt worden
war, nur auf seine eigenen dringenden Bitten und unter der
Bedingung, dass er sich von allen öffentlichen Geschäften entfernt halte, im J. 2 n. Chr. die Rückkehr gestattete. Und nun
wurde ihm allerdings rasch der Weg zu der höchsten Stellung
gebahnt. Gajus und Lucius Caesar starben, jener im J. 4,
dieser im J. 2 n. Chr., nicht ohne den Verdacht der Vergiftung durch Livia, Agrippa Postumus wurde wegen seiner
rohen Sitten und seiner Untauglichkeit zu den Staatsgeschäften
von Rom entfernt, und so konnte Augustus dem Tiberius
nicht länger versagen, was Livia schon längst mit allen Mitteln der List und Intrigue erstrebt hatte, ihn zu adoptieren
und ihm alle sonstigen Auszeichnungen zu verleihen, die ihn
als seinen Nachfolger bezeichneten, da er jetzt in der That

dem Throne am nächsten stand. Allein auch jetzt hörten die
bitteren Erfahrungen für ihn nicht auf. Augustus verbarg es
nicht immer vorsichtig genug, dass er ihm nur ungern gewährte,
was er nicht verweigern konnte, und fügte ihm noch eine
besondere Kränkung dadurch zu, dass er ihn nöthigte, den
Germanicus, den Sohn seines Bruders Drusus, zu adoptieren
und dadurch zu seinem Nachfolger zu bestimmen, obgleich er
selbst von der Vipsania einen nur um 3 Jahre jüngeren Sohn
hatte: ein Schritt des Augustus, der bei seiner grossen Klugheit
nur erklärlich wird, wenn wir annehmen, dass er sich
dadurch für das Opfer, das er durch die Erhebung des Tiberius
brachte, habe entschädigen wollen, und der den Tiberius
jedenfalls tief verletzen und mit Hass und Misstrauen gegen
den Gegenstand der Bevorzugung erfüllen musste.

Erwägen wir, dass sonach Tiberius bis zu seiner Thronbesteigung
unter einem fortwährenden Drucke der Verhältnisse,
unter ehrgeizigen, von seiner Mutter genährten, dagegen
von Augustus lange versagten und endlich nur ungern und
gewissermaasen halb gewährten Wünschen und Plänen, unter
dem Zwange, fremden Neigungen sich zu fügen und die eigenen
nicht nur zurückzustellen, sondern auch zu verhehlen, und
selbst unter mancherlei Demüthigungen zubringen musste, und
dass diese Lage bis zu seinem 55. Lebensjahre, also die ganze
Zeit hindurch dauerte, wo der Character der Menschen sich
zu bilden und entweder durch die Gunst des Schicksals sich
frei, offen und kühn zu entfalten oder durch die Ungunst der
Umstände zu verkümmern oder doch Härten und Missbildungen
anzunehmen pflegt; erwägen wir ferner, dass eine die
freie Bewegung wenn auch durch die sanftesten und geschicktesten
Mittel hemmende allgemeine Politik, wie die des
Augustus, nicht diejenige Atmosphäre ist, in welcher die Entwickelung
der jugendlichen Kraft am besten gedeiht, und dass
eine solche nachtheilige Wirkung sich um so mehr geltend
machen wird, je näher derjenige, der ihr ausgesetzt ist, dem
Ausgangspunkte steht; nehmen wir endlich noch hinzu, dass
selbst das Haus des Augustus zwar ein äusserlich ehrbares,
im Innern aber der Sitz vielfacher Intriguen und Falschheiten,
dass z. B. das Verhältniss des Augustus und der Livia ein

diplomatisches und berechnetes war, wie schon aus dem einen
bereits erwähnten Zuge hervorgeht, dass Augustus, wenn er
seiner Gemahlin etwas Wichtigeres mitzutheilen hatte, seine
Rede aufzuschreiben und ihr vorzulesen pflegte, um der klugen, ihre eigenen politischen Pläne verfolgenden Frau gegenüber nicht von der Linie der nöthigen Vorsicht abzuweichen
— ziehen wir dies Alles in Betracht, so werden wir uns nicht
wundern dürfen, wenn in der von dem alten Stolz des Claudischen Geschlechts erfüllten Seele des Tiberius Verschlossenheit, Verstellung, Missgunst und Misstrauen gegen sich selbst
wie gegen Andere ihren festen Wohnsitz aufschlugen. Dazu
kam nun noch der ebenfalls schon erwähnte Umstand, dass
Germanicus ihm als Sohn und Nachfolger aufgedrungen wurde.
Germanicus war durch seine Gemahlin Agrippina, die Tochter
des Agrippa und der Julia, also eine leibliche Enkelin des
Augustus, übrigens selbst eine Frau von stolzem Sinne und
hohen persönlichen Vorzügen, dem Throne ohnehin schon
besonders nahe gerückt; er war ein mit allen Vorzügen, welche
die Gunst der Menschen zu gewinnen pflegen, reich ausgestatteter Jüngling, schön, tapfer, freundlich und liebenswürdig im Verkehr mit Jedermann, selbst mit dem Schmuck
der Beredtsamkeit und poetischer Begabung geziert; er war
endlich von Augustus an die Spitze des Kerns der gesammten
römischen Streitmacht, nämlich der acht Legionen am Rhein,
gestellt worden und führte diesen Oberbefehl noch jetzt: wie
hätte Tiberius anders als mit dem grössten Misstrauen auf
ihn blicken können?

Es sind in neuerer Zeit mehrfache Versuche gemacht
worden, den Tiberius zu rechtfertigen und sein Bild von den
dunkelen Schatten zu befreien, mit denen es bei den Alten
und insbesondere in der unübertrefflichen Darstellung des Tacitus bedeckt ist. Nun ist allerdings nicht zu leugnen, dass
die Beweise blutdürstiger Grausamkeit bei ihm nicht eben
zahlreich und viel seltener sind, als bei vielen anderen Despoten, deren die Geschichte gedenkt; es ist ferner nicht in Abrede zu stellen, dass seine Regierung der grossen Masse der
Bevölkerung des römischen Reiches Frieden und Sicherheit
und eine wohlgeordnete Verwaltung gewährte, und dass diese

Wohlthaten von Tacitus, der bei seiner republikanisch-aristokratischen Gesinnnng überall nur die höchsten Kreise der Hanptstadt, insbesondere die Nachkommen alter vornehmer Geschlechter. und die diesen zugefügten Härten und Grausamkeiten im Auge hat, zu sehr in den Hintergrund gestellt worden sind; endlich mögen anch die Nachrichten, die wir von den Ausschweifungen des Tiberins in seinen letzten Lebensjahren besitzen, theils nicht hinreichend beglaubigt theils übertrieben sein. Indess kann dies doch der Wahrheit des von Tacitus entworfenen, überaus treffenden und in sich zusammenhängenden Characterbildes des Tiberius im Wesentlichen keinen Eintrag thun. Tiberius war zu klug, um sich nutzlose Gransamkeiten zu gestatten, und die grosse Masse der Bevölkerung stand zu tief unter ihm, um seine Missgunst und seinen Groll zu reizen; er hatte ferner einen gewissen Ehrgeiz, der ihn im Hinblick auf sein Andenken bei der Nachwelt manches Löbliche thun liess; auch fehlte es ihm nicht an ausgezeicheten Herrschertalenten. Allein so weit seine persönlichen Beziehungen reichten, so weit er daher Gelegenheit hatte, seine Empfindungen zu äussern, so weit sind es auch nur die düsteren und bösen Seiten des Gemüths, die bei ihm zum Vorschein kommen. Alles argwöhnisch beobachtend und belauernd, seine Worte in absichtliche Zweideutigkeit hüllend, seinen Verdruss über eine ihm zugefügte Verletzung im Augenblick unterdrückend, aber nur um eine passende Gelegenheit zur vollen Befriedignng seiner Rache zu erwarten, ohne irgend ein offenes Hervortreten, ohne ein freundliches, wohlwollendes Wort, ausser wenn es galt, das ausersehene Opfer sicher zu machen — so hing sein düsteres Wesen wie eine schwere, gewitterschwangere Wolko über dem unglücklichen Rom, Alles mit Angst und bangem Schrecken erfüllend. Das Ergebniss hiervon war, dass auch für die Uebrigen, so weit sie der Person des Kaisers näher kamen, nichts übrig blieb, um sich sicher zu stellen, als die Verstellung; selbst die Schmeichelei war dem eben so scharfsinnigen als argwöhnischen Herrscher gegenüber nur dann ungefährlich, wenn sie durch eine zweite Lüge, durch Verstellung, verdeckt war. Wie er sich selbst seiner Verstellung bewusst war, so durchschaute er

sie auch wohl bei den Anderen; aber er wollte, dass sich
Alles vor ihm erniedrigen sollte, und so war denn auch das
Resultat seiner Regierung kein anderes als die Erniedrigung
zur tiefsten Knechtschaft.

a) Bis zum Tode des Germanicus, 14 — 19 n. Chr.

Der Charakter des Tiberius tritt sogleich bei seinem
Regierungsantritt deutlich hervor.

Die tribunicische und proconsularische Gewalt, die er,
wie wir uns erinnern, durch Verleihung des Augustus besass,
gab ihm mit dessen Tode von selbst die Alleinherrschaft in
die Hand; die erstere machte ihn zum Herrn der Stadt, die
letztere zum Herrn der Provinzen und der Heere. Er liess
demnach auch sofort den Consuln und durch diese dem Befehlshaber der Prätorianer, den übrigen Obrigkeiten, dem Senat,
dem Volke und den in der Stadt anwesenden Soldaten den
Eid der Treue abnehmen; er verkündigte ferner den Truppen
in den Provinzen seinen Regierungsantritt und liess auch sie
den Eid der Treue schwören, er ordnete die üblichen Wachen
des kaiserlichen Pallastes an, liess sich überall von Soldaten
begleiten; kurz er trat in jeder Beziehung als Herrscher auf
und war es auch in Wirklichkeit, wenn anders die Heere
die neue Herrschaft mit derselben Treue und demselben Gehorsam stützten wie die des Augustus. Gleichwohl aber vermochte er es dem Senate gegenüber die Rolle zu spielen als
wolle er die Herrschaft nicht. Er richtete seine erste Botschaft an denselben nur, um ihn vermöge seiner tribunicischen
Gewalt zu einer Berathung über die dem Augustus bei seinem
Begräbniss zu erweisenden Ehren einzuladen. Nachdem daher
in dieser Sitzung das Testament des Augustus vorgelesen
worden war, so wurde beschlossen, dass ein Triumphbogen
errichtet und der Leichenzug durch denselben geführt, dass
dem Todten Tafeln mit dem Namen der von ihm gegebenen
Gesetze und der von ihm besiegten Völker vorangetragen
werden sollten u. dgl. m. Die Senatoren verlangten auch noch,
dass ihnen gestattet werden möchte, ihn auf ihren Schultern
bis an die Stelle des Scheiterhaufens zu tragen. Tiberius
lehnte dies aber als eine zu grosse Ehre ab mit einer Mässi-

gung, die jedoch mehr den Eindruck der Anmaassung oder des Neides machte.*) Ein anderer für Tiberius charakteristischer Vorfall in dieser Sitzung war, dass Valerius Messalla, der Sohn des im vorigen Buche mehrfach genannten Messalla, den Vorschlag machte, den Eid der Treue gegen Tiberius alljährlich im Senat zu wiederholen, und auf die Frage des Tiberius, ob er diesen Antrag auf seine, des Kaisers, Veranlassung stelle, mit dem Ausdruck der Entrüstung die Antwort gab: er habe lediglich aus eigenem Antrieb gehandelt und werde überhaupt in öffentlichen Angelegenheiten immer nur seiner Ueberzeugung, nie einer fremden folgen, selbst auf die Gefahr hin, den Kaiser zu beleidigen: ein Beispiel jener oben erwähnten Art von Schmeichelei, die sich, um dem Kaiser nicht zu missfallen, hinter eine zweite Heuchelei versteckte.**) In einer zweiten Senatssitzung, die nach der Begräbnissfeier stattfand, wurden zunächst dem Augustus göttliche Ehren zuerkannt. Hierauf kam die Wiederbesetzung der durch ihn erledigten Stelle und die Fortführung der Herrschaft durch Tiberius zur Sprache. Da erklärte Tiberius: nur ein Geist, wie der des Augustus, sei einer so schweren Bürde gewachsen gewesen; er selbst fühle sich dazu völlig unfähig; man möge also die Last der Regierung nicht auf Einen, sondern auf eine grössere Zahl von ausgezeichneten Männern, die der Staat in so grosser Menge besitze, übertragen. Dieses Wort war die Losung zu den äussersten Klagen und Beschwörungen der Senatoren, die nichts mehr zu vermeiden suchen mussten als sich merken zu lassen, dass sie ihn durchschauten, obgleich dies selbstverständlich bei allen der Fall war. Sie ergossen sich in Thränen, streckten die Hände aus zu den Göttern, zu dem Bildniss des Augustus, suchten seine Kniee zu umfassen: Alles vergeblich. Nun liess Tiberius eine der hinterlassenen Schriften des Augustus herbeiholen und vorlesen, nämlich diejenige, in welcher eine statistische Uebersicht über die Einnahmen und Ausgaben und über die Streitkräfte des Reiches enthalten war. Aber auch während der Verlesung

---

*) Tac. Ann. I, 8: arroganti moderatione.
**) Ea sola species adulandi supererat, sagt Tacitus a. a. O.

dauerten die Bitten und Klagen der Senatoren fort. Jetzt äusserte Tiberius: wenn auch nicht die ganze Last der Regierung, so sei er doch bereit, einen Theil derselben zu übernehmen, den ihm der Senat zuweise. Einer der angesehensten Männer der Zeit, Asinius Gallus, der Sohn des Asinius Pollio, war unvorsichtig genug ihn zu fragen: welchen Theil? Tiberius schwieg erst eine Weile, dann antwortete er, es zieme sich nicht für ihn, einen Theil zu wählen, da er sich am liebsten der Aufgabe ganz und gar entziehen möchte. Vergebens versuchte Asinius, seinen Fehler wieder gut zu machen und den erzürnten Kaiser zu besänftigen, indem er erklärte, er habe die Frage nur gestellt, um ihn selbst erkennen zu lassen, dass eine Theilung unmöglich sei, und seiner Rede die schmeichelndsten Lobpreisungen des Augustus wie des Tiberius beimischte: der Kaiser verzieh es ihm nicht, dass er ihn in Verlegenheit gesetzt, und trug ihm seinen Groll nach, bis er ihm endlich, wenn auch spät Raum gab. Ein Anderer, Q. Haterius, fragte ihn in halb vorwurfsvollem Tone, wie lange er den Staat ohne Haupt lassen wolle, ein Dritter, Mamercus Scaurus, sprach die Hoffnung aus, dass er ihren Bitten doch endlich nachgeben werde, da er sonst die Verhandlung vermöge seiner tribunicischen Gewalt durch Einsprache verhindert haben würde. Auch diese Beiden mussten für ihre Unvorsichtigkeit schwer büssen. Die Frage des Haterius wies Tiberius sofort mit Heftigkeit zurück und verzieh ihm nachher nur, nachdem er sich aufs Tiefste vor ihm gedemüthigt und Livia, die jetzt, seit sie durch Augustus adoptiert worden, den Namen Augusta führte, ihre Fürsprache für ihn eingelegt hatte; gegen Scaurus hielt er im Augenblick seinen Verdruss zurück, aber, wie Tacitus sagt, nur weil er ihm heftiger zürnte, und um endlich auch ihn, wie den Asinius Gallus, desto schwerer büssen zu lassen. Während dem setzten die übrigen Senatoren ihre Bitten fort, bis sie endlich aus Erschöpfung verstummten und auch Tiberius aufhörte zu widersprechen, und so schloss diese Scene, die uns wie in die Art und Weise des Tiberius, so auch in die schon jetzt unmittelbar nach dem Tode des Augustus vorhandene tiefe Erniedrigung des Senats den klarsten Einblick gestattet.

Schon vor diesen Verhandlungen im Senat hatte Tiberius seine Herrschergewalt auch dadurch in sehr drastischer Weise ausgeübt, dass er den Agrippa Postumus, den einzigen noch übrigen Enkel des Augustus, hatte tödten lassen. Der unglückliche Jüngling wurde auf seinen und der Augusta Befehl (dies wurde nicht nur allgemein geglaubt, sondern ist auch in der That nicht anders denkbar) unmittelbar nach dem Tode des Augustus durch einen Centurionen auf der Insel Planasia ermordet. Jetzt nach jenen Verhandlungen beseitigte er den letzten, wenn auch mehr scheinbaren als wirklichen Rest von der Bedeutung der Volksversammlungen, indem er die Wahl der Magistrate von ihnen auf den Senat übertrug. Es geschah dies zunächst bei der Prätorenwahl, als der ersten Wahl, die unter seiner Regierung vorkam; hiermit aber war dies von selbst auch für alle übrigen Magistratswahlen als Regel festgestellt. Die Wahl der 12 Prätoren (denn auf so viel beschränkte Tiberius die Zahl derselben) erfolgte in der Weise, dass der Kaiser 4 bezeichnete, die ohne Widerspruch und ohne dass es von ihrer Seite einer Bewerbung bedurfte, gewählt werden mussten, und die Wahl der übrigen dem Senate überliess, während er sich bei der Consulnwahl, die zuerst im folgenden Jahr für das J. 16 stattfand, da bei seinem Regierungsantritt die Consuln für das J. 15 schon gewählt waren, darauf beschränkte, dem Senate über die ihm gefälligen Personen in dieser oder jener Weise Andeutungen zu geben, welche die Wählenden zu errathen und zu befolgen hatten. Das Einzige, was dem Volke gelassen wurde, war die Verkündigung (renuntiatio) der Wahlen in den Volksversammlungen.*)

---

*) Durch die obige Auffassung von dem Hergang, wonach die Uebertragung der Wahlen auf den Senat nicht durch einen besondern Act vollzogen wurde, sondern von selbst in der Vornahme der Prätorenwahl durch den Senat enthalten war (ein Hergang, der ganz und gar der römischen Art und Weise entspricht, wie wir sie z. B. bei der Einführung der Quaestiones perpetuae wahrgenommen haben, s. Bd. I. S. 518), wird jede Schwierigkeit gehoben, die man in dem Bericht des Tacitus darüber (Ann. I, 15) hat finden wollen. Tacitus gedenkt zwar mit den Worten „Tum primum e campo comitia ad patres translata sunt" der allge-

Als Grund für jenes Gaukelspiel im Senat wird angeführt, dass Tiberius sich den Schein habe geben wollen, vom Senat auf den Thron gehoben zu sein statt von Augustus und von der Livia, und ferner, dass er aus Furcht vor Germanicus sich gescheut habe, die Herrschaft offen zu ergreifen, um diesen nicht zu reizen oder auch um sich selbst den Rückzug offen zu erhalten. Nun ist zwar der Hauptgrund in nichts Anderem zu suchen als in dem Charakter des Tiberius; indess zeigte sich allerdings sehr bald, dass er alle Ursache hatte, wenn auch nicht den Germanicus, so doch die Legionen, an deren Spitze er stand, zu fürchten. Unter diesen die Hauptstärke der römischen Streitmacht bildenden Legionen und gleichzeitig auch noch unter den 3 Legionen in Pannonien brach nämlich eben jetzt bei der Nachricht vom Tode des Augustus ein Aufstand aus, mit dem die Gefahr, die einer lediglich auf Söldnerheeren gegründeten Herrschaft immer drohen wird, und der endlich das römische Reich auch erliegen sollte, gewissermaassen zuerst an die Thore Roms und des Kaiserpalastes klopfte.

Es ist ein weiterer Beweis für die Klugheit des Augustus zu den vielen, die wir im Laufe seiner Regierung kennen gelernt haben, dass er die durch die Bürgerkriege entzügelten und verwilderten Legionen zu bändigen und zum vollen Gehorsam zurückzuführen gewusst hatte, so dass wir während seiner ganzen Regierung nichts von einer Meuterei oder einem Aufstande derselben hören, obwohl diese Legionen nur zum geringsten Theile aus eigentlichen römischen Bürgern, sondern aus Provincialen bestanden, die erst mit ihrem Eintritt in das

---

meinen Veränderung, die mit den Wahlen getroffen wurde; da er indess an der Stelle doch nur von der Prätorenwahl handelt, mit der jene Veränderung zusammenfällt und einen und denselben Act bildet, so kann er sehr füglich hinzufügen, dass Tiberius sich vorbehalten habe, vier zu bezeichnen, ohne zu bemerken, dass Prätoren gemeint seien; es ist desshalb nicht nöthig, wie Nipperdey thut, zwischen ne und plures gegen die Handschrift praeturae einzuschalten. Uebrigens ist es wiederum der römischen Art und Weise ganz gemäss, dass für die Wahlen auch fernerhin der Ausdruck comitia gebraucht wird, obgleich die comitia, abgesehen von der renuntiatio, die eine blosse Form ist, gar keinen Antheil mehr daran haben.

Heer das Bürgerrecht erlangten, und obwohl die Lage der Soldaten nichts weniger als günstig war. Sie mussten nach der von Augustus zuletzt getroffenen Bestimmung 20 Jahre dienen, wurden aber auch nach dieser langen Zeit, wenn auch halb freiwillig und mit gewissen Auszeichnungen, häufig bei den Fahnen zurückgehalten und erhielten während der Dienstzeit einen täglichen Sold von 10 Assen d. h., da der Denar damals 16 Asse enthielt, $^3/_5$ Denaren oder etwa 4 Silbergroschen, nach Ablauf der Dienstzeit aber eine Summe Geld oder ein Grundstück, letzteres gewöhnlich in einer der neu angelegten Colonien; nur die Prätorianer in Rom genossen den für die Legionssoldaten kränkenden Vorzug, dass sie bloss 16 Jahre zu dienen brauchten und 2 Denare (etwa 14 Silbergroschen) Sold erhielten. Dabei fehlte es selbstverständlich nicht an mancherlei Härten von Seiten der Vorgesetzten, besonders der Centurionen, die die Weinreben, mit denen die Züchtigungen vollzogen wurden, zu häufig und zu willkürlich anwendeten und ihre Befugniss, Urlaub zu ertheilen, durch den Verkauf derselben zu Gelderpressungen von den Soldaten missbrauchten. Alles dies hatten die Soldaten während der Regierung des Augustus ertragen aus Scheu vor ihm und weil er durch persönliches Erscheinen und Eingreifen manche Härte zu mildern wusste. Jetzt aber bei der Nachricht von seinem Tode brach die im Stillen genährte Unzufriedenheit an den beiden genannten gefährlichsten Stellen, an der Grenze von Deutschland und in Pannonien, zur hellen Flamme aus. Die Feiertage, die den Truppen auf diese Nachricht dem Herkommen gemäss gestattet wurden, gaben Gelegenheit zu Zusammenrottungen, in denen die gemeinsamen Klagen zur Sprache gebracht wurden; es fehlte nicht an Aufwieglern, welche die Flamme durch aufrührerische Reden schürten, indem sie den Soldaten den geringen Sold, die Länge der Dienstzeit, die Bedrückungen durch ihre Oberen vorhielten und sie namentlich durch Hinweisung auf die Prätorianer aufreizten, die vor ihnen so sehr bevorzugt würden, während sie, von den Gefahren und Strapatzen der Legionssoldaten völlig frei, nur das Wohlleben und die Vergnügungen der Hauptstadt genössen. So löste sich die Ordnung an beiden Stellen bald völlig auf, die Officiere wurden getödtet oder vertrieben oder genöthigt, sich vor der Wuth der Soldaten zu verbergen; kein Ansehen, keine Vorstellungen, keine Versprechungen vermochten etwas, um das lodernde Feuer zu dämpfen. Die Gefahr war gross genug. Wer mochte sagen, wie weit sich dieser Brand verbreiten würde? Und wie, so musste wenigstens der misstrauische Tiberius denken, wenn Germanicus sich an die Spitze seiner 8 Legionen stellte und mit ihnen nach Rom marschierte, um den Besitz der Herrschaft, statt auf den Tod des Tiberius zu warten, sogleich zu ergreifen?

In Pannonien zwangen die meuterischen Legionen den Statthalter der Provinz Iunius Blaesus, seinen Sohn als Gesandten an den Kaiser zu schicken, um zunächst die Beschränkung der Dienstzeit auf 16 Jahre von ihm zu fordern. Hierdurch wurde der Aufstand auf einige Zeit beschwichtigt. Er wurde aber bald wieder durch eine Truppenabtheilung angefacht, die um Brücken und Strassen zu bauen und zu andern ähnlichen Zwecken nach Nauportus (Laybach in Krain) entsandt worden war und jetzt wieder ins Lager zurückkehrte. Diese hatte dort, als sie von den Vergängen im Lager hörte, ihre Hauptleute gemisshandelt, Nauportus und die benachbarten Ortschaften geplündert, war dann auf eigene Hand aufgebrochen, hatte ihren Lageroberten (den Praefectus castrorum) unterwegs vom Wagen gerissen und ihn genöthigt, den Weg mit schwerem Gepäck beladen zu Fuss zurückzulegen, wobei man ihn höhnend fragte, wie ihm der Marsch gefalle, und langte jetzt in diesem zügellosen, aufgeregten Zustande im Lager an. Sofort riss nun ihr Beispiel auch die Uebrigen wieder mit fort. Blaesus versuchte jetzt mit Strenge einzuschreiten. Er liess den Plünderern ihre Beute abnehmen und einige derselben ergreifen und gefangen setzen. Allein man rottete sich zusammen, erbrach die Gefängnisse, befreite nicht nur die Genossen des Aufruhrs, sondern auch Mörder und Ausreisser, misshandelte die Tribunen und Centurionen, trieb sie aus dem Lager, tödtete wenigstens einen derselben, der sich durch seine Härte besonders verhasst gemacht und sich den Beinamen „Eine andere her" (Cedo alteram) zugezogen hatte, weil er mit diesen Worten, wenn die eine Weinrebe auf dem Rücken des Gezüchtigten zerschlagen war, eine andere zu fordern pflegte, und gab sich der äussersten Zügellosigkeit hin. In diesem Zustand war das Lager, als endlich Drusus, der Sohn des Tiberius, im Lager eintraf. Ihn schickte Tiberius mit zwei prätorischen Cohorten und einigen andern, nicht eben zahlreichen Truppen und in Begleitung einiger angesehenen Männer, unter ihnen auch Aelius Sejanus, der mit seinem Vater den Oberbefehl über die Prätorianer führte und bei dieser Gelegenheit zuerst auftritt, um den Aufruhr zu stillen, jedoch ohne die nöthigen Vollmachten dazu: er sollte, so lautete sein Auftrag, nach den Umständen handeln und etwaige den Truppen zu machende Zugeständnisse an den Senat zur Entscheidung zurückweisen. Eben desshalb hatte aber auch sein Auftreten Anfangs gar keinen Erfolg. Man stellte seinen Ermahnungen zum Gehorsam die Klage entgegen, dass zwar Strafen sofort vollzogen, Gnaden und Belohnungen aber immer verzögert und an den Senat verwiesen würden, man fragte, warum der Kaiser nicht selbst komme, wiederholte die früheren Beschwerden und lief endlich auseinander, um die früheren Zügellosigkeiten fortzusetzen; ja es wurden sogar gegen einen der angesehensten Begleiter des Drusus, Cn. Lentulus, Thätlichkeiten verübt und selbst Drusus damit bedroht. Da kam dem Drusus endlich ein glücklicher Zufall zu Hülfe. In der folgenden Nacht trat eine Mondfinsterniss ein, die in den abergläubischen Gemüthern sofort eine völlige Umwandlung hervorbrachte. Man hielt sie für ein Anzeichen des Zornes der Götter, und als der Mond auch nach der eigentlichen Finsterniss durch Wolken verdeckt wurde, so sah man darin einen Beweis, dass die Götter unversöhnlich zürnten und sich ganz von ihren Vorhaben abgewandt hätten. Diese Stimmung benutzte Drusus. Er zog zunächst einige der Zuverlässigsten an sich und liess durch diese eine weitere grössere Zahl von Gutgesinnten gewinnen, und nun fand er mit einer zweiten Rede bereitwilliges Gehör, um so mehr als er sich auf die Bitten der Soldaten bereit erklärte, eine neue Gesandtschaft an seinen Vater zu schicken. Nachdem er aber somit sich der Zügel wieder bemächtigt hatte, so unterliess er nicht, an den Rädelsführern und hauptsächlichsten Ruhestörern die verdiente

Strafe zu vollziehen; er liess sie ergreifen und hinrichten, um die Uebrigen zu schrecken, und so gross war jetzt die Sinnesänderung und Niedergeschlagenheit der Menge, dass die Schuldigen zum Theil von ihren eigenen Kameraden ausgeliefert wurden, und dass die Legionen selbst, noch ehe die an den Tiberius geschickten Gesandten zurückkehrten, in ihre Winterquartiere zurückgeführt zu werden verlangten, womit der Aufstand auf diesem Schauplatz beendet war.

Auf dem andern Schauplatz, am Rhein, war der Aufstand noch gefährlicher. Dort waren es 8 Legionen und zwar die tüchtigsten des ganzen Reichs, welche ihn erhoben, und unter diesen befanden sich als ein besonders aufrührerisches Element diejenigen Truppen, welche Augustus nach der Niederlage des Varus in Rom selbst aus der hauptstädtischen Bevölkerung ausgehoben hatte (o. S. 86); dort hatte ferner der Aufstand ein bestimmtes Ziel, indem man wirklich die Absicht hatte, den Tiberius vom Throne zu stossen und an seine Stelle den Germanicus zu setzen. Endlich war es auch noch ein besonders ungünstiger Umstand, dass Germanicus, welcher den Oberbefehl über sämmtliche 8 Legionen führte, beim Ausbruch des Aufstands abwesend und im inneren Gallien mit der Regulierung der Schatzung zum Zweck der Steuererhebung beschäftigt war.

Der Aufstand wurde im Gebiet der Ubier von den vier Legionen des unteren Germaniens (der 1. 5. 20. 21.) begonnen, über welche der schwache Caecina als Statthalter dieses Theiles der Provinz den Befehl führte, und unter denen sich jenes hauptstädtische meuterische Element befand; die Legionen des obern Germaniens (südlich von der Nahe), obwohl ebenfalls zum Aufstand geneigt, verhielten sich zunächst abwartend. Bei jenen wiederholten sich die Beschwerden und die Vorgänge, wie wir sie bereits in Pannonien kennen gelernt haben. Die Centurionen wurden ergriffen, niedergeworfen, aufs Aeusserste gemisshandelt, zum Theil getödtet und in den Lagergraben oder in den Rhein geworfen, einer wurde sogar von den Füssen des Caecina, bei dem er eine Zuflucht gesucht hatte, weggerissen und ermordet; kein Tribun oder sonstiger höherer Officier fand Gehorsam, die Soldaten besorgten selber nach gemeinsamer Verabredung — ein bedenkliches Zeichen der Einmüthigkeit, mit der man handelte — die Wachen, die Posten und die sonstigen nöthigen Obliegenheiten des Dienstes. So erwarteten sie, halb hoffnungsvoll halb trotzig, die Ankunft des Germanicus, welcher sofort herbeieilte, sobald er von dem Aufstand hörte. Als er kam, ging man ihm entgegen und empfing ihn mit einigen äusseren Zeichen von Reue, ersparte ihm aber auch nicht die bekannten Klagen, namentlich über die Länge der Dienstzeit; einige der ältesten Veteranen führten seine Hand unter dem Scheine sie zu küssen in ihren zahnlosen Mund, andere wiesen auf ihre gekrümmten Rücken hin, um sein Mitleid zu wecken. Germanicus suchte die Truppen durch eine ernste Ansprache zur Besinnung zurückzubringen. Er wurde auch eine Zeit lang mit ziemlicher Ruhe angehört, so lange er nämlich von Augustus und von den glorreichen Thaten sprach, die Tiberius an der Spitze eben dieser Legionen ausgeführt habe. Als er aber anfing, ihnen Vorwürfe zu machen, erhob sich ein allgemeines Geschrei, man klagte über den Verkauf der Urlaubsbewilligungen, über die schweren Arbeiten, über die Länge der Dienstzeit; dabei entblössten sie ihre Leiber und zeigten die Narben der in den Schlachten empfangenen Wunden oder die Striemen von den Schlägen; die Versammlung wurde immer stürmischer: endlich erscholl aus der Menge der Ruf, er möge die Herrschaft an sich nehmen, man sei bereit ihn zu unterstützen. Als Germanicus dies hörte, sprang er von der Rednerbühne herab, um davon zu eilen und sein Ohr vor der Berührung durch ein solches verrätherisches Wort zu bewahren, und als die Aufrührer sich ihm mit Gewalt entgegenstellten, riss er sein Schwert aus der Scheide, um sich damit zu durchbohren. Allein seine Freunde fielen ihm in den Arm und hinderten ihn an der Ausführung seines Vorhabens. Einige aus der Menge riefen ihm zwar zu, er möge nur zustossen, und Einer bot ihm sogar sein Schwert als schärfer dazu an; allein eben diese Frechheit erregte den Unwillen der Uebrigen in einem Maasse, dass die Freunde Zeit und Gelegenheit erhielten, ihn in sein Zelt zu bringen und ihn so der aufgeregten Menge zu entziehen. Allein der Erfolg der ersten persönlichen Einwirkung des Germanicus war doch hiermit verloren. Die Truppen waren ganz ihrer Zügellosigkeit überlassen, und man musste befürchten, dass sie die Legionen des oberen Germaniens nunmehr an sich ziehen, dass die gesammten 8 Legionen sich plündernd über Gallien ergiessen, dass die Gallier selbst sich an den Aufruhr anschliessen, und dass endlich auch die Deutschen den vertheidigungslosen Rhein überschreiten würden. In dieser grossen Bedrängniss griff man zu einer Täuschung, als dem einzigen noch übrigen Rettungsmittel. Es wurde ein erdichteter Brief des Tiberius veröffentlicht, in welchem den Truppen das Zugeständniss gemacht war, dass sie nach 20jähriger Dienstzeit entlassen und nach 16 Jahren als sogenannte Vexillarier die Vortheile und Auszeichnungen der Ausgedienten geniessen, und dass die Legate des Augustus nicht allein nach ihrer Ankunft in den Winterquartieren ausgezahlt, sondern auch verdoppelt werden sollten. Hierdurch wurden die Soldaten wenigstens halb beruhigt, und nachdem ihnen auf ihr Verlangen die Legate sofort und noch vor ihrem Abzug ausgezahlt worden waren, brachen sie auf und begaben sich in ihre Winterquartiere, die 1. und 20. Legion in die Stadt der Ubier (die nachher sogenannte Colonia Agrippinensis, das heutige Cöln), die 5. und 21. nach Vetera (Xanten); Germanicus aber eilte in das obere Germanien, wo es ihm auch glücklich gelang, den im Entstehen begriffenen Aufstand zu unterdrücken.

Indessen war die meuterische Gesinnung der Soldaten durch die angewandte, von ihnen wohl durchschaute List, wenn auch für den Augenblick beschwichtigt, so doch keineswegs völlig unterdrückt. Sie brach unter den Legionen in der Stadt der Ubier wieder aus, als daselbst Gesandte von Rom eintrafen, die dem Germanicus, der mittlerweile aus dem oberen Germanien zurückgekehrt war, die ihm vom Senat auf Antrag des Tiberius verliehene proconsularische Gewalt überbringen sollten. Die Soldaten meinten, dass sie gekommen wären, um die ihnen gemachten Zugeständnisse wieder zurückzunehmen. Sie brachen also beim Beginn der Nacht in das Haus ein, wo Germanicus wohnte, und zwangen ihn, die Fahne auszuliefern, mit welcher der Oberbefehlshaber das

Zeichen zur Schlacht oder zum Aufbruch zu geben pflegte, und damit das äussere Symbol seiner Feldherrengewalt an sie abzutreten,*) misshandelten dann die Gesandten und würden einen derselben, den Munatius Plancus, sogar getödtet haben, wenn er sich nicht an den Altar der ersten Legion geflüchtet und hier theils in der Heiligkeit des Orts, theils in der tapferen Gegenwehr eines Getreuen Schutz gefunden hätte. Es machte zwar einigen Eindruck, als Germanicus ihnen am andern Morgen ihre Frevel vorhielt, so dass wenigstens die Gesandten unter dem Schutz von Hülfstruppen aus dem Lager entfernt werden konnten; allein eine dauernde Wirkung auf die Gemüther der Soldaten wurde nicht erzielt. Und so entschloss sich jetzt Germanicus, auf das Andringen seiner Freunde, wenigstens seine Gemahlin Agrippina und seinen zweijährigen Sohn Gajus, den Liebling der Truppen, der von ihnen wegen der Soldatenstiefeln (caligae), die er nebst der übrigen Soldatenkleidung zu tragen pflegte, den Scherznamen Caligula erhalten hatte, durch Entfernung aus dem Lager in Sicherheit zu bringen. So zog also die stolze, hochherzige Frau, die nur durch die inständigsten Bitten ihres Gemahls zu bewegen gewesen war, sich der gemeinsamen Gefahr zu entziehen, ihren kleinen Sohn auf dem Arme tragend, ein anderes Kind unter dem Herzen, mit einigen anderen Frauen in düsterer und niedergeschlagener Stimmung und Haltung durch das Lager, um bei den Trevirern eine Zuflucht zu suchen. Noch hatte die Meuterei die Anhänglichkeit an das Kaiserhaus und den Nationalstolz in den Soldaten nicht so völlig unterdrückt, dass sie dies nicht als einen schweren Vorwurf und als eine Schande für sich empfunden hätten: war es doch die Enkelin des

---

*) So ist mit Lipsius, F. A. Wolf und Merivale auf Grund von Caes. Bell. G. II, 20 und Plut. Fab. c. 15 das vexillum, wie es Tacitus (I, 39) nennt, zu verstehen. Nipperdey versteht darunter das Feldzeichen der Vexillarier, welches sich im Hause des Germanicus befunden habe, weil die Vexillarier sich gleich dem Germanicus in der Stadt befanden, und meint, dies sei von ihnen mit Gewalt weggenommen worden „als Bürgschaft, dass man den ihnen gewährten Abschied nicht zurücknehme." Allein bei dieser Deutung bleibt die grosse Wichtigkeit völlig unerklärt, die Tacitus dem ganzen Zusammenhange nach der Sache beilegt.

Augustus und die Gemahlin ihres Oberfeldherrn, die sich vor ihnen flüchtete und zwar zu den verachteten Galliern! Jetzt endlich trat also der Umschlag ein. Sie flehen die Agrippina an, dass sie bleiben möchte, sie eilen zu Germanicus, und als dieser sie an seinen Vater Drusus, an Julius Caesar, an Augustus, an ihre Treue gegen diese, an den Ruhm, den sie unter ihrer Führung erworben, erinnert, als er ihnen ihr Vergehen vorhält und die Bessergesinnten auffordert, sich von den Aufrührern zu trennen, da bitten sie ihn unter Versicherungen der Reue, die Schuldigen zu strafen, den Verführten zu verzeihen und sie gegen den Feind zu führen, um ihnen Gelegenheit zu geben, ihre Schande in dem Blute der Feinde abzuwaschen, bringen selbst die Hauptaufrührer vor den Richterstuhl des Legaten der ersten Legion und tödten hier unter dessen Augen Alle, die durch Zuruf für schuldig erklärt werden. So endete der Aufruhr bei der 1. und 20. Legion. Die 5. und 21. setzten die Auflehnung noch eine kurze Zeit fort. Als aber Germanicus drohte, sie mit Gewalt zur Unterwerfung zu zwingen, und bereits das Heer rüstete, um den Rhein herab gegen sie zu ziehen, da gaben auch sie den Vorstellungen der Bessergesinnten nach und machten durch ein Blutbad, welches sie unter den Schuldigen anrichteten, in welchem aber auch in der allgemeinen Verwirrung viele Unschuldige den Tod fanden, dem Aufruhr ein Ende.

Tiberius hatte während dieser ganzen ihn und das ganze Reich mit der höchsten Gefahr bedrohenden Bewegung den Ausgang unthätig in Rom abgewartet. Die öffentliche Meinung erwartete und verlangte von ihm, dass er selbst an Ort und Stelle eilen und seine Person und sein kaiserliches Ansehen zur Unterdrückung des Aufstandes einsetzen sollte; allein dies war nicht nach seinem Sinn, und das Einzige, was er überhaupt that, war die erwähnte Sendung des Drusus; er sprach zwar immer davon, dass er reisen wolle, traf auch die Vorbereitungen dazu, aber dabei verblieb es. Jetzt war nun die Gefahr beseitigt, und zwar war dies an der schwierigsten Stelle durch Germanicus geschehen. Man möchte daher meinen, dass er sich dem Germanicus hierdurch zu Dank verpflichtet gefühlt und sich des Misstrauens gegen ihn entschlagen hätte, um so mehr als Germanicus bei dieser Gelegenheit einen so grossen Beweis seiner Treue und Loyalität gegeben hatte; statt dessen aber wurde, wie es bei argwöhnischen und neidischen Naturen der Fall zu sein pflegt, gerade durch dieses Gefühl der Verpflichtung das Misstrauen bei ihm nur um so mehr gesteigert. So ist es also auch fernerhin hauptsächlich das Verhältniss zwischen Tiberius und Germanicus, was bis zum Tode des letzteren unsere Aufmerksamkeit auf sich zieht. Germanicus wird durch die Umstände zu einer grossartigen kriegerischen Unternehmung veranlasst, die, wenn sie auch keine grossen, dauernden Erfolge hatte, doch seinen Namen mit einem hellen Glanze umgab und seiner Beliebtheit beim Volke, zugleich aber auch der Eifersucht und dem Misstrauen des Tiberius neue Nahrung zuführte; er wird von dieser Unternehmung abberufen, ehe er sie zu Ende führen kann, und dann von Tiberius nach dem Orient geschickt, wo er in der Fülle seiner Kraft und auf der Höhe der Volksgunst nach mancherlei Anfechtungen dem Schicksal oder, wie das Volk allgemein glaubte, der Tücke seiner Feinde unterlag. So füllt er bis zu seiner traurigen Katastrophe den ganzen Vordergrund der Geschichtsbühne und bildet namentlich bei seinem lebhaften Bewunderer Tacitus den Lichtpunkt seiner ganzen Geschichte des Tiberius, während dieser, wie es scheint, nur die Bewegungen des Germanicus mit Aengstlichkeit und Misstrauen verfolgt und sich im Uebrigen fast unthätig verhält oder doch seine Zeit mit geringfügigen Dingen ausfüllt.

Jene Unternehmung des Germanicus besteht in dem Kriege gegen die Deutschen, den er auf das Verlangen seiner Soldaten schon im J. 14 eröffnet und dann in den Jahren 15 und 16 mit der höchsten Energie fortsetzt, und den wir aus patriotischem Interesse etwas genauer verfolgen müssen, um so mehr als er der letzte Angriffskrieg gegen unsere Vorfahren ist, der mit einiger Aussicht auf Erfolg unternommen wurde.

Die Jahreszeit gestattete für dieses Jahr nicht mehr als einen Streifzug. Germanicus richtete denselben gegen die Marser, ein tapferes und zahlreiches Volk, welches seine Wohnsitze zwischen Lippe und Ruhr in einiger Entfernung vom Rhein hatte. Er überschritt mit 12,000 Mann römischer Truppen, die den 4 Legionen des unteren Germaniens entnommen waren, und einer entsprechenden Anzahl Hülfstruppen den Rhein zwischen den eben genannten beiden Flüssen, durchzog den cäsischen Wald, dem wir durch einen glücklichen Zufall eine bestimmte Stelle in der Gegend von Essen und Verden anweisen können,*) überschritt einen Wall, den wir uns in der Richtung von Norden nach Süden zwischen Lippe und Ruhr zu denken haben, setzte dann den Weg noch weiter durch unwegsame Gegenden fort und gelangte so an sein Ziel, in das Gebiet der Marser, die er völlig unvorbereitet überraschte. Er theilte nun seine Streitmacht in 4 Haufen, und diese durchzogen das Land, nachdem es vorher in einem Umkreis von 10 Meilen umstellt worden, drangen in die Hütten der Unglücklichen ein, hieben Alles, Männer, Weiber, Greise und Kinder nieder und machten die Gebäude, darunter auch ein Heiligthum der Göttin Tamfana, dem Erdboden gleich. Nachdem dieses Werk der Zerstörung vollbracht war, wurde der Rückzug angetreten. Mittlerweile hatten die im Rücken und zu den beiden Seiten der Marser wohnenden Usipeter, Tubanten und Bructerer, von denen die letzteren auf beiden Ufern der Ems wohnten, sich vereinigt und einen Engpass besetzt, durch den der Rückzug geschehen musste. Sie warteten, bis die Römer in denselben eingedrungen waren und sich in lang gedehntem Zuge hindurchwanden. Da griffen sie den Nachtrab an und brachten diesen in Unordnung, während sie gleichzeitig auch den übrigen Zug beunruhigten. Germanicus aber rief den Soldaten der 20. Legion zu: jetzt sei die Zeit gekommen, um die Schmach der Meuterei im Blute der Feinde zu tilgen. Diese warfen sich auf die Feinde, trieben sie aus dem Engpass heraus und richteten im freien Felde ein grosses Blutbad unter ihnen an. Mittlerweile hatte das übrige Heer sich aus dem Engpasse herausgezogen, und so wurde der Rückzug ohne weitere Anfechtung glücklich zu Ende geführt.

---

*) Grimm, Gesch. der d. Spr. II. S. 620, hat diesen Wald in einem im 8. Jahrh. urkundlich vorkommenden Walde „Heissi" erkannt, ein Name, der dem lateinischen Namen (silva Caesia) nach den Gesetzen der Lautverschiebung genau entspricht.

Diesem Zuge, bei dessen Beurtheilung man sich ganz auf den Standpunkt der Römer stellen muss, um ihn nicht mit J. Grimm einen heimtückischen und grausamen zu nennen, folgte im J. 15 ein zweiter von ähnlicher Art gegen die Chatten. Germanicus brach im ersten Frühling dieses Jahres mit 4 Legionen und mit Hülfstruppen gegen sie auf, während Cäcina mit einer ungefähr gleichen Streitmacht einen Zug in gerader östlicher Richtung, jedenfalls zwischen Lippe und Ruhr, unternahm, um die zwischen Weser und Elbe wohnenden Cherusker zu schrecken und sie dadurch zu verhindern, den Chatten Hülfe zu bringen. Germanicus nahm seinen Marsch über den Taunus, wo er ein von seinem Vater Drusus errichtetes (o. S. 66), aber seitdem, wahrscheinlich nach der Niederlage des Varus, von den Deutschen zerstörtes Castell wieder herstellte, fiel dann in das Gebiet der Chatten ein, die er eben so unvorbereitet überraschte wie im vorigen Jahre die Marser, drang östlich bis an den untern Lauf der Eder vor, verscheuchte durch Wurfgeschosse die streitbare Mannschaft, die sich hier*) auf dem jenseitigen Ufer der Eder aufgestellt hatte, setzte dann selbst über den Fluss und jagte, was sich nicht ergab, in die Wälder. Hierauf trat er, nachdem er noch die Hauptstadt Mattium angezündet hatte, den Rückzug an.

Auf dem Rückmarsche traf bei ihm eine Gesandtschaft des Segestes ein, die ihn um Hülfe bat. Segestes, der Schwiegervater und Gegner des Arminius, war von diesem eingeschlossen und in Gefahr, in seine Hände zu fallen. Germanicus hielt es für nothwendig, dem treuen und bewährten Anhänger der Römer die erbetene Hülfe nicht zu versagen. Er eilte also herbei, und es gelang ihm, die Belagerer zu vertreiben und den Segestes mit den zahlreichen Verwandten und Anhängern, die sich bei ihm befanden, zu befreien. Unter den Frauen in seiner Begleitung befand sich auch Thusnelda, die Tochter des Segestes und Gemahlin des Arminius, die, ihrem Gatten an trotzigem Freiheitsgefühl gleichend, ohne einen Laut der Bitte und ohne eine Thräne

---

*) Nach J. Grimm (Gesch. der d. Spr. II. S. 579) in der Nähe von Gudensberg.

den Römern in die Gefangenschaft folgte. Sie gebar bald nachher ihrem Gemahl einen Sohn Thumelicus, der in Ravenna erzogen wurde und auffallende, indess von Tacitus nur angedeutete, nicht näher angegebene Lebensschicksale hatte. Segestes mit seinem Anhang erhielt seinen Wohnsitz in der Provinz Gallien. Eben dahin war von Germanicus schon vorher sein Sohn Segimund geschickt worden, der eben so wie seine Schwester — so tief war die Zwietracht bei den Cheruskern in die Familien eingedrungen — mit seiner Gesinnung auf der Seite des Arminius stand, von seinem Vater aber gezwungen oder überredet worden war, sich jener hülfebittenden Gesandtschaft an den Germanicus anzuschliessen.

Diese bisherigen Züge hatten wahrscheinlich nur den Zweck, die südlicher wohnenden Völkerschaften zu schrecken und zu schwächen, damit sie der Hauptunternehmung des Jahres nicht in den Weg treten könnten, die gegen die nordöstlich wohnenden Deutschen, hauptsächlich gegen die Cherusker, gerichtet war. Die Cherusker hatten sich durch den Sieg über Varus unter den zwischen Rhein und Elbe wohnenden Völkern zu der Stelle der Vorkämpfer für die Freiheit des Vaterlands erhoben; Arminius, ihr Haupt und die Seele aller ihrer Bestrebungen und Unternehmungen, war jetzt durch den Verrath des Segestes und die Gefangenschaft seiner Gattin noch obendrein persönlich gereizt. Er durchflog also die Wohnsitze seiner Landsleute und rief dieselben gegen Segestes und die Römer zu den Waffen: wenn sie die alte von den Vätern ererbte Freiheit römischer Knechtschaft vorzögen, so möchten sie ihm folgen, unter dessen Führung sie schon einmal die fremden Eindringlinge vernichtet hätten. Sein Aufruf erregte die grösste Begeisterung nicht nur bei den Cheruskern, sondern auch bei den benachbarten Völkern, und unter jenen schlossen sich jetzt auch Manche an Arminius an, die bis dahin zu seinen Gegnern gehört oder doch keinen Krieg gegen die Römer gewollt hatten, z. B. Inguiomerus, sein Vatersbruder, der bisher eine vermittelnde ausgleichende Stellung zwischen seinen Landsleuten und den Römern eingenommen hatte.

Germanicus bot zu dem Feldzuge alle unter seinem
Befehle stehenden Streitkräfte auf. Cäcina führte 4 Legionen
auf dem mehrfach betretenen Landwege in östlicher Richtung,
die Reiterei nahm ihren Weg längs der Küste durch die Gebiete der Friesen und Chauken, und beiden Abtheilungen
war die Mündung der Ems als Ziel bestimmt; er selbst führte
die übrigen 4 Legionen zu Schiffe durch den Drususkanal, die
Zuydersee und die Nordsee an eben diese Stelle, wo alle drei
Abtheilungen pünktlich und ohne Unfall zusammentrafen. Von
hier schickte er erst seine leichten Truppen nach Süden voraus, welche die Bructerer überraschten, als sie eben damit
beschäftigt waren, ihr Gebiet zu verwüsten, um die Römer
aufzuhalten, und sie durch den unerwarteten Angriff verjagten; wobei sie das Glück hatten, einen der drei bei der Niederlage des Varus verlorenen Legionsadler wieder zu finden.
Er selbst folgte darauf mit dem übrigen Heer und drang bis
an die äusserste Grenze der Bructerer vor, wo er das ganze
Land zwischen Lippe und Ems verwüstete. Er befand sich hier
in der Nähe des Teutoburger Waldes, des Schauplatzes der
Varianischen Niederlage*), und konnte daher dem Reize nicht

---

*) In neuester Zeit ist von Hülsenbeck (Forschungen zur deutschen
Gesch., Bd. 6. H. 3. S. 413 ff.) über die Stelle der Varianischen Niederlage
wie über die des Kastells Aliso eine von allen früheren abweichende Ansicht aufgestellt und mit Gelehrsamkeit und Sachkenntniss vertheidigt
worden, wonach der Teutoburger Wald in der Haar, einem Höhenzuge
zwischen Lippe und Ruhr, und die Stelle der Niederlage in der Gegend
zwischen Unna und Werl, also viel westlicher und in einer Entfernung
von nicht mehr als etwa 20 Stunden vom Rhein, zu suchen sein soll.
Allein dieser Ansicht, die sonst Manches für sich hat, stehen die Worte,
die Tacitus hier gebraucht (Ann. I, 60: ductum inde agmen ad ultimos
Bructerorum, quantumque Amisiam et Lupiam amnes inter, vastatum haud
procul Teutoburgiensi saltu), entschieden entgegen. Die letzten Bructerer
können nicht wohl die westlichsten, sondern füglich nur die östlichsten, die
von den Römern am weitesten entfernt wohnenden sein; wenn von der
Verwüstung des ganzen Landes zwischen Ems und Lippe gesprochen wird,
so kann man dabei nicht wohl an diese Flüsse überhaupt, sondern nur an
ihr Quellengebiet denken, wo überdem genau genommen auch nur ein Zwischen stattfindet; endlich ist es schlechterdings undenkbar, dass Germanicus
von der Ems mit dem ganzen Heere mehr als den halben Weg in der
Richtung nach dem Rhein bis in jene Gegend zurückmarschiert sein sollte.

widerstehen, den Ort aufzusuchen, an den sich so denkwürdige
Erinnerungen freilich der traurigsten Art für ihn und sein
Heer knüpften. Er fand, der Spur des Varus folgend, zuerst
ein grosses, wohlbefestigtes Lager; welches das römische
Heer am ersten Tage des Durchzugs aufgenommen hatte,
als sein Muth und seine Widerstandskraft noch ungebrochen
war; von hier führten ihn die gebleichten Gebeine der Gefallenen, die theils zerstreut theils an den Stellen, wo Widerstand
geleistet worden war, in Haufen zusammen lagen, in das zweite
Lager, welches durch seinen geringen Umfang und durch seine
unvollkommene Construction deutlich erkennen liess, wie sehr
schon am zweiten Tage Zahl und Muth der Truppen vermindert gewesen war; die umher liegenden zerbrochenen Waffen,
die Pferdegerippe, die Altäre in den nahen Wäldern, auf denen
die höheren Officiere von den Deutschen als Opfer ihrer Rache
geschlachtet worden waren, die an die Bäume gehefteten
Köpfe ergänzten zusammen mit den Erzählungen der Wenigen,
die von dem vernichteten Heere noch übrig waren und dem
jetzigen Zuge beiwohnten, das Bild der furchtbaren Zerstörung,
die hier stattgefunden hatte, und erfüllten die Gemüther der
Soldaten mit Trauer, aber auch mit erneuter Kampfbegier.
Germanicus liess die Soldaten die Ueberreste ihrer Kameraden
bestatten und einen Altar zu ihren Ehren errichten. Dann
brach er in entgegengesetzter Richtung wieder auf, um den
Arminius aufzusuchen, der sich in entfernte weglose Gegenden zurückgezogen hatte. Er fand ihn auf einer Stelle, die
von Wald und Sümpfen umgeben war, und liess sofort durch
seine Reiterei einen Angriff auf ihn machen. Die Deutschen
flohen nach dem Wald, wandten sich aber plötzlich wieder
zum Angriff, als sie dem Walde nahe gekommen waren, und
gleichzeitig brach auch noch eine andere in demselben verborgen gehaltene Abtheilung zum Angriff hervor. Nun flohen
die römischen Reiter; auch die Cohorten der Bundesgenossen,
die ihnen Germanicus zu Hülfe schickte, wurden geworfen,
und erst durch die Legionen wurde das Gefecht so weit hergestellt, dass die Feinde zum Stehen gebracht wurden. Ein
eigentlicher Sieg wurde nicht gewonnen. Hiermit waren die
Unternehmungen des Germanicus für dieses Jahr beendet.

Er führte das ganze Heer an die Ems zurück, schiffte hier seine 4 Legionen wieder ein und befahl dem Cäcina, die übrigen 4 Legionen zu Lande an den Rhein zu führen, während der Reiterei ihr Weg wieder längs der Küste des Meeres angewiesen wurde. Indessen der Rückweg sollte nicht eben so ungefährdet von Statten gehen wie der Hinweg.

Cäcina gelangte auf seinem Marsche an ein wasserreiches, sumpfiges, von sanft ansteigenden, mit Wald bewachsenen Anhöhen eingeschlossenes Thal, durch welches ein, wie wir hören, von Domitius angelegter (o. S. 69), auf zahlreichen Brücken ruhender Dammweg führte. *) Er fand den Weg verfallen und ungangbar und die Höhen von den schnellen, nicht mit Gepäck belasteten Deutschen besetzt, die dem schwerfälligen Zug der Römer vorausgeeilt waren. Er machte daher am Eingange des Thales Halt und schlug daselbst ein Lager auf, um zunächst die Dämme und Brücken wieder herstellen zu lassen. Allein die Deutschen griffen die arbeitenden, wie die zu ihrem Schutze abgesandten Truppen an, und es kam zu einem Gefecht, in welchem die Römer grosse Verluste erlitten. In der folgenden Nacht zerstörten die Deutschen, was die Römer zu Stande gebracht hatten, und leiteten die Gewässer der Höhen in das Thal, um die Strasse desto unwegsamer zu machen. Am Morgen brach Cäcina auf. Er hatte zwei seiner Legionen abgeordnet, um sich auf einer trockenen Stelle zur Seite des Wegs zwischen diesem und dem Walde aufzustellen und den Feind abzuwehren; diese verliessen aber ihre Stellungen und gaben also den sich durch den Engpass hindurch windenden Zug den Angriffen der Deutschen völlig preis, die sich, an den Kampf in den heimischen Sümpfen gewöhnt, leicht bewaffnet und mit ihren aus weiter Ferne treffenden Wurfspeeren versehen, siegesgewiss auf die mit schwerem Gepäck beladenen, in der allgemeinen Verwirrung und auf dem schlüpfrigen Boden sich mühsam fortbewegenden

---

*) Man hat dieses Thal an verschiedenen Stellen gesucht, z. B. im nordwestlichen Westfalen zwischen Borken und Dülmen oder im Hurtanger Moor zwischen Terhar und Valter in der niederländischen Provinz Drenthe. Allein die Angaben des Tacitus reichen durchaus nicht hin, um etwas Näheres darüber zu bestimmen.

und an dem Gebrauch ihrer Waffen behinderten Römer herabstürzten. Nur der Reiz der Beute, dem die Deutschen nicht widerstehen konnten, rettete die Römer, so dass sie endlich nach den schwersten Verlusten auf festeren Boden gelangten, wo sie ein Lager aufschlagen konnten. Allein noch immer war ihre Lage eine verzweifelte. Ihres Gepäckes beraubt, zum grossen Theil verwundet, brachten sie die Nacht in dumpfer, muthloser Stimmung zu, und ihre Rettung schien unmöglich, wenn die Deutschen ihren Aufbruch abwarteten und sich darauf beschränkten, sie auf dem Zuge durch unablässige Angriffe zu beunruhigen. Und eben dies war es, wozu Arminius dringend rieth. Allein die Deutschen in ihrer Ungeduld liessen sich nicht abhalten, einen Sturm auf ihr Lager zu unternehmen, was den Römern sofort alle Vortheile ihrer besseren Disciplinierung zurückgab. Sie liessen anscheinend den Angriff ganz widerstandslos über sich ergehen, selbst die Wälle waren kaum von einzelnen Vertheidigern besetzt; mittlerweile aber wurde im Lager Alles vorbereitet, und als die Deutschen, im Begriff die Verschanzungen zu übersteigen, im Gebrauch der Waffen behindert und in Unordnung waren, warfen sie sich auf sie und schlugen sie durch einen kräftigen Angriff mit grossem Verluste zurück, worauf sie ihren Marsch an den Rhein ohne weitere Anfechtung zurücklegten. Dorthin hatten sich schon die übertriebensten Gerüchte verbreitet; es wurde erzählt, dass das ganze Heer des Cäcina vernichtet und die Deutschen in vollem, eiligem Zuge nach dem Rhein seien, und es fehlte nicht an Feiglingen, welche die Brücke über den Rhein aus Furcht zu zerstören riethen; dies wurde indess durch die muthige Agrippina verhindert, welche auch nach der Rückkehr der Truppen unermüdlich thätig war, um durch Vertheilung von Kleidern und Heilmitteln ihre Schäden zu heilen und ihren Muth wiederherzustellen.

Aber auch der Rückzug des Germanicus selbst ging nicht ohne einen schweren Unfall vorüber. Er hatte unterwegs zwei seiner Legionen wegen der geringen Tiefe des Fahrwassers, um die Schiffe zu erleichtern, an das Land ausgesetzt mit dem Befehle, ihren Weg längs der Küste in möglichster Nähe der Flotte zu nehmen. Diese wurden durch eine Sturmfluth überrascht und konnten sich nur nach langem Kampfe mit den Wellen mit Verlust ihres Gepäcks auf eine Höhe retten, wo sie ohne Feuer, ohne Lebensmittel, z. Th. halbnackt oder verwundet, eine traurige Nacht zubrachten, bis sie am andern Tage, nachdem sich die Sturmfluth verlaufen hatte, wieder von der Flotte aufgenommen werden konnten.

Alle diese Unfälle konnten indess den feurigen Muth des Germanicus nicht beugen; vielmehr war nach seiner Rückkehr seine ganze Thätigkeit sofort auf die Vorbereitungen zu einem neuen Feldzuge im folgenden Jahre (16) gerichtet. Er war durch die gemachten Erfahrungen zu der Einsicht gelangt, dass nicht sowohl die Waffen der Feinde als die Schwierigkeiten des Marsches und der Verpflegung das Werk der Eroberung des Landes hinderten. Er liess daher nicht weniger als 1000 Schiffe von verschiedener Beschaffenheit zum Transport der Mannschaften, der Pferde und des Gepäcks bauen, um diesmal das ganze Heer mit allem Bedarf zu Schiffe in das feindliche Land bringen zu können, und bestimmte denselben zum Sammelplatz die Stelle auf der Batavorinsel, wo Rhein und Waal sich von einander trennen; ausserdem war er aufs Eifrigste bemüht, die Verluste an Mannschaften, Pferden und Waffen, die er im vorigen Sommer erlitten, durch neue Aushebungen und Rüstungen zu ersetzen, wobei ihm die benachbarten Länder Gallien, Spanien und Italien mit reichen freiwilligen, von ihm jedoch nur zum Theil angenommenen Beiträgen zu Hülfe kamen.

Im Frühjahr 16 benutzte er die Zeit, während die Schiffe sich an der festgesetzten Stelle sammelten, wieder wie im vorigen Jahre zu Streifzügen in benachbarte deutsche Gebiete. Er liess den Silius mit einer Truppenabtheilung einen Einfall in das Gebiet der Chatten machen, der indess nur geringen Erfolg hatte, da Silius wegen des ungünstigen Wetters nicht tief in das Land eindringen konnte. Er selbst zog mit dem grössten Theil der Truppen in das Gebiet der Marser, um ein römisches Castell an der Lippe zu entsetzen, welches von den Feinden belagert wurde; auch er richtete aber wenig aus, da die Feinde sich auf die Kunde von seinem Herannahen zurückgezogen hatten, ausser dass das Land geplündert und verwüstet und das Strassensystem zwischen dem Rhein und der Veste Aliso ausgebessert oder wiederhergestellt wurde. Mittlerweile war die Flotte zur Abfahrt bereit gemacht; so wurde also nun das ganze Heer eingeschifft und ohne Unfall auf dem früheren Wege wieder in die Gegend der Mündung der Ems gebracht. Hier wurde es auf dem linken Ufer an das Land gesetzt, eine Brücke über den Fluss geschlagen und dann der Marsch in südöstlicher Richtung nach dem mittleren Laufe der Weser angetreten, um auch diesen Fluss zu überschreiten und dann — denn dies war die Absicht des Germanicus — den Marsch bis zur Elbe fortzusetzen. Germanicus setzte dabei, wie es scheint, voraus, dass die Deutschen, wie meist bisher, den offenen Kampf vermeiden und sich vor ihm zurückziehen würden. Als er aber an der Weser anlangte, fand er nicht allein die Cherusker, sondern auch zahlreiche verbündete Völker an dem Ufer versammelt. Arminius forderte eine Unterredung mit seinem Bruder Flavus, der nach der noch immer bestehenden Weise deutscher Häuptlinge im römischen Heere diente und in diesem Dienste ein Auge verloren, aber sich auch durch seine Tapferkeit zahlreiche Ehrenzeichen erworben hatte. Die Unterredung wurde gestattet, und die Brüder standen sich auf beiden Seiten einander gegenüber. Arminius hielt dem Flavus die Schmach des Dienstes unter dem Befehle des Feindes und die Ehre des Kampfes für Vaterland, für Freiheit und Selbstständigkeit und für die einheimischen Götter vor; Flavus dagegen rühmte die Grösse und den Glanz des römischen Reichs und die Milde und Freigebigkeit seiner Beherrscher und suchte die Vergeblichkeit des Kampfes gegen die Uebermacht und das Schicksal zu beweisen; nach und nach kam es aber zum heftigen Streit zwischen beiden Brüdern, und sie würden sich in den Strom gestürzt und den Streit mit den Waffen ausgefochten haben, wenn Flavus nicht mit Gewalt von seinen Begleitern zurückgehalten worden wäre. Nun liess Germanicus durch seine Reiterei einen Angriff auf die Feinde machen, um das jenseitige Ufer zu räumen und eine Brücke zu schlagen; dann führte er das Heer hinüber in eine Ebene, die, ungefähr 2 (geographische) Meilen lang, von den jenseitigen, an der Stelle zurücktretenden Höhen und vom Strome eingeschlossen war und das Idisiavisofeld genannt wurde. *) Eben diese Ebene hatten sich auch die Deutschen zum Schlachtfelde ausersehen. Sie stellten sich daher theils auf dem Abhange theils am Fusse der Höhen auf, die Cherusker insbesondere besetzten die Berge, wie man annehmen muss, zur Seite der Uebrigen, um von da im rechten Augenblick auf die Römer herabzustürzen und so die letzte Entscheidung der Schlacht zu geben. Germanicus war von dieser Aufstellung wie von der Absicht der Deutschen genau unterrichtet und gleich diesen zum Kampfe entschlossen. Er wanderte bei Anbruch der Nacht, um die Stimmung seiner Soldaten genau kennen zu lernen, verkleidet durch die Strassen des Lagers und hatte die Genugthuung, aus den Zelten nur Stimmen der Bewunderung und Ergebenheit gegen ihn selbst und der Kampflust zu vernehmen; morgen, so hiess es allgemein, wolle man ihm in der Schlacht den Dank für seine Leutseligkeit und für seine Fürsorge bezahlen. Es wurde daher auch ein Deutscher, der in der Nacht an den Wall heranritt und durch die glänzendsten Versprechungen zum Ueberlaufen zu verlocken suchte, mit Hohn zurückgewiesen. Ein Ueberfall, den die Deutschen in derselben Nacht versuchten, war vorher verrathen und wurde durch die Wachsamkeit der Soldaten vereitelt. Am Morgen darauf führte Germanicus sein Heer gegen den Feind, nachdem er es vorher durch eine Rede angefeuert hatte; acht

---

*) In der Handschrift des Tacitus steht Idista viso; die Aenderung in Idisiaviso beruht auf der Auctorität J. Grimms, der den Namen durch „Elfenwiese" erklärt, s. D. Mythol., 2. Aufl. S. 372. Eben so schreibt er in Gesch. der d. Spr., II. S. 614. Man hat dieses Idisiavisofeld gewöhnlich zwischen Minden und Hameln gesucht, und allerdings stimmt namentlich die Oertlichkeit südlich von Minden und der Porta Westfalica genau genug mit der Beschreibung des Tacitus überein; denn dort bilden die den Strom im Osten einschliessenden Höhen einen unregelmässigen Bogen (inaequaliter sinuatur), der eine Ebene von der für die Schlacht erforderlichen Ausdehnung offen lässt; auch passt es sehr gut zu der Beschreibung der Schlacht, wenn wir annehmen, dass Arminius mit seinen Cheruskern seine Aufstellung auf den höheren Bergen der Porta Westfalica selbst genommen habe, welche die Ebene im Norden, also zur Seite des in der Ebene selbst und auf den Abhängen der im Rücken liegenden Höhen aufgestellten übrigen Heeres, abschliessen.

Adler, also eben so viel als es Legionen waren, flogen vor
dem Heere voraus in den Wald und zeigten ihm gewissermaassen den Weg. Auch Arminius versäumte nicht, in seinen
Deutschen die Gefühle der Rache für die erlittenen Unbilden
und der Begeisterung für Vaterland und Freiheit zu entzünden.
Noch ehe es aber zum Zusammenstoss kam, brachen die Cherusker in ihrer Ungeduld los, und nun liess Germanicus einen
Theil seiner Reiterei diesen in die Seite fallen, einen andern
Theil derselben liess er die feindliche Stellung umgehen,
um die am Abhang der Höhen stehenden Deutschen im
Rücken anzugreifen, während er selbst mit der Hauptmasse
des Heeres zum Angriff auf die in der Ebene stehenden Feinde
vorrückte. Alle diese Angriffe wurden vom vollständigsten
Erfolg gekrönt, und so wurden die rückwärts stehenden Feinde
in die Ebene herab, die in der Ebene stehenden gegen die
Höhen hin getrieben, während die Cherusker in der Mitte
zwischen beiden in entgegengesetzter Richtung fliehenden
Hülften eingeschlossen wurden. Vergeblich suchten Arminius
und sein mit ihm in Tapferkeit wetteifernder Oheim Inguiomerus den Kampf durch Zuruf und Beispiel aufrecht zu erhalten. Sie konnten sich zuletzt selbst nur mit Mühe durch die
Flucht retten, und so wurde die ganze Ebene in einer Ausdehnung von 2 Meilen durch ein von der 5. Stunde, d. h.
von der letzten Stunde des Vormittags, bis zum Anbruch der
Nacht fortgesetztes Morden mit den Leichen der Deutschen
bedeckt; viele von ihnen suchten sich durch die Flucht in den
Wald zu retten, wurden aber dort getödtet, manche wurden
mit Pfeilen von den Bäumen herabgeschossen, auf die sie
geklettert waren; Andere fanden in den Wellen der Weser
den Tod. Zur Ehre des glänzenden Sieges wurde von den
Römern eine Trophäe von Waffen mit den Namen der besiegten
Völker errichtet und Tiberius zum Imperator ausgerufen; denn
wenn auch Germanicus den Sieg erfochten hatte, so war es
doch der Kaiser, unter dessen Auspicien der Krieg geführt
wurde und dem also die Ehre des Sieges gebührte.

Die Deutschen waren, wie uns berichtet wird, nach
dieser Niederlage zuerst entschlossen, über die Elbe zurückzuweichen und also das ganze Land bis dahin den Römern

zu überlassen. Allein die Errichtung dieser Trophäe erfüllte sie, wie es heisst, mit einem solchen Zorn, dass sie alle, Vornehme und Geringe, Jünglinge und Greise, zu den Waffen griffen und den Zug der Römer unablässig angriffen und beunruhigten. Es bedurfte also noch einer zweiten Schlacht, um ihren Widerstand zu brechen. Die Deutschen wählten dazu eine Stelle, wo ein breiter Grenzwall das Gebiet der Cherusker von dem der Angrivarier schied. Auf diesem Walle stellten sie sich auf, in der Front durch einen Sumpf, auf der einen Seite durch einen Fluss, auf der andern durch einen Wald gedeckt; in dem letzteren bargen sie ihre Reiterei.*) Germanicus führte den grössten Theil seines Fussvolks gegen

---

*) Als Schauplatz der Schlacht wird gewöhnlich die Gegend zwischen dem sogenannten Steinhuder Meere und der Weser angenommen, und allerdings ist hier die Oertlichkeit von der Art, dass sie zu der Beschreibung des Tacitus vollkommen passt und sonach wenigstens dazu dienen kann, diese anschaulich und klar zu machen. Die profunda palus des Tacitus würde dann das Steinhuder Meer selbst sein, welches von der Weser etwa 2 Meilen entfernt ist; der Fluss die Weser. Jenes ist noch jetzt wenigstens auf der Süd- und Westseite von Wald umgeben; zwischen diesem Wald und der Weser ist eine wasserreiche, aus Bruch und Moorland (den Leehser Brüchen und dem Rehburger Moor) bestehende Niederung. Durch diese Niederung hätte man sich und zwar vom Wald aus in nordwestlicher Richtung etwa nach Stolzenau zu den Wall geführt zu denken, wo er sonach seinen Zweck als Grenzwall vollkommen erfüllt haben würde; wozu auch der Ausdruck des Tacitus (latus unum Angrivarii lato aggere extulerant) vortrefflich passt. So stehen also die Deutschen hier auf diesem Wall; auf der einen Seite haben sie die Weser, auf der andern den das Steinhuder Meer umgebenden Wald, zwischen Fluss und Wald, sonach zugleich in ihrer Front jenes Moorland (arta intus planitie et umida); von dem Wall vertrieben, werden sie, da derselbe eine nordwestliche Richtung hat, nach Nordosten in den Wald und die Nähe des Sees gedrängt, und hier findet dann der Hauptkampf statt, der unentschiedene Kampf der beiderseitigen Reiterei zur Seite davon ebenfalls in dem Wald, doch etwas mehr südlich. — Wenn v. Wietersheim (Abh. der Kön. Sächs. Ges. der Wiss., phil.-hist. Kl. Bd. I. S. 429 flg.) mehr dazu hinneigt, einen andern Kampfplatz in Westen der Weser anzunehmen, so steht dem entgegen, dass Germanicus nach Tacitus (c. 14) die Absicht hatte, bis an die Elbe vorzudringen und daher seinen Rückzug sicherlich nicht schon nach der siegreichen Schlacht auf dem Idisiavisofelde angetreten hat, wie denn auch Tacitus von einem solchen erst nach der zweiten Schlacht (c. 23) redet.

den Wall, während die Reiterei mit einem kleineren Theile des Fussvolks augewiesen wurde, in den Wald einzudringen; denn es war ihm nicht unbekannt geblieben, dass hier die Reiterei des Feindes verborgen war. Die Deutschen auf dem Wall wurden durch Wurfgeschosse verjagt und in den Wald getrieben, der im Rücken durch einen See begränzt war; hierhin folgten ihnen die Römer, und so entspann sich in dem engen Raume zwischen See, Wald und Bergen ein blutiger Kampf, bei dem die Deutschen vermöge der Beschaffenheit ihrer Waffen, zu deren Handhabung sie der freien Bewegung bedurften, im Nachtheil waren, so dass die Römer, wie Tacitus sagt, sich bis zum Anbruch der Nacht an dem Blute der Feinde sättigten. Doch war das Ergebniss des Kampfes kein anderes, als dass Germanicus die Truppen in ein vom Kampfplatz rückwärts gelegnes Lager zurückführte, und von der Reiterei wird ausdrücklich gesagt, dass ihr Kampf unentschieden geblieben sei.

Da es aber bereits hoher Sommer geworden war, so trat Germanicus jetzt den Rückzug an, nachdem er vorher aus den Waffen der Feinde einen hohen Altar als Denkzeichen der Besiegung der Völker zwischen Rhein und Elbe (so lautete nämlich die stolze Aufschrift) errichtet hatte. Er führte das Heer wieder an die Ems zurück und schiffte es hier zum grössten Theile ein; nur einen kleineren Theil liess er den Rückweg zu Lande nehmen. Auch diesmal war die Heimkehr nicht frei von einem schweren Unfall. Die Flotte wurde durch einen furchtbaren Sturm überrascht, der die meisten Schiffe auseinander jagte und sie z. Th. in weite Ferne, selbst bis nach Britannien verschlug. Nur mit Mühe und nach und nach fanden sich die meisten wieder zusammen, aber beschädigt, ohne Gepäck, welches in der Noth des Sturmes über Bord geworfen worden war, und nachdem die Mannschaften alle Schrecken des unbekannten, rauhen Meeres und das Aeusserste der Entbehrungen erduldet hatten. Germanicus, dessen Schiff glücklich an die Küste der Chauken getrieben wurde, war in solcher Verzweiflung über diesen schweren Unfall, dass er nur mit Mühe abgehalten wurde, sich als den Urheber des Unglücks ins Meer zu stürzen. Sobald er jedoch mit dem

Reste des Heeres am Rhein angelangt war, wiederholte er die Einfälle vom Frühjahr in die Gebiete der Chatten und der Marser, um den durch das Unglück der Römer gehobenen Muth der Deutschen sofort wieder niederzuschlagen. Beide Gebiete wurden verwüstet, und bei den Marsern hatte Germanicus das Glück, den zweiten der durch Varus verlorenen Legionsadler wieder zu erlangen.

Hiermit hatten diese Unternehmungen des Germanicus ihr Ziel erreicht, und damit sind zugleich die ernstlichen Versuche der Römer zur Unterwerfung von ganz Deutschland geschlossen. Germanicus wurde von Tiberius zurückgerufen, die durch die Feldzüge des Germanicus gestaute Fluth der deutschen Völker strömte sofort bis zum Rhein zurück, und die Römer begnügten sich fortan diese Grenze zu vertheidigen oder doch sie nur eine Strecke über den Strom hinauszuschieben.

Germanicus verliess nur ungern und zögernd diesen Schauplatz seines Ruhms. Er meinte, ein einziger weiterer Feldzug würde hinreichen, die Deutschen zur Unterwerfung zu bringen, und diese Meinung wurde auch von der Volksstimme getheilt, um so mehr als man die Zurückberufung des Germanicus allgemein als ein ihm zugefügtes Unrecht empfand. Indess dürfte dies doch nichts Anderes sein als eine Täuschung der sanguinischen Zuversichtlichkeit des jugendlichen Heerführers und der für ihn begeisterten und von ihm Alles erwartenden Volksgunst. Ein kräftiges, zahlreiches, durch die Beschaffenheit und Ausdehnung seiner Wohnsitze geschütztes, freiheitsliebendes Volk, wie das deutsche, ist nicht durch einige wenige Schläge so völlig niederzuwerfen, um sich ein fremdes, seiner ganzen Natur widerstrebendes Joch auflegen zu lassen. Und waren denn diese Schläge wirklich so vernichtend, wie sie uns der für seinen Helden begeisterte Geschichtschreiber darstellt? Wir glauben es kaum. Abgesehen von einigen einzelnen Zügen, die uns gegen die Nüchternheit und unbedingte Glaubwürdigkeit des Tacitus in dieser Partie bedenklich machen, wie z. B. das Zwiegespräch der beiden deutschen Brüder über einen Strom, der in dieser Gegend eine Breite von etwa 300 Fuss hat, die nächtliche Wanderung des Germanicus durch das römische Lager, die acht den Legionen voranfliegenden Adler, scheint uns soviel wenigstens gewiss, dass die letzte Schlacht nicht den günstigen Ausgang hatte, wie ihn Tacitus berichtet. Germanicus hatte die bestimmte Absicht, bis an die Elbe vorzudringen, und die Jahreszeit war noch nicht so weit vorgerückt, dass er dies nicht hätte ausführen können *): was ihn also bewog, den Rückzug anzutreten, konnte nur die Festigkeit des Widerstandes sein, auf den er stiess, und eine Schlacht, die, obgleich nicht verloren, doch auch nicht gewonnen war, und die, wenn auch nicht fernere grosse Schlachten, so doch einen fortgesetzten, nicht minder gefährlichen kleinen Krieg erwarten liess.

Während dieser Unternehmungen des Germanicus war Tiberius seinem System der vorsichtigen, lauernden Zurückhaltung stets treu geblieben. Wären die dunkeln Seiten seines Charakters, sein Misstrauen und seine Missgunst, nicht gewesen, die trotz seiner Zurückhaltung in seiner ganzen Art und Weise hervortraten und auch jetzt schon hier und da sich in Handlungen äusserten, so hätte man seine Regierung in diesen ersten Jahren wohl eine vortreffliche nennen mögen. Er lehnte den Ehrennamen Vater des Vaterlandes ab, der ihm wiederholt vom Volke aufgedrungen wurde, er duldete nicht, dass der Senat am ersten Tage des Jahres durch einen Eid sich zur Aufrechterhaltung seiner Anordnungen verpflichte; denn, sagte er, Alles, was von Sterblichen geschehe, sei unvollkommen und unsicher, und je mehr Ehren ihm erwiesen würden, desto grösser sei die Gefahr des Missbrauchs. Er fuhr fort, die Entscheidung über wichtigere Angelegenheiten dem Senate zu überlassen, und wie er selbst bei den Berathungen darüber seine Ansicht sorgfältig darzulegen pflegte, so gestattete er auch, wenigstens anscheinend, dass die übrigen Senatoren die ihrige frei äusserten. Auch sonst widmete er sich den Regierungsgeschäften mit unermüdlichem Eifer. Insbesondere liess er sich die Rechtspflege angelegen sein. Er wohnte deshalb den Gerichtssitzungen der Prätoren häufig selbst bei, wodurch indess, wie Tacitus sagt, zwar die Gerech-

---

*) Das adulta aestate des Tacitus (II, 23) bezeichnet nach den Erklärungen der Alten den zweiten Monat des Sommers, also den Monat August. S. Nipperdey z. d. St.

tigkeit gefördert, aber die Freiheit beeinträchtigt wurde.
Ein besonderes Verdienst erwarb er sich ferner dadurch, dass
er durch einige zweckmässige Bestimmungen dem Uebermuth
der Schauspieler und dem Unfug steuerte, der bei ihren Vorstellungen stattzufinden pflegte, indem er für ihren Sold ein
bestimmtes Maass festsetzte, indem er ihnen verbot, anderswo
als im Theater aufzutreten, und den Senatoren und Rittern
gewisse Huldigungen und Auszeichnungen untersagte, die sie
ihnen zu spenden pflegten. Endlich machte er auch von der
Freigebigkeit, derjenigen Tugend, die er, wie Tacitus sagt,
sich noch lange bewahrte, als er die übrigen schon abgelegt
hatte, einen eben so weise abgemessenen als reichlichen
Gebrauch. Er lehnte nicht nur die Erbschaften ab, die ihm
der Sitte der Zeit gemäss aus Schmeichelei oder Furcht und
zum Nachtheil der Verwandten vermacht wurden, sondern
wandte auch aus seinem eigenen Vermögen bedeutende Summen auf, um Senatoren, die ohne ihre Schuld verarmt waren,
in den Stand zu setzen, ihre Stellung aufrecht zu erhalten,
ferner um ohne alle Rücksicht auf eigenen Ruhm verfallene
Tempel und Heiligthümer, die den Namen des Augustus oder
anderer angesehener Männer aus einer früheren Zeit trugen
und auch ferner bewahrten, entweder herzustellen oder ganz
neu aufzubauen, und als im J. 17 zwölf Städte Kleinasiens
durch ein Erdbeben fast völlig zerstört wurden, so gewährte
er ihnen nicht nur einen mehrjährigen Steuererlass, sondern
half auch ihrer Noth durch ein grossartiges Geldgeschenk ab.
Indessen verdarb er die Wirkung jener Unterstützungen der
Senatoren selbst wieder dadurch, dass er die Bedürftigen
nöthigte, ihre Sache bei dem Senat anzubringen und somit
ihre Lage öffentlich zu enthüllen, *) wobei er auch wohl nicht
unterliess, wie z. B. im J. 16 in einem Falle mit dem Enkel
des grossen Redners Hortensius, den Bittstellern bittere Dinge
zu sagen. Als eine charakteristische Eigenheit, die schon jetzt
hervortrat, sich aber im Laufe seiner Regierung immer mehr
geltend machte, ist noch zu erwähnen, dass er den Statthaltern

---

*) Tac. Ann. I, 75: cupidine severitatis etiam in iis, quae rite faceret, acerbus.

ihr Amt ins Unendliche zu verlängern liebte, so dass er nicht
selten neue, wenn sie schon ernannt waren, in der Stadt zurückhielt, damit sie die alten nicht verdrängen möchten: ein Conservativismus, der seiner ängstlichen und allzuscharfsichtigen Natur
vollkommen entsprach. Nicht minder charakteristisch ist die
Art und Weise, wie er im J. 16 den Aufstandsversuch eines
Sclaven, Namens Clemens, unterdrückte, der sich für den
Agrippa Postumus ausgab und, durch eine gewisse Aehnlichkeit mit diesem unterstützt, einen nicht unbedeutenden Anhang
gewann. Er liess diese Sache anscheinend völlig unbeachtet
und duldete sogar, dass der Prätendent nach Ostia kam und
selbst in Rom; eine heimliche Bewegung zu seinen Gunsten
entstand. Dann aber gab er einem seiner Vertrauten, dem
Sallustius Crispus, Enkel der Schwester des Geschichtschreibers,
Auftrag, und dieser stellte zwei seiner Clienten an, die sich
als angebliche Anhänger in das Vertrauen des falschen Agrippa
einstahlen und sich seiner Person bemächtigten, worauf er
heimlich im Palatium getödtet wurde.

Neben diesen theils löblichen theils wenigstens untadelhaften Handlungen kam aber doch schon in dieser Zeit auch
seine eigentlich bösartige Natur durch Handlungen zum Vorschein. Das Erheblichste in dieser Hinsicht ist die Aufmunterung, die er dem Delatorenunwesen zu Theil werden liess,
durch das weiterhin unter ihm wie unter allen schlechten Kaisern
so viel Unheil gestiftet worden ist, und das wesentlich dazu
gedient hat, die Sittlichkeit in Rom zu vergiften. Es gab in
Rom, wie in andern alten Staaten, von jeher keinen öffentlichen
von Staatswegen bestellten Ankläger; es war daher die Erhebung der Anklagen theils den Betheiligten theils solchen
überlassen, die sich aus Gemeinsinn oder, was in der späteren
Zeit der Republik meist der Fall war, durch Parteiinteressen
dazu berufen fühlten. An sich war dies also nicht nur ein
unverwerfliches, sondern auch ein nothwendiges Geschäft,
wenn es auch für diejenigen, die es vorzugsweise und mit
Vorliebe trieben, immer mit einem gewissen Makel behaftet
war. In der Kaiserzeit nun trat der Gemeinsinn als Motiv für
Anklagen selbstverständlich immer mehr zurück, dagegen lag
es für selbstsüchtige und niedrig denkende Menschen nahe

genug, sie als Mittel zur Erlangung von Gunst und Einfluss bei den Herrschern und von anderweiten Vortheilen zu gebrauchen, und zwar boten sich hierzu als das geeignetste Object vorzugsweise die Anklagen wegen Majestätsverbrechen dar, die zur Zeit der Republik, wo die Majestät lediglich bei dem Volke war, gegen gemeinschädliche Handlungen, wie Verrath, Aufruhr, Feigheit u. dergl., gerichtet worden waren, jetzt aber, wo das Attribut der Majestät auf den Kaiser übergegangen war, sich am bequemsten gebrauchen liessen, um wegen eines unbedachten, die Ehrerbietung gegen den Kaiser angeblich verletzenden Wortes oder wegen einer Handlung, die sich so deuten liess, solche Männer, die dem Herrscher missliebig waren, ins Verderben zu stürzen und dem Ankläger selbst Vortheile und Ehrenstellen, freilich in der Regel nur auf einige Zeit, zu verschaffen.*) Unter Augustus war von solchen Anklagen nur in einigen Fällen und nur in der letzten Zeit seiner Regierung gegen Schriftsteller Gebrauch gemacht worden, die dem Kaiser die Grenzen der zulässigen Freiheit zu überschreiten schienen. Jetzt unter Tiberius fragte der Prätor Pompejus Macer. im J. 15, ob die Anklagen wegen Majestätsverbrechen stattfinden sollten, und Tiberius antwortete, die bestehenden Gesetze seien aufrecht zu erhalten. So wurden zunächst zwei römische Ritter, Falanius und Rufus, angeklagt, der erstere, weil er einen verrufenen Schauspieler als Genossen des Augustuscultus, der bereits auch in den Privathäusern getrieben zu werden pflegte, zugelassen, der andere, weil er bei dem Namen des Augustus falsch geschworen habe. Es scheint, als ob Tiberius diese beiden Anklagen nur veranlasst oder zugelassen habe, um die Majestätsklagen zunächst im

---

*) Tacitus (Ann. I, 74) sagt von dem ersten der Delatoren, den er zu nennen hat: formam vitae iniit, quam postea celebrem miseriae temporum et audaciae hominum fecerunt, und fügt dann folgende treffende und zugleich seinen ganzen sittlichen Unwillen ausdrückende Characteristik dieser Menschenklasse hinzu: Nam egens ignotus inquies, dum occultis libellis saevitiae principum adrepit, mox clarissimo cuique periculum facessit, potentiam apud unum, odium apud omnis adeptus dedit exemplum, quod secuti ex pauperibus divites, ex contemptis metuendi perniciem aliis ac postremo sibi invenere.

Princip ins Leben zu rufen; auch waren die Angeklagten
Männer von untergeordneter Bedeutung; sie wurden also
freigesprochen. Eine dritte Anklage desselben Jahres scheiterte
an einem zufälligen Umstande. Der Statthalter von
Bithynien, Granius Marcellus, wurde von seinem Quästor
Crispinus Caepio unter Mitwirkung eines der Delatoren der
Zeit, des Hispo Romanus, des Majestätsverbrechens angeklagt,
weil er sich eine Statue habe setzen lassen höher als die der
Mitglieder des kaiserlichen Hauses, weil er ferner einer Statue
den Kopf des Augustus habe abnehmen lassen, um dafür den
des Tiberius aufzusetzen, und endlich weil er gegen Tiberius
unehrerbietige Reden geführt habe, die um so mehr Glauben
fanden und den Tiberius um so empfindlicher verletzten, weil
ihr Inhalt für wahr galt. Tiberius liess sich einen Augenblick
von der Aufwallung seines Zornes hierüber soweit hinreissen,
dass er erklärte, er werde in dieser Sache seine Stimme auch
abgeben. Allein ebendies rettete den Angeklagten. Einer der
stolzesten Männer der Zeit, Cn. Piso, der die Alleinherrschaft
mit einem wenig verhehlten Unwillen trug, fragte ihn, an
welcher Stelle er abstimmen werde, ob zuerst oder zuletzt,
im ersteren Falle werde er genöthigt sein, ihm beizustimmen,
im andern fürchte er gegen seinen Willen anders zu stimmen
als er. Tiberius wurde inne, dass er sich übereilt habe, und
dies bewirkte, dass er die Freisprechung des Angeklagten
geschehen liess. Dagegen wurde im J. 16 eine solche Anklage
gegen M. Drusus Libo, einen zu dem höchsten Adel Roms
gehörenden jungen Mann, wirklich zu einem für ihr Opfer
verderblichen Ausgang geführt. Dieser, ein unbesonnener,
eitler Jüngling, wurde von einem seiner vertrautesten Freunde,
einem Senator Firmius Catus, erst so weit schuldig gemacht,
als zu seiner Verurtheilung nöthig war, indem er durch ihn
verlockt wurde, nachdem er sich unter seiner Mitwirkung
durch Verschwendung und Schwelgerei in Schulden gestürzt
hatte, sich hochfliegenden, aber bei seiner Unfähigkeit völlig
ungefährlichen Phantasien hinzugeben und demgemäss Sterndeuter
und Zauberer über seine Zukunft zu befragen, was
in der damaligen Zeit für ein schweres Verbrechen galt.
Firmius Catus brachte die Angelegenheit, nachdem er sein

Opfer nach seiner Meinung tief genug verwickelt hatte, an den Kaiser; dieser nahm seine Anzeige an und forderte ihn auf, damit fortzufahren, während er gleichwohl mittlerweile ein ganzes Jahr hindurch den Libo wie gewöhnlich zur Tafel zog und ihn in dieser Zeit sogar zum Prätor machte. Endlich kam die Sache dadurch zum Ausbruch, dass ein Senator Fulcinius Trio, ein zweites und besonders hervortretendes Glied der Delatorenzunft,*) den Consuln die Anzeige eines gewissen Junius, dass Libo ihn aufgefordert habe, Todte für ihn zu beschwören, mittheilte und eine Untersuchung durch den Senat verlangte. So wurde der Senat mit dem Hinzufügen berufen, dass es sich um ein grosses und schweres Verbrechen handele. Libo, aufs Aeusserste erschreckt, bemühte sich vergeblich unter seinen Verwandten und Freunden Vertheidiger zu finden. Er kam also am Tage des Senats allein, überdem krank oder sich krank stellend, ein Bild des Jammers, und suchte durch flehentliche Bitten das Mitleid des Kaisers zu erwecken. Allein Tiberius setzte allen seinen Bemühungen eine kalte, unbewegliche Miene entgegen und trug dann die gegen ihn erhobenen Anschuldigungen vor, die von einem der stets bereiten Ankläger weiter ausgeführt wurden. Um die eigenen Sclaven als Zeugen gegen den Angeklagten gebrauchen zu können, was nach einem alten Senatsbeschluss verboten war, wandte Tiberius das neue Mittel an, dass er sie durch Verkauf in den Besitz eines öffentlichen Beamten übergehen liess, wodurch dieses Hinderniss, wie er meinte, gehoben wurde **). So verging der Tag unter deutlichen Anzeichen eines unglücklichen Ausgangs. Auch Libo erkannte dies und fand in der nächsten Nacht endlich nach manchen Zögerungen der Schwäche und Unentschlossenheit den Muth, sich selbst den Tod zu geben. Gleichwohl aber wurde die Untersuchung fortgesetzt, die damit endete, dass Libo verurtheilt, sein Vermögen unter die Ankläger vertheilt, dass diese ferner, soweit ihr Rang es zuliess, mit Ehrenstellen belohnt, die Zauberer und Stern-

---

*) Tac. I, 28: Celebre Trionis ingenium erat avidumque famae malae.
**) Nach Dio LV, 5 war dies indess auch schon von Augustus geschehen.

deuter aber aus der Stadt vertrieben und einige derselben
auch hingerichtet wurden. Dabei unterliess jedoch Tiberius
nicht, eidlich zu versichern, dass er den Senat um das Leben
des Angeklagten, wenn er auch schuldig sei, gebeten haben
würde, wenn ihm derselbe nicht durch den Selbstmord zuvorgekommen wäre.

Dem Germanicus gegenüber beobachtete Tiberius in dieser
Zeit alle ehrenden Rücksichten, ohne jedoch sein Uebelwollen
und Misstrauen völlig verbergen zu können. Er spendete
ihm im Senat nach Bewältigung des Aufstandes der Legionen
eben so wie seinem Sohne Drusus grosse Lobeserhebungen,
allein, wie man wenigstens zu bemerken glaubte, zwar mit
mehr Worten, aber mit geringerer Aufrichtigkeit als diesem.
Zu Anfang des J. 15 wurde ihm, jedenfalls auf seine Veranlassung, durch Beschluss des Senats wegen des Feldzugs
gegen die Marser der Triumph zuerkannt, und es war auch
für ihn eine Anerkennung und Ehrenbezeigung, dass gegen
Ende dieses Jahres seine Legaten Caecina, Apronius und
Silius die Ehrenzeichen des Triumphs empfingen; doch liess
sich Tiberius schon jetzt die Missstimmung merken, die er
darüber empfand, dass Agrippina sich bei Gelegenheit der
Rückkehr des Caecina in die öffentlichen Angelegenheiten
und in die Leitung des Heeres gemischt hatte, eine Misstimmung, die wohlberechneter Weise von Sejan noch genährt
wurde. Den Beginn des Feldzugs des J. 16 beeilte Germanicus desswegen so sehr, weil er bereits erfahren hatte, dass
Tiberius damit umgehe, ihn vom Rhein zurückzurufen, und
nach Beendigung dieses Feldzuges traf alsbald die Botschaft
des Tiberius ein, welche diese Rückkehr, wenn auch in
verbindlicher Form, so doch nicht ohne verdeckte Vorwürfe
forderte. Germanicus, so schrieb er, habe genug Ruhm
erworben, aber auch genug, wenn auch unverschuldete Unfälle
erlitten, es werde nunmehr am besten sein, die Deutschen
ihrer eigenen Zwietracht zu überlassen. Und als Germanicus
wenigstens noch um ein Jahr bat, um die Unterwerfung
Deutschlands vollenden zu können, so fügte er in einem
zweiten Briefe hinzu: wenn noch ein kleiner Rest von Lorbeeren
zu erwerben sei, so möge er diese dem Drusus gönnen, der

sonst keine Gelegenheit habe, sich Kriegsruhm zu erwerben.
Auch kündigte er ihm für das J. 18 das Consulat an und
ersuchte ihn zu kommen, damit er es in Rom antreten könne.
Germanicus kehrte also, wie es scheint, im Frühjahr 17
nach Rom zurück, und nun eilt sein tragisches Geschick,
sich zu erfüllen.

Er feierte den ihm zuerkannten Triumph am 25. Mai
des J. 17. Derselbe war in der gewöhnlichen Weise mit den
erbeuteten Waffen, mit Gefangenen und mit Abbildungen von
Bergen und Flüssen und von den gelieferten Schlachten geziert;
sein grösster Schmuck in den Augen des Volkes war aber der
in jugendlicher Schönheit prangende Feldherr selbst und der
ihm folgende, seine 5 Kinder führende Wagen. Tiberius selbst
erhöhte die festliche Stimmung noch dadurch, dass er unter das
Volk ein Geschenk von je 300 Sestertien vertheilte. Indess
war doch die Freude des Volks nicht ungemischt. Es erinnerte
sich seiner früheren Lieblinge, des Marcellus und des Drusus,
die ihm durch einen frühzeitigen Tod entrissen worden waren,
und konnte sich mitten in der Festfreude der traurigen Ahnung
nicht erwehren, dass auch dem Germanicus ein gleiches
Schicksal beschieden sein möchte.

Tiberius benutzte einige Störungen der bestehenden Verhältnisse im Osten, um den Germanicus noch im J. 17 dahin
zu schicken, obgleich er ihn jetzt wirklich zum Consul für das
J. 18 bestimmt und kurz vorher den Wunsch, dass er dieses
Consulat in Rom antreten möchte, als Grund für seine Abberufung vom Rhein angegeben hatte. Es waren dort einige
Vasallenreiche durch den Tod ihrer Könige erledigt, nämlich
Cappadocien, Commagene und eins von den kleinen cilicischen
Königreichen. Die beiden letzteren waren eines natürlichen
Todes gestorben, der König von Cappadocien, Archelaus,
wurde nach einer 50jährigen Regierung nach Rom gelockt,
weil er ehedem gegen den Tiberius während seines Aufenthalts
auf Rhodus, also vor etwa 20 Jahren, die schuldigen Bezeigungen der Ehrerbietung nicht aus Hochmuth, sondern aus
Furcht vor Augustus versäumt hatte, und wurde daselbst
durch eine Anklage im Senat und durch allerlei Beweise der
Ungnade zur Verzweiflung gebracht, so dass er sich selbst

das Leben nahm. Ueber diese Königreiche also sollte anderweit verfügt werden. Ausserdem hatten sich Syrien und Judäa über zu grosse Belastung durch Abgaben beklagt, und endlich hatten sich auch in Parthien und Armenien Vorgänge ereignet, die ein nachdrückliches Eingreifen der Römer forderten. In Parthien war auf Phraataces (s. o. S. 75) Orodes und auf diesen Vonones gefolgt, einer der vier nach Rom gesendeten Söhne des Phraates (s. ebend.), den die Parther (wahrscheinlich im J. 5 n. Chr.) sich von Augustus erbeten hatten. Dieser Vonones war um die Zeit, bei der wir stehen, in Folge eine Thronrevolution durch Artabanus aus Parthien vertrieben und dagegen von den Armeniern, deren Thron eben nach mancherlei Wechselfällen unbesetzt war, als König angenommen, aber von dem syrischen Statthalter Silanus Creticus, um einem Kriege zwischen ihm und Artabanus zuvorzukommen, aus seinem neuen Reiche gelockt und in Syrien festgehalten worden. So war der Thron von Armenien wiederum erledigt und das Land in Gefahr, der Herrschaft der Parther zu verfallen. Um also alle diese Verhältnisse zu ordnen, liess Tiberius dem Germanicus durch den Senat für den ganzen Orient eine ausserordentliche Gewalt in der Weise verleihen, wie sie schon in der republicanischen Zeit im J. 66 v. Chr. dem Pompejus und wie sie unter Augustus dem Agrippa übertragen worden war, so dass die Statthalter der einzelnen Provinzen in diesem Bereich seinen Befehlen zu gehorchen hatten, entfernte aber vorher von der Statthalterschaft Syriens, der mächtigsten unter jenen Provinzen, den eben genannten Silanus Creticus, einen Verwandten des Germanicus, um sie jenem Cn. Piso zu übergeben, der uns schon oben begegnet und von dem dort bemerkt worden ist, dass er selbst die Superiorität des Kaisers ungern und widerwillig ertrug, von dem also vorauszusehen war, dass er sich der höheren Stellung eines anderen Gliedes der kaiserlichen Familie um so schwerer unterordnen würde. Ihn begleitete seine Gemahlin Plancina, die Tochter des mehrfach genannten Munatius Plancus, die ihren auf ihre hohe Abstammung gegründeten Stolz nicht minder gegen Agrippina, wie Piso den seinen gegen Germanicus richtete. Es kam noch hinzu, dass sie eine vertraute Freundin der Augusta war und somit die Eifersucht theilte, welche die Mutter des Tiberius und mit ihr ein grosser Theil des Hofes gegen die zugleich durch Adel der Gesinnung und durch ihre grosse Kinderzahl ausgezeichnete einzige wirkliche Enkelin des Augustus hegte.

Germanicus vollzog den empfangenen Auftrag trotz der ihm bekannten Feindschaft des Piso mit einer Unbefangenheit und Sorglosigkeit, die auf der einen Seite ein Zeugniss seines hohen und edlen Sinnes ablegt, auf der andern aber, wenigstens vom Standpunkte der Klugheit aus betrachtet, nicht ganz tadelfrei ist.

Er besuchte zunächst seinen Vetter und Adoptivbruder Drusus, der sich damals in Dalmatien befand, und mit dem er trotz der beiderseitigen sich durchkreuzenden Ansprüche auf die Nachfolge in der Herrschaft in einem einträchtigen und freundschaftlichen Verhältniss stand. Dann gelangte er nach einer stürmischen Fahrt längs der Küste des illyrischen Meeres nach Nicopolis, der von Augustus an der Stelle der actischen Schlacht gegründeten Stadt. Hier verweilte er einige Tage, um, während die Schiffe von den durch den Sturm erlittenen Beschädigungen hergestellt wurden, die Stätte des Sieges seines Grossoheims und der Niederlage seines Grossvaters (seine Mutter war Antonia, die Tochter des Triumvirn Antonius, und seine Grossmutter Octavia, die Schwester des Augustus) unter wechselnden Empfindungen zu beschauen. Hierauf begab er sich nach Athen, wo er wiederum unter den ausschweifendsten Huldigungen, die bei der in den Künsten der Schmeichelei erfahrenen Bevölkerung durch seine Leutseligkeit und die Anspruchslosigkeit seines Auftretens hervorgerufen wurden, mehrere Tage zubrachte. Und nach allen diesen Zögerungen nahm er sich auch noch die Zeit, die berühmten Städte an der Propontis, dem Bosporus, dem Pontus Euxinus und an der Westküste von Kleinasien aufzusuchen. Desto mehr eilte Piso. Er holte den Germanicus in Rhodus ein, obwohl er weit später von Rom abgereist war. Germanicus war hier grossmüthig genug, ihn durch Entsendung einiger seiner Dreiruderer aus einer Lebensgefahr zu retten, in die er in der Nähe der Insel durch einen Sturm gerieth, obwohl er schon in Athen seine feindselige Gesinnung gegen Germanicus deutlich an den Tag gelegt hatte, indem er den Athenern ihre demselben dargebrachten Huldigungen zum Vorwurf machte. Auch von Rhodus aus setzte Piso seine Reise mit gleicher Eile fort, so dass er eher als Germanicus in Syrien ankam, wo er sofort in Gemeinschaft mit seiner Gemahlin alle Künste der Verführung aufbot, um das dortige Heer auf seine Seite zu bringen. Dem Germanicus blieb dies nicht unbekannt. Demungeachtet richtete er seine Aufmerksamkeit zunächst nicht auf Syrien, sondern auf Armenien, wo ihm im Dienste des Staates seine Anwesenheit am nothwendigsten schien. Er begab sich also dorthin, und es gelang ihm, durch Einsetzung eines vom armenischen Volke selbst gewünschten Königs Zeno, dem aber nach seiner Krönung der Ehrenname der armenischen Könige Artaxias beigelegt wurde, die Verhältnisse in einer längere Dauer versprechenden Weise zu ordnen. Auch der Partherkönig Artabanus wurde durch seine Nähe und das in seiner Begleitung befindliche Heer zur Fügsamkeit bestimmt, so dass er ihm mit der Anerbietung des Friedens und eines Bündnisses entgegen kam und nur den einen Wunsch äusserte, dass Vonones etwas weiter von der armenischen Grenze entfernt werden möchte, worin ihm Germanicus willfahrte. Hierauf wurden Cappadocien und Commagene als Provinzen eingerichtet und alle sonstigen nöthigen Anordnungen getroffen, so dass die wesentlichen Aufgaben des Germanicus bereits erledigt waren. Indem er sich jedoch nunmehr nach Syrien wandte, so kamen die Misshelligkeiten mit Piso sofort zum Ausbruch. Eine Zusammenkunft Beider an der Nordgrenze von Syrien in Cyrrus begann mit mühsam verhaltenem Groll und endete mit gegenseitigen heftigen Vorwürfen und offen erklärter Feindschaft. Piso hielt mit seiner Gesinnung auch nachher nicht zurück. Er erschien bei den Berathungen, die Germanicus mit den höher gestellten Männern seiner Umgebung hielt, entweder gar nicht, oder er kam nur, um durch Miene und Geberden seine Unzufriedenheit mit Allem, was geschah, auszudrücken. Ja als Beide einst einem Festmahl bei dem König der Nabatäer beiwohnten und dem Germanicus und der Agrippina schwere goldene Kränze gereicht wurden, so rief er aus, dergleichen gezieme sich wohl für den Sohn eines parthischen Königs, aber nicht für den eines römischen Princeps, während er zugleich den leichteren Kranz, der ihm selbst gereicht wurde, zu Boden warf. So verging der Winter vom J. 18 auf das J. 19.

Im folgenden Jahre entzog sich Germanicus auf einige Zeit don Feindseligkeiten des Piso, indem er eine Reise nach Aegypten antrat, angeblich um auch die Angelegenheiten dieser Provinz zu ordnen, im Grunde aber doch hauptsächlich, um die Alterthümer Aegyptens kennen zu lernen. Er durchzog also das Land in griechischer Kleidung zu Fuss und ohne militärische Begleitung und genoss mit dem vollen hingebenden Interesse des Gelehrten und Alterthumsfreundes die Bewunderung der grossartigen Baudenkmäler und der an sie geknüpften historischen Erinnerungen, liess sich die auf ihnen noch vorhandenen hieroglyphischen Inschriften deuten, sah, wie Tacitus es ausdrückt, die grossen Fussspuren des alten Thebens und setzte seine Reise fort bis nach Elephantine und Syene, damals den entferntesten Punkten des ganzen römischen Reichs, während er daneben allerdings nicht unterliess, durch Oeffnung der Getreidespeicher und andere wohlthätige Maassregeln für das Beste des Volks zu sorgen. Tiberius machte ihm diese Reise zum Vorwurf, weil einst Augustus Senatoren und Senatorensöhnen verboten hatte, Aegypten ohne seine besondere Erlaubniss zu betreten. Wir können jedoch diesen Vorwurf nicht für begründet halten, da wir annehmen müssen, dass der dem Germanicus ertheilte Auftrag auch Aegypten umfasste. Dagegen können wir nicht umhin, gerade in dieser Reise, die er zu einer Zeit unternahm, wo die Intriguen des Piso seine Anwesenheit in Syrien dringend forderten, einen Beweis von jener tadelnswerthen Sorglosigkeit des Germanicus zu finden, auf die wir oben hingedeutet haben.

Als er daher aus Aegypten nach Syrien zurückkehrte, fand er daselbst alle von ihm getroffenen Aenderungen völlig umgeändert oder umgestossen. Hierüber kam es wieder zu heftigen, leidenschaftlichen Erörterungen. Piso machte jetzt Anstalten, die Provinz zu verlassen, verschob aber seine Abreise, als Germanicus krank wurde. Zunächst aber erholte sich Germanicus wieder, und nun verliess er Antiochia, nachdem er vorher noch die zur Feier der Genesung des Germanicus veranstalteten Festlichkeiten in roher und gewaltsamer Weise gestört hatte, wartete aber wieder in dem nahen Seleucia, als er hörte, dass Germanicus von Neuem erkrankt sei. Nun bemächtigte sich des Germanicus und seiner ganzen Umgebung der Verdacht, dass die Krankheit Folge einer Vergiftung durch Piso sei, und dieser Verdacht schien theils durch Boten, die Piso nach Antiochien sandte und die man als Spione ansah, theils durch die vermeintlichen Zaubermittel, Knochen, bleierne Tafeln mit dem Namen des Germanicus, Verwünschungsformeln und dergl., bestätigt zu werden, die man in der Umgebung des Kranken fand, und durch die, wie man annahm, die Wirkung des Giftes unterstützt werden sollte. Germanicus kündigte also jetzt dem Piso nach einem bei den Römern üblichen Gebrauch durch einen Brief feierlich die Freundschaft auf und befahl ihm zugleich, die Provinz zu verlassen, so dass ihm jetzt nichts übrig blieb, als die Rückreise wirklich anzutreten. Während er aber auf dieser Rückreise begriffen war, die er absichtlich verzögerte, starb Germanicus, nachdem er noch vorher die um sein Lager stehenden Freunde zur Rache an seinem Mörder Piso aufgefordert und seine Gemahlin beschworen hatte, um ihrer selbst und ihrer Kinder willen ihren stolzen Sinn zu zähmen, um nicht dadurch Mächtigere (d. h. den Tiberius) gegen sich aufzureizen.

In demselben Jahre aber, in welchem der Tod des Germanicus nicht allein das römische Volk, sondern auch die Bewohner der Provinzen mit dem tiefsten Schmerz erfüllte, wurde auch sein grosser Gegner Arminius durch einen gleich frühzeitigen Tod hinweggerafft.

In Deutschland verwirklichte sich sofort nach dem Weggang des Germanicus, was Tiberius vorausgesagt hatte. Als die Deutschen sich nicht mehr von den Angriffen der Römer bedroht sahen, wendeten sie ihre Waffen gegen sich selbst, und es kam schon im J. 17 zu einem grossen Kampf zwischen den beiden hervorragendsten Männern der Zeit, unserem Arminius und dem Marcomannenkönig Maroboduus. Arminius galt dem strengen, einen grossen Theil der deutschen Völker unter einem geordneten, einheitlichen, unbeschränkten Regiment zusammenfassenden Maroboduus gegenüber für den Hort und Vorkämpfer der Freiheit; als er daher sein Banner entfaltete, fielen ihm mehrere Völker zu, die bisher unter Maroboduus Herrschaft gestanden hatten, insbesondere die jenseits der Elbe wohnenden Semnonen und Langobarden; dagegen trennte sich sein Oheim Inguiomerus von ihm, der aus Eifersucht gegen seine wachsende Macht, jedenfalls mit zahlreichem Gefolge zu Maroboduus überging. Eine blutige Schlacht, die sich beide Gegner einander lieferten, endete zwar unentschieden, da jeder Theil mit einem Flügel den Sieg davontrug. Da sich jedoch Maroboduus nach der Schlacht zurückzog, so galt er für besiegt und verlor das Ansehen, auf dem seine Herrschaft beruhte; gleichzeitig war Drusus, der die Statthalterschaft von dem benachbarten Illyricum führte, unermüdlich thätig, den Abfall von ihm durch seine Intriguen zu fördern, und so gelang es einem Gothonen Catualda, einem alten Gegner des Maroboduus, im J. 19, in sein Reich einzudringen und die Hauptstadt und die Burg des Maroboduus und damit das ganze Land zu erobern. Er wurde vertrieben und genöthigt eine Zuflucht bei dem römischen Kaiser zu suchen, der ihm seinen Wohnsitz in Ravenna anwies, wo er nach 20 Jahren vergessen und verachtet starb.

Aber auch gegen Arminius regte sich nun der unruhige Freiheitssinn der Deutschen, die sein Uebergewicht nicht zu ertragen vermochten. Es wurde ihm Schuld gegeben, dass er nach der Alleinherrschaft trachte; unter den bisher unter seiner Führung vereinigten Völkern und Heeresfürsten verbreiteten sich Feindschaft und Abfall, und es kam zu einem Krieg, in welchem er durch das Verbrechen der eigenen Verwandten den Tod fand im 37. seines Alters und im 12. seiner Macht.*)

---

*) Nipperdey hat aus dieser letzteren Angabe den Schluss gezogen, dass der Tod Armins ins J. 21 zu setzen sei, weil seine Macht (potentia) nicht wohl von einem früheren Termine als von der Niederlage des Varus an gerechnet werden könne. Allein Tacitus hat ihn ausdrücklich ins J. 19 gesetzt, und Tacitus pflegt sich streng an die annalistische Folge zu binden oder wenn er davon abweicht (wie z. B. VI, 38), dies besonders zu bemerken. Und nach I, 55 sind Arminius und Segestes schon vor der Niederlage des Varus politische Gegner: warum sollen wir also bei der

Der Römer Tacitus, der einzige, dem wir die vorstehenden Notizen über den Tod des Arminius verdanken, nennt ihn bei dieser Gelegenheit den unzweifelhaften Befreier Deutschlands und fügt hinzu, dass er noch jetzt zu seinen, des Geschichtschreibers, Lebzeiten, von den Deutschen, jedenfalls in den kunstlosen Liedern, mit denen sie die Grossthaten ihrer Vorfahren zu preisen pflegten, besungen werde. *)

b) Bis zum Tode des Tiberius, 19—37 n. Chr.

Zunächst war die allgemeine Aufmerksamkeit nicht nur in Syrien bei den Angehörigen und Freunden des Verstorbenen, sondern auch in Rom bei dem Volke durch den Tod des Germanicus in Anspruch genommen. Dort traf man Anstalten, einen Angriff des Piso auf Syrien abzuwehren, den man nicht ohne Grund fürchtete; mehrere von den Freunden des Germanicus, namentlich Vitellius, Veranius, Servaeus, reisten nach Rom, um dort dem Gelübde gemäss, welches sie am Sterbebette ihres Oberfeldherrn gethan hatten, den Piso anzuklagen; eine berüchtigte Giftmischerin Martina wurde eben dahin geschickt, weil man sie im Verdacht hatte, bei dem Verbrechen als Werkzeug gedient zu haben. Auch Agrippina trat mit den beiden Kindern, die sie bei sich hatte, und mit dem Aschenkrug ihres Gatten die Rückreise an, ohne sich durch die Beschwerden und Gefahren der winterlichen Fahrt abschrecken zu lassen. In Rom hatte sich, als Germanicus schon gestorben war, erst die Nachricht von seiner Genesung verbreitet und bei dem Volke die lautesten, ungestümsten Aeusserungen der

---

Vieldeutigkeit des Wortes potentia nicht annehmen können, dass Armin schon 2 Jahre früher (etwa durch den Tod seines Vaters) zu einer einflussreichen Stellung unter seinen Landsleuten gelangt sei?

*) Tacitus nimmt es als Thatsache an, dass Armin wirklich nach einer, die Freiheit der Deutschen vernichtenden Alleinherrschaft gestrebt habe. Allein Tacitus kennt die inneren Verhältnisse Deutschlands doch zu wenig, als dass wir dieser seiner Annahme Glauben schenken könnten, die eben so wenig mit der früheren Laufbahn des Arminius wie mit dem ehrenvollen Andenken übereinstimmt, in dem er nach dem eigenen Zeugniss des Tacitus bei seinen Landsleuten fortlebte, die übrigens schon ihrer Art nach nur als eine Vermuthung des Tacitus angesehen werden kann.

Freude hervorgerufen. Desto grösser war die Trauer, als man sich endlich überzeugen musste, dass die Nachricht falsch, dass Germanicus vielmehr todt sei. Selbst der Senat gab der allgemeinen Stimmung nach, indem er die ausserordentlichsten Ehren für den Gestorbenen beschloss. Es sollten nicht allein in Rom, sondern auch auf dem Amanus und am Rhein Triumphbogen ihm zu Ehren errichtet, seine Statue von Elfenbein sollte bei dem feierlichen Aufzuge vor den circensischen Spielen vorangetragen, sein Name dem saliarischen Liede eingefügt, sein Bild von Gold und grösser als alle übrigen in der palatinischen Bibliothek (s. o. S. 98) aufgehängt werden, u. dergl. m. Und auch Tiberius konnte nicht umhin, alle diese Beschlüsse zu bestätigen; nur den zuletzt genannten modificierte er dahin, dass ihm ein Bildniss von der gewöhnlichen Art gewidmet werden solle, weil, wie er sagte, auf dem Gebiet der Literatur Geburt und Stellung keinen Unterschied mache. Neben der Trauer aber war das Volk ganz von dem Gefühl der Rache erfüllt; denn wie in der nächsten Umgebung des Germanicus, so glaubte man auch in Rom allgemein, dass Germanicus als ein Opfer der Feindschaft des Piso und der Plancina und vielleicht auch des Tiberius und der Augusta gefallen sei.

Piso und Plancina wurden durch die Nachricht vom Tode des Germanicus erreicht, als sie auf ihrer Rückfahrt in der Gegend der Insel Coo angelangt waren. Sie waren unvorsichtig genug, ihre Freude darüber offen an den Tag zu legen, indem sie Feste feierten und den Göttern Dankopfer darbrachten. Hierauf hielt Piso mit seiner nächsten Umgebung eine Berathung, ob er seine Reise nach Rom fortsetzen oder nach Syrien zurückkehren sollte, um die ihm gebührende Provinz wieder in Besitz zu nehmen. Man entschied sich für das Letztere, und Piso entsandte sofort den Domitius Coler, um die Stadt Laodicea an der Küste von Syrien zu besetzen und damit einen ersten festen Platz in der Provinz zu gewinnen; er selbst setzte an die gegenüber liegende Küste des Festlands über, um den Weg zu Lande nach Syrien zu nehmen, und es gelang ihm, sein Gefolge durch einige römische Ersatzmannschaften, die auf dem Marsch nach Syrien waren, und durch Hülfsvölker von den cilicischen Königen, die er aufbot,

zu verstärken. Allein Cn. Sentius, dem der Oberbefehl in
Syrien von den Freunden des Germanicus übertragen worden
war, hatte nicht versäumt, die nöthigen Gegenanstalten zu
treffen. Domitius wurde in Laodicea abgewiesen, und gegen
Piso setzte sich Sentius selbst mit den Veteranen in Bewegung.
Diesen war Piso mit seinen zusammengerafften, undisciplinierten
Truppen bei Weitem nicht gewachsen. Er warf sich daher
in ein Castell in Cilicien; als aber seine Truppen in einem
Gefecht trotz ihrer vortheilhaften Stellung geschlagen wurden,
als seine Versuche, die Veteranen zum Abfall zu verlocken,
fehlschlugen und Sentius Anstalten machte, das Castell zu
erstürmen, sah er sich genöthigt, einen Vertrag einzugehen,
wonach er seine Truppen entlassen und sich verpflichten
musste, nach Rom zurückzukehren. Nun trat er also die
Rückreise an, aber absichtlich langsam und zögernd, sei es,
um sich dem Publicum gegenüber den Anschein von Sorglosigkeit und Sicherheit zu geben, sei es, um den erregten
Gemüthern in Rom Zeit zu lassen, sich zu beruhigen. Er
begab sich zunächst zu Drusus, der sich noch in Illyrien
befand, von dem er mit einer studierten Zurückhaltung
empfangen wurde, die um so mehr auffiel, weil sie seinem
eigentlichen Charakter völlig zuwider war. Dann schiffte er
von Illyrien nach Ancona, von wo er seinen Weg theilweise
in Begleitung einer Legion, auf die er zufällig stiess, nach
Rom fortsetzte. Seine ganze Reise wurde von der Ungunst
und dem Misstrauen des Volks begleitet; man legte ihm sein
Verweilen auf der Reise als Trotz und Hochmuth aus, man
gab ihm Schuld, dass er jene Legion zu verführen gesucht
habe, und endlich machte man es ihm zum schweren Vorwurf,
dass er in der Nähe des Mausoleums landete, wo bereits die
Asche des Germanicus beigesetzt worden war (er hatte den
letzten Theil seiner Reise zu Schiffe auf dem Tiber zurück-
gelegt), und dass er in seinem auf der Höhe über dem Forum
gelegenen Hause seine Rückkehr mit Freudenfesten feierte.

Mittlerweile war die eilende Agrippina schon längst in
Rom angelangt. Sie war bei ihrer Landung in Brundisium
von einer zahlreichen, aus ganz Italien zusammengeströmten
Menge mit den lebhaftesten Zeichen der Sympathie empfangen

worden; der Aschenkrug des Germanicus war von Brundisium nach Rom auf den Schultern von Militärtribunen und Centurionen getragen worden, und auf dem ganzen Weg hatten sich die Bewohner der nahen und entfernteren Städte beeifert, durch Anzünden von Scheiterhaufen und durch Opfer ihren Schmerz und ihre Verehrung gegen den Todten auszudrücken; in Rom selbst ward der feierliche Zug von Senat und Volk eingeholt und dann der Aschenkrug unter den allgemeinsten und aufrichtigsten Aeusserungen der Trauer nach dem Mausoleum geleitet; nur Tiberius und Augusta hatten nach dem Urtheil des Volks sich von dem allgemeinen Gefühl ausgeschlossen; Beide hatten sich in diesen Tagen gar nicht öffentlich gezeigt, und Tiberius hatte das Volk sogar in einem Edict wegen des Uebermaasses seiner Trauer getadelt und ihm befohlen, zu den gewöhnlichen Geschäften und Vergnügungen zurückzukehren. Durch dieses Alles war der Schmerz über den erlittenen Verlust, durch Letzteres auch der Verdacht gegen Tiberius und Augusta und folglich auch gegen Piso und Plancina neu erregt und verstärkt worden.

Sobald daher Piso in Rom eintraf, so drängte Alles darauf hin, dass er angeklagt und Germanicus an ihm gerächt würde. Und so erhob sich schon am folgenden Tage jener Fulcinius Trio, den wir als den Ankläger des Libo kennen gelernt haben (o. S. 177), ein Ankläger von Profession, im Senat und verlangte die Untersuchung gegen Piso, um bei derselben als Ankläger aufzutreten, sei es, dass er sich über den Stand der Sache täuschte und sich sonach durch die Anklage bei Tiberius in besondere Gunst setzen zu können glaubte, oder dass er nur die Freunde des Germanicus entfernt halten wollte. Allein diese liessen sich nicht zurückweisen, sie verlangten, dass die Anklage ihnen überlassen werde, da sie allein im Stande wären, Thatsachen anzuführen und zu beweisen, und setzten es auch durch, dass Fulcinius Trio wenigstens auf eine Nebenrolle beschränkt wurde. Der Senat hielt es zunächst für seine Pflicht, dem Kaiser die Führung der Untersuchung anzutragen, der sie jedoch ablehnte. Und so begannen nun die Verhandlungen im Senat. Zwei Tage wurden für die Anklage, drei für die Vertheidigung bestimmt.

Die Anklage, die von den Freunden des Germanicus mit Eifer und Beredtsamkeit geführt wurde, war insoweit von Evidenz und von Wirkung, als es sich um die Feindseligkeiten und Intriguen des Piso gegen Germanicus, um die Versuche, die Legionen zu verführen, und um den bewaffneten Angriff auf die Provinz handelte; für die Vergiftung dagegen erwies sich die Beweisführung als ungenügend. Die Giftmischerin Martina war auf ihrer Rückreise nach Rom plötzlich zu Brundisium gestorben, freilich an sich ein verdächtiger Umstand, der indess die Ankläger zugleich des etwa durch sie zu führenden Beweises beraubte. Während also Piso und seine Vertheidiger gegen die übrigen Anklagen nichts ausrichteten, so gelang es ihnen doch die Hauptanklage wegen der Vergiftung zu entkräften. Indess das Schicksal des Piso lag nicht sowohl in der Hand des Senats als vielmehr in der des Tiberius, und dieser beharrte dabei, die Rolle des strengen, unparteiischen Richters in der Angelegenheit zu spielen. Er hielt gleich beim Beginn der Verhandlung eine Rede, in welcher er aufs Angelegentlichste beflissen war, Aufmunterung und Gunst nach beiden Seiten hin gleich zu vertheilen,*) und während der Untersuchung zeigte er den bittenden Blicken Pisos nichts als die gleiche strenge und verschlossene Miene. Piso beantragte und verlangte nach der ersten Verhandlung, wie es scheint,**) noch einen Aufschub des Urtheils und eine Wiederholung der Anklage und Vertheidigung. Als aber die Anklage sodann mit gleicher Heftigkeit erneuert wurde, als Tiberius sich ebenso verschlossen zeigte wie früher, als die Ausbrüche des Hasses von Seiten des Volks sich fortwährend steigerten, welches vor dem Eingang der Curie tobend und schreiend seine Verurtheilung forderte, als endlich auch Plancina jetzt ihre Sache von der seinigen trennte und lediglich

---

*) Tac. III, 12: „meditato temperamento."

**) Zu den Gründen, welche Nipperdey zu Tac. III, 14 dafür anführt, dass eine comperendinatio stattgefunden habe und der Bericht darüber bei Tacitus in der Lücke a. a. O. ausgefallen sei, kommt noch Dio LVII, 18 hinzu, wo es heisst: ὁ δὲ Πίσων ἐς τὸ βουλευτήριον ἐπὶ τῷ ψόγῳ ὑπ' αὐτοῦ τοῦ Τιβερίου ἐςαχθεὶς ἀναβολήν τέ τινα ἐποιήσατο καὶ ἑαυτὸν κατεχρήσατο.

für sich in der persönlichen Gunst der Augusta Schutz suchte: da erkannte Piso sein Schicksal und gab sich selbst den Tod; worauf Plancina wegen der Bitten der Augusta freigesprochen, derjenige von seinen Söhnen, welcher ihn nach Syrien begleitet hatte, auf 10 Jahre aus Rom verwiesen, in Bezug auf ihn selbst aber noch beschlossen wurde, dass sein Name in den Fasten getilgt werden sollte; auch wurde ihm noch die weitere Schmach zugefügt, dass sein anderer Sohn, der den gleichen Vornamen wie der Vater führte, genöthigt wurde, diesen abzulegen und einen anderen anzunehmen.

Es ist uns nicht möglich, über Schuld oder Unschuld des Piso und der Plancina ein entschiedenes Urtheil zu fällen; wir müssen uns mit dem Urtheil des Tacitus begnügen, wonach bei aller Gehässigkeit Beider gegen Germanicus gleichwohl die Vergiftung völlig unerwiesen geblieben ist. Was den Tiberius anlangt, so ist bei ihm eine Mitschuld nicht nur in keiner Weise constatiert, sondern sie ist auch an sich im höchsten Grade unwahrscheinlich. Sollte er den hochmüthigen, ihm selbst wegen seiner Anmaassung verhassten Piso durch Ertheilung eines geheimen Auftrags zu seinem Vertrauten gemacht haben? Sollte er ihm ferner, wenn dies der Fall, nicht bei seinem Processe trotz aller Aufregung des Volks einige Schonung bewiesen haben? Musste er nicht fürchten, wenn er dies nicht that, dass Piso in der äussersten Gefahr alle Rücksicht bei Seite setzen und die Beweise für seine Mitschuld producieren würde? Die öffentliche Meinung freilich, welche den Tiberius jedenfalls schuldig finden wollte, wusste sich auch hierbei zu helfen. Man erzählte sich, Piso habe wirklich Briefe des Tiberius, welche jenen geheimen Auftrag enthielten, im Senate vorlesen wollen, sei aber von Sejan durch falsche Hoffnungen hingehalten worden, sei auch schliesslich nicht durch eigne Hand, sondern die eines von Sejan abgesandten Mörders gefallen, wer wollte aber nicht sogleich erkennen, dass dies nichts als die Ausgeburt des leidenschaftlichen Hasses war? Nur so viel bleibt auf Tiberius haften, dass er aus böswilliger Absicht dem Germanicus in Piso einen feindseligen Genossen und Mitarbeiter an die Seite setzte, und auch bei der Augusta wird man die Beschuldigung nicht weiter ausdehnen dürfen, als dass sie das Ihrige dazu beitrug, die Plancina und durch sie den Piso gegen Agrippina und Germanicus aufzureizen.

Mochte nun aber der Tod des Germanicus ein Werk menschlicher Bosheit oder eine natürliche Fügung des Schicksals sein, jedenfalls bezeichnet er eine entscheidende Wendung in der Regierung des Tiberius. Mit Germanicus wurde dem römischen Staate eine anregende, belebende, den Tiberius selbst zum Heil des Ganzen treibende oder hemmende Kraft entzogen; was aber noch wichtiger, wenn Tiberius auch nicht der Mörder war, so galt er doch dafür, und dies reichte hin, da es ihm selbst nicht unbekannt bleiben konnte, um die Kluft zwischen ihm und dem Volke immer mehr zu erweitern und ihn immer misstrauischer, verschlossener und zögernder zu machen. Daher tritt hinsichtlich seiner Thätigkeit nach aussen ein fast völliger Stillstand ein, und auch im Innern sind es weit überwiegend Anklagen und Verurtheilungen, düstere Vorgänge im Innern der kaiserlichen Familie neben einzelnen, durch einen augenblicklichen Anlass hervorgerufenen und nur dem Augenblick dienenden Anordnungen und Maassregeln, was wir von der Regierung des Tiberius noch zu berichten haben.

Die äussere Geschichte lässt sich demnach für die noch übrige Zeit des Tiberius in einem kurzen Ueberblick zusammenfassen; sie besteht fast nur in einigen kleinen, auf einen engen Raum beschränkten, an sich unerheblichen Kriegen, deren Andenken uns kaum erhalten sein würde, wäre nicht die Zeit an äusseren Ereignissen so arm gewesen.

So füllt z. B. der Krieg mit einem Numidierhäuptling Tacfarinas wiederholt mehrere Blätter des Geschichtswerks des Tacitus. Dieser Tacfarinas hatte schon im J. 17 an der Spitze der Musulamier, eines numidischen Stammes, und zahlreicher Zuzügler, die ihm aus den benachbarten Gegenden zuströmten, einen Freibeuterzug in die Provinz Africa gemacht; er war damals von dem Statthalter der Provinz Furius Camillus geschlagen worden. Er wiederholte den Zug im J. 20 und in den folgenden Jahren, wurde auch jetzt immer wieder geschlagen, ohne jedoch vernichtet zu werden, und wagte es im J. 22 sogar Gesandte an den Kaiser zu schicken, um mit ihm Unterhandlungen über einen abzuschliessenden Frieden anzuknüpfen. Endlich im J. 24 wurde dem Kriege dadurch ein Ende gemacht, dass Tacfarinas bei einem Ueberfall durch den Statthalter P. Dolabella nicht nur geschlagen, sondern auch getödtet wurde, nachdem in dem ganzen Kriege die Unschlüssigkeit und Langsamkeit der Regierungsthätigkeit aufs Deutlichste an den Tag gekommen war.

Die übrigen Kriege sind lediglich gegen Aufstandsversuche meist kleiner barbarischer Völker gerichtet, deren trotziger Freiheitssinn noch einmal gegen die scharfe Zucht oder den willkürlichen Druck der römischen Herrschaft auflodert. Zwei solche Kriege wurden gegen thracische in dem Hämus und Rhodopegebirge wohnende Völker geführt. Ein Theil dieser Völker gehörte zu dem Königreiche Thracien, wo jetzt die Regierung in der einen Hälfte von einem Römer als Vormund von zwei unmündigen Knaben geführt wurde. Der Druck dieser ungewohnten römischen Herrschaft reizte im J. 21 die ihr unterworfenen Bergvölker zu einem Aufstande, der indess rasch in dem Blute der Empörer erstickt wurde. Der andere Theil jener Völker gehörte zu der Provinz Macedonien, und hier wurde der Aufstand im J. 26 dadurch erregt, dass der Statthalter der Provinz unter ihnen eine Aushebung vornehmen und die Mannschaften, wie es hiess, auf irgend einen entfernten Kriegsschauplatz führen wollte. Hier war der Widerstand hartnäckiger und schwerer zu bewältigen, weil die Empörer sich in die unzugänglichsten Theile ihres Landes zurückgezogen hatten. Indess der römische Statthalter Poppäus Sabinus drang in die Gebirge ein, schloss die Hauptmasse der Aufständischen auf einer Höhe ein, auf der sie sich versammelt hatten, und brachte sie endlich durch Hunger und Durst dahin, dass sie sich zu einem Theile ergaben, während der andere Theil bei einem verzweifelten Versuch, sich durchzuschlagen, bis auf einige Wenige den Tod fand. Aehnliche Aufstände fanden im J. 28 noch bei den Friesen und im J. 36 bei den Cliten, einer cilicischen Völkerschaft, statt. Jene rebellierten, weil ein Unterbeamter den ihnen auferlegten, in der Lieferung von Rindshäuten bestehenden Tribut mit

Härte und Willkür eintrieb. Sie wurden zwar, nachdem sie den
Römern mehrere nicht unbedeutende Verluste beigebracht,
geschlagen und in ihre Sümpfe getrieben, dann aber nicht weiter
verfolgt. Die Cliten machten den Aufstand aus einem ähnlichen
Grunde wie jene thracischen Völkerschaften und wurden auch,
nachdem sie sich in das Taurusgebirge zurückgezogen, in einer
ähnlichen Weise wie jene wieder zur Unterwerfung gebracht.

Von grösserer Bedeutung war ein Aufstand, der im J. 21
in Gallien ausbrach. Die Urheber desselben waren zwei einflussreiche Männer, Florus und Sacrovir, von denen jener die
belgischen, dieser die südlicher wohnenden Völker zur Empörung aufzureizen übernommen hatte, und es war in der That
Gefahr vorhanden, dass ganz Gallien sich zum Krieg gegen
Rom vereinigte. Zum Glück für Rom brachen einige Völker
an der Loire und die Trevirer vorzeitig und vereinzelt los;
diese wurden mit Leichtigkeit überwunden, wobei auch Florus
den Tod fand. Sacrovir gab aber gleichwohl den Plan nicht
auf. Er bemächtigte sich der Stadt Augustodunum (Autun)
im Gebiet der Aeduer und brachte ein Heer von 40,000
Mann zusammen, dessen Stärke hauptsächlich in den ganz in
Eisen gekleideten Gladiatoren bestand, welche Cruppellarier
genannt wurden. Allein dieser ungeordnete, z. Th. unvollkommen bewaffnete Haufe wurde mit Leichtigkeit von den
zwei Legionen zerstreut, die endlich unter Führung des
C. Silius, des Statthalters vom oberen Deutschland, heranrückten, die unbeweglichen und unverwundbaren Cruppellarier
wurden mit Aexten und Beilen todtgeschlagen, Sacrovir gab
sich selbst auf der Flucht den Tod. In Rom hatten sich die
ängstlichsten Gerüchte verbreitet; es hiess, 64 gallische Völkerschaften ständen unter den Waffen, deutsche Völker hätten
sich mit ihnen vereinigt, und auch Spanien wanke in seiner
Treue, die öffentliche Meinung verlangte, dass Tiberius auf
den Schauplatz des Krieges eile und der drohenden Gefahr
begegne. Allein Tiberius blieb unbeweglich und schweigsam,
bis er mit dem Hergang der Dinge dem Senate zugleich das
Ende derselben melden konnte.

Noch ist aus den letzten Jahren des Tiberius (35—37)
eines äusseren Vorgangs an der fernsten Grenze des römischen

Reichs zu gedenken. Der Partherkönig Artabanus (o. S. 180) durch den unkriegerischen und unthätigen Geist der römischen Regierung übermüthig gemacht, hatte sich nach dem Tode des Königs Artaxias (o. S. 182) Armeniens bemächtigt und daselbst seinen Sohn Arsaces als König eingesetzt und sich auch sonst den Römern gegenüber stolz und anmaassend bewiesen. Tiberius hatte dies ertragen, um einen Krieg zu vermeiden, bis sich eine dem Artabanus feindlich gesinnte Partei der parthischen Grossen durch heimliche Gesandte an ihn wandte und ihn bat, ihnen den letzten noch übrigen der vier nach Rom gesandten Söhne des Phraates, der denselben Namen wie sein Vater trug, als König zu schicken. Dies bot dem Tiberius eine erwünschte Gelegenheit, den Artabanus mit den Künsten der Politik und der Intrigue zu bekämpfen. Er entsandte also den Phraates, und als dieser in Syrien gestorben war, einen anderen Verwandten des parthischen Königshauses, Tiridates, um sich mit Hülfe der dortigen zum Aufstande bereiten Partei des Reiches zu bemächtigen. Zugleich veranlasste er einen Bruder des Königs von Iberien, den Mithridates, in Armenien einzubrechen. Es gelang dem Mithridates, die Parther zu schlagen und sich Armeniens zu bemächtigen, und auch Tiridates drang in Parthien ein, von L. Vitellius unterstützt, dem Tiberius die Leitung der Angelegenheiten des Orients übertragen hatte, der indess die römischen Streitkräfte nur an der Grenze des parthischen Reiches zeigte, ohne sie im Interesse des Tiridates thätig zu verwenden. Alles fiel dem Tiridates zu, und Artabanus sah sich genöthigt, sich durch die Flucht zu den Scythen zu retten. Allein Tiridates handelte nicht mit der nöthigen Raschheit und Energie, und das Emporkommen der einen Partei erregte den Neid und die Eifersucht einer andern Partei. Diese holte den Artabanus aus dem Scythenlande zurück, der nun sein Reich wieder eben so schnell gewann als er es verloren hatte. So waren die Angelegenheiten des Orients zwar nicht fest geordnet, aber doch zunächst wieder zur Ruhe gebracht.

Dies sind die einzigen äusseren Ereignisse aus der Regierung des Tiberius, von denen die Geschichte noch zu berichten weiss. Die innere Geschichte bietet uns zwar einen viel reicheren Stoff. Allein die dahin einschlagenden Vorgänge, welche in den Annalen unseres Hauptgewährsmanns Tacitus vier Bücher füllten (von denen uns zwei ganz, von dem dritten ein kleiner, von dem vierten der grössere Theil erhalten ist), sind für uns nur von beschränktem Interesse. Sie bestehen zum grossen Theil in Anklagen und Processverhandlungen, und wenn diese für uns wegen der rhetorischen Kunst, mit der sie von Tacitus dargestellt sind, und wegen der Theilnahme, die wir für die Person des Darstellers hegen, einen grossen Reiz haben und den nächsten Lesern gegenüber doppelt berechtigt waren, weil diesen die Personen, um die es sich handelt, näher standen, und weil für sie die genaue Kenntniss dieser Vorgänge auch einen practischen Nutzen zur Beurtheilung ihrer eigenen Zeit haben mochte*): so wird doch ein neuerer Geschichtsschreiber sich darauf beschränken müssen, die wichtigsten derselben hervorzuheben und von den übrigen eine kurze Uebersicht zu geben.

Die nächsten Jahre nach dem Tode des Germanicus zeigen uns in dem Verhalten des Tiberius noch keine wesentliche Veränderung. Wir hören, dass im J. 20 eine der vornehmsten Frauen, Aemilia Lepida, des Ehebruchs, der Giftmischerei und des Majestätsverbrechens angeklagt und zum Exil verurtheilt wird, dass im J. 21 ein gewesener Statthalter von Creta der Erpressung, aber auch zugleich des Majestätsverbrechens angeklagt und verurtheilt, und ein anderer minder bedeutender Mann erst wegen Ehebruchs freigesprochen, dann aber wegen Majestätsverbrechens nochmals vor Gericht gefordert und nun verbannt wird, dass in demselben Jahre ein Dichter, Lutorius Priscus, der voreiliger Weise während einer Krankheit des Drusus ein Gedicht auf dessen Tod gemacht und die Thorheit begangen hatte, es in einer Gesellschaft vorzulesen, deshalb angeklagt, zum Tode verurtheilt und wirklich hingerichtet wird, dass endlich im J. 22 wiederum ein gewesener

---

*) Tac. Ann. IV, 33: converso rerum statu neque alia re Romana quam si unus imperitet, haec conquiri tradique in rem fuerit; quia pauci prudentia honesta ab deterioribus, utilia ab noxiis discernunt, plures aliorum eventis docentur.

Statthalter, C. Silanus, wegen Erpressung in der Provinz Asien und wegen Majestätsverbrechens angeklagt und verurtheilt wird, während in demselben Jahre das gleiche Schicksal einen Andern lediglich wegen Erpressung trifft. Es sind, wie man sieht, nicht allzu viele Fälle, die uns berichtet werden, allein überall, den letzten Fall ausgenommen, ist es das Majestätsverbrechen entweder allein oder doch hauptsächlich, was die Verurtheilung herbeiführt, *) und wenn nicht Tiberius, sondern der Senat die Untersuchung führt und das Urtheil spricht, so ändert dies nichts in der Sache, da der Senat immer auf directen oder indirecten Antrieb des Tiberius und unter dessen Verantwortung handelt, was freilich den letztern nicht abhielt, gegen die sclavische Gesinnung des Senats die tiefste Verachtung zu hegen und sie aufs Nachdrücklichste auszusprechen. **)

Nun fehlt es aber in dieser Zeit auch keineswegs an Vorgängen, die uns den Tiberius in einem günstigeren Lichte zeigen. Es kommt ein Fall vor, wo zwei Angeber nicht nur ihren Zweck verfehlen, sondern auch bestraft werden, was freilich in Abwesenheit des Tiberius geschah und wenigstens vom Publicum nicht ihm, sondern seinem Sohne Drusus, der in diesem Jahre (21) Consul war, zum Verdienste angerechnet wurde; in dem erwähnten Falle mit Lutorius Priscus sprach Tiberius, der auch damals noch von Rom abwesend war, in einem Briefe sogar einen leisen Tadel gegen die Voreiligkeit des Senats aus, welcher darauf den Beschluss fasste, dass die Todesurtheile immer erst nach Ablauf von zehn Tagen vollzogen werden sollten, um dem Tiberius eine, freilich nie von ihm benutzte Frist zur Begnadigung zu gewähren, und im J. 22 wird eine Anklage gegen den Ritter L. Ennius durch Tiberius zurückgewiesen, der von Fontejus Capito denunciert worden war, weil er eine silberne Statue des Tibe-

---

*) Tac. Ann. III, 38: addito majestatis crimine, quod tum omnium accusationum complementum erat.
**) Ebendas. III, 65: Memoriae proditur Tiberium, quotiens curia egrederetur, graecis verbis in hunc modum eloqui solitum: O homines ad servitutem paratos!

rius habe einschmelzen und das Silber in Geräthe zu gewöhnlichem Gebrauch habe umarbeiten lassen.

Ferner wird aus dem J. 19 berichtet, dass er bei einer grossen Theurung der Noth des Volkes durch seine Freigebigkeit abgeholfen und auch bei dieser Gelegenheit wieder den ihm von Neuem angebotenen Ehrennamen Vater des Vaterlandes abgelehnt habe. Als sich im J. 20 ergab, dass das Papisch-Poppäische Gesetz nicht sowohl dazu diente, seinem Zwecke gemäss die Ehen zu befördern, als vielmehr nur als Handhabe zu Denunciationen und Anklagen benutzt wurde, so traf er eine heilsame Bestimmung, durch welche die allgemeine Sorge und Bedrängniss wenigstens für einige Zeit beseitigt wurde. Im J. 22 wurde das Asylrecht einer grossen Anzahl asiatischer Städte, welches zu vielfachen Missbräuchen führte, in einer zweckmässigen Weise beschränkt, und als in demselben Jahre im Senat der Antrag gestellt wurde, dass gegen den herrschenden Luxus mit strengeren Maassregeln vorgeschritten werden sollte, so trat er dem in einem Briefe von unverkennbarer hoher Weisheit entgegen, worin er namentlich auseinandersetzte, dass neue Verbote nichts nützen, sondern nur Uebertretungen herbeiführen und damit durch die Abschwächung des sittlichen Gefühls schaden würden, *) dass Luxus und Schwelgerei ein Uebel sei, gegen das ein jeder in sich ankämpfen müsse. Er verhinderte dadurch, dass dem Antrag Folge gegeben wurde, und dies wurde um so dankbarer anerkannt, als nach der allgemeinen Meinung neue Gesetze voraussichtlich nur zu tendenziösen gerichtlichen Verfolgungen geführt haben würden.

In dieser Weise verlief die Zeit bis zum J. 23, und Tacitus unterlässt nicht, dem Tiberius die ausdrükliche Anerkennung zu zollen, dass der Staat bis dahin wohlgeordnet und die Gestze, mit Ausnahme des Majestätsgesetzes, in guter Uebung gewesen, dass er für die Verwaltung wie für die Handhabung des Rechts eifrig gesorgt, dass er die Aemter mit

---

*) Tac. A. III, 54: Nam si velis quod nondum vetitum est, timeas ne vetere, at si prohibita impune transcenderis, neque metus ultra neque pudor est.

der gebührenden Rüksicht auf die Ansprüche der Geburt (denn auch diese Ansprüche gelten dem Geschichtsschreiber für berechtigt) und des Verdienstes besetzt, die Provinzen so viel als möglich vor Bedrückungen geschützt, der Noth des Volks in theuren Zeiten mit Freigebigkeit abgeholfen und auch in seinem Privatleben Habsucht, Anmaassung und Willkür vermieden und seine Sclaven und Freigelassenen in Zucht und innerhalb der gebührenden Schranken gehalten habe: Alles dies freilich, wie unser Geschichtsschreiber hinzufügt, in einer rauhen, abstossenden, Hass und Furcht verbreitenden Weise. *)

Bis eben dahin bot aber ferner auch sein Haus den Anblick von Glück und Wohlergehen. Sein Sohn Drusus, jetzt ungefähr 30 Jahre alt, war von ihm im J. 22 zum Mitinhaber der tribunicischen Gewalt erhoben und damit als sein Nachfolger bezeichnet worden; derselbe war in glücklicher Ehe mit Livia, der Schwester des Germanicus, verheirathet, welche ihm eine Tochter Julia und zwei Zwillingssöhne geboren hatte. Ausserdem lebte von männlichen Mitgliedern der kaiserlichen Familie noch Claudius, der Bruder des Germanicus, und 3 Söhne des Germanicus, durch Adoption die Enkel des Tiberius, Nero, Drusus und Gajus Caligula, von denen der erstere bereits im J. 20 die männliche Toga empfangen hatte, während Drusus diese Stufe in dem J. 23 erreichte und Gajus Caligula jetzt etwa 11 Jahre alt war.

Diese im Ganzen glückliche Lage des Staates wie des Tiberius selbst erlitt im J. 23 dadurch eine wesentliche

---

*) Die Stellen, welche diese Anerkennung des Tiberius enthalten (Ann. IV, 1. 6), scheinen mir nicht immer von denjenigen hinlänglich beachtet zu sein, welche den Character des Tiberius nur in günstigem Lichte sehen und meinen, die Darstellung des Tacitus von demselben sei desswegen so düster ausgefallen, weil Tacitus die Verwaltung des Reichs und die Verdienste, die sich Tiberius um diese erworben, ganz aus den Augen gesetzt habe. Man sieht, dass dies keineswegs der Fall ist, und dass Tacitus sonach den Charakter des Tiberius trotz dieser Verdienste so aufgefasst hat, wie wir es bei ihm finden. Das Einzige, was sonach in dieser Hinsicht von ihm gesagt werden kann, wird sein, dass er die Verwaltung des Reichs nicht genug hervorgehoben und ihr bei seinem Urtheil über Tiberius nicht genug Geltung eingeräumt habe.

Umwandlung, dass die Geschicke Roms und des römischen
Reichs von nun an fast gänzlich in die Hände eines Mannes,
des Aelius Sejanus, geriethen, der, obwohl schon bisher
nicht ohne Einfluss auf Tiberius, doch jetzt· erst zu einer
herrschenden Stellung gelangte. Er stammte aus dem Ritterstande und hatte sich dadurch, dass er sich erst an C. Caesar,
dann an Tiberius anschloss, allmählich aus verhältnissmässig
niedrigem Stande immer mehr emporgearbeitet. Er war beim
Regierungsantritt des Tiberius mit seinem Vater zusammen
Befehlshaber der Prätorianer und benutzte die Stellung in der
Nähe des Kaisers, die ihm dieses Amt verlieh, um sich durch
eifrige rücksichtslose Dienstleistungen und durch schmeichelnde
Einflüsterungen, insbesondere gegen Germanicus und seine
Familie, immer mehr in seiner Gunst festzusetzen und sich
ihm immer unentbehrlicher zu machen. Er machte auf
dieser Bahn so rasche Fortschritte, dass ihm schon im J. 20
die Aussicht auf Verschwägerung mit dem kaiserlichen Hause
durch Verheirathung seiner Tochter mit dem Sohne des Claudius eröffnet und im J. 22 auf Veranlassung eines besonderen
ausgezeichneten Lobes, das ihm Tiberius in einem Briefe an
den Senat zollte, seine Statue im Theater des Pompejus
aufgestellt wurde. Den eigentlichen Grund aber zu seiner
herrschenden Stellung legte er im J. 23 dadurch, dass er die
Prätorianer, die bisher theils in Rom theils in der Umgegend
zerstreut gewesen waren (o. S. 48), in einem festen Lager
vereinigte, das im Nordosten der Stadt zwischen dem Collini-
schen und Viminalischen Thore angelegt wurde. Hierdurch
wurden die Prätorianer zuerst zu der bedeutenden Macht, als
die wir sie von nun an kennen lernen werden, da sie erst
durch die Vereinigung sich ihrer vollen Stärke bewusst
wurden, *) und diese Macht lag zunächst ganz in der Hand
des Sejan, der jetzt nach Entfernung seines Vaters ihr einziger
Befehlshaber war, um so mehr als Tiberius ihm die Ernennung der Tribune und Centurionen völlig überliess. Daneben

---

*) Tacitus bezeichnet den Zweck dieser Maassregel mit folgenden
Worten (IV, 2): ut simul imperia acciperent numeroque et robore et
visu inter se fiducia ipsis, ceteris metus oreretur.

stieg seine Gunst bei Tiberius immer höher, der weit entfernt, sein sonstiges Misstrauen auch auf ihn zu übertragen, sich vielmehr in den Beweisen seines Vertrauens und in den Ehren und Auszeichnungen, die er auf ihn häufte, nicht genug thun konnte.

Es ist die naheliegende Frage aufgeworfen worden, was dem Sejan diesen bedeutenden Einfluss auf den argwöhnischen und scharfsinnigen Tiberius verschafft habe, und unser Geschichtsschreiber Tacitus ist so wenig im Stande, diese Frage auf natürlichem Wege zu lösen, dass er seine Zuflucht zu einem besonderen Zorne der Götter gegen Rom nimmt, dem der Untergang wie die Macht des Günstlings gleich sehr zum Verderben gereicht habe. Sejan war einer von den gewaltigen und gefährlichen Menschen, die von der Natur mit ausserordentlichen Gaben ausgestattet, ohne jede Rücksicht auf irgend eine sittliche Schranke mit Anspannung aller ihrer Kräfte lediglich auf Befriedigung ihres Ehrgeizes und und ihrer Herrschsucht hinarbeiten. Unermüdlich thätig, mit jener geheimnissvollen Macht über die Gemüther der Menschen begabt, die Alles in ihre Bahnen zieht und mit sich fortreisst, das Kühnste wagend und auf dem Wege längs dem schmalen Abgrunde des Verderbens, ohne zurück oder zur Seite zu blicken, unablässig auf das vorgesteckte Ziel vordringend, kein Mittel der List und Schmeichelei oder der Gewalt verschmähend: so hatte er sich in die Gunst des Tiberius eingeschmeichelt, indem er seine geheimen, düsteren Gedanken errieth und nährte, so hatte er sich zum Werkzeug für die Verwirklichung dieser Gedanken gemacht, so umspann er ihn jetzt mit einem Netz dunkler, zu schweren Verbrechen führender Fäden, um endlich die Spitze seiner Pläne und Intriguen gegen ihn selbst zu kehren, dabei aber, durch die überlegene Schlauheit des Meisters überwunden, einen Fall zu thun, so jäh und furchtbar, wie er sich nur in wenigen Beispielen der Geschichte an übermächtigen und übermüthigen Günstlingen von Fürsten wiederholt hat. Wenn nun Tiberius das Emporsteigen des Sejan eine ziemliche Reihe von Jahren hindurch nicht nur geduldet, sondern auch auf das Angelegentlichste unterstützt und gefördert hat, so ist die Erklärung

hiervon zum Theil darin zu suchen, dass Sejan nicht zu der
hohen Aristokratie gehörte, deren Feindseligkeit Tiberius
hauptsächlich fürchtete, dass er vielmehr von verhältnissmässig
niedriger Geburt und desswegen, wie Tiberius meinte, ausser
Stande war, ihm gefährlich zu werden. Es ist in dieser Hinsicht bemerkenswerth, dass Sejan, während er alle Macht besass
und mit den übertriebensten ausserordentlichen Ehren überhäuft wurde, doch von den hohen obrigkeitlichen Aemtern,
die als das Privilegium der vornehmen Aristokratie angesehen
wurden, ausgeschlossen blieb, bis ihm endlich Tiberius im
J. 31, als sein Sturz bereits beschlossen war, das Consulat
verlieh. Der Hauptgrund aber liegt in dem beiderseitigen
Charakter und in den beiderseitigen Neigungen und Fähigkeiten. Tiberius war argwöhnischer, zögernder, ängstlicher
Natur: was konnte ihm also willkommener sein, als in dem
kühnen, raschen, rücksichtslosen, bei allem seinen Thun glücklichen und dabei ihm selbst, wie er meinte, völlig ergebenen,
schweigsamen Sejan ein Werkzeug zu finden, das die Gefahr
der Ausführung dessen, was er wünschte, und zugleich, wie
er sich wenigstens einbildete, auch die Verantwortung und
die Gehässigkeit davon übernahm?

Nachdem nun aber Sejan auf die angegebene Art seine
Macht fest begründet hatte, so wandten sich seine Blicke von
selbst auf diejenigen, die in der nächsten Umgebung des Kaisers seinen ehrgeizigen Plänen am meisten im Wege standen,
und unter diesen zuerst auf den Sohn und erklärten Nachfolger des Tiberius, auf Drusus. Dieser, dessen Blick durch
die Eifersucht gegen den Günstling verschärft wurde, sah
selbstverständlich den Sejan mit andern Augen an als sein
Vater, und bei seinem leidenschaftlichen Temperament enthielt
er sich auch nicht, seinem Unmuth Worte zu geben. Es
kam zu heftigen Wortwechseln zwischen Beiden, wobei Drusus dem Sejan sogar einmal mit erhobener Hand gedroht und
als dieser die drohende Bewegung erwiederte, ihn ins Gesicht
geschlagen haben soll. Um so mehr glaubte nun Sejan, ausser
durch seine Herrschsucht jetzt auch durch Rachsucht und durch
persönlichen Hass aufgestachelt, Hand ans Werk legen zu
müssen. Er setzte also seine Verführungskünste gegen Livia,

die Gemahlin des Drusus, in Bewegung, spiegelte ihr vor,
dass er sie heirathen und die Herrschaft mit ihr theilen werde,
verstiess, um ihr desto mehr Vertrauen einzuflössen, seine
Gemahlin Apicata, und als Livia gewonnen war, wurde Drusus unter Beihülfe eines Arztes und eines bestochenen vertrauten Dieners des ausersehenen Opfers durch langsam
wirkendes Gift getödtet; was Alles 8 Jahre später nach dem
Sturze des Sejan durch die verstossene Apicata angezeigt und
durch eine angestellte Untersuchung bestätigt wurde.

Es ist nicht zu denken, dass nicht Tiberius den Tod
seines einzigen Sohnes schmerzlich empfunden haben sollte.
Sein verschlossenes Wesen liess es aber nicht zu, dass er
seinen Schmerz geäussert und dadurch mit irgendwem getheilt
hätte. Er kam daher nicht nur während der Krankheit,
sondern auch unmittelbar nach dem Tode des Drusus, wie
gewöhnlich, in den Senat, und als er das erste Mal nach
dem Tode, noch ehe die Leiche begraben war, in demselben
erschien, hielt er, um die ihm mit allen Zeichen der Trauer
entgegen kommenden Senatoren aufzurichten, eine längere
Rede, in welcher er ausführte, dass er den Trost über den
erlittenen Verlust in der Sorge für den Staat suche und finde,
und den Senat aufforderte, statt des Verstorbenen die Fürsorge für die Kinder des Germanicus, von denen er die beiden
ältesten, Nero und Drusus, herbeiholen liess, zu übernehmen.
Er würde, setzt Tacitus hinzu, bei seinen Zuhörern Glauben
und Theilnahme und Bewunderung gefunden haben, wenn er
nicht auch bei dieser Gelegenheit das alte Gaukelspiel wiederholt hätte, indem er erklärte, er werde die Herrschaft niederlegen, es möchten sie die Consuln oder irgend ein Anderer
übernehmen. Für sein Verhalten bei dieser Gelegenheit ist
auch noch eine Anekdote charakteristisch, die uns von Sueton
überliefert wird. Als die Bewohner von Troja ihm ihre Theilnahme an dem erlittenen Verlust etwas verspätet bezeugten,
so drückte er ihnen zur Erwiederung seine Condolenz darüber
aus, dass sie in Hector einen so ausgezeichneten Mitbürger
verloren hätten.

Die Stimmung des Volks drückte sich in einem Gerücht
aus, das damals entstand und sich lange erhielt. Man erzählte

sich, der Vater selbst habe dem Sohne den Giftbecher gereicht. Sejan habe nämlich den Tiberius vor dem ersten Becher gewarnt, der ihm demnächst am Tische des Drusus dargeboten werden würde. Tiberius habe demnach den verdächtigen und durch Sejan wirklich vergifteten Becher seinem Sohn übergeben und dieser habe ihn ausgetrunken. Wenn das Gerücht auch unglaublich ist und als solches auch von Tacitus, der es uns überliefert hat, bezeichnet wird, so zeigt es doch deutlich, welcher Art die Gefühle waren, die das Volk gegen Tiberius und sein Haus hegte. Obgleich Drusus selbst nicht verhasst war, so freute man sich doch, dass die Hoffnung der Nachfolge auf dem Thron von dem Hause des Tiberius auf das des vielgeliebten Germanicus übergegangen war.

Je mehr der Tod des Drusus ohne lebhafte Theilnahme und fast unbemerkt vorüberging, um so mehr fühlte sich Sejan ermuthigt und angetrieben, weiter gegen die Söhne des Germanicus, als die nächsten zur Nachfolge auf dem Throne berechtigten, und gegen ihre stolze Mutter Agrippina vorzuschreiten. Durch Gift war hier bei der Unverführbarkeit und Wachsamkeit der Mutter nichts auszurichten. Er schlug also einen auf den verwundbaren Fleck der Agrippina wohlberechneten Weg ein, indem er den Tiberius gegen die angebliche Herrschsucht zuerst der Mutter, dann auch der Söhne aufreizte und die Agrippina wie ihre Söhne durch seine Werkzeuge, die er sich in ihrer Nähe verschaffte, zu unvorsichtigen, der Missdeutung ausgesetzten Aeusserungen verlockte, die er dann dem Tiberius zu hinterbringen wusste.

Eine besonders günstige Gelegenheit zu solchen Verdächtigungen bot sich ihm zu Anfang des J. 24 dar, als zu dieser Zeit die Priester, jedenfalls in der Meinung, sich dadurch dem Tiberius gefällig zu erweisen, neben dem Kaiser auch Nero und Drusus in die üblichen Gebete aufnahmen. Tiberius war in seiner Eifersucht und Missgunst darüber so aufgebracht, dass er den Priestern darüber Vorwürfe machte, indem er sie fragte, ob sie dies in Folge von Bitten oder Drohungen der Agrippina gethan hätten, und sogar im Senat die Sache zur Sprache brachte, um davor zu warnen, dass man nicht durch übertriebene und vorzeitige Ehren in den erregbaren Gemüthern der Jünglinge verderbliche Hoffnungen erwecken möchte. Sejan aber benutzte diese Stimmung des Tiberius sofort, um ihm vorzuspiegeln, dass es eine grosse Partei der Agrippina im Staate gebe, und in seine argwöhnische Seele die Besorgniss vor einem drohenden Attentat auf seine Herrschaft zu senken.

Indess der von Sejan eingeschlagene Weg war, wenn auch sicher, doch weit aussehend,*) und so verging, ehe er zu seinem letzten Ziele führte, eine längere Zeit, die zunächst von Vorgängen der gewöhnlichen Art ausgefüllt ist.

Im J. 24 wurde C. Silius angeklagt, der Statthalter des oberen Germaniens der ehemalige Legat des Germanicus, der sich im J. 21 durch die Niederwerfung des Aufstands in Gallien ein besonderes Verdienst erworben hatte (o. S. 194). Der Gegenstand der Anklage war, dass er den Aufstand in Gallien durch seine Zögerung absichtlich habe gross und gefährlich werden lassen, um sich mit seiner Beendigung desto mehr brüsten zu können, und dass er seinen Sieg durch Erpressung und Habsucht befleckt habe.**) Der eigentliche Grund aber war die Anhänglichkeit, die er auch nach dem Tode des Germanicus seiner Familie bewahrt hatte; denn Sejan hatte dem Tiberius vorgestellt, dass ein Exempel statuiert werden müsse, um die Anhänger der Agrippina einzuschüchtern. Eben desshalb wurde auch die Gemahlin des Silius, Sosia, mit in die Anklage verflochten, die der Agrippina besonders nahe stand. Das Ergebniss war, dass Silius, um der Verurtheilung zu entgehen, sich selbst den Tod gab und Sosia verbannt wurde. Das Vermögen der Verurtheilten wurde von Tiberius und zwar zu seinem eignen Vortheil eingezogen,

---

*) Tac. IV, 3: quia vi tot simul corripere intutum, dolus intervalla scelerum poscebat.

**) Wenn Tacitus (IV, 19) auch hierbei bemerkt: Cuncta quaestione majestatis exercita, so sind wir nicht berechtigt anzunehmen, dass gegen Silius und seine Gemahlin ausser den angeführten noch besondere Anklagen wegen unehrerbietiger Reden oder ähnlicher Dinge, die in unserer Zeit das Object der Majestätsprocesse zu bilden pflegten, erhoben worden seien. Es scheint vielmehr in diesem Falle in der alten Weise die angebliche Versäumniss bei dem Aufstand in Gallien als Majestätsverbrechen angesehen und behandelt zu sein, was allerdings hinsichtlich der Strafe, die hierdurch verschärft wurde, von Erheblichkeit war.

das erste Beispiel, wie ausdrücklich bemerkt wird, wo Tiberius seine bisherige Liberalität nnd Enthaltsamkeit von fremdem Gut verleugnete.

In demselben Jahre wurde L. Piso angeklagt, der Bruder jenes Cn. Piso, der in der Lebensgeschichte des Germanicns eine so dunkle Stelle einnimmt, nnd diesem an Stolz und Hochmuth nicht unähnlich. Er hatte im J. 16 die Absicht ausgesprochen, sich von Rom ganz zurückzuziehen, um der Unerträglichkeit der öffentlichen Zustände zu entgehen, und war damals nur mit Mühe durch den Einfluss des Tiberius von der Ausführung dieses Vorhabens zurükgebracht worden; darauf hatte er eine Freundin der Augusta, Urgulania, angeklagt und die Verhängung einer Geldstrafe gegen sie durchgesetzt. Durch Beides wurde Tiberius aufs Empfindlichste verletzt, er hielt es aber damals nicht an der Zeit, seinem Zorne freien Lauf zu lassen. Jetzt nach 8 Jahren schien ihm die Zeit dazu gekommen zu sein. Piso wurde wegen unehrerbietiger Aeusserungen angeklagt und würde verurtheilt worden sein, wenn ihn nicht ein rechtzeitiger Tod der weiteren Verfolgung der Anklage entzogen hätte.

Ein dritter Fall dieses Jahres erregte das allgemeine Aufsehen nicht sowohl durch den Gegenstand der Anklage, als dadurch, dass ein Sohn als Ankläger gegen den eigenen Vater aufstand. Der Vater, Vibius Serenus, selbst Ankläger von Profession, war, nachdem er Spanien als Statthalter verwaltet, im J. 23 wegen Gewaltthätigkeit und Erpressung auf die Insel Amorgus deportiert worden. Jetzt wurde gegen ihn von seinem gleichnamigen Sohne die Anklage erhoben, dass er den Aufstand in Gallien erregt habe. Er wurde von Amorgus zurückgeholt und im Senat gefesselt seinem Sohne gegenüber gestellt. Dieser führte mit selbstgefälliger, siegesgewisser Miene die Anklage aus, während der Vater, mit seinen Ketten klirrend, den Fluch über seinen Sohn herabrief und ihn herausforderte, für seine Anklage die fehlenden Beweise beizubringen. Die Untersuchung fiel zu Ungunsten des Anklägers aus; zugleich erhob sich der allgemeine Unwille des Volks gegen ihn; er suchte also zu fliehen, ward aber zurückgeholt und genöthigt, sein Werk zu Ende zu führen. Gleichwohl aber wurde der Angeklagte, da Tiberius gegen ihn sprach und allerlei Ungünstiges gegen ihn vorbrachte, verurtheilt. Doch verhinderte Tiberius wenigstens, dass er hingerichtet wurde; er wurde also auf die Insel Amorgus zurückgebracht. Ein Anderer, der als sein Mitschuldiger angeklagt worden war, der gewesene Prätor Caecilius Cornutus, hatte sich der Verurtheilung schon vorher durch Selbstmord entzogen.

Noch wurde im J. 24 ein gewesener Quästor des Germanicus, P. Suillius, der schon früher wegen Bestechung aus Italien verwiesen worden war, auf Verlangen des Tiberius mit der schärferen Strafe der Deportation auf eine Insel belegt. Dagegen wurde jener Firmius Catus, der bei dem Sturze des Libo als besonders thätiges Werkzeug gedient hatte (o. S. 176.), nachdem er vom Senat wegen einer falschen Anklage zur Deportation verurtheilt worden, durch Tiberius insoweit begnadigt, dass er nur aus dem Senate gestossen wurde.

Das folgende Jahr (25) ist besonders durch einen merkwürdigen Process bezeichnet gegen Cremutius Cordus, der im Senat angeklagt wurde, weil er in einem Geschichtswerk den M. Brutus gelobt und C. Cassius den letzten Römer genannt hatte. Cremutius Cordus, sein Schicksal erkennend und demselben mit Muth und Standhaftigkeit entgegen gehend, vertheidigte sich in einer Rede, in welcher er seiner Verfolgung die Freiheit der Rede und Schrift in der früheren Zeit entgegenstellte und für die Zukunft prophezeite, dass man sowohl dem Brutus und Cassius wie ihm selbst und wie seinen Verfolgern gerecht werden würde. Darauf verliess er den Senat und gab sich selbst den Tod. Sein Werk wurde durch die Aedilen verbrannt, gleichwohl aber — leider nur für die nächste Zeit — heimlich geborgen und erhalten. *)

Kurze Zeit darauf wurde ein Angeklagter, der gewesene Proconsul von Asien Fontejus Capito, zwar freigesprochen, weil sich die Anklage als offenbar ungegründet erwies; der

---

*) Tac. (IV, 35) fügt hinzu: Quo magis socordiam eorum irridere libet, qui praesenti potentia credunt extingui posse etiam sequentis aevi memoriam. Nam contra punitis ingeniis gliscit auctoritas neque aliud externi reges aut qui eadem saevitia usi sunt, nisi dedecus sibi atque illis gloriam peperere.

Fall aber machte gleichwohl einen ungünstigen Eindruck, weil der falsche Ankläger, eben jener Vibius Serenus, der Denunciant seines Vaters, durch die Protection des Tiberius ungestraft blieb.

Indessen fehlte es neben diesen unerfreulichen Vorgängen in unserer Zeit (23—25) noch nicht völlig an anderen von günstigerer Art.

Im J. 23 wird den Städten Cibyra in Grossphrygien und Aegium in Achaja, die durch Erdbeben schwer heimgesucht worden waren, ein Steuererlass auf drei Jahre gewährt; zwei Angeklagte, die beschuldigt worden waren, den Tacfarinas unterstützt zu haben, werden freigesprochen; und anch dies wird als verdienstlich anzusehen sein, dass eine Anzahl Schauspieler, die durch ihre Anmaassung und Sittenlosigkeit allgemeines Aergerniss gaben, aus Italien verwiesen wurden.

Im J. 24 gab Tiberius ein Beispiel von rascher und energischer Justiz, welches kaum anders als mit Beifall anfgenommen werden konnte, indem er auf die Anzeige, dass der Prätor Plautius Silvanus seine Gemahlin aus dem Fenster gestürzt habe, sofort, da der Thäter seine Unschuld behauptete, in dessen Wohnung eilte und ihn durch die vorhandenen Anzeichen der angewendeten Gewalt seiner Schuld überführte. Einen besonders günstigen Eindruck machte es, als er bald darauf einen Ritter C. Cominius, der überwiesen worden war, ein Schmähgedicht auf ihn verfasst zu haben, auf die Bitten seines Bruders begnadigte; wobei man auch bemerkte, dass er zum Beweis, dass die bessere Natur in ihm noch nicht völlig unterdrückt sei, in der Vertheidigungsrede des Angeklagten fliessender und beredter als je gesprochen habe.

Im J. 25 wird ein Ankläger verbannt, weil er zur Zeit der lateinischen Ferien den Drusus, der während derselben das Amt des Stadtpräfecten bekleidete, in dem Augenblicke, wo derselbe in Begriff war, eine religiöse Handlung zu vollziehen, mit einer Denunciation anging. Auch mag endlich noch eine Rede erwähnt werden, die er in diesem Jahre im Senat hielt, als die Spanier ihn um die Erlaubniss baten, ihm und seiner Mutter einen Tempel zu bauen, und die wir nicht ohne Anererkennung der darin ausgesprochenen eben so weisen als maassvollen Grundsätze lesen können. Er begann damit, dass er sich wegen der gleichen Erlaubniss entschuldigte, die er vor einiger Zeit den Asiaten ertheilt hatte, wo indess der Tempel nicht allein für ihn und seine Mutter, sondern auch für den Senat beschlossen worden sei, und führte dann aus, dass er sich wohl bewusst sei, ein Mensch zu sein, dass er zufrieden sei, wenn er seine Pflicht als solcher erfülle und diese Anerkennung der Nachwelt hinterlasse, dass Denkmäler von Stein werthlos seien und verachtet würden, wenn sie nicht ihre Weihe durch die Dankbarkeit der Nachwelt erhielten, u. dergl. m. Wenn wir auch nicht annehmen können, dass wir bei Tacitus den Wortlaut derselben lesen, so ist doch kaum zu bezweifeln, dass ihr Inhalt aus den Senatsverhandlungen im Wesentlichen treu wiedergegeben sei.

Jetzt aber (im J. 25) trat Sejan, der unzweifelhaft bei den meisten dieser Dinge durch Andere mitgewirkt hatte, wieder selbst hervor, und zwar in einer ihn persönlich betreffenden Angelegenheit. Von der immer steigenden Gunst des Tiberius gehoben und sicher gemacht, wahrscheinlich auch durch das Andringen der Livia getrieben, richtete er an Tiberius einen Brief (denn obwohl Tiberius in Rom anwesend war, so pflegte doch der Verkehr mit ihm auf schriftlichem Wege zu geschehen), in welchem er um die Hand der Livia bat, nicht, wie er schrieb, um eines Vortheils oder der eigenen Ehre willen, denn ihm sei es Glück und Ehre genug, einem Fürsten wie Tiberius zu dienen, sondern um die Kinder der Livia gegen die Feindseligkeit der Agrippina zu schützen und dem Kaiser desto besser dienen zu können. Er erhielt aber von Tiberius eine eben so berechnete und verklausulierte Antwort, in welcher das Gesuch zwar nicht abgeschlagen, die Gewährung aber doch auf die Zukunft verschoben war.

Es ist anzunehmen, dass diese Antwort nicht sowohl in der Ungnade als in der Unschlüssigkeit des Tiberius ihren Grund hatte, dem jeder Schritt von Bedeutung schwer wurde und grosse Ueberwindung kostete; denn wir finden die Gunst des Sejan bei Tiberius in der nächsten Zeit keineswegs vermindert, und wenigstens später hat Tiberius, wie wir sehen

werden, wirklich das von ihm Erbetene gewährt. Gleichwohl
schöpfte Sejan Besorgnisse, und dies war der Grund, warum
er jetzt einen Plan fasste, der für Rom überaus unheilvoll
werden und auf das letzte Jahrzehnt der Regierung des
Tiberius den düstersten Schatten werfen sollte. Er beschloss
nämlich, den Tiberius von Rom zu entfernen und ihn an einen
Ort zu bringen, wo er der Anschauung und unmittelbaren
Leitung der Dinge vollkommen entzogen wäre. Er hatte
dabei den doppelten Zweck, einmal auch für sich das grosse,
mit seiner allmächtigen Stellung nothwendig verbundene, den
Neid und die Eifersucht seines Herrn herausfordernde äussere
Gepränge zu vermeiden, und sodann, den Geschäftsverkehr
des Kaisers mit Rom, der aus der Ferne durch Vermittelung
der unter seinem Einfluss stehenden Centurionen würde geschehen müssen, ganz in seine Hand zu bringen. Er kam auch
mit diesem Plane ganz der Neigung des Tiberius entgegen;
denn diesem musste der Umgang mit Menschen und die einmal übernommene Rolle der Verstellung nothwendig immer
mehr zur Last werden, er hatte sich durch den 7 jährigen
Aufenthalt auf Rhodus an die Zurückgezogenheit gewöhnt
und sie lieb gewonnen, er konnte ferner hoffen, sich auf diese
Art der drückend empfundenen Abhängigkeit von seiner Mutter
zu entziehen, und endlich, so glaubte man wenigstens, war es
ihm unangenehm, der Welt sein durch das Alter entstelltes
Aeussere und insbesondere den Ausschlag im Gesicht zu zeigen, an welchem er litt und den man allgemein als die Folge
seiner Ausschweifungen ansah. So war Tiberius ohnehin
geneigt, auf den Plan Sejans einzugehen, und sein Entschluss
wurde durch einen zufälligen Umstand vollends zur Reife
gebracht. Bei einem Process gegen einen gewissen Votienus
war ein Zeuge, ein Soldat, naiv und rücksichtslos genug, alle
Schmähungen gegen den Kaiser, die dem Angeklagten Schuld
gegeben wurden, ausführlich und völlig unverhüllt zu wiederholen, wodurch Tiberius so aufgebracht wurde, dass er verlangte, sich sofort vor dem Senat von den erhobenen Vorwürfen
reinigen zu dürfen, und nur mit Mühe durch Bitten und
Schmeicheleien beruhigt wurde. Dergleichen unangenehmen
Scenen aber war er in Rom ungeachtet der servilen Gesinnung

des Senats fortwährend ausgesetzt: wie hätte er es also nicht vorziehen sollen, sich dagegen durch die Entfernung von Rom sicher zu stellen?

Ehe indess dies Vorhaben zur Ausführung gelangte, wurde das Verhältniss zwischen Tiberius und Agrippina vollends verbittert und vergiftet. Die Verfolgung der Freunde des Hauses des Germanicus von Seiten Sejans wurde durch die Anklage einer Verwandten und Freundin der Agrippina, der Claudia Pulcra, fortgesetzt, die mit ihrem angeblichen Ehebrecher verdammt wurde. Agrippina eilte auf die Nachricht von der Erhebung der Anklage sofort zu Tiberius. Sie fand ihn damit beschäftigt, dem Augustus zu opfern, und machte ihm die heftigsten Vorwürfe darüber, dass er, während er dem Augustus durch Opfer göttliche Verehrung zolle, dessen wahre Nachkommen (Tiberius war bekanntlich nur durch Adoption der Sohn des Augustus, während Agrippina seine leibliche Enkelin war) verfolge und ins Unglück stürze; denn offenbar, sagte sie, werde nicht sowohl Claudia Pulcra als vielmehr sie selbst in der treuen Freundin angeklagt. Der Kaiser antwortete ihr hierauf mit einem griechischen Verse, durch den er ihr zu verstehen gab, dass ihre Unzufriedenheit ihren Grund lediglich in ihrer Herrschsucht habe.*) Als sie darauf, vielleicht aus Verdruss über die Verurtheilung der Claudia Pulcra, krank wurde und der Kaiser ihr deshalb einen Besuch machte, liess sie sich, vom Schmerz erweicht, so weit herab, ihn unter Thränen zu bitten, dass er ihr einen Gemahl geben möchte, durch den sie allein Schutz finden könne; allein der Kaiser verliess sie, ohne sie einer Antwort zu würdigen.**) Endlich

---

*) Tac. Ann. IV, 52: correptamque graeco versu admonuit, non ideo laedi, quia non regnaret.

**) Tacitus (IV, 53) bemerkt hierzu: Id ego a scriptoribus annalium non traditum repperi in commentariis Agrippinae filiae, quae Neronis principis mater vitam suam et casus suorum posteris memoravit. Man hat aus dieser einmaligen Erwähnung der Aufzeichnungen der jüngeren Agrippina eine ausgedehntere Benutzung dieser, allerdings wahrscheinlich nicht unparteiischen, Quelle gefolgert und hierdurch ein nachtheiliges Licht auf die Glaubwürdigkeit des Tacitus werfen wollen. Ich glaube aber vielmehr das Gegentheil schliessen zu müssen, denn es ist klar, dass er

führte Sejan noch einen Vorfall herbei, der den Hass zwischen Beiden aufs Höchste steigerte. Er wusste der Agrippina den Verdacht beizubringen, dass Tiberius sie vergiften wolle. Als sie daher das nächste Mal bei Tiberius speiste, rührte sie keine Speise an, und als Tiberius ihr mit eigener Hand einen Apfel reichte und als besonders wohlschmeckend rühmte, gab sie auch diesen an die Sclaven ab; worauf Tiberius zu seiner Mutter gewendet sagte: Würde es zu verwundern sein, wenn ich über diejenige etwas Hartes verfügte, die mich der Giftmischerei bezüchtigt?

Nach diesen Zwischenvorgängen, die bereits ins J. 26 fallen, führte Tiberius noch in demselben Jahre seinen Plan aus, indem er sich zunächst nach Campanien begab unter dem Vorwande, dem Jupiter in Capua und dem Augustus in Nola einen Tempel weihen zu wollen, aber um nie wieder nach Rom zurückzukehren. Seine Begleitung bestand ausser Sejan, ausser einem Consularen Coccejus Nerva, der ihm seine Dienste als Rechtsgelehrter leisten sollte, und ausser dem Ritter Curtius Atticus nur aus Leuten von politischer Bedeutungslosigkeit und von geringerem Stande, aus Gelehrten meist von griechischer Herkunft, mit denen er in seiner Weise wissenschaftliche Gespräche pflegen wollte, aus Astrologen, den Gehülfen der besonderen Liebhaberei, die er mit Sterndeuterei trieb, und aus einer zahlreichen Dienerschaft. Indess obwohl er durch Soldaten Besucher und Gaffer entfernt hielt, so war ihm doch Campanien nicht einsam genug. Daher setzte er im J. 27 seinen Rückzug von der Welt nach seinem eigentlichen Ziele fort, nach der Insel Capreä, die wenig mehr als eine Meile von dem Vorgebirge von Surrent entfernt, durch ihr mildes Klima, durch ihre grossartigen Naturschönheiten und vorzüglich durch ihre Unzugänglichkeit sich ihm ganz besonders empfahl und in der That für einen Charakter wie Tiberius einen Zufluchtsort bot, wie es kaum einen passenderen in der Welt geben mochte. Er liess den einzigen Zugang

---

die Benutzung als etwas Besonderes, als eine Ausnahme, bezeichnet und sie durch den Zusatz a scriptoribus annalium non traditum gewissermaassen entschuldigt.

der Insel auf das Schärfste bewachen, baute sich 12 Villen,
denen er die Namen der 12 Hauptgötter beilegte, und so
brachte er hier den ganzen Rest seines Lebens mit geringen
Unterbrechnngen zu, sich allen sinnlichen Genüssen und zwar,
wie sich wenigstens die ferne missgünstige römische Welt
erzählte, von der niedrigsten Art hingebend, ohne jedoch je
die öffentlichen Angelegenheiten aus den Augen zu verlieren,
und nur zuweilen die Insel verlassend, um die Küste von
Campanien und Latium zu Wasser oder zu Lande zu streifen,
zweimal auch, um die äussere Umgebung von Rom zu berühren, aber nie um Rom selbst zu betreten, obwohl er immer
vorgab, dass er alsbald wieder nach Rom zurückkehren werde.

Sejan hatte noch im J. 26 eine Gelegenheit gefunden,
sich in der Gunst des Tiberius immer mehr zu befestigen.
Tiberius speiste nämlich einmal auf einem Landgute in Campanien in einer Grotte, als plötzlich die Decke derselben herab-
stürzte. Alles floh in der höchsten Bestürzung; nur Sejan
blieb und warf sich über seinen Gebieter hin, um ihn mit
seinem eignen Leibe zu decken. Um so mehr wurde er es
also in immer höherem Grade, der die öffentlichen Geschäfte
leitete und Gunst oder Ungunst vertheilte. Als im J. 28 einst
Beide, Tiberius und Sejan, eine kurze Zeit in Campanien
verweilten, war bei ihm das Drängen um seine Person und
das Belagern seiner Thür von Seiten der aus Rom in Menge
herbeiströmenden Senatoren, Ritter und Plebejer noch grösser
als bei Tiberius, und auch der Hochmuth, mit dem er die
sich erniedrigende Schmeichelei zurückstiess, übertraf noch
den des Tiberius.

Das Hauptziel seiner Bestrebungen und Intriguen war
noch immer das Verderben der Familie des Germanicus und
Aller derer, welche treu oder stolz genug dachten, um dieser
auch im Unglück ihre Anhänglichkeit zu bewahren. Einer
der letzteren, Titius Sabinus, erregte durch die niederträchtige
Art und Weise, wie er zu Falle gebracht wurde, allgemeines
Aufsehen. Es hatten sich vier Männer von hohem Range,
gewesene Prätoren, vereinigt, ihn zu stürzen. Einer von
diesen schmeichelte sich dadurch in seine Freundschaft ein,
dass er sich zum Vertrauten und Genossen seiner Klagen

über die öffentlichen Zustände und insbesondere über das
Unglück der Familie des Germanicus machte, und lockte ihn
endlich in seine Wohnung, wo die übrigen zwischen der
Zimmerdecke und dem Dache versteckt waren und dem Ge-
spräch lauschten, um als Zeugen dienen zu können. Als sie
sich aber so in den Besitz der erforderlichen Beweismittel
gesetzt, meldeten sie Alles unter genauer Angabe des schmuzigen Weges, auf dem sie dazu gelangt, dem Tiberius, und
dieser ertheilte dem Senate in demselben Briefe, in welchem
er ihm die üblichen Glückwünsche zum neuen Jahre darbrachte,
den Befehl, die Untersuchung gegen ihn vorzunehmen, worauf
er am 1. Januar 28 verurtheilt und erdrosselt wurde.

Noch wichtiger aber war es natürlich für Sejan, die
Familie des Germanicus selbst aus dem Wege zu räumen.
Er umgab daher den ältesten Sohn Nero mit falschen Freunden, die ihn zu unüberlegten Aeusserungen verlockten, welche
sodann dem Tiberius hinterbracht wurden, er reizte seinen
Bruder Drusus gegen ihn auf, dem er nach Beseitigung
des Nero die Aussicht auf die Nachfolge in der Herrschaft
zeigte, wodurch er zugleich einen Helfer bei der Anklage
und Verleumdung des Nero und Stoff für die spätere Anklage
des Drusus selbst gewann; gegen Agrippina fuhr er fort die
alten Anklagen des Hochmuths und der Herrschsucht zu
wiederholen. Dieses ganze Gewebe brauchte Zeit, aber es
wurde zu Ende geführt. Die Wirkung auf Tiberius zeigte
sich zuerst im J. 28 in einem Briefe, worin er dem Senat
für die an Titius Sabinus geübte Gerechtigkeit dankte und
sodann mit unzweifelhafter Beziehung auf Agrippina und Nero
über die Gefahren klagte, die ihm durch die Hinterlist und
die Nachstellungen der Menschen drohten. Der Ausbruch
aber erfolgte erst im folgenden Jahre, kurz nachdem Augusta
gestorben war, welche die Familie des Germanicus zwar
hasste und ihre Erniedrigung gern sah, aber doch ihre völlige
Vernichtung nicht wollte. Da kam ein Brief des Tiberius
an den Senat in Rom an, worin er der Agrippina und dem
Nero die heftigsten Vorwürfe machte, jener wegen ihres
Hochmuths und Trotzes, diesem wegen unzüchtigen Lebens,
und als der Senat hierauf zu keinem Entschluss kam, so folgte

ein zweiter Brief, worin er das Volk wegen einiger Demonstrationen zu Gunsten der Gefährdeten hart tadelte, aber auch dem Senat wegen seines geringen Eifers einen gelinden Verweis ertheilte. Und nun erklärte sich der Senat zur Bestrafung der Frevler bereit, sobald der Kaiser die Erlaubniss dazu ertheilt haben werde. Diese Erlaubniss wurde jedenfalls ertheilt — wir sind über diese Vorgänge leider nicht näher unterrichtet, da hiermit die grosse Lücke bei Tacitus anfängt, in der die Ereignisse zweier Jahre von 29—31 untergegangen sind — und nun erfolgte die Verbannung der Agrippina nach der Insel Pandateria und des Nero nach der Insel Pontia, von wo Beide nicht wieder zurückkehren sollten; Drusus aber wurde bald darauf in ein unterirdisches Gemach des Palatiums geworfen und dort in härtester Gefangenschaft gehalten; so dass ausser dem unbedeutenden, in völliger Verborgenheit lebenden Claudius jetzt nur noch der etwa 18jährige Cajus Caligula zwischen Sejan und dem Throne stand.

Auch Asinius Gallus wurde um diese Zeit (im J. 30) beseitigt, jener Sohn des Asinius Pollio, der den Tiberius bei den ersten Verhandlungen im Senat in Verlegenheit gesetzt hatte (o. S. 146.), und der schon desswegen ein Gegenstand der Missgunst des Tiberius war, weil er die von ihm ungern verstossene Vipsania geheirathet hatte; auch war er, wie man sich erzählte, dem Tiberius von Augustus als herrschsüchtig und gefährlich, wenn auch zugleich als unfähig bezeichnet worden. Er hatte unter der Regierung des Tiberius eine halb schmeichelnde halb herausfordernde Rolle gespielt und sich zuletzt noch dadurch verhasst gemacht, dass er den Verkehr mit Agrippina nicht, wie von allen angesehenen Männern verlangt wurde, aufgegeben hatte. Jetzt hatte er sich zu einer Gesandtschaft an Tiberius zu Ehren des Sejan gedrängt; er wurde von dem Kaiser aufs Freundlichste und Verbindlichste aufgenommen und bewirthet, gleichzeitig aber auf Veranlassung des Tiberius in Rom angeklagt. Er wurde darauf dem Befehle des Tiberius gemäss in Rom von den Consuln oder Prätoren in Haft gehalten, um, wie der Kaiser schrieb, von ihm selbst nach seiner Rückkehr in die Hauptstadt abgeurtheilt zu werden. Drei Jahre lang wurde er dann unter strengster Bewachung durch Ausschliessung von allem Verkehr und durch Vorenthaltung der hinreichenden körperlichen Nahrung gequält, bis endlich — so wurde wenigstens in Rom das Ende des bejammernswerthen Mannes allgemein aufgefasst — die Rache des Tiberius gesättigt und sein Zorn so weit versöhnt war, um ihn durch Hunger zu tödten.

Sejan hatte jetzt den Höhepunkt seiner Macht erreicht. Tiberius und der Senat wetteiferten mit einander, ihn mit Auszeichnungen zu überschütten. Es wurden ihm überall Statuen errichtet; es wurde beschlossen, dass sein Geburtstag ebenso wie der des Kaisers gefeiert werden sollte; man brachte Beiden Opfer und Gelübde dar; wie an den Kaiser, so wurden auch an ihn vom Senat Gesandtschaften abgeordnet; Tiberius aber bestimmte ihn jetzt wirklich zu seinem Eidam;*) bezeichnete ihn wiederholt in seinen Anschreiben an den Senat als den Genossen seiner Mühen; ernannte ihn und zwar in Gemeinschaft mit sich selbst für das Jahr 31 zum Consul und bald darauf zum Pontifex; endlich übertrug der Senat Beiden die consularische Gewalt auf 5 Jahre, stellte für Beide goldene Sessel im Theater auf und erklärte durch einen besonderen Beschluss sein Consulat zum Muster und Vorbild für alle folgenden Consulate. Man nannte ihn daher, als er das Consulat in Rom verwaltete, während Tiberius in Capreä zurückblieb, halb scherzweise, aber doch wieder mit bitterem Ernste den Beherrscher des römischen Reichs und Tiberius den Inselkönig von Capreä, und Alles drängte sich

---

*) Dass dies wirklich geschah, geht aus Tac. V, 6 und VI, 8 hervor, wo er gener des Tiberius genannt wird. Zonaras (XI, 2) nennt als seine Braut Julia, die Tochter des Drusus und eben jener Livia, um deren Hand Sejan im J. 25 gebeten hatte, und es steht dem nicht im Wege, dass Tiberius sonach nicht der Vater, sondern der Grossvater der Braut gewesen sein würde, da gener auch für progener gebraucht wird, s. Nipperdey zu Tac. Ann. IV, 12. V, 6. Auch mochte der erste Gatto der Julia, Nero, jetzt bereits auf der Insel Pontia gestorben sein. Wir können indess das Bedenken nicht unterdrücken, dass diese Verlobung bei dem Verhältniss des Sejan zu Livia, der Mutter der Julia, kaum glaublich ist; auch ist es auffallend, dass Tacitus bei Gelegenheit der Verheirathung der Julia mit Rubellius Blandus (VI, 27) zwar ihrer Ehe mit Nero, aber nicht ihrer Verlobung mit Sejan gedenkt.

um seine Person, um sich ihm zu empfehlen und seine Gunst zu gewinnen. Indessen war wahrscheinlich schon jene grösste Auszeichnung, seine Ernennung zum Consul und zum Mitconsul des Kaisers, eine Wirkung und ein Anzeichen der abnehmenden Gunst, da hiermit die Entfernung von der Person des Tiberius verbunden war; denn Tiberius verlangte, dass er die Geschäfte des Consulats persönlich in Rom führen sollte. Und bald traten noch weitere Anzeichen hinzu. Tiberius legte das Consulat am 1. Mai nieder und nöthigte dadurch den Sejan ein Gleiches zu thun; er gestattete dem Sejan auch nachher nicht, wieder nach Capreä zu kommen, und als dieser den Bann unter dem Vorwande, seine kranke Braut in Capreä zu besuchen, zu durchbrechen versuchte, schlug ihm Tiberius die Bitte ab, indem er erklärte, dass er selbst bald nach Rom kommen werde; jene Ernennung zum Pontifex wurde dadurch für Sejan werthlos gemacht, dass dieselbe Auszeichnung dem Caligula gewährt wurde, der überhaupt durch die Gunst des Kaisers wie des Volks immer mehr zu einer für Sejan gefährlichen Höhe emporstieg. Dazu kam, dass Tiberius in den Briefen an den Senat jetzt nicht selten das sonst gewöhnliche Lob des Sejan wegliess, dass er ihn nicht mehr seinen Sejan, sondern einfach mit seinem Namen nannte, dass sogar Manches, was er that, getadelt, dass seinen von ihm verfolgten Gegnern das, was ihnen um seinetwillen versagt worden war, jetzt gewährt wurde, und dass endlich Tiberius dem Senate geradezu verbot, irgend einem Sterblichen göttliche Ehren zu erweisen. Sejan bemerkte diese Anzeichen sehr wohl und traf seine Vorbereitungen, um sich nicht nur mit Gewalt zu behaupten, sondern den Kaiser aus dem Wege zu räumen. Er kettete die Prätorianer immer mehr an seine Person und knüpfte mit zahlreichen Männern von Rang und Bedeutung ein geheimes Einverständniss an. Auf der andern Seite lähmte aber Tiberius seinen Entschluss immer wieder dadurch, dass er mitunter Zeichen von Gunst einfliessen liess und neue Hoffnungen in ihm erweckte. Es kann zweifelhaft sein, ob dieses zweideutige Schwanken von Seiten des Tiberius Berechnung oder nur Folge seiner Unschlüs-

sigkeit und seines Zögerungssystems war; jedenfalls hatte es
die Wirkung, dass Sejan wie von einer Art Zauberbann gefesselt in Unthätigkeit erhalten wurde.

Endlich aber wurden die verrätherischen Pläne des Sejan
dem Tiberius verrathen. Ein Eingeweihter, Satrius Secundus,
ein Client des Sejan und einer der Ankläger des Cremutius
Cordus, verrieth das Geheimniss der alten würdigen Mutter
des Germanicus, der Antonia, und diese hielt es für ihre
Pflicht, dem Tiberius Anzeige davon zu machen.*) Nun war
Tiberius genöthigt, einen Entschluss zu fassen, und er that
dies ganz in seiner Weise, indem er nicht seine kaiserliche
Macht oder gar seine Person gegen ihn einsetzte, sondern
ihn aus der Ferne durch Trug und Hinterlist bekämpfte.
Zum Werkzeug wurde Naevius Sertorius Macro ausersehen,
wahrscheinlich ein höherer Officier der Prätorianer, der sich
als Befehlshaber der Leibwache des Kaisers in seiner Umgebung befand. Dieser wurde von ihm im Geheimen an Stelle
des Sejan zum Oberbefehlshaber der Prätorianer ernannt und
mit den genauesten Instructionen versehen. So langte er in
der Nacht vom 17. zum 18. October 31 in Rom an und traf
sofort die nöthigen Verabredungen mit dem Consul Memmius
Regulus und dem Anführer der Wächtercohorten, Graecinus
Laco, zwei Männern von erprobter Treue gegen Tiberius,
von denen der eine ihn mit seiner bürgerlichen Macht, der
andere mit den unter seinem Befehl stehenden Streitkräften
unterstützen sollte, und von denen der erstere für den nächsten Morgen eine Senatsversammlung in dem Tempel des
Apollo in der Nähe des Palatium berief. Am Morgen des
18. October traf Macro den Sejan auf der Strasse, der voll
Verwunderung über die plötzliche Zusammenberufung des Senats
sich mit seiner gewöhnlichen militärischen Begleitung nach
dem Apollotempel bewegte; Macro begrüsste ihn und flüsterte
ihm zu, dass er Ueberbringer eines Briefs sei, in welchem

---

*) Die hochverrätherischen Pläne des Sejan werden auch von Tacitus
bestätigt, der V, 8 und VI, 8 einer „Verschwörung" desselben gedenkt.
Im Uebrigen beruht die obige Relation auf Josephus (Antiq. XVII, 6, 6).
Dio weiss nichts von dieser Verschwörung; bei Tacitus ist der Bericht
davon in der erwähnten grossen Lücke untergegangen.

ihn Tiberius zum Genossen der tribunicischen Gewalt ernenne, und dass der Senat berufen sei, diese Ernennung zu vernehmen, so dass Sejan voll schmeichelnder Hoffnung am Eingang des Apollotempels seine militärische Begleitung entliess und mit stolzer, siegesgewisser Miene in die Versammlung eintrat. Macro wandte sich nun an die Prätorianercohorte, die vor dem Versammlungsorte Wache hielt; er kündigte ihr an, dass er zum Oberbefehlshaber der Prätorianer ernannt sei und von Tiberius ein Geschenk für sie überbringe, und forderte sie auf, sich mit ihm in das Lager zu begeben, um dort das Nähere zu vernehmen; worauf Laco mit seinen Leuten die Wache vor dem Tempel übernahm. Jetzt übergab Macro den Brief des Tiberius an den Consul Regulus, der ihn, nachdem die Senatoren sich allmählich versammelt und dem Sejan die übliche Begrüssung und wohl auch ihre Glückwünsche wegen der zu erwartenden neuen Auszeichnung dargebracht hatten, vorzulesen begann, während Macro mittlerweile das nicht leichte Geschäft verrichtete, die Prätorianer auf seine Seite zu ziehen. Der Brief des Tiberius war überaus lang, um dem Macro für jenes Geschäft Zeit zu geben, er bewegte sich Anfangs in Klagen über seine schlechte Gesundheit, über seine vereinsamte Lage und über seine Absicht bald nach Rom zu kommen, forderte den Consul Regulus auf, ihn mit einer bewaffneten Macht von Capreä abzuholen, verbreitete sich dann über unbedeutende Geschäftssachen, wobei zuweilen ein leiser Tadel gegen Sejan, zuweilen auch eine anerkennende Bemerkung mit unterlief, dann wurde der Inhalt für Sejan immer ungünstiger, bis endlich der Schluss mit dem Befehl kam, den Sejan ins Gefängniss zu werfen. Sejan befand sich während der Vorlesung durch die wechselnden Empfindungen des Erstaunens, der Furcht und der Hoffnung unter demselben Banne, der seine Thätigkeit in den letzten Monaten gelähmt hatte; er war zuletzt so benommen und betroffen, dass er den Namensaufruf des Consuls gar nicht hörte und auf den zweiten Ruf mit der verwunderten Frage antwortete, ob er gemeint sei. Die Senatoren hatten schon gegen Ende der Vorlesung angefangen sich von ihm zu entfernen; jetzt am Schluss erhob sich Alles gegen ihn, Laco trat mit Soldaten an ihn

heran, um sich seiner zu bemächtigen, der Consul stellte den
Antrag auf seine Gefangensetzung, wartete aber die Abstimmung gar nicht ab, und so wurde er sofort unter dem Hohn
und den Drohungen des Volkes, welches seine Statuen nieder-
riss und zerschlug, ins Gefängniss abgeführt. An demselben
Tage wurde noch eine zweite Senatssitzung im Tempel der
Eintracht gehalten. Hier wurde er zum Tode verurtheilt, und
das Urtheil auch sofort vollstreckt. Sein Leichnam wurde auf
den Anger am Fuss der gemonischen Stufen geworfen, wo er
den Beschimpfungen des Pöbels drei Tage lang preisgegeben
war und dann in den Tiber geworfen wurde.

Tiberius hatte, wie sich denken lässt, die Zeit während
dieser Vorgänge, welche für ihn über Thron und Leben entscheiden sollten, in der höchsten Spannung zugebracht. Er
hatte dem Macro den Auftrag ertheilt, im schlimmsten Falle,
wenn die Stimmung des Senates und Volkes sich gegen ihn
wenden sollte, den Drusus aus seinem Gefängniss in dem nahen
Palatium hervorzuholen und an die Spitze der Bewegung zu
stellen, und er selbst hielt auf der Rhede von Capreä die
Schiffe bereit, die ihn im Fall des Misslingens nach Aegypten
oder an irgend einen andern sichern Ort bringen sollten; so
wenig fühlte er sich des glücklichen Erfolges gewiss. Als
aber endlich die verabredeten Feuerzeichen, nach denen er fortwährend von der höchsten Spitze der Insel ausgeschaut hatte,
die Kunde von dem Gelingen brachten, da fiel er sofort in
seine alte Weise zurück, nur dass seine Fehler und Laster
der Natur der Sache nach, vielleicht auch, weil er den Sejan
doch noch höher schätzte und ihm noch eher einige Rücksichten schenkte als seinem Nachfolger, immer mehr Gewalt über
ihn gewannen. Er blieb auch nachher in Capreä und hielt
auch ferner die Römer durch die fortgesetzten, fast ununterbrochenen Anklagen der Delatoren in Schrecken, während er
sich selbst seinen Lüsten immer mehr hingab. Es wurde also
in Rom und im römischen Reiche nicht besser sondern schlimmer;
wie die Grausamkeit und Missgunst des Kaisers, so steigerte
sich auch der sclavische, schmeichlerische Gehorsam des Senats; der einzige Unterschied war, dass statt des Sejan jetzt
Macro als Werkzeug diente.

Zunächst setzte sich in Rom die Aufregung des furchtbaren 18. Octobers in Aufläufen und Zusammenrottungen des Pöbels und der Prätorianer fort; jener schrie nach Rache an allen Freunden und Anhängern des Sejan, die Prätorianer lärmten und begingen allerlei Zügellosigkeiten, nicht weil sie irgend einen besonderen Zweck gehabt hätten, sondern weil sie sich in dieser Zeit, wo es noch nicht möglich war, die Zügel schärfer anzuziehen, als Herren von Rom fühlten und unzufrieden waren, dass nicht sie bei dem letzten Umschwung den Ausschlag gegeben hatten. Dann aber folgten noch unter dem Eindruck der allgemeinen Aufregung im Senat die Untersuchungen nicht nur gegen die Theilnehmer der Verschwörung des Sejan, sondern gegen Alle, die mit ihm irgend wie in näherer Beziehung gestanden hatten. Es folgte eine Anklage nach der andern, und die eifrigsten unter den Anklägern waren gerade diejenigen, welche sich selbst gefährdet fühlten und sich durch die Anklage Anderer zu retten suchten, freilich meist nur, um bald selbst durch die Anklagen Dritter zu fallen. Das Ergebniss aller dieser Anklagen war in der Regel die Verurtheilung; nur von Einem, von M. Terentius, wird berichtet, dass er durch den Freimuth, mit dem er sich als Freund des Sejan bekannte und erklärte, dass er hierin nur dem Beispiele des Kaisers gefolgt sei und mit diesem gefehlt oder geirrt habe, die herrschende Stimmung überwunden und seine Freisprechung bewirkt habe. Zu den ersten Opfern gehörten auch der Sohn und die junge Tochter Sejans, die Braut des Sohnes des Claudius, welche beide hingerichtet wurden; Apicata, die verstossene Gemahlin Sejans, brachte erst, wie bereits erwähnt worden, die Vergiftung des Drusus durch Sejan zur Kenntniss des Tiberius und tödtete sich dann selbst. So dauerten die Anklagen und Verurtheilungen fort bis zum J. 33, wo Tiberius, um ein Ende zu machen, den Befehl nach Rom schickte, dass Alle, die wegen ihrer Verbindung mit Sejan angeklagt seien, an einem Tage ohne Weiteres hingerichtet werden sollten; worauf, wie Tacitus sagt*), der Anger am

---

*) In den Worten des Tacitus (VI. 19: Jacuit immensa strages, omnis sexus, omnis aetas, inlustres ignobiles, dispersi aut aggerati) ist eine

Fusse der gemonischen Stufen mit einer Masse von Leichen
jeden Alters und jedes Geschlechts bedeckt wurde, während
Wächter rings herum standen, um die Verwandten und Freunde
abzuwehren und diejenigen von ihnen zu notieren und anzu-
zeigen, die ihrem Jammer freien Lauf liessen. Und wie diese
Grausamkeiten des Senats hauptsächlich Wirkungen der Furcht
vor Tiberius waren, so brachte dieselbe Furcht zu gleicher
Zeit Erscheinungen der verächtlichsten und niedrigsten Schmeichelei hervor, wie wenn im J. 32 im Senat der Antrag gestellt und angenommen, von Tiberius freilich abgelehnt wurde,
dass ihn bei jedem Besuch einer Senatssitzung 20 bewaffnete
Senatoren als Leibwache umgeben sollten, oder wenn ein Senator in demselben Jahre in der thörichten Meinung, dem Tiberius zu gefallen, vorschlug, dass die ausgedienten Prätorianer
ihre Sitze im Theater unter den Rittern erhalten sollten, ein
Vorschlag, den Tiberius nicht nur zurückwies, sondern auch
als einen Eingriff in seine Rechte und als einen Versuch, die
Prätorianer zu verführen, an seinem Urheber erst mit dem Exil
und dann, da ihm dieses nicht empfindlich genug schien, mit
strenger Gefangenschaft bestrafte. Dagegen verlangte Tiberius im J. 33 vom Senat, dass ihm gestattet sein sollte, sich
von Macro und einigen Tribunen und Centurionen in den Senat begleiten zu lassen, nicht um davon Gebrauch zu machen,
denn er dachte nicht daran den Senat je wieder zu besuchen,
sondern um den Senat zu demüthigen und ihm, wie man wenigstens glauben möchte, das Thörichte seines eigenen Antrags in Betreff der senatorischen Leibwache recht fühlbar zu
machen.

Aber auch mit jener summarischen Hinrichtung der Anhänger des Sejan hörten die Grausamkeiten keineswegs auf.
Vor Allem wurde jetzt das traurige Geschick der Familie des
Germanicus vollständig erfüllt. Nero war bereits im Exil gestorben, man weiss nicht, ob eines natürlichen Todes oder
durch Gift oder irgend ein anderes gewaltsames Mittel. Das

---

gewisse rhetorisch übertreibende Färbung nicht wohl in Abrede zu stellen.
Sueton (Tib. 61) weiss nur von 20 als der höchsten Zahl, die an einem
Tage ermordet worden.

nächste Opfer war Drusus. Dieser wurde (im J. 33) in dem Gefängniss, in welchem er seit drei Jahren geschmachtet hatte, durch Hunger getödtet. Er starb, nachdem er sein Leben noch 9 Tage lang nach Entziehung aller Nahrung durch die Füllung seines Kissens gefristet hatte. Nach seinem Tode liess Tiberius die Tagebücher im Senate vorlesen, die von seinen Wächtern während seiner Gefangenschaft auf Befehl des Kaisers geführt worden waren, und die nicht nur die Misshandlungen, welche dem unglücklichen Jünglinge zugefügt worden waren, sondern auch die Verwünschungen enthielten, welche er in der Verzweiflung der letzten Tage gegen Tiberius ausgestossen hatte. Bald darauf folgte auch Agrippina, die ebenfalls den Hungertod starb, obwohl es bei ihr zweifelhaft ist, ob sie ihn selbst wählte oder ob sie auf Befehl des Tiberius auf diese Art getödtet wurde. Tiberius zeigte ihren Tod dem Senate an und wiederholte dabei nicht nur die gewöhnlichen Vorwürfe der Herrschsucht und des Hochmuths, sondern bezüchtigte sie auch des unsittlichen Verkehrs mit Asinius Gallus, dessen Tod sie dazu gebracht habe, sich selbst das Leben zu nehmen. Dabei rechnete er es sich zum Verdienst an, dass er sie nicht habe erdrosseln und ihren Leichnam auf den Anger werfen lassen; auch rühmte er es als eine besonders denkwürdige Fügung der Götter, dass sie an demselben Tage wie Sejan gestorben sei; worauf der Senat neben dem üblichen Dank für Tiberius beschloss, dass an diesem Tage, dem 18. October, dem Jupiter alljährlich ein Weihgeschenk dargebracht werden sollte.

Von den männlichen Gliedern der Familie des Germanicus war jetzt nur noch Caligula übrig, der, wie es ein Witzwort der nächsten Folgezeit ausdrückte, sich unter Tiberius ebenso als den besten Sclaven, wie später als den schlechtesten Kaiser erwies, der kein Wort der Klage über das Unglück seiner Mutter und seiner Brüder hatte, der sich jeder Stimmung des Tiberius accommodierte und das Echo aller seiner Worte bildete und durch seine niedrige Schmeichelei nicht nur sein Leben fristete, sondern sich auch eine gewisse Gunst des Tiberius erwarb.

Die nun noch übrigen Blätter der Geschichte des Tiberius sind, abgesehen von den oben schon erzählten äusseren Vorgängen im Orient, fast ausschliesslich mit Anklagen und Ver-

urtheilungen von im Wesentlichen gleicher Art, wie die bisher
berichteten, gefüllt. Hier und da entkommt einer der Angeklagten durch eine günstigere Laune des Herrschers oder auch
durch dessen Unschlüssigkeit, in Folge deren die Entscheidung bis zu seinem Tode hinausgeschoben wird; es kommt
auch vor, dass die vernichtende Hand des Kaisers sich gegen
die immer zahlreicher und zügelloser werdenden Delatoren
selbst wendet und dass einige derselben verbannt werden;
in den meisten Fällen aber werden die Angeklagten verurtheilt
oder kommen der Verurtheilung durch Selbstmord zuvor. Es
kann nicht unsere Absicht sein, die Leser durch Aufzählung
der einzelnen Fälle zu ermüden. Nur das eine mag aus der
inneren Geschichte der letzten Jahre noch erwähnt werden,
dass der Rechtsgelehrte Coccejus Nerva, den wir oben als den
einzigen Senator genannt haben, der den Tiberius nach Capreä
begleitete, sich im J. 33, während er sich noch im vollen Genuss der Gunst seines Herren befand, trotz der dringenden
Bitten des Kaisers selbst den Tod gab, um dem Unheil der
Zeiten zu entgehen, und dass im J. 37 L. Arruntius diesem
Beispiele folgte, der zwar angeklagt war, aber, da sein Process
hinausgeschoben wurde, bei dem jedenfalls nahe bevorstehenden
Tode des Tiberius der Verurtheilung zu entgehen hoffen durfte.
Er habe genug gelebt, so sagte er zu den Freunden, die ihn
baten, dass er sich das Leben erhalten möchte, er habe des
Elendes genug gesehen, und wenn er auch der Grausamkeit
des Tiberius entgehe, was dürfe er von dem kaum dem Knabenalter entwachsenen Caligula unter der Leitung eines Macro
erwarten?

Indem wir aber somit an dem Schlusse der Regierung
des Tiberius angelangt sind, so können wir nicht umhin, noch
einmal zurückzublicken, um uns den Charakter und den Werth
des Mannes und seines Werkes, besonders denen gegenüber,
die Beides nicht nur entschuldigen, sondern auch in ein helles
Licht haben stellen wollen, vollkommen klar zu machen.

Diese Vertheidiger des Tiberius haben ein besonderes
Gewicht darauf gelegt, dass seiner Grausamkeiten nicht eben
allzuviele seien, dass sie sich fast durchaus auf eine einzige
Klasse, auf die der Vornehmen beschränkten, dass von diesen

nicht wenige wirklich schuldig gewesen sein möchten, und dass diese dunklere Seite seiner Regierung durch die Wohlthaten aufgewogen werde, die er durch eine feste umsichtige Verwaltung dem ganzen Reiche erwiesen habe. Man hat z. B. die Processfälle der letzten 6 Jahre nach dem Sturze Sejans zusammengezählt und herausgerechnet*), dass, freilich abgesehen von jener summarischen Hinrichtung des J. 33, in diesen Jahren zusammen 48 angeklagt und hiervon 6 freigesprochen, 2 durch Verschiebung nicht zur Verurtheilung gebracht worden seien, so dass also im Ganzen nicht mehr als 40 theils sich selbst getödtet hätten, theils verbannt oder hingerichtet oder in einer nicht näher angegebenen Weise bestraft worden wären.

Wir können diesen einschränkenden Bemerkungen zunächst in Bezug auf die Grausamkeit bis auf einen gewissen Punkt beistimmen, obwohl die Zahl der Beispiele derselben, wie uns dünkt, noch immer gross genug ist, und obwohl zu berücksichtigen ist, dass es keineswegs feststeht, ob nicht Tacitus namentlich in den letzten Jahren nur einen Theil derselben berichtet habe, dass die Strafen, wenn auch theilweise nicht unverdient, doch immer sehr hart waren, und dass sie, auf Männer von hoher Stellung angewendet, nothwendig einen viel grösseren Schrecken verbreiten mussten, als wenn geringe und unbedeutende Menschen davon betroffen worden wären.

Wir sind ferner weit entfernt, das Anerkennenswerthe in seiner Regierung in Abrede zu stellen oder allzu gering zu schätzen. Wir haben es im Laufe unserer Darstellung nicht unerwähnt gelassen, und wollen hier noch aus der zweiten Hälfte seiner Regierung nachholen, dass er im J. 27, als eine furchtbare Feuersbrunst eine Menge Menschen arm und elend machte, der Noth mit der grössten Freigebigkeit abhalf, dass er im J. 36 auf gleichen Anlass diesen Act der Freigebigkeit wiederholte, und dass er im J. 33, als der allgemeine Credit durch ein Schuldgesetz erschüttert worden war, nicht weniger als 100 Millionen Sesterzien zinsfrei auf 3 Jahre auslieh und dadurch eine grosse Gefahr und einen grossen Nothstand beseitigte.

---

*) Sievers, Tacitus und Tiberius, 2ter Theil, S. 44.

Endlich aber müssen wir auch einräumen, dass das Pathos, mit dem Tacitus die Geschichte des Tiberius erzählt, allerdings über das Maass unserer Empfindung und unseres Urtheils hinausgeht, seine Darstellung also nicht selten der Moderierung bedarf, und dass er in einer gewissen parteiischen Vorliebe für die Aristokratie befangen ist, freilich nicht für die seiner Zeit, denn wer hätte diese schärfer gegeisselt als er, wohl aber für die alte Aristokratie, die für ihn mit der Republik, dem Gegenstand seiner Sehnsucht und seiner idealischen Vorstellungen, eng verknüpft ist. Auch ist noch in Rechnung zu ziehen, dass er nicht völlig frei ist von der Schwäche der historischen Kritik, an der die alten Geschichtsschreiber überhaupt mehr oder weniger leiden, und demnach nicht selten Dinge berichtet, die unmöglich auf eine völlig zuverlässige Weise überliefert sein können, wohin wir ausser manchen andern Dingen insbesondere auch die Berichte über die geheimen Lüste und Ausschweifungen des Tiberius rechnen, die nicht wohl aus einer andern als der sehr trüben Quelle der Gerüchte geschöpft sein können.

Demungeachtet müssen wir das ungünstige Urtheil über Tiberius und über den Einfluss seiner Regierung festhalten, wie wir es bereits im Eingang dieses Abschnitts angedeutet haben und wie es sich hoffentlich in unserer ganzen vorstehenden Darstellung seiner Geschichte deutlich aussprechen wird.

Unter den Vorwürfen, welche dem Tiberius zu machen sind, steht nach unserer Ansicht in erster Linie nicht seine Grausamkeit, sondern sein Misstrauen gegen sich selbst wie gegen Andere und seine Menschenverachtung; dies ist die Wurzel und der Ursprung seines Seins und Handelns, woraus auch seine Grausamkeit hervorgegangen ist. Er war nicht grausam aus Leidenschaft und Blutdurst, sondern weil er in jedem Hervortreten und in jeder freieren Bewegung eines derjenigen Männer, die ihm nahe genug standen, um seine Eifersucht und Besorgniss zu erregen, eine Gefahr für seine Herrschaft fürchtete, und weil ihn sein alles Wohlwollens und aller Freundlichkeit entbehrendes Naturell kein anderes Mittel gegen diese Gefahren an die Hand gab als Härte und Grausamkeit; was auch der Grund ist, weshalb sich seine Verfolgungen fast nur auf Männer von einiger Bedeutung erstreckten. Eine unter schwerem Druck und unter Verstellung zugebrachte Jugend hatten in seinem von Natur mit der Härte und dem Stolze des Claudischen Geschlechts erfüllten Gemüthe die Zuversicht zu sich selbst und das hiermit gewöhnlich verbundene Wohlwollen gegen Andere nicht zur Entwickelung gelangen lassen. Er hatte kaum je einen Menschen, zu dem er Vertrauen und freundliche Gesinnungen gehegt hätte, von einigen Wenigen abgesehen, die ihm in der Zeit seiner Erniedrigung, namentlich während seines Exils in Rhodus, eine besondere Anhänglichkeit und Ergebenheit bewiesen hatten, und vielleicht noch von einigen Dienern oder von Gesellschaftern von niedrigem Range, die zu tief standen, um seinen Argwohn zu erregen. Er sah überall in den Menschen Feinde und, indem er sie demgemäss behandelte, so machte er sie dazu, er misstraute allen Menschen und machte sie dadurch des Misstrauens werth, so dass er auf der abschüssigen Bahn, auf der er sich bewegte, immer tiefer herabglitt. Sein Mangel an Selbstvertrauen aber und die daraus hervorgehende Aengstlichkeit und Unentschlossenheit gestattete ihm nicht, seinen vermeintlichen Feinden offen entgegenzutreten, er verbarg also seine Missgunst in seiner Brust, lauerte ihnen auf, um eine passende Gelegenheit zu ihrem Sturze wahrzunehmen, und zog es in der Regel vor, statt selbst zu handeln, den Senat als Werkzeug zu gebrauchen, den er desshalb zu der niedrigsten Servilität herabdrückte. So waren seine Grausamkeiten nicht wie plötzlich hereinbrechende verheerende Unwetter, sondern sie glichen, so zu sagen, dem Nachtfrost, der die ersten Blüthen des Frühlings, oder dem Mehlthau, der die reifende Frucht vernichtet. Dabei war er nicht ohne einen gewissen edleren Ehrgeiz; er hielt deshalb wenigstens eine lange Zeit an dem Bestreben und an der Hoffnung fest, der Nachwelt einen nicht ruhmlosen Namen zu hinterlassen, und wir dürfen nicht zweifeln, dass er sich selbst höchst unglücklich fühlte, wenn er sein Werk so wenig gelingen sah. Wir besitzen noch die Anfangsworte eines Briefes von ihm aus dem J. 32, an deren Aechtheit, da der ganze Brief jedenfalls in den Senatsprotokollen stand, nicht zu zweifeln ist, und die so lauten: „Götter und Göttinnen mögen mich schlimmer zu Grunde richten als ich mich täglich zu Grunde gehen fühle, wenn ich weiss, was ich euch, Senatoren, schreiben oder wie ich euch schreiben oder was ich euch nicht schreiben soll." Wer wollte hierin nicht das zerrissene, an sich und an aller Welt verzweifelnde Gemüth des Schreibers erkennen? Und nur aus einer solchen Beschaffenheit seines Innern lässt es sich ferner erklären, wenn er, wie wir oben berichtet haben, nach dem Tode des Drusus, ohne dazu gezwungen zu sein, Dinge in dem Senate vorlesen liess, die jeder nicht ganz verwilderte oder verzweifelte Sinn in das tiefste Geheimniss gehüllt haben würde, und wenn er das Gleiche nachher mit einer Schmähschrift des Partherkönigs Artabanus oder mit einer andern eines römischen Consularen, des Fulcinius Trio, thun liess. Aber wenn er selbst unglücklich war, so waren es nicht minder die Menschen, deren Schicksal in seine Hände gelegt war, nicht allein diejenigen, welche die Opfer seiner Grausamkeit wurden, sondern Alle, welche dieses Schicksal fortwährend über ihren Häuptern schweben fühlten, und denen durch ihn aller Genuss und aller Werth des Lebens geraubt wurde. Schon der eine Umstand, dass es unter den Angeklagten üblich wurde, sich selbst das Leben zu nehmen, um den Angehörigen die Einziehung des Vermögens zu ersparen (denn dies pflegte, obwohl nicht immer, denjenigen zugestanden zu werden, welche der Verurtheilung durch Selbstmord zuvorkamen), oder dass wenigstens Manche sich, obwohl für ihre Person ungefährdet, den Tod gaben, nur um dem Elend des Lebens zu entfliehen, schon dies Eine lässt uns deutlich erkennen, wie dunkel und wie schwer die Wolke war, die auf der römischen Welt lastete.

Wenn zuweilen zu seiner Entschuldigung geltend gemacht wird, dass die meisten Verurtheilungen nicht durch ihn, sondern durch den Senat geschehen seien, so ist dies so wenig stichhaltig, dass ihm vielmehr nichts so sehr zum Vorwurf gereicht als diese Erniedrigung des Senats, die ganz sein Werk ist, weil daraus am deutlichsten hervorgeht, wie unheilvoll seine Regierung in sittlicher Hinsicht gewirkt hat. Eben so wenig kann es ihm zum Vortheil angerechnet werden, dass er in einzelnen Fällen Milde bewiesen hat und hier und da gegen die Delatoren, den Krebsschaden der Zeit, strafend eingeschritten ist. Es sind dies nur einzelne Beispiele, die den Gesammteindruck seiner Regierung nicht ändern konnten, und im gewissen Sinne musste sogar die Willkür und Unberechenbarkeit des Herrschers, die sich darin zeigte, mit dazu beitragen, den Schrecken, unter dem man schmachtete, zu vermehren.

In den letzten Jahren seines Lebens beschäftigte sich Tiberius viel mit der Frage über die Nachfolge auf dem Throne. Er hatte innerhalb des engeren Kreises seiner Familie, da Claudius nicht in Betracht kam, nur zwischen Zweien zu wählen, zwischen Caligula und einem Enkel von seinem Sohne Drusus, der den gleichen Namen mit seinem Grossvater führte, einem der im J. 19 geborenen Zwillingsbrüder, von denen der andere im J. 23 gestorben war. Der leibliche Enkel würde vielleicht den Vorzug erhalten haben; allein er war noch sehr jung, und Caligula war bereits im geheimen Einverständniss mit Macro, was der alte scharfsichtige Kaiser wohl durchschaute, der es dem Günstlinge laut zum Vorwurf machte, dass er die untergehende Sonne verlasse und sich der aufgehenden zuwende. Tiberius wagte es daher nicht eine Entscheidung zu treffen; er beschloss vielmehr sie dem Schicksal zu überlassen.

In den ersten Monaten des J. 37 setzte er sich noch einmal in der Richtung nach Rom in Bewegung. Er näherte sich der Hauptstadt bis zum 7ten Meilenstein (d. h. bis auf etwa $1\frac{1}{2}$ Meilen), dann wendete er wieder um, begab sich zuerst nach Terracina, dann nach Circeji, wo er den gerade stattfindenden öffentlichen Spielen im Amphitheater beiwohnte und sogar, um der Welt seine ungeschwächte Kraft zu zeigen, einen Wurfspiess nach einem der gehetzten Thiere schleuderte. Von da reiste er nach Misenum. Hier wurde er, wahrscheinlich in Folge jener Ueberanstrengung, krank, so dass er seine Reise nicht, wie er wünschte, nach Capreä fortsetzen konnte. So schwach er war, so wusste er doch auch jetzt noch mit derselben Kunst und Energie der Verstellung, die er sein Leben lang geübt hatte, seinen Zustand einigermaassen zu verheimlichen, bis sein Arzt Charicles, der von ihm Abschied nahm, um eine Reise anzutreten, beim Handkuss Gelegenheit fand, seinen Puls zu berühren, und dem Caligula und Macro verrieth, dass der Kaiser nicht mehr länger als 2 Tage zu leben habe. Und nun entsandten diese sofort Boten an die Statthalter und an die Heere, um Alles für die Thronbesteigung des Caligula vorzubereiten. Wenige Tage darauf, am 16. März, stand sein Athem still, und schon drängte sich Alles glückwünschend um Caligula, als plötzlich die Nachricht anlangte, dass der Kaiser Athem und Besinnung wieder gewonnen habe. Macro aber, der in diesem schreckenvollen Augenblick allein die Besinnung nicht verlor, liess Kissen auf ihn werfen und ihn ersticken. So wenigstens Tacitus. Nach einer andern Nachricht des Seneca (es ist zweifelhaft, ob des Rhetors oder des Philosophen) streifte er, als er das Herannahen seines Todes fühlte, den Ring vom Finger, wie um ihn demjenigen zu reichen, den er zu seinem Nachfolger erkoren, steckte ihn aber wieder an und lag eine Weile unbeweglich, dann rief er nach seinen Dienern, und als keiner hörte, stand er auf, fiel aber wenige Schritte von seinem Lager todt nieder. Er starb im 23ten Jahre seiner Regierung und im 78ten seines Lebens. In seinem schon vor 2 Jahren verfassten Testament hatte er Caligula und Tiberius zu gleichen Theilen zu Erben eingesetzt.

  Das Volk jubelte über seinen Tod und überschüttete ihn mit Schmähungen. Gleichwohl wurde sein Leichnam, wie der des Augustus, auf den Schultern von Soldaten nach Rom getragen und dort feierlich verbrannt und im Mausoleum beigesetzt.

Caligula, Claudius, Nero,

37 — 68 n. Chr.

Tiberius hatte, wie wir gesehen haben, durch Missgunst, Hinterlist und planmässige Verfolgung Alles, was seinem Streben nach unbeschränkter Herrschaft entgegenstand, erniedrigt und erdrückt. Von den nachfolgenden Kaisern des Julischen Hauses wurde sein Werk zu Ende geführt, indem von ihnen dasjenige, was in Rom noch von selbstständigen und nationalen Elementen übrig war, durch eine Gewalt- und Willkürherrschaft niedergetreten wurde, wie sie die Geschichte kaum in einem zweiten Beispiele kennt. Die Namen des ersten und dritten derselben, Caligula und Nero, sind fast sprichwörtlich für grausame und übermüthige Despoten geworden; der mittlere, Claudius, war zwar von anderer Art, er war sogar wohlmeinend und ehrlich, aber was er selbst nicht that, das thaten seine Frauen und Freigelassenen, denen er durch eine an Blödsinn grenzende Geistesschwäche das Heft der Regierung völlig überliess.

Caligula,* 37—41.

Die ersten Monate der Regierung des Caligula waren eine Zeit des Glückes und der Freude für die ganze römische Welt. Das Volk athmete auf und jubelte, als es sich von

---

*) Der eigentliche Name des Kaisers ist Gajus Caesar Germanicus oder, wie er nach seiner Gelangung zum Throne auf den Münzen lautet, Gajus Caesar Augustus Germanicus. Caligula ist nur ein Spitz- oder Liebkosungsname, den er als Kind von den Soldaten empfing (s. o. S. 155), und der zuerst von dem Epitomator Aurelius Victor zu seiner Bezeichnung gebraucht wird, den wir aber beibehalten, weil er einmal üblich geworden ist und sich durch seine Kürze empfiehlt.

dem Druck des mürrischen, missgünstigen, böswilligen Tiberius befreit fühlte, und kam dem neuen Kaiser, dem Sohne seines Lieblings Germanicus, dem 25 jährigen Jüngling, freudig und hoffnungsvoll entgegen. Caligula aber war in der ersten Zeit sichtlich bemüht, sich für dieses Entgegenkommen dankbar zu erweisen; er that Alles, was er vermochte, um die freudige Stimmung des Volks zu erhalten und zu steigern, und unterdrückte die bösen Neigungen seines Herzens, eben so wie es auch nachher die meisten Despoten auf dem römischen Kaiserthrone Anfangs gethan haben, vielleicht auch, weil durch das Gefühl des eigenen Glücks in ihm wirklich ein gewisses Wohlwollen geweckt wurde, jedenfalls aber hauptsächlich aus dem Grunde, weil er sich noch nicht sicher genug in dem Besitz der Herrschaft fühlte. Wenn dabei schon jetzt bei ihm Genusssucht und Neigung zur Verschwendung zum Vorschein kamen, so diente dies nicht dazu, die Freude des Volks zu vermindern, sondern vielmehr durch den Gegensatz gegen die überstandene düstere und vergnügungslose Zeit des Tiberius, sie zu erhöhen.

Sein Zug mit der Leiche des Tiberius von Misenum nach Rom war ein Triumphzug durch die überall an den Seiten der Strasse versammelte, opfernde und jauchzende Menge; noch lebhafter waren die Freuden- und Gunstbezeigungen und die zärtlichen Zurufe bei seinem Empfange in Rom selbst. Nachdem er darauf die Leichenfeier für Tiberius vollzogen hatte, wobei er auch die Leichenrede für ihn hielt, nachdem ferner der Senat unter stürmischem Andrange des Volks ihm mit einem Male alle Rechte und Ehren übertragen hatte, welche Augustus sich im Laufe seiner langen Regierung allmählich erworben hatte — die er auch mit Ausnahme des Titels Vater des Vaterlandes, den er zur Zeit noch ablehnte, sämmtlich annahm, — so folgte nun eine Handlung der Popularität nach der andern. Tiberius hatte den Prätorianern jedem 1000, den städtischen Cohorten und den Wächtercohorten Mann für Mann 500, den Legionssoldaten 300 Sestertien und dem Volke zusammen 50 Millionen Sestertien vermacht. Obgleich das Testament auf Anlass des Caligula für ungültig erklärt wurde, um den jungen Tiberius von dem ihm bestimm-

ten Antheile anzuschliessen, so wurden doch alle jene Legate
ausgezahlt und das Geschenk für die Prätorianer sogar verdoppelt. Er zahlte ferner dem Volke die Legate der Augusta
und die demselben bei seiner eigenen Bekleidung mit der
männlichen Toga versprochenen 240 Sestertien aus, beide
Geschenke waren nämlich noch rückständig, und fügte zu den
letzteren noch 60 Sestertien als Vorzugszinsen hinzu. Er
erliess die von Augustus eingeführte (o. S. 49) und von Tiberius auf die Hälfte herabgesetzte Steuer von allen Verkaufsgegenständen und setzte die geringe Abgabe, welche die
Getreideempfänger zu entrichten hatten, auf einen noch geringeren Betrag herab. Hierzu kam eine Menge von Beweisen
seiner Bescheidenheit und Milde. Er lehnte das ihm angetragene Consulat ab, um es nicht den Inhabern desselben, denen
es bis zum 1. Juli gebührte, zu entziehen. Er bewies gegen
den Senat die grösste Ergebenheit; er erklärte, dass er von
den gesetzlichen Gerichten keine Appellationen annehmen
werde, gestattete nicht, dass ihm Statuen errichtet wurden,
verbannte die Delatoren aus Italien, für die er, wie er sagte,
keine Ohren habe, und liess alle Schriftstücke aus der vorigen
Regierung, die Jemandem nachtheilig werden könnten, insbesondere diejenigen, welche mit dem Unglück seiner Familie
in Beziehung standen, auf das Forum schaffen und dort ungelesen, wie er sagte, verbrennen. Als ihm eine Schrift mit
der Anzeige von einem Anschlag auf sein Leben überreicht
wurde, gab er sie zurück, indem er sagte, er habe nichts
gethan, weshalb er Jemandem verhasst sein könnte. Es wurden viele Verbannte zurückgerufen, viele Verurtheilungen aufgehoben, und wie von den Menschen so wurde auch von den
geistigen Hervorbringungen der Bann der Vergangenheit hinweggenommen, indem das Verbot der Schriften des T. Labienus, des Cassius Severus (o. S. 133) und des Cremutius Cordus (o. S. 207) beseitigt wurde. Auch die Pietät gegen seine
Familie diente dazu, seine Popularität zu erhöhen. Er führte
selbst die Ueberreste seiner Mutter Agrippina und seines Bruders
Nero in feierlichem Zuge von ihrem Verbannungsorte nach
Rom und liess sie unter ausgezeichneten Ehren im Mausoleum
beisetzen; seiner Grossmutter Antonia liess er alle Anzeich-

nungen zuertheilen, welche einst Augusta genossen hatte, eben so erwies er seinen drei Schwestern Agrippina, Drusilla und Julia oder, wie sie auch genannt wird, Livilla, besondere Ehren. Der unglückliche junge Tiberius wurde für seine Enterbung dadurch anscheinend entschädigt, dass er von Caligula adoptiert und zum Princeps Iuventutis ernannt wurde. Selbst für den verstorbenen Kaiser beantragte er unmittelbar nach seinem Tode dieselben Ehren wie sie Augustus genoss, d. h. namentlich dass er für einen Gott erklärt und an jedem ersten Januar der Schwur auf seine Anordnungen im Senat geleistet würde. Da indess der Senat zögerte, so drang er nicht weiter darauf, und so unterblieb die Apotheose und demnach wurde auch bei der üblichen Eidesleistung der Name des Tiberius fortan ausgelassen.

Wie gross die allgemeine Freude der Menschen über das neugeschenkte Glück der Regierung des Caligula war, dafür wird von den Alten selbst als sprechender Beweis angeführt, dass in dieser ersten Zeit in nicht ganz drei Monaten den Göttern über 160,000 Dankopfer dargebracht worden seien.

Am 1. Juli, nachdem die bestimmte Zeit der bisherigen Consuln abgelaufen war, übernahm er das Consulat, und zwar zusammen mit seinem Oheim Claudius, der, obwohl bereits 46 Jahre alt, noch zu keinem Ehrenamte zugelassen worden war und daher bis jetzt noch dem Ritterstande angehört hatte. Er hielt beim Antritt des Consulats eine Rede, die so voll von edlen Vorsätzen und von Versicherungen der Ergebenheit gegen den Senat war, dass dieser beschloss, sie alljährlich an demselben Tage wieder vorlesen zu lassen, und verwaltete dann das Amt zwei Monate und zwölf Tage im Ganzen in einer den erregten Erwartungen entsprechenden Weise. Während dieser Zeit feierte er am 30. und 31. August — letzteres zugleich sein Geburtstag — die Einweihung des Tempels des Augustus, welcher von Tiberius begonnen, aber nur langsam gefördert und daher erst jetzt zur Vollendung gebracht worden war. Er gab dabei einen ersten deutlichen Beweis von seinem Hang zu maassloser Verschwendung, indem er z. B. am ersten Tage nicht nur die Senatoren und Ritter, sondern das ganze Volk mit einem Festschmaus bewirthete, indem er das Volk mit allerlei Spielen und Thierhetzen im grossartigsten Maassstabe ergötzte, wobei, wie uns berichtet wird, 400 Bären und eben so viele Löwen und Panther getödtet wurden, und ausserdem Jedermann aus dem Volke noch ein Geschenk von 300 Sestertien gab. Indess machte ihn diese Verschwendung, da sie doch zunächst vorzugsweise im Interesse des Publikums geschah, zur Zeit beim Volke nur um so beliebter. Bald nach Niederlegung seines Consulats (im ersten Monat seiner Regierung) wurde er gefährlich krank, und noch war seine Gunst so gross und so allgemein, dass die Thore des Palatiums Tag und Nacht von Volksmassen belagert waren, die nach Nachricht über das Befinden des Kaisers verlangten, und in den Provinzen überall für seine Genesung Gebete und Opfer dargebracht wurden.

Mit seiner Wiedergenesung aber trat nun sofort eine völlige Aenderung in seinem ganzen Verhalten ein. Während er bisher aus Scheu vor Senat und Volk sich Zügel angelegt hatte, so gab er jetzt seinen Neigungen und Begierden vollen freien Lauf; es schien, als ob dieser Beweis von Liebe des Volks ihm zuerst das Gefühl der Sicherheit gegeben habe, und als ob er von nun an es sich zur besondern Aufgabe mache, der Welt und zugleich sich selbst zu beweisen, dass er thun könne, was ihm beliebe.

Das erste war, dass er zwei thörichte und niedrige Schmeichler, von denen der eine für den Fall seiner glücklichen Herstellung gelobt hatte, für ihn zu sterben, der andere, als Gladiator aufzutreten, mit grausamem Hohne nöthigte, ihre Gelübde zu erfüllen; jenen liess er im Opferschmuck durch die Strassen führen und dann hinrichten, dieser, ein Ritter, musste vor seinen Augen den Kampf als Gladiator bestehen und wurde, obgleich er gesiegt hatte, doch kaum und nur nach den demüthigsten Bitten begnadigt. Hierauf entledigte er sich aller derjenigen in seiner Umgebung, die ihm irgendwie gefährlich schienen oder durch ihre Ansprüche ihm lästig wurden. Zunächst also erhielt der junge Tiberius durch einen von ihm abgesandten Centurio den Befehl sich selbst zu tödten; dem Centurio war verboten, mit eigener Hand das kaiserliche Blut zu vergiessen, er musste daher den unglücklichen,

erst 18jährigen Jüngling vorher mühsam anleiten, wie er sich
den Todesstoss geben sollte. Dann wurde auch der Vater
seiner Gemahlin Claudia, M. Claudius Silanus, einer der angesehensten Männer der Zeit beseitigt, ferner seine Grossmutter Antonia und Macro nebst seiner Gemahlin Ennia,
welche letzteren beide das Meiste dazu beigetragen hatten,
dass er auf den Thron gelangt war, alle entweder — denn
die Nachrichten darüber lauten verschieden — indem er ihnen
den Befehl zugehen liess, sich selbst den Tod zu geben, oder
indem er sie durch Kränkungen und Drohungen dazu brachte.
Er verstiess auch die Claudia und heirathete Cornelia Orestilla, die Verlobte des C. Calpurnius Piso, die er diesem
am Tage ihrer Hochzeit mit ihm entriss, aber nur um Beide,
Orestilla und Piso, nach kurzer Zeit zu verbannen.

Zugleich aber stürzte er sich immer mehr in den wildes-
ten Strudel sinnlicher Vergnügungen. Er war ohne alle
eigentliche Bildung und ohne Interesse nicht nur für die
Staatsangelegenheiten, sondern auch für jede andere ernstere
Beschäftigung, allenfalls die Beredtsamkeit ausgenommen, in
der er sich einige Fertigkeit erworben hatte, und die er daher
zuweilen, gewöhnlich aber auch zum Unglück für Andere, zu
zeigen liebte. Wozu hätte er also die Freiheit, Alles zu thun
was er wollte, die er so lebhaft empfand, anders benutzen
sollen als zu Ausschweifungen und zum Schwelgen in sinnlichen Genüssen? Unsere Quellen — freilich, wie wir uns
immer gegenwärtig halten müssen, jetzt nicht mehr Tacitus,
sondern Sueton, Dio, Philo und Josephus — sind voll von
Beispielen der grössten Schamlosigkeit im unzüchtigen Verkehr
mit Frauen und Knaben. Selbst sein Verhältniss mit seinen
Schwestern blieb in dieser Hinsicht nicht unangetastet, und
wenigstens in Bezug auf die eine derselben, Drusilla, that er
selbst Alles, um die dunkelsten Gerüchte zu bestätigen. Er
trennte sie von einem andern, wahrscheinlich weniger willfäh-
rigen Gatten und verheirathete sie mit M. Aemilius Lepidus,
einem Manne von vornehmster Geburt, aber ohne Charakter
und sittlichen Werth, um den Umgang mit ihr ungehindert
fortsetzen zu können. Er zeichnete sie auf alle Art aus, ja
sie wurde sogar, wie wenigstens erzählt wird, zur Nachfolge

auf dem Throne bestimmt. Als sie darauf im J. 38 starb, gab er sich eine Zeit lang der leidenschaftlichsten Trauer hin, er liess sich Bart und Haupthaar wachsen und verbarg sich in die Einsamkeit eines Landgutes. Und als er nach Rom zurückkehrte, liess er ihre goldene Statue im Senat und im Tempel der Venus aufstellen, ordnete ihre göttliche Verehrung unter dem Namen Panthea (Allgöttin) an, und befahl, dass die Frauen bei keiner anderen Gottheit als bei ihr schwören sollten, so wie er auch selbst nur bei ihrem Namen zu schwören pflegte. Um die Thorheit voll zu machen, schwur der Senator Livius Geminius, dass er sie — wie einst Proculus Julius den Romulus — gen Himmel habe fahren sehen, wofür er von Caligula eine Belohnung von einer Million Sestertien empfing.

Ferner aber gab er sich jetzt seinem Hange zu den Vergnügungen des Circus und des Theaters völlig hin. Es war, als ob er nur lebte und regierte, um sich und das Volk durch Spiele und Schaustellungen zu amüsieren. An dem Streite der jetzt entstehenden Parteien des Circus, der Grünen, Blauen, Rothen und Weissen, nahm er zu Gunsten der Grünen mit einer Leidenschaft Theil, wie sie nur der Wettkämpfer selbst oder die rohe, ungebildete Masse des Volks hegen konnte. Alle bisherigen Beschränkungen hinsichtlich der Zahl der Gladiatoren wurden aufgehoben, und er liebte es besonders, sie, statt paarweise, in Massen kämpfen zu lassen. Senatoren und Ritter mussten bei den Wettrennen als Kämpfer auftreten, die letzteren auch bei den Gladiatorenspielen, und es geschah nicht selten, dass Ritter durch die Gerichte zum Auftreten als Gladiatoren verurtheilt wurden. Ja er selbst konnte sich nicht enthalten, sich als Kämpfer im Wettrennen, als Sänger, als Tänzer und sogar als Gladiator thätig zu betheiligen. Um von den zahlreichen Anekdoten, die uns als Beweis seiner Leidenschaft für diese Dinge berichtet werden, nur ein paar hervorzuheben: Er besass ein Rennpferd, welches er besonders liebte, Incitatus (das schnelle) genannt. Diesem liess er einen Stall von Marmor mit einer goldenen Krippe bauen und stattete es mit einem vollständigen Haushalt von Sclaven und Geräthen aus, damit es, wie er sagte, seine

Besucher würdig empfangen könne. Dasselbe Pferd lud er bei sich zu Tisch, erklärte, dass er es zum Consul ernennen werde, machte es später zum Mitglied des Priestercollegiums, welches er für seine eigene göttliche Verehrung einsetzte, und als es einmal den folgenden Tag an einem Wettrennen Theil nehmen sollte, liess er die Menschen die Nacht vorher in der Nähe seines Stalles mit Gewalt und Blutvergiessen auseinandertreiben, damit es nicht in seiner Ruhe gestört werde. Einst liess er in der Nacht einige der angesehensten Senatoren zu sich rufen. Als sie sich in der Meinung, dass es sich um eine wichtige Staatsangelegenheit handele, versammelt hatten, öffnete sich plötzlich die Thür des Zimmers: er rauschte im Schauspielercostüm herein und tanzte ihnen unter Musikbegleitung etwas vor. Bei dieser Liebhaberei war es auch natürlich, dass er sich mehr mit Schauspielern und Wagenlenkern als mit Staatsmännern abgab und einen grossen Theil seiner Zeit ausser den eigentlichen Spielen in den Pferdeställen und auf den Uebungsplätzen der Rennpferde und der Gladiatoren zubrachte.

Ein Charakter, wie der des Caligula, in dem die Selbstsucht und die Nichtachtung jeder fremden Persönlichkeit so stark ausgeprägt war, musste nothwendig, wenn er die Macht dazu besass, auch grausam sein, und jenes Treiben, insbesondere die gewohnheitsmässige Theilnahme an den Thierhetzen und Gladiatorenspielen, musste nothwendig dazu beitragen, diese Neigung zu steigern. Es wird erzählt, dass er, als es einst an Verbrechern für die Thierhetzen fehlte, aus dem Kreise der Zuschauer die den Schranken zunächst stehenden aufgreifen und den wilden Thieren vorwerfen liess, dass er diese mit dem Fleische der Gefangenen fütterte, dass er bei Tisch unter seinen Augen die Angeklagten foltern und wohl auch hinrichten liess, dass er es den Henkern zur Pflicht machte, ihre Opfer so hinzurichten, dass sie den Tod fühlten, dass er die Väter zwang, der Hinrichtung ihrer Söhne beizuwohnen, und sie dann wohl zu einem fröhlichen Mahle zu sich einlud, dass er einen Vater, der in jenem traurigen Falle war und ihn fragte, ob er die Augen zudrücken dürfe, sofort mit seinem Sohne zusammen hinrichten liess, dass er

Menschen, wie Thiere, in eiserne Käfiche sperren oder auch mitten durchsägen liess, und dergleichen mehr, was, wenn auch theilweise kaum denkbar, doch beweist, wie er im Allgemeinen war und wie man seinen Charakter auffasste. Er selbst rühmte sich der Festigkeit, mit der er das Schrecklichste ansehen könnte, und pflegte dieselbe mit einem der stoischen Philosophie entlehnten Ausdrucke Adiatrepsie zu nennen.

Es kam nun aber bei ihm noch ein besonderes Motiv zu Grausamkeiten hinzu. Nicht nur, dass er durch jene Spiele und Wettrennen ungeheure Summen verschleuderte, sondern er war auch im Uebrigen ein ganz sinnloser Verschwender. Es gehörte z. B. zu seinen Vergnügungen, Geld oder Geldanweisungen unter das Volk auszuwerfen oder auch bei den öffentlichen Spielen die versammelte Menge zu bewirthen; er warf seinen Günstlingen, besonders Schauspielern und Wagenlenkern, bei jeder Gelegenheit grosse Geschenke zu: so erhielt ein Wagenlenker von seiner Partei, Eutychus, einst beim Nachtisch, wo es üblich war, kleine Geschenke zu vertheilen, mit einem Male zwei Millionen Sestertien; eine seiner Mahlzeiten kostete, wie berichtet wird, zehn Millionen Sestertien,*) was er dadurch möglich machte, dass er, wie einst Cleopatra, Perlen in Essig auflöste und sie so schlürfte, und dergl. mehr. Eine ganz besonders unsinnige Verschwendung trieb er mit seinen Bauunternehmungen, zu denen er nicht durch die Rücksicht auf Nutzen oder Schönheit, sondern lediglich durch das Ungeheuerliche der Conception bestimmt wurde; er wollte das Unmögliche möglich machen und die Welt dadurch in Staunen setzen. Er führte das Palatium, welches er bewohnte, durch eine Kette von Hallen und Häusern fort bis zum Tempel des Castor und Pollux am Fusse des palatinischen Hügels und verband letzteren durch einen grossartigen Viäduct, der über die im Thale liegenden Häuser und Tempel hinwegging, mit dem capitolinischen Hügel, jenes, um den Tempel der Dioskuren zur Vorhalle seines eigenen

---

*) Senec. Consol. ad Helv. X, 4: C. Caesar Augustus, quem mihi videtur rerum natura edidisse, ut ostenderet, quid summa vitia in summa fortuna possint, centies sestertio coenavit uno die.

Hauses zu machen, dieses, um den Tempel des capitolinischen Jupiter bequemer besuchen zu können. Er begann ferner die beiden grossartigsten der grossartigen Wasserleitungen Roms, die nachher von Claudius vollendet wurden, die Aqua Claudia und die des Anio novus, von denen die letztere über die erstere hinweg führte und das Wasser aus einer Entfernung von beinahe 59 römischen Meilen theilweise auf Bogen von einer Höhe bis zu 109 Fuss nach Rom brachte. Ausserdem soll er beabsichtigt haben, den Isthmus von Corinth zu durchstechen, zu Rhegium und an der gegenüberliegenden Küste von Sicilien neue Häfen graben zu lassen, und sogar auf der Höhe der Alpen eine Stadt zu bauen. Die bezeichnendste, weil nutzloseste und kostspieligste Unternehmung dieser Art war aber der Bau einer Brücke, die er im J. 39 von Puteoli nach Bauli in einer Länge von 18,000 Fuss oder nach anderen von 26 oder 30 Stadien über den Meerbusen von Bajä führte. Er liess alle Fahrzeuge, die in der Nähe und Ferne zu erlangen waren, zusammenbringen und auf sie eine Strasse mit Halteplätzen, die sogar durch Aquäducte mit Wasser versehen wurden, legen, ganz gleich den auf dem Festlande gebauten Militärstrassen. Und nachdem dies Alles ausgeführt war, so begab er sich an die Stelle, mit ihm eine grosse Menschenmenge, Vornehme und Geringe, und zog an der Spitze einer zahlreichen Streitmacht erst von Bauli nach Puteoli und dann, nachdem er hier einen Tag Rast gehalten, wieder von Puteoli nach Bauli. Auf dem ersten Zuge war er selbst zu Ross, mit dem Panzer Alexanders des Grossen und einem seidenen, mit Edelsteinen übersäeten Purpurgewande angethan, mit Schild und Schwert bewaffnet und mit einem Eichenkranz auf dem Haupte, den zweiten Zug machte er zu Wagen als Wagenlenker mit den Abzeichen der grünen Partei. Auf diesem letzteren Zuge wurde in der Mitte der Brücke angehalten, der Kaiser hielt eine Rede, worin er seinen Sieg nicht nur über Xerxes, sondern auch über den Meeresgott selbst verkündete, und nun folgte ein grosses Festmahl, welches bis tief in die Nacht dauerte, während die den Meerbusen umkränzenden Berge von zahllosen Fackeln und Lustfeuern erglänzten, die die Nacht zum Tage machten.

So gross daher der Schatz war, den der sparsame Tiberius angesammelt und ihm hinterlassen hatte, und der nach der mässigsten Angabe sich auf 270 Millionen Sestertien (ungefähr 15 Millionen Thaler) belief, so war derselbe doch schon im zweiten Jahre erschöpft, und er war daher, um seine Verschwendung fortsetzen zu können, genöthigt, sich durch Plünderung Anderer die Mittel dazu zu verschaffen. So nimmt also von nun an die Habsucht eine bedeutende Stelle unter den Motiven seiner Grausamkeit ein. Er mordete eine Menge Menschen, lediglich um sich ihres Vermögens zu bemächtigen. Er liess sie auf irgend einen beliebigen Grund anklagen; am häufigsten benutzte er dazu dieselben Papiere über die Verfolgungen der Angehörigen seiner Familie, die er einst ungelesen zu verbrennen erklärt hatte. Viele wurden auch angeklagt, weil sie bei dem Tod seiner Schwester Drusilla nicht getrauert hatten, oder auch, wie erzählt wird, weil sie getrauert hatten, da sie ja nicht gestorben, sondern zu den Göttern erhoben worden sei. Dabei fanden auch die Delatoren wieder Gelegenheit, ihre unheilvolle Thätigkeit zu entwickeln. Als Richter pflegte er selbst zu fungieren, und er trieb dies Geschäft mit einer solchen Hast, dass er einst während des Mittagsschlafs seiner Gemahlin 40 Angeklagte verurtheilte und sich bei ihrem Erwachen einer ungeheueren Summe rühmen konnte, die er mittlerweile verdient habe. Hiergegen kommen die anderen Künste kaum in Betracht, die er zur Plünderung seiner Unterthanen anwandte, so ungerecht und drückend sie auch an sich waren, wie wenn er z. B. alle Legate und Erbschaften, die für Tiberius bestimmt worden waren, für sich in Anspruch nahm, wenn er die Hinterlassenschaft aller Centurionen, die seit dem Triumphe seines Vaters Germanicus (also seit mehr als 20 Jahren) gestorben waren und einen Anderen als den Kaiser zum Erben eingesetzt hatten, für sich eintreiben liess, oder wenn er, wie auch geschah, eine öffentliche Auction seiner Gladiatoren, Wagen und Rennpferde anstellte, nur um alle reichen Männer, insbesondere diejenigen, die ein öffentliches Amt bekleideten, durch directe und indirecte Mittel zu nöthigen, sie zu den theuersten Preisen zu kaufen.

Diese bisher angeführten Züge reichen zwar vollkommen
hin, um den Caligula als einen Despoten kennen zu lernen,
aber sie erschöpfen seinen Charakter noch nicht. Es fehlt
namentlich noch eine Seite desselben, die ihn von anderen
grausamen Despoten wesentlich unterscheidet. Neben jenen
Zügen der Verschwendung und Grausamkeit ist nämlich seine
Regierung voll von Beweisen einer Willkür, die weiter keinen
Zweck hat als zu beweisen, dass sie thun und sagen kann,
was sie will, und eines frevelnden Uebermuthes, der sich
darin gefällt, Alles, was für andere Menschen eine Schranke
bildet, Recht, Sitte, Scham, Religiösität, mit Füssen zu
treten: eine Seite seines Charakters, die sich besonders darin
zeigt, dass er mit Dingen, die jedes menschliche Gefühl
empören, spielt und sie zum Gegenstand seines Witzes macht.
So pflegte er z. B. alle 10 Tage die Gefangenen zu besuchen
und die Executionen anzuordnen, die ihm beliebten; dies
nannte er, seine Rechnung richtig machen. Als einst die
Gefangenen in einer Halle aufgestellt waren, um von ihm ihr
Urtheil zu empfangen, und zufällig an beiden Enden der langen
Reihe sich einer mit einem kahlen Kopfe befand, so verkündigte er sein Urtheil mit den Worten: sie sollten von einem
Kahlkopf zum andern zur Strafe abgeführt werden. Als ein
gewisser Junius Priscus hingerichtet worden war und sich nach
seinem Tode ergab, dass er nicht so reich gewesen war als
man geglaubt hatte, rief er: Priscus hat mich betrogen. Bei
einem Gastmahle lachte er mit einem Male laut auf, und als
die neben ihm liegenden Consuln ihn höflichst nach der Ursache
fragten, antwortete er: Ich denke daran, dass es mir nur
einen Wink kostet, euch Beiden den Kopf abschlagen zu lassen.
Zu seiner letzten, übrigens von ihm, soweit es ihm möglich
war, wirklich geliebten Gemahlin Cäsonia sagte er, während
er ihren Nacken küsste: Was für ein schöner Nacken, und
doch würde er, sobald ich es befehle, abgeschlagen werden.
Als er einst gegen das ganze Volk aufgebracht war, weil es
ihm in Bezug auf die Schauspiele irgend wie nicht zu Willen
gewesen war, drückte er seinen Zorn gegen dasselbe mit den
Worten aus: O wenn es doch einen einzigen Nacken hätte!
Er war zu seinem und Roms Unglück eine ruhelose, in heftigem,

hastigem Ungestüm von einem Einfall zum andern, von einer
Handlung zur andern überspringende Natur, und diese Disposition wurde natürlich durch sein ausschweifendes, zügelloses
Leben fortwährend gesteigert: um so mehr häuften sich dergleichen Dinge. Mit jener Disposition hing es auch zusammen,
dass er des Nachts nicht länger als 3 Stunden und auch diese
nicht ruhig und ununterbrochen schlief. Als er einst, ohne
schlafen zu können, sich auf seinem Lager herumwarf, dachte
er daran, wie glücklich doch die zahlreichen Verbannten
wären, die, wenn auch von Rom entfernt, sich doch alle
Genüsse des Lebens verschaffen könnten, und liess nun sofort
einen Befehl ausgeben, wonach alle Verbannte, oder nach
einer ermässigenden Nachricht wenigstens alle Angesehenen
und Vornehmen unter denselben, getödtet werden sollten.

Man wird sich nicht wundern dürfen, wenn er bei dieser
Stimmung seinen Hohn und seine Verfolgung gegen Alles,
was unter den Menschen hoch und ehrwürdig war, und sogar
gegen die Götter richtete. So liess er die Statuen der berühmtesten und verdientesten Männer Roms, welche Augustus auf
dem Marsfelde aufgestellt hatte, umstürzen und sie so verstümmeln, dass sie nicht mehr zu erkennen waren. Die beiden
Schriftsteller, welche damals vorzugsweise nicht allein geliebt
und bewundert, sondern wegen ihrer nationalen Richtung allgemein verehrt wurden, Livius und Virgil, wurden eben deshalb von ihm bei jeder Gelegenheit verspottet und durch seinen
bösartigen Witz herabgesetzt; von dem Historiker sagte er,
er sei ungenau und weitschweifig, von dem Dichter, er habe
keinen Geist und keine (oder vielleicht nach einer richtigeren
Lesart, zu viele*)) Gelehrsamkeit: Beides Urtheile, in denen
wir von unserem Standpunkt einigen Scharfsinn und Witz anzuerkennen geneigt sein werden, die aber im Munde des Caligula

---

*) Die Worte bei Sueton (Cal. 34) lauten: nullius ingenii minimaeque doctrinae. Sollte aber statt minimae nicht mit einer leichten Aenderung nimiae zu lesen sein? Der Tadel einer zu grossen pedantischen
Gelehrsamkeit scheint mir bei Virgil nicht nur an sich näher zu liegen,
sondern auch dem Temperament des unwissenden, alle Gelehrsamkeit verachtenden Tadlers mehr zu entsprechen.

kaum einen anderen Grund haben können als die Neigung, alles Hohe herabzuziehen. Er hatte daher auch die Absicht, die Werke Beider aus allen Bibliotheken zu verbannen. Ja er soll sogar daran gedacht haben, die Homerischen Gedichte auszumerzen und aus der Welt zu schaffen: denn, habe er gesagt, warum solle ihm nicht dasselbe gestattet sein wie dem Plato, der den Homer aus seinem Staate habe verbannen wollen? Ueber die Schriften des Philosophen Seneca, des angesehensten Schriftstellers seiner Zeit, fällte er das nicht unwitzige, jedenfalls aber zugleich schmähsüchtige Urtheil, sie seien blosse Spielwerke und wie Sand ohne Mörtel; auch war er schon im Begriff, ihn tödten zu lassen, als ihm gesagt wurde, er leide an der Schwindsucht und werde daher ohnehin bald sterben; was ihn bewog, davon abzustehen. Die Rechtsgelehrsamkeit erklärte er als unnöthig ganz ausrotten zu wollen, und alle diejenigen, welche als Redner einige Anerkennung für sich in Anspruch nahmen, konnten sich nur retten, wenn sie sich selbst ihm gegenüber aufs Tiefste demüthigten. So wurde z. B. einer der angesehensten Redner der Zeit, Domitius Afer, von ihm angeklagt und war nahe daran, als Opfer seines Neides zu fallen; er war aber klug genug, statt eine Vertheidigung zu versuchen, sich so zu stellen, als sei er von der Beredtsamkeit des Herrschers ganz überwältigt, und wurde nun nicht nur begnadigt, sondern auch durch das Consulat ausgezeichnet. Es ist nicht unwahrscheinlich, dass an dieser Selbstüberhebung, die nichts neben sich duldete, der Einfluss und das Beispiel mehrerer orientalischen Herrscher, die sich damals in Rom aufhielten, insbesondere des Agrippa, eines Enkels des Herodes, mit dem er viel verkehrte und der von ihm mit einem Theile des Erbes seines Grossvaters beschenkt wurde, einen nicht unbedeutenden Antheil hatte. Seine Ansicht über das Verhältniss zwischen Herrscher und Beherrschten wenigstens, welche er durch die Vergleichung jenes mit dem Hirten und dieser mit der Heerde auszudrücken liebte, ist eines orientalischen Despoten vollkommen würdig.

Von hier aus war es nur ein kleiner Schritt zu der gleichen Selbstüberhebung auch den Göttern gegenüber. Während Augustus bei seinen Lebzeiten nur in den Provinzen den

Bau von Tempeln für sich gestattet hatte, während Tiberius auch dies nur in einem Falle zugegeben hatte, so liess sich Caligula nicht nur als Gegenstück zu dem capitolinischen Tempel des Jupiter auf dem palatinischen Hügel einen Tempel bauen, in dem er seine Statue aufstellte, sondern trieb auch sonst allerlei unwürdige Mummerei mit den Göttern, indem er sich den lateinischen Jupiter nennen liess, indem er den Blitz und Donner des Jupiter nachzuäffen suchte, angeblich mit den Göttern vertraute Zusammenkünfte hielt, sich bald im Costüm des Apollo, des Bacchus, des Hercules, bald sogar in dem der Juno, Diana oder Venus zeigte u. dergl. m. Es wird erzählt, er habe einst die Absicht gehabt, nach dem Muster der orientalischen Fürsten das Diadem anzunehmen; da habe man ihm vorgestellt, dass er doch mehr sei als diese, und so habe er den Beschluss gefasst, seine Stellung neben oder vielmehr, da er sich die Attribute verschiedener Götter aneignete, über den Göttern einzunehmen.

Diese und andere ähnliche Frevel und Thorheiten waren es vorzüglich, welche seine Regierungszeit ausfüllten. Ausserdem ist wenig von ihm zu berichten.

Aus dem Beginne des J. 38 werden noch einige lobenswerthe oder doch untadelhafte Handlungen von ihm erwähnt. Wir hören nämlich, dass er in dieser Zeit die Staatsrechnungen veröffentlichte, wie es Augustus gethan hatte, was von Tiberius nie geschehen war, und dass er den Stand der Ritter durch Aufnahme einer grösseren Zahl von wohlhabenden und würdigen Provincialen vermehrte. Auch wird gerühmt, dass er bei einem grossen Brande selbst Hülfe leistete und nachher die Abgebrannten freigebig unterstützte.

In demselben Jahre war es wahrscheinlich auch (bei der Beschaffenheit unserer Quellen bleiben wir nämlich vielfach über die Zeitfolge im Ungewissen), wo er dem Volke die ihm durch Tiberius entzogene Wahl der Magistrate zurückgab. Es zeigte sich indess, dass die freie Wahl, wie nicht anders zu erwarten, jetzt noch viel mehr als unter Augustus ein blosser Schein war. Es war auch jetzt nur der Kaiser, der die Magistrate bestimmte, und Caligula selbst hielt es später für besser, das Geschenk wieder zurückzunehmen.

Im J. 38 schloss er auch wieder eine neue Ehe mit Lollia Paulina, einer der schönsten und zugleich reichsten Frauen der Zeit, an welcher der ältere Plinius, wie er erzählt, einst und zwar bei einer keineswegs besonders feierlichen Gelegenheit selbst einen Juwelenschmuck von 40 Millionen Sostertien an Werth sah. Sie war mit Memmius Regulus, dem Consul des J. 31 (o. S. 218) verheirathet. Er liess sie sich aber von diesem abtreten, verstiess sie indess ebenfalls bald wieder, um endlich im J. 39 die Caesonia zu heirathen, die es verstand, ihn dauernd an sich zu fesseln.

Das J. 38 schloss mit einer Scene, die wohl geeignet war, in den Römern wieder einmal ein Gefühl ihrer Grösse und Macht zu wecken. Der Kaiser setzte nämlich eine Anzahl von Fürsten auf ihre, allerdings meist kleinen Throne ein, Soämus auf den von Ituräa, Cotys auf den von Kleinarmenien, Rhoemetalces auf den von Thracien und Polemo auf den von Pontus. Es geschah dies auf dem Forum, indem der Kaiser auf einer hohen Bühne zwischen den beiden Consuln sitzend den Senatsbeschluss vorlas und den fremden Fürsten ihre Erhebung verkündete, die, wie leicht zu denken, es an Huldigungen gegen den Kaiser und das römische Volk nicht fehlen liessen.

Für das J. 39 hatte er sich wieder das Consulat übertragen lassen, sein zweites, das er jedoch schon nach 30 Tagen wieder niederlegte. Im Laufe dieses Jahres, wie es scheint im Frühjahr und vor dem Bau der Brücke von Puteoli nach Bauli, vollzog er einen Act, der in der That selbst bei einem Charakter, wie dem des Caligula, kaum glaublich erscheint, mit dem er sich gewissermaassen ausdrücklich und feierlich zu der Art der Regierung bekannte, wie er sie bisher bereits factisch geführt hatte. Er erschien im Senat und hielt hier zum Staunen und Schrecken seiner Hörer eine lange Rede, in welcher er den Tiberius in völligem Widerspruch mit seinen früheren Erklärungen höchlich lobte, ihn von allen Vorwürfen reinigte und die Schuld aller seiner Verbrechen auf den Senat schob: denn ihr waret es, sagte er, die ihr die Unschuldigen verurtheilt und in den Tod oder in die Verbannung geschickt habt, nicht er, und wenn er ja etwas Unrechtes gethan, warum hättet ihr ihn gelobt und gepriesen und mit Ehren überhäuft, wenn ihr es nicht gebilligt und für gut befunden hättet? Und hieran knüpfte er sodann die Erklärung, dass er selbst sich von einem solchen Senat nichts Gutes versprechen könne, dass er sich daher nicht um ihn kümmern und nur dafür sorgen werde, dass man ihn fürchte. Die Senatoren hörten die Rede schweigend an und fanden an diesem Tage nicht so viel Fassung, um irgend etwas darauf zu erwiedern. Am folgenden Tage aber versammelten sie sich wieder, und nun dankten sie dem Kaiser nicht nur für seine Aufrichtigkeit und seine Milde gegen sie, sondern fügten zur Bethätigung ihres Dankes auch noch besondere Ehrenbeschlüsse hinzu.

Nun waren aber nicht nur die Schätze des Tiberius, sondern auch die Mittel und Gelegenheiten zu Plünderungen in Rom und Italien erschöpft. Er unternahm daher — im Herbste des J. 39, nach jenem Schauzuge über die Brücke von Puteoli nach Bauli — einen Feldzug in die Provinzen jenseits der Alpen, angeblich um die Deutschen für einen Einfall in die römische Provinz zu züchtigen, in Wahrheit aber nur, um in der reichen Provinz Gallien und zugleich in dem benachbarten Spanien einen günstigeren noch unausgebeuteten Schauplatz für seine Plünderungen aufzusuchen.

Die Geschichte dieses Feldzugs, welcher beinahe ein ganzes Jahr dauerte, ist nach den uns vorliegenden Berichten fast nichts als eine ununterbrochene Kette von Thorheiten und Froveln. Er richtete seinen Marsch zunächst an den Rhein, wo damals Lentulus Gaetulicus den Oberbefehl über die Legionen des oberen Germaniens führte. Dieser hatte seine Stellung an der Spitze einer so furchtbaren Streitmacht unter Tiberius nicht, wie die meisten übrigen Statthalter, durch Schmeichelei und Devotion, sondern, wie wenigstens allgemein geglaubt wurde, durch die ziemlich unverblümte Drohung behauptet, dass er im Fall der Noth von der Waffe Gebrauch machen werde, die ihm in die Hand gegeben sei.[*] Es war daher nicht sowohl gegen die Truppen, wie gegen Lentulus Gaetulicus gerichtet, wenn Caligula nach seiner Ankunft

---
[*] S. Tac. Ann. VI, 30.

mehrere Acte der Strenge oder sogar einer unbilligen Härte vollzog, wenn er z. B. zahlreiche Centurionen wegen geringer Dienstvergehen entliess und denjenigen Soldaten, welche nach Ablauf ihrer Dienstzeit entlassen wurden, ihren verdienten Lohn verkürzte. Uebrigens befand sich damals am Rhein Alles in Ruhe und Frieden; von einem drohenden Einfall der Deutschen war nirgends etwas zu bemerken. Um aber gleichwohl Kriegslorbeeren ernten zu können, liess er eine Anzahl Deutscher aus seiner Leibwache in einem Walde jenseits des Rheins sich verbergen, liess sich dann die Meldung bringen, dass die Deutschen im Anzuge seien, und machte nun von Mittag zu Abend einen Feldzug auf das jenseitige Ufer, von dem er mit Trophäen, die in abgebrochenen Baumzweigen bestanden, wieder zurückkehrte. Um dieselbe Zeit kam der Sohn eines Königs in Britannien, der von seinem Vater vertrieben worden war, mit einer kleinen Zahl von Begleitern zu ihm, um sich in seinen Schutz zu begeben. Dies, zusammen mit jenem Feldzug, reichte hin als Stoff zu einer feierlichen Botschaft an den Senat, worin er meldete, dass die Deutschen zurückgeschlagen seien und dass Britannien sich unterworfen habe, und worin er zugleich den Senatoren Vorwürfe machte, dass sie sich dem Müssiggange und den Vergnügungen hingäben, während er selbst die Mühen und Gefahren des Krieges bestehe.

Hierauf begab er sich nach Lugdunum, der Hauptstadt Galliens, wo er den ganzen Winter unter den gewöhnlichen Vergnügungen und unter dem Geschäft der Plünderung zubrachte. Er hatte von Rom Alles, was zu seinem Hofe gehörte, mit den Genossen und Werkzeugen und dem ganzen Apparat seiner Ausschweifungen mitgenommen und setzte also in Lugdunum die Spiele und Festlichkeiten und Schwelgereien fort, die in Rom seine ganze Zeit ausgefüllt hatten. Es gehörten hierzu auch Wettkämpfe in der griechischen und römischen Beredtsamkeit, wofür die Gallier seit ihrer Unterwerfung unter die römische Herrschaft sehr schnell Eifer und Talent entwickelt hatten, und es wird erzählt, dass der Kaiser dabei diejenigen unglücklichen Wettkämpfer, die ihm missfielen, genöthigt habe, ihre Producte mit der eigenen Zunge auszuwischen, wenn sie nicht gegeisselt oder in den Strom geworfen

werden wollten. Hauptsächlich aber widmete er sich dem
Geschäft der Plünderung. Es wurde auch hier eine Menge
Menschen hingerichtet, denen kein anderes Verbrechen zur
Last fiel als dass sie reich waren. Als er einst mit seiner
Gesellschaft beim Würfelspiel sass — so lautet eine der zahlreichen
Anekdoten, aus denen, wenn man sie auch kaum für
historisch gelten lassen kann, doch der Eindruck zu entnehmen
ist, den er durch seinen frevelhaften, an Wahnsinn grenzenden
Leichtsinn auf das Publikum machte — ging er auf kurze
Zeit aus dem Zimmer, liess sich die Censuslisten der Gallier
vorlegen, bestimmte eine Anzahl der Reichsten zum Tode und
kehrte dann mit den Worten zu seinen Gästen ins Zimmer
zurück: Während sie um wenige Drachmen würfelten, habe
er 150 Millionen verdient. Ein anderes Mittel, Schätze zu
sammeln, bestand darin, dass er das Eigenthum der Getödteten
öffentlich versteigern liess und dabei, wie einst in Rom bei
der Versteigerung von Rennpferden und Gladiatoren, alle diejenigen,
welche etwas von ihm zu hoffen oder zu fürchten
hatten, nöthigte, sich zu betheiligen und übermässige Preise
zu bezahlen. Und da sich dieses Mittel als einträglich erwies,
so liess er aus dem kaiserlichen Palaste in Rom eine Menge
Dinge, Kleidungsstücke, Becher und sonstige Kunstgegenstände,
kommen, die er in gleicher Weise versteigern liess,
wobei er selbst dabei stand und den Anwesenden dies oder
jenes als ehemaliges Eigenthum des Augustus, des Antonius,
der Augusta anpries, um sie zum Bieten zu nöthigen. Dabei
fehlte es während dieser Zeit auch nicht an einer grossen
Staatsaction. Jener M. Aemilius Lepidus, der ehemalige Freund
des Kaisers und Gemahl der Drusilla, ferner der vorhin genannte
Statthalter des oberen Germaniens, Lentulus Gaetulicus, und
die eigenen Schwestern des Kaisers, Agrippina und Julia,
wurden einer Verschwörung gegen sein Leben beschuldigt,
Lepidus und Lentulus wurden hingerichtet und die beiden
Schwestern auf die pontischen Inseln verbannt; Agrippina im
Besonderen wurde noch dazu verurtheilt, den Krug mit der
Asche des Lepidus, ihres angeblichen Buhlen, in ihrem Schoosse
nach Rom zu tragen. Als Ankündigung davon schickte er
drei Schwerter nach Rom, die dazu bestimmt gewesen, sein

Blut zu vergiessen, und die er in dem Tempel des Rächer Mars aufhängen liess.

In Rom fühlte man sich zwar auf der einen Seite durch die Abwesenheit des Kaisers einigermaassen erleichtert; auf der andern Seite aber war es für den Senat doppelt schwierig, die Launen des Herrschers zu errathen und demnach nichts zu thun oder zu unterlassen, was ihn verletzen konnte. So musste man namentlich fürchten, ihn zu beleidigen, wenn man von seinen Grossthaten keine Notiz nahm; wiederum aber war es bei seiner Sinnesweise nicht unmöglich, dass er grosse Ehrenbeschlüsse als Spott auffasste und als solchen ahndete. Man schickte daher zuerst eine aus Wenigen bestehende Gesandtschaft, um ihn zu beglückwünschen und ihm den kleinen Triumph zu überbringen. Hierüber aber war er so aufgebracht, dass er die Gesandtschaft als solche gar nicht vorliess. Er nannte die Gesandten Spione und drohte sogar, seinen Oheim Claudius, der an der Spitze derselben stand, in den Strom zu werfen. Eine andere zahlreichere Gesandtschaft wurde später zwar gnädiger aufgenommen; indess zeigte sich bald, dass er auch durch diese keineswegs mit dem Senat ausgesöhnt war. In einer besonderen Verlegenheit befand man sich zu Anfang des J. 40. Der Kaiser trat in diesem Jahre in Lugdunum sein drittes Consulat an, sein College war wenige Tage vor dem 1. Januar gestorben. Rom war also ohne Consuln, und so gross war die allgemeine Furcht, dass weder die Prätoren noch irgend ein anderer Magistrat es wagte, den Senat zu berufen oder irgend ein Regierungsgeschäft zu vollziehen. Die Senatoren versammelten sich also, ohne berufen zu sein, aber nur um die üblichen Gelübde für den Kaiser darzubringen; alle übrigen Geschäfte standen still, bis endlich die Nachricht einlief, dass der Kaiser am 12ten Tage das Consulat niedergelegt habe, worauf die bestimmten Nachfolger in das Amt eintraten.

Im Frühjahr (40) brach er von Lugdunum auf mit einem Heere, welches angeblich nicht weniger als 250,000 Mann zählte, um, wie es schien, die Unterwerfung Britanniens zur Wahrheit zu machen. Er führte das Heer bis zu der der Insel gegenüber liegenden Küste. Hier liess er es in Schlachtordnung

aufstellen; die Schiffe waren zur Ueberfahrt bereit; er selbst
bestieg ein Fahrzeug und fuhr längs der Küste hin, um das
Heer zu mustern; Alles erwartete den Befehl zur Einschiffung.
Da liess er plötzlich ausrufen, es sollten alle die Waffen niederlegen und Muscheln sammeln, um sie als Beute des Meeres
und als Zeichen des Sieges über den Meeresgott mit nach
Rom zu nehmen. Und dies war und blieb in der That das
Ende des Unternehmens. Er liess die Schiffe in den Rhein
und auf diesem, soweit es das Fahrwasser gestattete, strom-
aufwärts fahren; dann liess er einen Theil derselben zu Lande
in die Rhone bringen und von da die Fahrt in das Mittelmeer
und nach Rom fortsetzen. Er selbst begab sich noch einmal
an den Rhein zu den dortigen Legionen, wo Servius Galba
statt des Lentulus Gaetulicus den Oberbefehl übernommen hatte.
Er hatte die Absicht, die Legionen für den Aufstand vom J. 14
zu bestrafen. Er liess sie deshalb unbewaffnet zusammen
berufen, von der Reiterei umstellen, und wollte sie decimieren. Als sie aber Verdacht schöpften und Anstalten machten,
sich ihrer Waffen zu bemächtigen, so stand er von seinem
Vorhaben ab und wendete nun seinen ganzen Ingrimm gegen
den Senat. Als dieser Gesandte an ihn schickte und ihn bat,
bald zurückzukehren, antwortete er: Ja, ich werde kommen
und — dabei schlug er auf den Griff seines Schwertes —
dieses mit mir. Er erklärte zugleich, dass er nur für die
Ritter und das Volk zurückkomme, nicht für den Senat; diesem
werde er hinfort weder Mitbürger noch Fürst sein. Und obgleich er dem Senat jeden Ehrenbeschluss verboten hatte,
machte er es ihm doch zum Vorwurf, dass er ihm den Triumph
nicht zuerkannt hätte, und stellte es als ein Unrecht dar, das
ihm vom Senat zugefügt werde, als er am 31. August, seinem
Geburtstage, nur im kleinen Triumph in die Hauptstadt einzog.

Es ist nicht anders anzunehmen, als dass Caligula in der
kurzen noch übrigen Zeit seiner Regierung auf der abschüssigen
Bahn der Willkür, des Uebermuths und der Grausamkeit immer
tiefer herabglitt. Indess erlauben uns unsere unvollkommenen
Quellen nur noch in einigen Punkten dies zu verfolgen.

Die Senatoren liessen ihm in ihrem Versammlungsort eine
Tribüne als Sitz errichten, die so hoch war, dass Keiner zu

derselben heraufreichen konnte, und beschlossen, dass er von einer Leibwache begleitet in den Senat kommen sollte. Hierdurch wurde er, wie es heisst, milder gegen sie gestimmt, und so kam es auch, dass er sogar einen aus ihrer Mitte ungestraft liess, der einen Anschlag auf sein Leben gemacht hatte. Bei derselben Gelegenheit gab er noch einen besondern Beweis von Muth und Mässigung. Als Mitschuldige dieses Anschlags wurden auch der Befehlshaber der Prätorianer und ein bei ihm in besonderer Gunst stehender Freigelassener, Callistus, genannt. Zu diesen ging er, entblösste seine Brust, reichte ihnen ein Schwert und forderte sie auf, ihn zu durchbohren, wenn sie seinen Tod wünschten.

Dagegen stiegen seine Einbildungen und Prätentionen in Bezug auf seine göttliche Verehrung immer höher. In Asien suchte er sich den berühmten Tempel des Apollo zu Milet aus, um ihn zum Sitze seines Cultus zu machen. Er schickte ferner Leute nach Olympia, um die berühmte Statue des Zeus von da nach Rom zu holen und sie abgeändert als sein Bild in seinem Tempel zu Rom aufstellen zu lassen. Endlich erliess er auch an den Statthalter von Syrien den Befehl, seine Statue in dem Allerheiligsten des Tempels zu Jerusalem aufzustellen, was die allerempfindlichste Verletzung der starken religiösen Gefühle der Juden in sich schloss. Wir besitzen von einer Audienz, die eine jüdische Gesandtschaft in dieser Angelegenheit beim Kaiser hatte, eine ausführliche und vollkommen authentische Schilderung, von der wir Einiges mittheilen wollen, nicht weil die Angelegenheit selbst daraus mehr Licht erhielte, die vielmehr gar nicht zur Sprache kommt, sondern weil die Art des Kaisers im Allgemeinen sich dabei recht deutlich zeigte.

Die Gesandtschaft war von Alexandrien aus geschickt worden, wo die dort ansässige zahlreiche Judenschaft schon früher durch den Befehl, die Statue des Kaisers in ihren Synagogen aufzustellen, beunruhigt worden war, und wo es in Folge davon durch die Feindseligkeit der übrigen Bevölkerung Alexandriens gegen die Juden sogar zu einem blutigen Aufstand gekommen war. Sie sollte daher zunächst die Sache der alexandrinischen Juden führen. Als sie sich aber bereits in Rom befand, hörte sie von jener Verordnung des Kaisers, dass seine Statue auch in dem Allerheiligsten des Tempels zu Jerusalem aufgestellt werden sollte, und nun wurde es ihr Hauptzweck, von dem Nationalheiligthum diese Schmach abzuwenden. Ihr Führer war Philo, der gelehrteste und fruchtbarste jüdische Schriftsteller der Zeit, derselbe, dem wir auch unsere genauen Nachrichten verdanken. Der Kaiser hatte damals in den letzten Monaten seiner Regierung seine Liebhaberei für Bauen und Herstellen auf den Garten des Mäcenas gerichtet, den er mit dem der Lamias vereinigen wollte. Hierhin wurden die jüdischen Gesandten befohlen; mit ihnen kamen auch die Gesandten der übrigen Bevölkerung von Alexandrien, die ihren verhassten Gegnern sogleich nachgeeilt waren. Sie fanden ihn beschäftigt, allerlei Anordnungen zu treffen; die Thüren aller Gebäude und Zimmer waren geöffnet, und der Kaiser eilte in seiner unruhigen Hast von einem Ort zum anderen, um seine Befehle zu ertheilen. Die jüdischen Gesandten wie ihre Gegner folgten ihm von Ort zu Ort, darauf wartend, von ihm angeredet zu werden. Endlich wandte sich der Kaiser an sie mit den Worten: Ihr seid also die Gotthasser, die meine Gottheit leugnen, die von der ganzen Welt anerkannt ist? Und dabei schickte er einen Fluch zum Himmel von solcher Art, dass unser Berichterstatter ihn nicht zu wiederholen wagt; die andern alexandrinischen Gesandten aber fügten hinzu, um den Kaiser noch mehr zu reizen, dass die Juden sogar unterlassen hätten, für sein Wohl zu opfern. Vergebens versicherten die Juden, dass sie dreimal ganze Hekatomben für ihn geopfert hätten, einmal bei seinem Regierungsantritt, dann während seiner Krankheit, endlich bei seinem Feldzug gegen die Deutschen. Der Kaiser erwiederte: Was hilft dies? Wenn ihr auch für mich geopfert habt, so habt ihr doch einem Andern, nicht mir geopfert. Hierauf eilte er wieder fort, hierhin und dorthin, Trepp auf Trepp ab, die Juden und ihre Gegner ihm nach. Nach einiger Zeit wandte er sich wieder zu ihnen mit der Frage: Wie kommt es, dass ihr kein Schweinefleisch esst? Die Juden wiesen, um sich zu rechtfertigen, auf die verschiedenen eigenthümlichen Sitten und Gebräuche der Völker hin und erwähnten dabei auch, dass manche kein Hammelfleisch ässen. Da unterbrach er sie lachend: Daran thun sie sehr recht, denn Hammelfleisch schmeckt nicht gut. Hierauf fragte er sie nach ihren Staatseinrichtungen. Als sie aber ihre Auseinandersetzungen kaum angefangen hatten, eilte er wieder davon. Endlich nach langem Hinundherlaufen rief er aus: Menschen, die mich nicht für einen Gott halten, sind mehr unglücklich als verbrecherisch! Hiermit aber war die Audienz zu Ende. Die Juden machten sich wegen der letzten Worte einige Hoffnung, die sich aber bald als trügerisch erwies. Der Befehl wegen Aufstellung der Statue im Allerheiligsten wurde von Neuem eingeschärft, und das jüdische Volk war nahe daran, desswegen einen allgemeinen Aufstand zu erheben, als glücklicher Weise der Tod des Caligula der Noth ein Ende machte.

Das eigentliche römische Volk war bisher von allen diesen Dingen wenig berührt worden. Wenngleich der Kaiser auch ihm gegenüber zuweilen seiner übeln Laune freien Lauf liess, wenn er z. B. einmal bei grosser Hitze im Theater die Vorhänge entfernen liess und so das Volk der brennenden Sonnengluth aussetzte, so war doch das gute Vernehmen bald wieder hergestellt. Die Hinrichtungen und Plünderungen der Vornehmen kümmerten den grossen Haufen wenig, und die häufigen Volksfeste hielten ihn fortwährend in guter Stimmung. Als der Kaiser aber, um seine Kasse zu füllen, nicht nur die alte, früher aufgehobene Steuer (o. S. 233) wieder herstellte, sondern auch alle möglichen neuen Abgaben einführte, als er von jedem Erwerb, vom Lastträger an bis zu den Buhlerinnen, einen Antheil forderte und sogar die Gerichte zu Gelderpressungen benutzte, indem er von jedem vor denselben verhandelten Streitobjecte den 40ten Theil für sich in Anspruch nahm, und als er alle diese Abgaben mit der grössten Strenge durch Soldaten eintreiben liess: da wurde endlich auch das Volk von der allgemeinen Unzufriedenheit mit ergriffen.

Gleichwohl war es nicht diese, die den Sturz des Caligula herbeiführte, sondern Privatrache. Ein Tribun der Prätorianer, Cassius Chaerea, ein muthiger, tapferer Soldat, wurde wegen seiner feinen Stimme vom Kaiser bei jeder Gelegenheit verhöhnt, namentlich durch verletzende, anzügliche Losungsworte, die er ihm zu geben pflegte. Der Beleidigte beschloss endlich blutige Rache dafür zu nehmen. Er theilte seine Absicht einigen Wenigen mit, darunter auch dem Befehlshaber der Prätorianer und dem Freigelassenen Callistus, die sich, seitdem einmal der Verdacht des Kaisers gegen sie geweckt war, trotz der Grossmuth desselben nicht mehr sicher fühlten. Nach manchen Zögerungen wurde die That am letzten Tage der palatinischen Spiele, am 24. Januar 41, ausgeführt. Der Kaiser brach an diesem Tage entweder nach der einen Nachricht später als gewöhnlich nach dem Versammlungsort auf, weil er sich in Folge der Schwelgerei des vorhergenden Tages unwohl fühlte, oder er verliess nach der andern Nachricht die Spiele, bevor sie zu Ende waren. Auf dem Wege wurde er in einem engen Gange des Palatiums durch eine Anzahl griechischer Sänger aufgehalten, welche angekommen waren, um sich vor ihm hören zu lassen. Während er stehen blieb, um sie in Augenschein zu nehmen, erhielt er von Chaerea einen ersten Hieb. Ein zweiter Verschworner, Cornelius Sabinus, stiess ihm das Schwert in die Brust, und darauf brachten ihm auch die übrigen Verschworenen, als er schon am Boden lag, nicht weniger als 30 Wunden bei. So starb er 28 Jahr alt *) nach einer Regierung von 3 Jahren 10 Monaten und 8 Tagen. Auch seine Gemahlin Caesonia und eine kleine Tochter, die ihm diese geboren hatte, wurden getödtet.

Claudius, 41—54.

Tiberius Claudius Nero mit dem von seinem Vater Drusus, dem Sohne der Livia, ererbten Beinamen Germanicus, wozu noch nach seiner Thronbesteigung die Ehrennamen Caesar und Augustus hinzukamen, war am 1. August des J. 10 v. Chr. geboren. Er stand also jetzt bei dem Tode des Caligula in seinem 50ten Lebensjahre. Er wuchs, weil er sich von Jugend auf schwach und kränklich zeigte, unter der Zucht von Frauen und Freigelassenen auf, ohne an den Spielen und Uebungen

---

*) Sueton sagt zwar (Cal. 59), er habe 29 Jahre gelebt und hiernach lassen ihn die Neueren (Hoeck, Clinton, Merivale) im 30ten Jahre sterben. Derselbe Sueton (Cal. 8) sagt aber bestimmt, dass er am 31. August des J. 12 unter dem Consulat seines Vaters und des Fontejus geboren sei.

der übrigen vornehmen römischen Jugend Theil zu nehmen, und auch als er herangewachsen war, wurde er vom öffentlichen Leben fern gehalten, weil man sich seiner schämte und den Spott der Menschen fürchtete. Es sind noch Bruchstücke von Briefen des Augustus an die Livia vorhanden, worin der Kaiser mit seiner Gemahlin über die Behandlung Rath pflegt, die man dem schwachsinnigen, an allerlei körperlichen und geistigen Gebrechen leidenden Jüngling angedeihen lassen solle, und die überall darauf hinauslaufen, dass man ihn den Augen des Volks entziehen müsse. Er lebte daher in völliger Musse und Zurückgezogenheit, meist mit literarischen Arbeiten beschäftigt. Erst Caligula machte ihn, wie wir gesehen haben, zum Consul; aber auch er behandelte ihn bald mit derselben Geringschätzung wie seine Vorgänger, und nur diese Geringschätzung war es, die ihm, als er an der Spitze einer Gesandtschaft zu Caligula nach Gallien geschickt wurde (o. S. 250), das Leben rettete.

Er befand sich jetzt, am 24. Januar 41, in der Begleitung des Kaisers, hatte sich aber, als derselbe den engen Gang betrat, in dem er getödtet wurde, von ihm getrennt und sich in ein Zimmer des Palastes begeben. Von hier hatte er sich, durch den Lärm erschreckt, der nach der Ermordung des Kaisers das ganze Haus erfüllte, nach einem sogenannten Solarium, einer an der Hinterseite des Hauses gelegenen offenen Halle, geflüchtet und sich dort hinter einem Vorgang versteckt. Von da wurde er durch die Soldaten, die das Haus nach den Mördern und nach Beute durchsuchten, hervorgezogen und in das Lager der Prätorianer geführt, um an Stelle des Caligula die Herrschaft über das römische Weltreich zu übernehmen.

Während im kaiserlichen Palast sich dieses folgenschwere Zwischenspiel vollzog, war die Stadt und insbesondere auch das Theater mit der darin versammelten Menschenmenge der Schauplatz von allgemeiner Angst und Verwirrung. Die Verschworenen hatten nicht über den Mord des Kaisers hinausgedacht, sie thaten daher nichts, um die Ruhe in der Stadt zu erhalten und der öffentlichen Meinung eine bestimmte Richtung zu geben, sondern waren zufrieden, ihre Person durch die Flucht in das nahe Haus des Germanicus in Sicherheit zu bringen. Die Stadt war daher eine Zeit lang in der Gewalt

der Soldaten, insbesondere der germanischen Leibwächter, die
durch den Mord des Kaisers in die äusserste Wuth versetzt
waren und die Urheber desselben suchten, um blutige Rache
an ihnen zu nehmen. Sie tödteten drei Senatoren, die ihr
Missgeschick ihnen in den Weg führte, und stürmten dann in
das Theater, wo sie nahe daran waren, ein grosses Blutbad
anzurichten. Allmählich liessen sie sich jedoch durch Bitten
und Vorstellungen beruhigen. Am meisten soll dies durch
einen der angesehensten Consularen, Valerius Asiaticus, bewirkt
worden sein, der ihnen auf die Frage, wer der Mörder sei,
mit grosser Kühnheit antwortete: Möchte ich es doch sein,
und dadurch einen solchen Eindruck auf sie gemacht haben
soll, dass sie zur Besinnung kamen. Noch mehr mochte dazu
beitragen, dass die Entscheidung sich bereits im Lager der
Prätorianer zu vollziehen anfing und die Aufmerksamkeit der
Soldaten sich daher dorthin wendete.

Der Senat jedoch glaubte, nachdem die Ruhe einigermaassen hergestellt war, dass für ihn die Zeit gekommen sei, das Heft zu ergreifen. Die Consuln, Cn. Sentius und Pomponius Secundus, beriefen ihn, nicht in die Julische Curie, den gewöhnlichen Versammlungsort, der ihnen aber jetzt durch die Erinnerung an die Herrschaft der Julier befleckt erschien, sondern in den capitolinischen Tempel, und hier wurden nun begeisterte Reden über die Herstellung der Republik gehalten. Dem Cassius Chaerea wurde der Dank des Vaterlands für seine That votiert; er erschien selbst, um als Militärtribun vom Senat, nach 100 Jahren wieder zum ersten Male, die Losung zu holen und empfing als solche das Wort Freiheit. Auf der andern Seite aber fehlte es auch nicht an solchen, die für die Nothwendigkeit der Alleinherrschaft sprachen und den oder jenen zum Kaiser vorschlugen. So redete und stritt man bis tief in die Nacht, und auch am folgenden Tage wurden die Verhandlungen fortgesetzt, aber ohne alles Ergebniss.

An diesem Tage aber kam die Entscheidung von der Stelle, wo sie damals überhaupt lag. Als Claudius im Lager der Prätorianer anlangte, wurde er sofort zum Kaiser ausgerufen. Er wagte aber noch nicht, dem Rufe Folge zu leisten. Diese Unschlüssigkeit dauerte fort bis zum anderen Tage.

Der Senat schickte während dieser Zeit fortwährend Botschaften an ihn, um ihn vor der Annahme der Herrschaft ohne Zustimmung des Senats und Volks zu warnen und ihn aufzufordern, sich im Senat einzufinden, um an dessen Berathungen Theil zu nehmen; er antwortete jedoch hierauf immer mit der Entschuldigung, dass sein Wille nicht frei sei, und dass er ohne die Zustimmung der Prätorianer nichts thun könne. Endlich aber gab er dem Andringen der Prätorianer nach. Den letzteren schlossen sich jetzt auch die städtischen Cohorten an, die bisher zum Senat gehalten und dessen Hauptstütze gebildet hatten. So blieb auch dem Senat nichts übrig, als von seinen stolzen Plänen abzustehen und seine Zustimmung zu der Wahl der Prätorianer zu geben, welche von dem neuen Kaiser ein jeder 15,000 Sestertien empfingen, das erste Beispiel, dass ihnen für die Ernennung des Kaisers ein Preis gezahlt wurde.

Claudius, der von nun an die Regierung beinahe 14 Jahre geführt hat, bewies sich als Kaiser so, wie die Art seiner Erziehung und seines bisherigen Lebens erwarten liess. Es hatte sich in der That bisher Alles vereinigt, um das Aufkommen von Geist und Charakter in ihm zu verhindern. Nun sind zwar die Beispiele nicht selten, dass ein starker Geist die ihm in der Jugend angelegten drückenden Fesseln durchbricht und dann nur um so mehr Charakter und Energie entwickelt. Aber von dieser Art war Claudius nicht. Der schwache Funke seines Geistes war durch die unausgesetzte, harte, oft, wie er selbst später klagte, bis zur Misshandlung ausartende Zucht, der er in seiner Jugend unterworfen war, völlig unterdrückt, und die Zurückgezogenheit seines späteren Lebens zusammen mit der Geringschätzung und Zurücksetzung, die ihm überall widerfuhr, konnte natürlich die nachtheiligen Wirkungen seiner Erziehung nicht wieder aufheben. Er zeigte sich daher zwar arbeitsam und gewissenhaft — auch dies die Folge einer langen, ihm eingepflanzten Gewöhnung —, er war daher unermüdlich in den Regierungsgeschäften und widmete sich namentlich der Thätigkeit als Richter mit einer ganz ausserordentlichen Ausdauer. Daneben beschäftigte er sich auch noch als Kaiser aufs Eifrigste mit Schriftstellerei, mit der er sich früher gewöhnt hatte seine müssige Zeit auszufüllen.

Er ist einer der fruchtbarsten Geschichtschreiber der Römer, vielleicht, Livius ausgenommen, der allerfruchtbarste; er begann eine Geschichte Roms vom Tode Cäsars, führte aber dieses Werk nur bis zum zweiten Buche fort, da er von seiner Mutter und Grossmutter auf das Gefährliche dieses Stoffes aufmerksam gemacht wurde, bei dem Vieles von Augustus zu berichten war, was man im Kreise der kaiserlichen Familie lieber mit Stillschweigen bedeckt sah; er übersprang also die Zeit des Kampfes um die Alleinherrschaft zwischen Antonius und Octavian und fing ein zweites Werk von der Herstellung des Friedens an, d. h. etwa vom J. 29 v. Chr., welches er in 40 Büchern vollendete; ferner schrieb er die Geschichte seines' eigenen Lebens in 8 Büchern und in 20 Büchern die Geschichte der Etrusker, in 8 die von Carthago. Allein Alles, was er schrieb, war eben so wie das, was er that, geistlos, mechanisch und ohne eigenes Urtheil.[*]) Sein Selbstbewusstsein war, so zu sagen, eine Stufe tiefer als das aller Menschen, die mit ihm in Berührung kamen, und der Wille und das Urtheil dieser andern Menschen übte desshalb eine Gewalt über ihn aus, der er nicht zu widerstehen vermochte.[**]) Es war daher auch von geringem Nutzen für sein Volk und sein Reich, dass er nicht ohne ein gewisses Wohlwollen war, da bei seiner Unselbstständigkeit nicht sein Wille, sondern der seiner Umgebung den Ausschlag gab.

---

[*]) Von den schriftstellerischen Arbeiten des Claudius ist nichts erhalten ausser zwei grösseren Bruchstücken einer bei einer später zu erwähnenden Gelegenheit im Senat gehaltenen Rede, die das obige Urtheil vollkommen bestätigen. Er verliert sich hier in weitläufige historische Expositionen, die wenig oder gar nicht zur Sache gehören; am bezeichnendsten aber für seine Art ist es, dass er mitten in der Rede sich unter Nennung seines ganzen Namens mit einer Ansprache an sich selbst unterbricht. Die Worte lauten: Tempus est jam, Ti. Caesar Germanice, detegere te patribus conscriptis, quo tendat oratio tua: jam enim ad extremos fines Galliae Narbonensis venisti. Vielleicht ist es diese nahe an Blödsinn grenzende Gedankenlosigkeit, auf die sich der sonderbare und räthselhafte Ausdruck Suetons (Claud. 41) „refrigeratus saepe a semet ipso" bezieht.
[**]) Tacitus drückt dies sehr treffend so aus (XII, 3): nihil arduum erat in animo principis, cui non judicium, non odium erat nisi indita et iussa.

Diese herrschende Umgebung wurde hauptsächlich durch seine Gemahlinnen und durch seine Freigelassenen gebildet. Er hatte schon früher zwei Frauen gehabt, Aelia Paetina und Urgulanilla, hatte sich aber von ihnen getrennt, von der ersteren wegen geringfügiger Ursachen, von der letzteren wegen Ehebruchs. Von ersterer hatte er eine Tochter Antonia. Jetzt bei seinem Regierungsantritt wurde diese Stelle von Valeria Messalina eingenommen, einer Frau von grosser Schönheit, aber von einer Sittenlosigkeit, wie sie selbst unter den entarteten Frauen des damaligen Roms fast unerhört war. Ihr folgte im J. 48, wie wir später im Näheren sehen werden, Agrippina, die, obwohl von ganz anderer Art als ihre Vorgängerin, ihr doch an Sittenlosigkeit nichts nachgab. Diese beiden beherrschten den Kaiser völlig. Ihre Werkzeuge dabei waren die Freigelassenen, die unter Claudius zuerst eine bedeutende politische Rolle spielen, ehemalige Sclaven meist von griechischer Abkunft, Männer von grosser Klugheit und hoher Bildung, aber von niedriger Gesinnung, die aber eben desshalb dem Claudius und allen nachfolgenden schwachen und schlechten Kaisern für den täglichen Verkehr bequemer und angenehmer waren als vornehme Römer, die trotz aller Schmeichelei gleichwohl gewisse Ansprüche auf eine rücksichtsvollere Behandlung nicht aufgaben. Die bedeutendsten unter ihnen sind Polybius, Narcissus, Pallas, ersterer der Gehülfe des Kaisers bei seinen gelehrten Studien, der andere sein Geheimsecretär, der dritte sein Finanzminister. Ausser diesen aber werden noch als einflussreich genannt Felix, der Bruder des Pallas, der als Procurator von Palästina sich in der Geschichte dieses Landes einen wenig ehrenvollen Namen gemacht hat, Callistus, der schon unter Caligula als Freigelassener des kaiserlichen Hauses genannt worden ist, Posides, Arpocras, Myron, Amphaeus, Pheronastus. Ihnen verdient noch L. Vitellius beigesellt zu werden, der ihnen, obgleich einem vornehmen römischen Geschlecht angehörig, dennoch an sclavischer Gesinnung völlig gleich stand.

Der Einfluss der Frauen und Günstlinge des Kaisers machte sich der Natur der Sache nach am meisten in Rom selbst und in den inneren Angelegenheiten des Staats geltend.

Geringer oder doch weniger nachtheilig war derselbe nach aussen hin, in den Provinzen und an den Grenzen des Reichs. Es ist daher nicht zu verwundern, dass hier durch die Tüchtigkeit einiger vorzüglicher Feldherren nicht unerhebliche Erfolge gewonnen wurden, so dass die äussere Geschichte unter Claudius eine nicht unrühmliche Seite seiner Regierung bildet; obwohl es auch auf diesem Gebiete nicht ganz an nachtheiligen Einflüssen seiner Umgebung fehlte.

Eine der Stellen, wo es vorzugsweise galt, das Ansehen des römischen Namens aufrecht zu erhalten, war noch immer die Rheingrenze. Hier wird uns schon aus den ersten Jahren der Regierung des Kaisers (41 u. 42) von Siegen berichtet, die von den römischen Feldherren über die Chatten und Chauken gewonnen worden. Bedeutender aber sind die Thaten des Cn. Domitius Corbulo vom J. 47, der in diesem Jahre die Statthalterschaft des unteren Germaniens antrat und in dieser Stellung zuerst das Feldherrentalent zeigte, welches er später auf anderen Kriegsschauplätzen noch glänzender enwickeln sollte. Kurz vor seiner Ankunft hatten die (zwischen Ems und Rhein längs der Küste der Nordsee wohnenden) Chauken einen plündernden Einfall in das römische Gebiet am Rhein gemacht. Auch deren Nachbarn, die unmittelbar an das römische Gebiet angrenzenden Friesen, beharrten seit dem Aufstand des J. 28 (s. o. S. 193) noch immer in ihrer feindseligen Stellung gegen Rom. Corbulo drang daher, nachdem er unter den Legionen mit einer in der damaligen Zeit fast unerhörten Strenge die Kriegszucht und damit die volle militärische Tüchtigkeit hergestellt hatte, in das Land der Friesen ein, welche er zum völligen Gehorsam zurückbrachte. Auch hatten sich schon die zwischen Ems und Weser wohnenden sog. grossen Chauken auf seine Aufforderung zur Unterwerfung bequemt; Gannascus, unter dessen Anführung die Chauken jenen Einfall in das römische Gebiet gemacht hatten, war auf seine Veranstaltung in einer ihm freilich nicht zur Ehre gereichenden Weise durch Meuchelmord aus dem Wege geräumt worden, und Corbulo war sonach eben im Begriff, das Land zu überziehen und damit seine Unterwerfung zu vollenden und zu sichern. Da kam von Rom der Befehl zum Rückzug. Man hatte dort dem Kaiser, weil man die glänzenden Erfolge des Corbulo beneidete, vor den Gefahren eines Krieges mit den Deutschen bange gemacht, und Claudius gab auch in diesem Falle den Einflüssen seiner Umgebung nach. Corbulo leistete dem Befehle unweigerlich Folge, konnte sich aber doch nicht enthalten, das Glück der Feldherren der guten alten Zeit laut zu preisen, denen es vergönnt gewesen wäre, ungehindert dem Vaterlande nützliche und rühmliche Dienste zu leisten. Wenn aber Corbulo's Zweck sonach nicht vollkommen erreicht wurde, so war doch das Ansehen des römischen Namens am Rhein vollkommen wieder hergestellt, und Corbulo fuhr fort, sein Heer durch Kriegszucht und Arbeit tüchtig und furchtbar zu erhalten. Da ihm die Beschäftigung desselben durch Krieg versagt war, so liess er es einen Canal zwischen Maass und Rhein von 23 römischen Meilen Länge graben, um die Communication in diesen Gegenden zu erleichtern.

In demselben Jahre (47) wurde dem Claudius die Genugthuung zu Theil, dass die Cherusker, die alten gefährlichsten, jetzt aber durch Bürgerkriege geschwächten Feinde Roms, sich von ihm in der Person des Italicus, des Sohnes jenes Flavus, welcher auf der Seite der Römer gegen seinen Bruder Arminius gekämpft hatte (o. S. 166), einen König erbaten. Claudius willfahrte ihnen. Italicus wurde daher König der Cherusker und wusste sich auch, wenngleich unter mancherlei Anfechtungen und unter Fortdauer der inneren Zwistigkeiten und Parteikämpfe, als solcher zu behaupten.

Eine andere Stelle, wo die Regierung des römischen Reichs wenigstens zu Zeiten einer grösseren Energie bedurfte, war die Ostgrenze in Asien. Dort berührten sich das römische und das parthische Reich, und letzteres war, wenn das Volk einig war und einen tüchtigen König hatte, für die Römer nicht ungefährlich. Das Hauptstreitobject beider Reiche bildete, wie schon früher bemerkt worden, Armenien, welches, je nachdem die Waage des Kriegsglücks sich auf die eine oder die andere Seite neigte, dem römischen oder parthischen Einfluss verfiel.

Armenien stand seit dem Regierungsantritt des Claudius unter parthischer Herrschaft. Jener von Tiberius eingesetzte

Mithridates (o. S. 195) war aus seinem Reiche vertrieben worden und befand sich in Rom. Nun war aber in dieser Zeit das Partherreich, wie so oft, durch Bürgerkrieg zerrissen und geschwächt. Auf den früher (S. 182) erwähnten König Artabanus war sein Sohn Gotarzes (wahrscheinlich im J. 40) gefolgt. Dieser hatte sich durch Härte und Grausamkeit verhasst gemacht und war desshalb von seinem Bruder Vardanes verdrängt worden, der aber die Herrschaft (wahrsch. v. 44—48) mit derselben Grausamkeit führte wie Gotarzes und desshalb bald eben so verhasst war wie dieser; er wurde desshalb auch im J. 48 ermordet, worauf Gotarzes wieder in sein Reich zurückkehrte. Diese Zustände von Parthien benutzte Claudius im Jahre 47, um den Mithridates durch römische Truppen und mit Hülfe des Königs Pharasmanes von Iberien wieder auf den Thron von Armenien einzusetzen. Freilich waren diese Erfolge nicht von Dauer. Zwar zunächst schienen sich die Verhältnisse im Osten in einer für die Römer günstigen Weise weiter zu entwickeln. Eine gegen Gotarzes feindselig gesinnte Parthei der Parther schickte im J. 49 eine Gesandtschaft nach Rom, um sich von Claudius einen noch dort befindlichen Enkel des Phraates, Meherdates, als König auszubitten, und dieser drang auch Anfangs mit Glück in Parthien ein, wurde aber endlich von Gotarzes geschlagen und gefangen genommen. Gotarzes starb bald darauf, und nun folgte, nach einer kurzen Regierung des Vonones im J. 51 Vologeses, der sich Armeniens wieder bemächtigte. Dort war Mithridates von Radamistus, dem Sohne des Pharasmanes, im J. 51 in treuloser Weise gestürzt und ermordet worden; Radamistus erregte darauf durch Willkür und Grausamkeit einen Aufstand der Armenier gegen sich, durch welchen er aus dem Lande getrieben wurde, und der dem Vologeses Gelegenheit gab, sich wieder in den Besitz desselben zu setzen. Von Rom aus liess man alle diese Dinge geschehen, ohne ein kräftiges Eingreifen zu versuchen.

Noch ist eines Erfolgs der Waffen des Claudius in Afrika zu gedenken. Dort war Mauretanien durch den Tod des letzten Königs Ptolemaeus, der im J. 40 von Caligula ermordet wurde, herrenlos geworden. Die Mauretanier griffen zu den

Waffen, wahrscheinlich, um die römische Herrschaft abzuwehren; sie wurden aber im J. 41 und 42 durch die Feldherren des Claudius wiederholt geschlagen; Suetonius Paulinus drang dabei, wie uns berichtet wird, bis an den Atlas vor, und Cn. Hosidius Geta überstieg denselben sogar, verfolgte den Feind bis in die Wüste Sahara und brachte ihm in derselben eine Niederlage bei. Es wurden darauf 2 Provinzen aus dem Lande gebildet unter den Namen Mauretania Tingitana und Mauretania Caesareensis.

Am glänzendsten aber waren die Erfolge in Britannien, durch welche die römische Herrschaft auf der Insel zuerst begründet wurde. Britannien war damals von den Römern so gut wie völlig unberührt. Nur Julius Caesar hatte es, wie wir uns erinnern, zweimal mit einem Heere betreten und hatte auch den Britanniern gegenüber glänzende Thaten verrichtet, aber seine Angriffe waren ohne alle dauernde Wirkung geblieben (Bd. II. S. 280 u. 282). Hierauf hatten Augustus (o. S. 23) und Caligula (S. 250) die Absicht erklärt, die Insel zu unterwerfen; ersterer aber hatte sie, wenn überhaupt ernstlich gehegt, bald wieder aufgegeben, und Caligula hatte sein Unternehmen in ein blosses Possenspiel auslaufen lassen.

Claudius wurde zu seinem Unternehmen dadurch veranlasst, dass wieder, wie schon früher geschehen war, ein von der Insel vertriebener König, Bericus, bei ihm eine Zuflucht gesucht hatte. Der Kaiser wollte diesen wieder einsetzen, oder, wie auch berichtet wird, er wollte die Briten dafür strafen, dass sie sich bei ihm über die Aufnahme des Bericus beschwert und dessen Auslieferung gefordert hatten. Er gab daher dem Consularen A. Plautius im J. 43 den Auftrag, mit einem Heere überzusetzen, und befahl ihm zugleich, ihn selbst herbeizurufen, wenn die Umstände seine Anwesenheit forderten. Noch war die Wildheit und Tapferkeit der Briten so gefürchtet, dass die Truppen sich weigerten, dem Plautius zu der gefährlichen Unternehmung zu folgen. Der Kaiser schickte daher den Freigelassenen Narcissus, um sie zur Nachgiebigkeit zu bewegen. Dieser wurde zwar von den Soldaten verhöhnt, die in ihm nur den gewesenen Sclaven sahen und denen der höfische, sich vor Freigelassenen beugende Sinn der Hauptstadt noch fremd war. Sie gaben indessen endlich doch nach, und so setzte Plautius das Heer in drei Abtheilungen auf die Insel über. Er drang in den südöstlichen Theil derselben, in Kent, ein, um den Feind aufzusuchen, der sich vor ihm in seine Sümpfe und Wälder zurückgezogen hatte, schlug ihn einmal, dann, als er sich hinter einem Flusse (vielleicht dem Medway) anfgestellt hatte, durch den er sich gedeckt glaubte, zum zweiten Male und endlich auf dem nördlichen Ufer der Themse in der Nähe der Mündung derselben zum dritten Male. Nun hielt er an, um den Claudius zu rufen und ihn die Früchte der gewonnenen Siege ernten zu lassen. Claudius eilte herbei und rückte nun mit dem Heere weiter vor, schlug den Feind noch einmal und nahm die Stadt Camulodunum (Colchester). Die Führer der Briten waren bei der Landung der Römer die Brüder Cataratus und Togodumnus, die Söhne des Cunobellinus, die, wie es scheint, einen grossen Theil der Völker der südlichen Hälfte Britanniens unter ihrem Oberbefehl vereinigt hatten; Camulodunum war die Hauptstadt des Cunobellinus gewesen. Von den beiden Brüdern war Togodumnus in der zweiten jener Schlachten gefallen, der andere, Cataratus, erscheint später wieder in dem Gebirgslande von Wales, wo er den Kampf mit Hartnäckigkeit fortsetzt; der südöstliche Theil der Insel scheint also jetzt bereits von den Vertheidigern der Unabhängigkeit des Landes aufgegeben worden zu sein. Claudius kehrte nach einem nur sechszehntägigen Aufenthalt auf der Insel wieder nach Rom zurück, wo er nach einer halbjährigen Abwesenheit im J. 44 wieder eintraf und einen glänzenden Triumph feierte. Seine Grossthaten wurden ausserdem durch zwei Triumphbogen, die ihm in Rom und an der Ueberfahrtsstelle in Gallien errichtet wurden, und durch den Beinamen Britannicus verherrlicht, der auch seinem jetzt zwei- oder dreijährigen Sohne beigelegt wurde.

Aus den nächsten Jahren (bis zum J. 49) besitzen wir nur einige Nachrichten über die Unternehmungen eines Unterfeldherrn des Plautius, des nachmaligen Kaisers Vespasianus, dessen glänzendem Namen wir jedenfalls die Erhaltung derselben verdanken. Er war damals Anführer der zweiten Legion, und es wird berichtet, dass er mit dieser dem Feinde 30 Schlachten geliefert, 2 mächtige Völker unterworfen und 20 Städte erobert habe. Die Gegend, wo er diese Thaten verrichtet, ist dadurch bezeichnet, dass auch die Insel Vectis (Wight) unter seinen Eroberungen genannt wird, und es ist nicht unwahrscheinlich, dass er wenigstens einen grossen Theil des Südwestens der Insel der römischen Herrschaft unterworfen habe. Auch Vespasians Sohn Titus wird hierbei erwähnt. Wir hören, dass er seinem Vater in ähnlicher Weise, wie einst der junge Scipio Africanus in der Schlacht am Ticinus, durch seine Tapferkeit das Leben gerettet habe.

Im J. 47*) kehrte Plautius nach Rom zurück, um daselbst den kleinen Triumph, die Ovatio, zu feiern. An seine Stelle trat P. Ostorius, der beim Beginn des Winters auf der Insel ankam. In der Zwischenzeit hatten die Briten wieder hier und da zu den Waffen gegriffen. Ostorius eilte daher mit leichtbewaffneten Cohorten trotz des Winters von Ort zu Ort, um die noch vereinzelten Funken des Aufstandes rasch zu erdrücken; dann legte er am Avon und Severn eine Kette von Castellen an, um die Besitzungen der Römer gegen die Völker des Westens und Nordens zu sichern. Diese letztere Maassregel erregte innerhalb der Grenzen der römischen Herrschaft einen neuen Aufstand. Die in der Nähe von Camulodunum wohnhaften Icener, die sich früher den Römern freiwillig unterworfen hatten, jetzt aber für ihre Sicherheit besorgt wurden,

---

*) Wir haben für die Vorgänge in Britannien unter Claudius nach dem J. 44 hinsichtlich der Chronologie nur zwei bestimmte Anhaltspunkte. Der eine besteht darin, dass bei Dio (LX, 30) oder vielmehr in dem Auszuge des Xiphilinus, auf den wir von nun an statt des Dio angewiesen sind, die Rückkehr des Plautius in das J. 47 gesetzt ist (wobei freilich zu beachten ist, dass Xiphilinus nicht wie Dio die Jahre regelmässig und genau zu unterscheiden pflegt); den andern giebt uns Tacitus (Ann. XII, 36), indem er bemerkt, dass die Auslieferung des Caratacus durch Cartimandua, von der bald die Rede sein wird, im 9ten Jahre des Kriegs, also im J. 51, geschehen sei. Im Uebrigen wird der ganze britannische Krieg unter Claudius von Tacitus an einer Stelle (Ann. XII, 31—40) in zusammenfassender Darstellung ohne Unterscheidung der Jahre erzählt. Es ergiebt sich sonach, dass die chronologischen Bestimmungen, wie wir sie oben geben und wie sie auch sonst meist getroffen werden, zum grössten Theile nur auf Combination beruhen.

erhoben sich, und mit ihnen eine Anzahl der benachbarten Völker. Sie versammelten sich mit ihren Verbündeten nach der Weise der Briten, die wir aus Cäsar kennen,*) auf einem im Walde gelegenen, rings mit Verhauen umgebenen weiten Platze, der ihnen statt einer Burg diente. Ostorius aber griff sie in diesen Verschanzungen an, obwohl er nur Cohorten von Hülfsvölkern bei sich hatte, und brachte ihnen trotz ihres tapferen Widerstandes eine grosse Niederlage bei; worauf sie zu ihrer früheren Unterwürfigkeit zurückkehrten.

Nun wandte sich Ostorius nach dem Westen der Insel, um auch diesen zu unterwerfen, und drang im Lande der Canger bis in die Nähe des irländischen Meeres vor. Diese Unternehmung wurde für eine kurze Zeit durch die Nachricht unterbrochen, dass unter den Briganten, einem mächtigen, von einem Meere zum andern wohnenden Volke in der nördlichen Hälfte von England, eine Bewegung ausgebrochen sei. Ostorius wandte sich daher zunächst gegen diese, um die den römischen Besitzungen von dort drohende Gefahr abzuwenden, und es gelang ihm, jene Bewegung rasch zu unterdrücken. Nachdem dies aber geschehen war, und nachdem in Camulodunum (im J. 50), um die unterworfenen Völker im Zaum zu halten und die Verbindung mit Rom zu sichern, eine Militärcolonie gegründet worden war, so kehrte er nach dem Westen zurück. Hier hatte Caratacus, der Sohn des Cunobellinus, der schon in den ersten Jahren des Kriegs im Osten mit den Römern gekämpft hatte, das tapfere, streitbare Volk der Siluren in Südwales zu den Waffen gerufen; er hatte dann den Krieg auch weiter über das Gebiet der Ordoviker in Nordwales verbreitet, und gewann jetzt, von der Naturbeschaffen-

---

*) Cäsar sagt über diese rohe Art von Befestigungen (Bell. Gall. V, 21): Oppidum autem Britanni vocant, cum silvas impeditas vallo atque fossa munierunt, quo incursionis hostium vitandae causa convenire consuerunt, vgl. ebend. c. 9, wo es von den Briten heisst: Repulsi ab equitatu se in silvas abdiderunt locum nacti egregie et natura et opere munitum —: nam crebris arboribus succisis omnes introitus erant praeclusi. Hiermit stimmt die Stelle des Tacitus über den Sammelplatz der Icener und ihrer Verbündeten genau überein, wo es heisst (Ann. XII, 31): locum pugnae delegere saeptum agresti aggere et aditu angusto, ne pervius equiti foret.

heit des Landes unterstützt, manche Vortheile über Ostorius, bis er endlich eine Entscheidungsschlacht wagte. Er hatte hierzu Alles aufs Sorgfältigste vorgesehen und vorbereitet. Vor sich hatte er einen Fluss, den die Römer überschreiten mussten, um ihn anzugreifen, und sein Heer war am Abhang eines steilen Berges aufgestellt und durch Verhaue geschützt. Indess auch hier unterlag die rohe Tapferkeit der Barbaren der Disciplin und der besseren Bewaffnung der Römer. Sie wurden völlig geschlagen; Caratacus suchte eine Zuflucht bei der Königin der Briganter Cartimandua, wurde aber von ihr an die Römer ausgeliefert. Er wurde mit seinen Angehörigen nach Rom gebracht, und Claudius veranstaltete hier für das Volk ein glänzendes Schauspiel, indem er mit seiner Gemahlin Agrippina vor dem Lager der Prätorianer, Beide auf Thronen sitzend und von den Prätorianern umgeben, die Gefangenen vor sich führen liess. Caratacus richtete hier an den Kaiser eine seiner bisher bewiesenen Tapferkeit nicht unwürdige Ansprache, und dieser war edelmüthig genug, ihm das Leben zu schenken.

Nach diesem grossen Schlage setzten zwar die Siluren noch eine Art Guerillakrieg fort*) und brachten den Römern durch Ueberfälle noch manche Verluste bei. Ostorius starb im J. 52, und ehe sein Nachfolger A. Didius anlangte, schlugen sie sogar eine römische Legion unter Manlius Valens, worauf Didius sie wieder in ihre Gebirge zurücktrieb. Indess zu einer entscheidenden Kriegsaction kam es unter Claudius nicht mehr, da hierzu die Streitkräfte der Siluren nicht ausreichten und Didius zu alt und zu energielos war, um den Krieg mit Nachdruck zu führen; erst unter Nero flammte der Krieg wieder von Neuem auf. Im Wesentlichen war die südliche Hälfte von England (südlich vom Mersey) jetzt unterworfen und wurde daher immer mehr von dem ganzen drückenden Apparat der Provincialverwaltung überzogen.

An allen diesen äusseren Erfolgen wird dem Claudius kaum irgend ein wesentlicher Antheil beizumessen sein. Die

---
*) Tac. Ann. XII, 39: Crebra hinc proelia et saepius in modum latrocinii per saltus per paludes; ut cuique sors aut virtus, temere proviso; ob iram ob praedam, jussu et aliquando ignaris ducibus.

Anregungen dazu dürften von den Freigelassenen ausgegangen sein, die in allen Dingen die Rathgeber des Kaisers bildeten, und die hierin eine Gelegenheit suchten und fanden, dem Kaiser zu schmeicheln und dadurch ihren eigenen Einfluss um so mehr zu sichern; wie denn schon oben erwähnt worden ist, dass der Freigelassene Narcissus sich nach Gallien begab, um die widerspenstigen Truppen zum Gehorsam zu bringen, und von demselben Narcissus ausdrücklich bezeugt wird, dass es seine Gunst gewesen sei, die dem Vespasian die Gelegenheit verschaffte, die oben berichteten Grossthaten in Britannien zu verrichten. Das Hauptverdienst daran ist aber jedenfalls dem Heere beizumessen, in welchem noch am meisten von der alten Tapferkeit und dem alten Römerstolze erhalten war, und den tüchtigen Feldherren, an denen Rom von jeher so fruchtbar gewesen ist und an denen es auch in unserer verderbten Zeit noch nicht fehlte.

Der Kaiser war währenddem, von den wenigen Monaten abgesehen, die durch seinen Feldzug nach Britannien ausgefüllt wurden, die ganze Zeit seiner Regierung hindurch in der Hauptstadt, meist mit kleinlichen oder doch unerheblichen Dingen beschäftigt, die aber seine Zeit und seinen Sinn ganz in Beschlag nahmen.

Als ihn die Prätorianer am 25. Januar 41 halb wider seinen Willen auf den Thron gehoben hatten, war es zunächst die Furcht, die ihn ganz beherrschte. Er wagte es daher in den ersten 30 Tagen nicht, im Senat zu erscheinen, und führte zuerst die Sitte ein, dass Alle, die sich ihm nähern wollten, vorher durchsucht wurden, um sich zu vergewissern, dass sie keine Waffen bei sich führten, auch liess er sich selbst bei Tische von Soldaten bewachen. Es war ferner wahrscheinlich wenigstens theilweise neben seiner Gutmüthigkeit auch Furcht, was ihn bewog, durch eine allgemeine Amnestie Alles, was mit der Ermordung Caligulas zusammenhing, der Vergessenheit zu übergeben; nur Cassius Chaerea und einige wenige Genossen der blutigen That wurden getödtet; Cornelius Sabinus gab sich selbst den Tod. Es fehlte aber in der ersten Zeit seiner Regierung auch nicht an Handlungen, die aus edleren Motiven hervorgingen. Er rief seine Nichten Agrippina und

Julia und viele andere Opfer der Willkür seines Vorgängers aus der Verbannung zurück, erwies seiner Mutter Antonia ausgezeichnete Ehren, beseitigte zwar in der Stille alle Bildsäulen des Caligula, verhinderte aber, dass sein Andenken durch einen besondern Senatsbeschluss verunehrt wurde; er hob die von Caligula neu eingeführten Steuern und Abgaben, so wie die von demselben geforderten sogenannten freiwilligen Geschenke wieder auf, erstattete den Angehörigen, was ihnen durch ungerechte, unter der Form der Erblassung an den Kaiser oder sonst irgendwie geschehene Beraubung von ihrem Vermögen entzogen worden war, und verbot allen denen, die Verwandte hatten, den Kaiser zum Erben einzusetzen; er machte auch sonst das von Caligula verübte Unrecht, so viel als möglich, wieder gut, verzieh und vergass alle die Unbilden, die ihm in der Zeit seiner Erniedrigung zugefügt worden waren; endlich stellte er auch die Anklagen wegen Majestätsverbrechen, den Vorwand und die Handhabe für alle politischen Verfolgungen, durch ein Verbot ab. Dabei war sein persönliches Auftreten und Verhalten durchaus anspruchslos. Er nahm zwar die ihm vom Senat zuerkannten Ehren und Vollmachten an, mit Ausnahme des Titels Vater des Vaterlands, den er vorerst ablehnte, verbot aber alle göttlichen Ehren, die sein Vorgänger verlangt hatte, und verschmähte es sogar, der bisher üblichen Sitte gemäss eine öffentliche Feier seines Geburtstags anzuordnen.

Sehr bald aber wurde er in das Getriebe der mühevollen, regelmässigen, wenigstens halb mechanischen Geschäfte verwickelt, in denen er die Erfüllung seiner Herrscherpflichten suchte und die ihm kaum für etwas Anderes Zeit und Kraft übrig liessen. Diese bestanden hauptsächlich in seiner richterlichen Thätigkeit, der er sich mit einer unermüdlichen Ausdauer widmete. Er ward fast täglich auf dem Forum gesehen, auf dem Tribunal sitzend und von zahlreichen Rechtsuchenden umgeben, die die geringfügigsten Sachen vor ihn brachten; er verkürzte die Gerichtsferien, um dieser seiner vermeintlichen Obliegenheit in ausgedehnterem Maasse genügen zu können, und setzte seine Thätigkeit sogar im Juli und August nicht aus, wo sonst die Gerichte wegen der in diesen Monaten

besonders häufigen Ferien fast völlig ruhten. Die Art und
Weise, wie er das Geschäft verrichtete, abgesehen davon, dass
es an sich in dieser Ausdehnung auf die unbedeutendsten Dinge
dem Herrscher wenig ziemte, war ganz seiner sonstigen Art
und Weise entsprechend, bisweilen nicht ohne Feinheit und
einen gewissen Scharfsinn, nicht selten aber auch kindisch
und albern.*) Als eine Frau ihren Sohn nicht als den ihrigen
anerkennen wollte, befahl er ihr mit einer beinahe Salomoni-
schen Weisheit, denselben zu heirathen, und zwang sie dadurch,
die Wahrheit einzugestehen. Ein anderes Mal fällte er seinen
Spruch dahin, er gebe demjenigen Theile Recht, der die Wahrheit gesagt habe, ohne aber diesen Theil zu nennen. Es konnte
nicht ausbleiben, dass er sich dadurch der Geringschätzung
und dem Spotte preis gab. Wenn er zu Mittag schliessen
wollte, so drängte man sich an ihn, hielt ihn wohl auch an
den Kleidern fest und zwang ihn dadurch, selbst über Mittag
zu bleiben und das Geschäft fortzusetzen. Nicht minder kam
es vor, dass er auf das Gröblichste getäuscht wurde. Als einst
ein Statthalter in Bithynien wegen Erpressung angeklagt wurde,
so war der Lärm um ihn herum so gross, dass er die Bithy-
nier, welche bittere Beschwerde über ihn führten, nicht verstehen konnte; er fragte also den Freigelassenen Narcissus,
was sie gesagt hätten, und als dieser mit der grössten Unver-
schämtheit antwortete, sie hätten den Statthalter gelobt und
ihm für seine Güte gedankt, so entschied er, dass derselbe
die Statthalterschaft noch zwei Jahre länger fortführen sollte.
Er selbst versäumte oft aus Gedankenlosigkeit die allernöthig-
sten Rechtsformen, so dass er oft das Urtheil sprach, ohne
beide Theile, oder, wie man ihm sogar Schuld gab, ohne einen
derselben gehört zu haben. Und bei aller Gutmüthigkeit, die
auch in diesem Geschäft bei ihm im Ganzen vorherrschte,
war er doch auch zuweilen aus natürlichem Stumpfsinn oder
aus Uebereilung grausam. Er gestattete, gegen seine frühere
ausdrückliche Erklärung, dass Sclaven als Zeugen gegen ihre

---

*) Suet. Claud. 15: In cognoscendo autem et decernendo mira varie-
tate animi fuit, modo circumspectus et sagax, modo inconsultus ac prae-
ceps, nonnunquam frivolus amentique similis.

Herren gebraucht wurden, er liess Freie und Bürger in seiner
Gegenwart foltern, und soll sogar einen Redner, der ihm
missfiel, sogleich in die Tiber haben werfen lassen.

Ein zweites Geschäft, das einen nicht geringen Theil
seiner Zeit in Anspruch nahm, war der Besuch der öffentlichen
Spiele und sonstigen Schaustellungen. Zunächst war es wohl
sein Pflichtgefühl, was ihn antrieb, denselben beizuwohnen;
indess allmählich scheint er auch Geschmack daran gefunden
zu haben, wenigstens wird berichtet, dass er in der grossen
Pause, wenn das übrige Publikum sich entfernte, um zu Hause
die gewöhnliche Mahlzeit einzunehmen, nicht selten zurückblieb, um die Schaustellungen, die während dieser Pause eingelegt zu werden pflegten, nicht zu verlieren, ferner, dass er
an der Beobachtung der Mienen und Gebehrden der sterbenden
Gladiatoren und Thierkämpfer ein besonderes Gefallen fand
und wohl auch, wenn die für den Tag bestimmten Kämpfe
beendet waren, sogleich zu seiner und des Pöbels weiterer
Belustigung noch andere Opfer herbeiführen liess.

Ein drittes Geschäft werden wir später noch kennen
lernen. Dies ist seine Thätigkeit als Censor, die er in den
Jahren 47 und 48 mit gleichem Eifer und gleicher Kleinlich-
keit betrieb wie seine richterlichen Geschäfte.

Ausserdem wurde seine Zeit noch durch zweierlei Er-
holungen und Erquickungen, die er sich gestattete, ausgefüllt.
Die eine bestand in seiner literarischen Liebhaberei, die er
auch als Kaiser noch pflegte, und mit der es auch zusammenhängt, dass er die römische Schrift durch die Erfindung drei
neuer Buchstaben zu vervollkommnen suchte, die unter seiner
Herrschaft eingeführt, nach seinem Tode aber sofort wieder
beseitigt wurden. Die andere war von niedrigerer Art; sie
bestand in den Freuden der Tafel oder vielmehr in dem sinnlichen Genusse des Essens und Trinkens, dem er so ergeben war,
dass er sich nicht enthalten konnte, als er einst auf dem Forum
seinem richterlichen Geschäfte oblag und in einem benachbarten
Tempel ein schwelgerisches Opfermahl bereitet wurde, von seinem
Richterstuhl aufzustehen und dem lockenden Dufte zuzueilen.

Im Uebrigen ist das, was aus seiner Regierung noch zu
berichten ist, wenigstens zum grössten Theile nicht sein Werk,

sondern das seiner Frauen und Freigelassenen. Diese waren
es, welche entweder den Kaiser unmittelbar lenkten und
bestimmten, wie es ihnen beliebte, oder auch den Senat als
Werkzeug dazu gebrauchten, gegen welchen Claudius eine
grosse Verehrung hegte. Dem Senate war es jetzt beschieden,
durch schmeichelnde Unterwürfigkeit unter dem Einfluss von
Freigelassenen zu der tiefsten Stufe der Erniedrigung herabzusinken.

Schon im J. 41 wurde die eine der erst vor Kurzem aus
der Verbannung zurückgerufenen Schwestern des Caligula,
Julia, von Neuem verbannt und bald darauf im Exil getödtet,
weil sie durch ihre Schönheit und durch die Gunst, in die sie
sich bei dem Kaiser zu setzen wusste, die Eifersucht der
Messalina gereizt hatte. In ihren Sturz wurde auch der Philosoph Seneca verwickelt, dem man die rauhe und ungesunde
Insel Corsica als Verbannungsort anwies, wahrscheinlich, weil
er durch die freimüthigen Urtheile über die Vorgänge am Hof
in seinen Schriften die Rache der herrschenden Persönlichkeiten herausgefordert hatte. Dies waren bei Beiden die wirklichen Gründe; der erklärte Gegenstand der Anklage war bei
Julia Ehebruch, bei Seneca Mitschuld an demselben.

Im J. 42 fiel einer der vornehmsten Männer der Zeit,
Appius Silanus, der Stiefvater der Messalina und der Vater
des für Octavia, die Tochter des Kaisers, bestimmten Gemahls,
als Opfer des Hasses der Messalina. Es wurde dies in folgender für Claudius charakteristischen Weise angeführt. Der
Freigelassene Narcissus stürzte am frühen Morgen in das
Schlafgemach des Kaisers, um ihm zu berichten, er habe
geträumt, dass Silanus ihn, den Kaiser, ermorde; Messalina,
welche zugegen war, versicherte, dass sie dasselbe geträumt
habe; in demselben Moment, während der schwache Geist des
Claudius von Schrecken über diese Nachricht erfüllt war, wurde
gemeldet, dass Silanus, der von Messalina zu dieser ungewohnten Stunde in den Pallast gerufen worden war, da sei
und den Kaiser zu sprechen wünsche. Es war leicht, das
Kommen des Silanus mit jenen Träumen in Verbindung zu
bringen und dem Kaiser vorzuspiegeln, dass er eben jetzt sein
Vorhaben ausführen wolle. Silanus wurde also sofort getödtet.

Am folgenden Tage erstattete Claudius im Senat Bericht über seine Rettung aus der Todesgefahr, wobei er dem Narcissus seinen Dank dafür aussprach, dass er „selbst im Schlafe für ihn sorge."

In demselben Jahre gab eine nicht ungefährliche Verschwörung den Anlass zu neuen Hinrichtungen und Verbannungen. M. Annius Vinicianus, ebenfalls einer der vornehmsten Männer der Zeit und mit der kaiserlichen Familie in verwandtschaftlichen Beziehungen stehend, war Theilnehmer oder wenigstens Mitwisser der Verschwörung gegen Caligula gewesen und hatte nach dessen Tode zu denen gehört, welche die Wiederherstellung der Republik wünschten und sich im Senat dafür ausgesprochen hatten. Der Fall des Silanus mochte bei ihm Besorgnisse für seine eigene Sicherheit erregen. Er vereinigte sich also mit M. Furius Camillus Scribonianus, dem Statthalter von Dalmatien, um den Claudius zu stürzen. Dem Camillus gelang es, seine 2 Legionen für den Aufstand zu gewinnen, und er war mit diesen im Begriff, in das wehrlos vor ihm liegende Italien einzudringen. Vorher forderte er den Kaiser in einem stolzen Schreiben auf, freiwillig vom Throne herabzusteigen, und dieser würde schwach und feige genug gewesen sein, der Aufforderung Folge zu leisten, wenn er nicht von seiner Umgebung zurückgehalten worden wäre. Indessen der Plan scheiterte im entscheidenden Augenblick an der Unbeständigkeit der Legionen und an der gewohnten Ehrerbietung gegen den kaiserlichen Namen, die zur Zeit noch allgemein unter den Truppen verbreitet war. Camillus musste vor seinen eigenen Truppen fliehen und wurde auf der Insel Issa von einem gemeinen Soldaten getödtet, Vinicianus gab sich selbst den Tod, und nun folgten zahlreiche Exekutionen gegen die wirklichen oder vorgeblichen Mitschuldigen. Messalina und ihre Genossen benutzten die einmal erregte Angst des Kaisers, um solche, die ihnen irgend wie im Wege standen oder durch Reichthum ihre Habsucht reizten, tödten oder verbannen zu lassen, während wieder Andere durch Drohungen dazu gebracht wurden, ihre Rettung mit grossen Geldsummen zu erkaufen. Unter den Getödteten befand sich auch Caecina Paetus, der durch den heroischen Muth seiner Gemahlin Arria einen berühmten Namen erlangt hat. Diese stiess sich, um ihrem Gatten den Tod zu erleichtern, selbst den Dolch in die Brust und gab ihn dann ihrem Gatten mit den Worten: Paetus, es schmerzt nicht.

Im J. 43 wurde noch eine Julia, die Tochter des Drusus, des Sohnes des Tiberius (s. o. S. 216. Anm.), auf Anstiften der Messalina hingerichtet, und ihr folgten auch im Laufe der nächsten Jahre andere zahlreiche Opfer der Eifersucht und Habsucht der Messalina und ihrer Genossen. So, um nur die Namhaftesten hervorzuheben, M. Vinicius, der Gemahl jener im J. 41 getödteten Julia, welcher im J. 46 vergiftet wurde, so im J. 47 Cn. Pompejus Magnus, der Gemahl der Antonia, der Tochter des Claudius, so dessen Vater und Mutter Crassus Frugi und Scribonia, so auch Valerius Asiaticus, derselbe, von dem wir oben (S. 257) bei Gelegenheit der Ermordung des Caligula eine Probe seines Muthes erwähnt haben, dessen Tod wiederum durch den Hergang dabei unser besonderes Interesse erweckt.*) Er stammte aus Vienna in Gallien und hatte in dieser Provinz durch seinen Reichthum und sein persönliches Ansehen grossen Anhang; es wurde daher dem Claudius vorgespiegelt, dass er dort einen Aufruhr zu erregen im Begriffe sei; ausserdem wurde seine angebliche Theilnahme an der Ermordung des Caligula und der nachher von ihm bewiesene Stolz geltend gemacht, um ihn dem Kaiser als einen gefährlichen Menschen vorzustellen. Claudius wurde hierdurch so in Schrecken gesetzt, dass er sofort Soldaten nach Bajae schickte, wo sich Asiaticus eben aufhielt, um ihn ergreifen und in Ketten nach Rom abführen zu lassen. Der Hauptgrund seiner Verfolgung von Seiten der Messalina war, wie berichtet wird weil er ihre unzüchtigen Anträge zurückgewiesen hatte und weil er im Besitz der prächtigen Gärten des Lucullus war, die ihre Habsucht reizten; die eigentliche Anklage aber betraf das Verbrechen des Ehebruchs mit Poppaea Sabina, der Gemahlin

---

*) Hiermit treten wir wieder in die Fusstapfen des Tacitus, dessen Annalen nach der grossen Lücke seit dem Tode des Tiberius im 11. Buche wieder mit dem Processe des Asiaticus beginnen. Dagegen verlässt uns in dieser Zeit Cassius Dio, von welchem von jetzt an nur der dürftige Auszug des Xiphilinus erhalten ist.

des P. Scipio, und des Versuchs, die Truppen zu verführen; die Hauptwerkzeuge derselben waren der uns schon bekannte L. Vitellius, ferner P. Suillius, einer der verrufensten Delatoren der Zeit, Sosibius, der Erzieher des Britannicus, und Crispinus, der Befehlshaber der Prätorianer. Asiaticus führte seine Sache — die Verhandlung fand nicht im Senat, sondern in einem Zimmer des Kaisers in Gegenwart der Messalina statt — mit solcher Beredtsamkeit und solcher Kraft der Wahrheit, dass selbst Messalina sich der Thränen nicht enthielt und das Zimmer verliess, um sie abzutrocknen, jedoch nicht ohne vorher den Vitellius zu erinnern, dass er den Angeklagten nicht entkommen lassen möchte, und dass Claudius, tief bewegt, im Begriff war ihn freizusprechen. Allein Vitellius spielte die ihm aufgetragene Rolle mit vollendeter Meisterschaft. Er schien die weiche Stimmung des Kaisers vollkommen zu theilen, er sprach seine Freundschaft für Asiaticus und sein Mitleiden mit ihm aufs Lebhafteste aus und schloss damit, dass er für den Angeklagten die freie Wahl der Todesart als eine besondere Gnade erbat: worauf der Kaiser, seiner Gewohnheit nach lediglich den fremden Gedanken und Empfindungen folgend, die Aeusserung seines Mitleids in der That auf die Gewährung dieser Freiheit beschränkte. Asiaticus machte indess von der Möglichkeit, die ihm dadurch eröffnet war, seinen Tod hinauszuschieben, keinen Gebrauch; in der Weise der damaligen vornehmen Römer, die ihren Stolz darein setzten, mit Muth und Würde zu sterben, verbrachte er den Tag mit den gewöhnlichen Beschäftigungen und Leibesübungen, hielt mit seinen Freunden ein heiteres Mahl und öffnete sich dann die Adern, nachdem er vorher den für ihn errichteten Scheiterhaufen besichtigt und ihn, da er an der gewählten Stelle seinen Baumpflanzungen zu schaden schien, an eine andere Stelle hatte versetzen lassen.

Auch Poppaea, die durch ihre ausgezeichnete Schönheit die Eifersucht der Messalina reizte, musste sterben; sie wurde durch das Schreckbild des Kerkers, dass ihr Messalina vormalen liess, dahin gebracht sich selbst zu tödten. Der Kaiser wusste davon so wenig, dass er einige Tage nachher ihren Gemahl Scipio bei Tisch fragte, warum er sie nicht mitgebracht habe; worauf ihm geantwortet wurde, sie sei gestorben. Crispinus erhielt als Lohn für die geleisteten Dienste durch den Senat 1 ¹/₂ Millionen, Sosibius 1 Million Sestertien, letzterer, so wurde als Grund angegeben, weil er den Britannicus mit seinen Lehren, den Kaiser mit seinen Rathschlägen unterstütze. Auch P. Scipio nahm an diesen Beschlüssen Theil. Er motivierte seine Zustimmung mit den Worten: Da er über die Vergehen der Poppaea eben so denke wie alle Uebrigen, so bitte er anzunehmen, dass er auch dasselbe sage wie alle Uebrigen: eine Wendung, die wegen ihrer Feinheit grosse Bewunderung fand.*)

In derselben Zeit, wo dies und vieles Aehnliche geschah, wurden zugleich die sämmtlichen kaiserlichen Befugnisse in jeder Weise von Messalina und ihren Genossen zu ihren Zwecken ausgebeutet. Aemter und Würden, Statthalterschaften, Feldherrnstellen, Gesandtschaften und was sonst in den Augen der Menschen Werth hatte, wurden für hohe Summen verkauft oder als Preis für geleistete oder noch zu leistende persönliche Dienste verliehen. Messalina bedurfte solcher Mittel, um ihre Stellung zu sichern und die Ausschweifungen zuzudecken, denen sie sich nach den Schilderungen der Geschichtschreiber und des Satirikers Juvenal, die wenn auch übertrieben, doch nicht völlig erfunden sein können, in einer über alles Maass und alle Schranke hinausgehenden, selbst die laxen Grundsätze jener Zeit tief verletzenden Weise hingab.

Rom ertrug diese erniedrigende Herrschaft des sittenlosesten Weibes und verachteter Freigelassenen mit einer Geduld, die am besten beweist, wie tief das Selbstgefühl der einst so stolzen und so strengen Römer gesunken war. Es werden zwar einige Mordversuche gegen den Kaiser erwähnt, und auch eine zweite Verschwörung fand im J. 46 statt, deren Haupt Asinius Gallus, der Sohn jenes unter Tiberius getödteten Asinius Gallus (o. S. 215) war, und an welcher der gewesene Consul Statilius Corvinus und einige andere, z. Th. der Person

---

*) Tac. XI, 4: eleganti temperamento inter conjugalem amorem et senatoriam necessitatem.

des Kaisers nahe stehende Männer Theil nahmen. Allein wir finden nicht, dass jene Mordversuche in irgend einem Zusammenhange mit dem Volke oder einem grösseren Theile desselben standen, und die Verschwörung — wenn sie anders wirklich stattfand und nicht vielmehr von Messalina und ihren Genossen nur erdichtet wurde, um ihre angeblichen Theilnehmer zu verderben — hatte nach Plan und Verbreitung so wenig Kraft und Hintergrund und war desshalb so ungefährlich, dass es hinlänglich schien, das Haupt derselben, den Asinius Gallus, statt ihn zu tödten, nur zu verbannen.

Der Senat machte im J. 47 einen einzigen schwachen Versuch zur Opposition. Kurz nach dem Tode des Valerius Asiaticus wurde von dem designierten Consul C. Silius, dem Sohne jenes C. Silius, welcher im J. 24 unter Tiberius durch Sejan gestürzt worden war (o. S. 205), der Antrag gestellt, dass das in Vergessenheit gerathene Cincische Gesetz, durch welches den Rednern die Annahme von Geschenken oder sonstigen Vergütigungen für ihre geleisteten Dienste verboten worden war, wieder in Kraft gesetzt werden sollte. Der Antrag hatte den Zweck, dem Delatorengeschäft durch Entziehung des damit verbundenen grossen pecuniären Vortheils seinen Reiz zu benehmen, und war hauptsächlich gegen Suillius gerichtet, der so eben wieder durch die Anklage des Asiaticus den allgemeinen Unwillen gegen sich erregt hatte. Der Senat zeigte sich sehr eifrig in der Unterstützung des Antrags, und auch Claudius schien geneigt, darauf einzugehen, schliesslich liess er sich jedoch durch Suillius und dessen Gesinnungsgenossen bewegen, sich mit einer Beschränkung des Betrags auf höchstens 10,000 Sestertien zu begnügen: eine Beschränkung, die, wie sich denken lässt, wenig oder gar nicht beachtet wurde, und die insofern sogar nachtheilig wirkte, als sie eine gewisse Sanctionierung der Annahme von Geschenken und Honoraren überhaupt in sich schloss. Wie hoch die Summen waren, die den Rednern gezahlt wurden, mag man daraus abnehmen, dass Suillius selbst die Summe von 400,000 Sestertien von einem Ritter als Preis dafür empfing, dass er eine angedrohte Anklage nicht ausführen sollte, und dass er diesen nachher doch anklagte, jedenfalls weil ein Anderer ihm eine noch höhere

Summe zahlte, ferner daraus, dass, wie uns berichtet wird, in einer wenig späteren Zeit ein Redner sich durch dieses Geschäft ein Vermögen von 300 Millionen Sestertien erwarb. Allein was keine Nachstellung und keine Opposition vermocht hatte, das wurde endlich im J. 48 von Messalina selbst durch ihren Uebermuth herbeigeführt. Durch die Schwäche und Blindheit des Claudius sicher gemacht und auf der Bahn der Ausschweifungen und Verbrechen immer tiefer herabgleitend, wagte sie es so öffentlich, dass Claudius der einzige war, der nichts davon bemerkte, mit einem angesehenen Manne, eben jenem vorhin genannten designierten Consul C. Silius, dessen grosse Schönheit in ihr eine an Wahnsinn grenzende Leidenschaft entzündet hatte, eine förmliche Hochzeit zu feiern: ein Schritt, der in ihren ergebensten Werkzeugen Besorgnisse erregen musste und so ihren Sturz bewirkte.

Sie hatte schon bisher ihre Liebe zu ihm offen zur Schau getragen, hatte ihn mit Geschenken überhäuft, hatte sein Haus mit den schönsten Kunstwerken des kaiserlichen Pallastes ausgeschmückt und sich überall öffentlich als seine Begleiterin gezeigt. Silius wusste sehr wohl, dass er sich dem Andringen der Kaiserin nicht ohne die äusserste Gefahr für sein Leben widersetzen könne; er gab sich ihr also hin, er verstiess auch auf ihren Wunsch seine Gemahlin Junia Silana, verlangte aber nun von Messalina selbst die Ehe, und auch diese gab ihre Zustimmung, obwohl nicht ohne Zögern, nicht weil sie sich vor diesem letzten Schritt gescheut hätte, der vielmehr für sie durch das Ausserordentliche und Gewagte einen um so grösseren Reiz hatte, sondern weil sie über ihn als Gemahl nicht so unbedingt wie bisher herrschen zu können fürchtete. Silius mochte meinen, nur auf diese Art, indem er sich als Gemahl der Messalina und, was sich ihm jedenfalls als die nothwendige Folge hiervon darstellte, als Kaiser an die Stelle des Claudius setzte, einige Aussicht auf Rettung aus der ihn von allen Seiten umgebenden Gefahr zu gewinnen, während Messalina, wie es scheint, wenigstens zunächst noch glaubte, auch dies dem schwachsinnigen Claudius verbergen zu können. So wurde also im Monat October zu einer Zeit, wo Claudius gerade in Ostia abwesend war, die Ehe mit allen herkömmlichen Caerimonien geschlossen, und diesem Act folgte in den nächsten Tagen ein Fest von der Art, wie sie ehedem von Antonius und Kleopatra gefeiert worden waren und wie sie nur römische Ueppigkeit im Verein mit der griechischen Mythologie hervorbringen konnte, wo zur Feier der Weinlese Messalina als Bacchantin den Thyrsusstab schwingend, mit fliegendem Haar und mit einem Pardelfell bekleidet, an der Spitze eines Chors von Priesterinnen gleicher Art und zur Seite des mit Epheu bekränzten Bacchusgottes Silius wilde orgische Tänze aufführte.

Mittlerweile aber waren die nächsten Vertrauten der Messalina, die Freigelassenen Callistus, Pallas und Narcissus, nicht unthätig gewesen. Sie sahen sie durch das Uebermaass ihrer Keckheit jetzt am Rande des Abgrundes und glaubten daher Maassregeln treffen zu müssen, um nicht in ihren Sturz verwickelt zu werden. Allein Callistus und Pallas wagten nicht weiter zu gehen als dass sie Messalina durch Vorstellungen und Warnungen von ihrer Leidenschaft für Silius zurückzubringen suchen wollten. Der kühnere Narcissus nahm daher die Sache allein in seine Hand. Er begab sich nach Ostia. Dort musste eine der Buhlerinnen, die den Kaiser begleitet hatten, ihm das Geheimniss der Heirath der Messalina offenbaren, indem sie ihm zu Füssen fiel und das schreckliche Wort aussprach; eine andere wiederholte es; Narcissus selbst wurde herbeigerufen, er bat erst um Verzeihung, dass er die bisherigen Ausschweifungen der Messalina aus Rücksicht auf die Ruhe und den Frieden des Kaisers verschwiegen habe, dann bestätigte er, was die Buhlerinnen ausgesagt hatten, und fügte hinzu, wenn der Kaiser nicht rasch handle, so werde der neue Gemahl sich auch der Herrschaft bemächtigen; auch die andern Männer von Einfluss, die in der Nähe waren, drangen in ihn, dass er nach Rom eilen möchte, um sich vor Allem der Treue der Prätorianer zu versichern; da man dem Befehlshaber der Prätorianer nicht traute, so liess sich Narcissus für einen Tag den Oberbefehl übertragen. So wird Claudius, der so bestürzt und besinnungslos war, dass er wiederholt fragte, ob er oder Silius Kaiser sei, in einen Wagen gesetzt, mit ihm bestiegen denselben L. Vitellius und ein Mann von gleicher Art Largus

Caecina und, da diese Beiden wenig zuverlässig waren, auch Narcissus, der den Kaiser keinen Augenblick sich selbst zu überlassen entschlossen war. So begab man sich auf den Weg nach Rom.

Dort fiel mitten in das rauschende Fest des Silius und der Messalina die Schreckensbotschaft: Claudius komme von Ostia herbei, um Rache zu nehmen. Sofort stob Alles auseinander; Silius begab sich auf das Forum, Messalina in die Gärten des Lucullus; kurz darauf erschienen Centurionen, die diejenigen ergriffen und abführten, deren sie habhaft werden konnten. Silius gab sich auf dem Forum den Anschein, als ob er den gewöhnlichen Geschäften nachgehe, wahrscheinlich einer Uebereinkunft mit Messalina gemäss, welche noch immer hoffte, den Claudius zu beschwichtigen und sich mit ihm zu versöhnen, wenn es ihr nur gelänge, ihn zu sehen und zu sprechen. Sie machte sich daher auf, um ihm entgegenzugehen; sie ging mit nur drei Begleiterinnen durch die Stadt und setzte sich dann auf einen gewöhnlichen Karren, auf dem sie die Strasse nach Ostia verfolgte. Sie hatte ausserdem den Befehl gegeben, dass ihre Kinder, Britannicus und Octavia, dem Kaiser entgegengeführt würden, und hatte auch die älteste und angesehenste der Vestalinnen, Vibidia, gebeten, sich für sie zu verwenden. Allein alle ihre Anstrengungen wurden durch Narcissus vereitelt. Als sie sich dem Kaiser näherte und ihn anrief, er möge die Mutter seiner Kinder anhören, übertönte Narcissus ihre Stimme, indem er von Silius und seiner Hochzeit sprach, und überreichte ihm zugleich Papiere, aus denen sich ihre und des Silius Schuld ergab; die Kinder liess er entfernen, sobald sie in die Nähe kamen, und die Vibidia fertigte er mit dem Versprechen ab, dass der Kaiser die Messalina hören werde. Als sie in die Stadt kamen, wurde der Kaiser erst in das Haus des Silius geführt, um dort in dem Schmuck desselben die Beweise der Schuld des Silius und der Messalina zu sehen, alsdann in das Lager der Prätorianer. Hier erhielt er durch die Zurufe der Prätorianer die Gewissheit, dass nichts zu fürchten sei, und nun wurde Silius sofort hingerichtet, der ohne einen Versuch der Vertheidigung nur um Beschleunigung seines Todes bat; mit ihm eine Anzahl Anhänger und Mitschuldiger der Messalina.

Noch war aber die Gefahr nicht völlig vorüber, da Messalina noch lebte. Der Kaiser hatte sich nach Vollbringung dieser Dinge zum Mahle niedergesetzt, und der Genuss desselben fing bereits an, die Wolken des Zorns und der Besorgnisse in seinem Gemüth zu zerstreuen; er befahl, dass Jemand zu der Unglücklichen (so nannte er Messalina) hingehen und ihr anzeigen sollte, dass er am nächsten Tage ihre Vertheidigung hören werde. Allein Narcissus erkannte die Gefahr. Er gab den Centurionen und dem Militärtribun, die die Wache am Pallast hatten, im Namen des Kaisers den Befehl, sie zu tödten. Als Aufseher gab er ihnen den Freigelassenen Euodus mit. Diese fanden Messalina in den Gärten des Lucullus auf dem Boden liegend, bei ihr ihre Mutter Lepida, die sie vergeblich ermahnte, einen muthigen Entschluss zu fassen und ihrem verwirkten Leben selbst ein Ende zu machen. Als die Mörder ankamen, verlangte sie das Schwert, hatte aber nicht die Kraft, es sich in die Brust zu stossen; sie wurde daher von dem Militärtribunen getödtet.*)

---

*) Tacitus ist sich selbst nicht unbewusst, dass dieser ganze Vorgang den Lesern kaum glaublich erscheinen werde; er berichtet ihn aber gleichwohl so, wie wir ihn oben in der Kürze wiedergegeben haben, weil er sich von der Wahrheit desselben überzeugt hat. Er sagt (XI, 27): Haud sum ignarus fabulosum visum iri tantum ullis mortalium securitatis fuisse in civitate omnium gnara et nihil reticente, nedum consulem designatum cum uxore principis praedicta die adhibitis qui obsignarent, velut suscipiendorum liberorum causa convenisse atque illam audisse auspicum verba, subisse, sacrificasse apud deos, discubitum inter convivas, oscula, complexus, noctem denique actam licentia conjugali. Sed nihil compositum miraculi causa, verum audita scriptaque senioribus referam. Demungeachtet sind in neuerer Zeit von Merivale (hist. of the Rom. under the emp. vol. V. p. 555) und mit grösserem Nachdruck und mehr Lebhaftigkeit von A. Stahr in seiner Agrippina Zweifel dagegen erhoben worden. Beide legen ein besonderes Gewicht auf die Stelle Suet. Claud. 28 (welche im Wesentlichen von dem Scholiasten zu Juven. Sat. X, 330 reproduciert wird), wo gesagt ist, dass Claudius sogar den Heirathscontract zwischen Silius und Messalina mit unterzeichnet habe, weil ihm auf Grund von irgend welchen Vorzeichen vorgespiegelt worden sei, dass dem Gemahl der Messalina ein schweres Unglück drohe; sie nehmen also an, dass die

Mit dem Tode der Messalina schliesst die erste Hälfte von der Geschichte des Claudius. Ehe wir aber zu der zweiten weiter gehen, in welcher Agrippina statt der Messalina die Herrschaft führt, ist noch Einiges aus der ersten nachzuholen, was wenigstens nicht in dem Maasse, wie das bisher Berichtete, als das Werk der Messalina und ihrer Genossen anzusehen ist.

Hierher gehören die zahlreichen, zum Theil sehr grossartigen Bauten, die er ausführte. So liess er, da der Hafen von Ostia versandet war, hauptsächlich der Getreideschiffe wegen, die jetzt in Puteoli ausladen mussten, ein neues grosses Hafenbassin nördlich von der Mündung des Tiber graben, durch Molen vor Stürmen und vor Versandung schützen, auch mit einem Leuchtthurm versehen und durch einen Kanal mit dem Tiber verbinden. Dies sehr gemeinnützige Werk wurde in den Jahren 42 bis 46 ausgeführt. Ferner wurden die oben S. 240 erwähnten, von Caligula begonnenen Wasserleitungen

Scheidung der Messalina und die Wiedervorheirathung mit Silius mit Wissen und Zustimmung des Claudius geschehen, und die Sache nachher nur durch die Intriguen der Agrippina zum Verderben der Messalina gewendet und von derselben Agrippina in ihren Memoiren möglichst ungünstig erzählt worden sei. Allein durch diese Annahme wird die Erzählung des Tacitus, mit der alle sonstigen Berichte oder Andeutungen über den Vorgang vollkommen übereinstimmen, nicht modificiert, sondern geradezu aufgehoben, und die Sache selbst nur um so unglaublicher gemacht, denn, wie man sieht, bildet gerade das Nichtwissen des Claudius von der Heirath das Hauptmoment der ganzen Erzählung, und wie sollte Claudius bei aller seiner Schwachsinnigkeit dazu gekommen sein, die in diesem Falle ganz unschuldige Messalina dem Untergange preiszugeben? Uns scheint es wenigstens nicht undenkbar, dass Messalina bei ihrer Zügellosigkeit und ihrer Verachtung des Claudius bis zu diesem letzten Act des Uebermuths und der Keckheit vorgegangen sei, während sich der Entschluss des Silius nach unserer Ansicht dadurch erklärt, wenn wir, wie oben geschehen, annehmen, dass er im Fall der Weigerung seinen Untergang bestimmt vor Augen sah (Juv. X, 339: ni parere velis, pereundum erit anto lucernas), im andern Falle aber sich wenigstens eine Möglichkeit der Rettung vorstellen konnte. Jene Notiz des Sueton, die übrigens von ihm selbst als ganz unglaublich bezeichnet wird, scheint uns nichts als eine übertreibende Zuthat zu sein, die nur dazu dienen soll, das Bild von dem Stumpfsinn des Claudius noch deutlicher und eindringlicher zu machen.

von ihm fortgesetzt und bis z. J. 52 vollendet und von einer anderen besonders wichtigen, Virgo genannten Wasserleitung die verfallenen Bogen im J. 45 erneuert. Endlich unternahm er es kurz nach seinem Regierungsantritt, die anschwellenden Wasser des Fucinersees, welche die an dem inneren Rande desselben liegenden Aecker und Wiesen völlig zu verschlingen drohten, durch einen Emissär abzuleiten, der ungefähr $^3/_4$ geographische Meilen lang in einer Höhe von 10 bis 15 und einer Breite von 9 Fuss zum grossen Theil durch Felsen geführt wurde: ein Werk von der grössten Schwierigkeit, an welchem 30,000 Menschen 11 Jahre lang ununterbrochen arbeiteten, und welches im J. 52 vollendet und mit grossen Feierlichkeiten, auf die wir weiter unten zurückkommen werden, eröffnet wurde.

Ferner ist aus dieser Zeit noch seiner Censur zu gedenken. Er trat dieselbe mit L. Vitellius am 1. Januar*) des J. 47 an und führte sie in der altherkömmlichen Weise, so dass er die Geschäfte derselben nach Ablauf von $1^1/_2$ Jahren mit der Musterung der Bürger, dem Lustrum, beschloss, Titel und Würde aber noch weitere $3^1/_2$ Jahre beibehielt. Es war dies seit dem J. 22 v. Chr. (s. o. S. 32) wieder die erste regelmässige Censur, da Augustus wie wir uns erinnern, die Geschäfte derselben vollzogen hatte, ohne das Amt selbst zu übernehmen, und Tiberius und Caligula sich um diesen Zweig der öffentlichen Wirksamkeit gar nicht bekümmert hatten.

Claudius widmete sich diesem Amt mit demselben unermüdlichen und oft kleinlichen und pedantischen Eifer wie sei-

---

*) Dies ist der gewöhnlich angenommene und an sich wahrscheinlichste Termin. Lehmann (Claudius und Nero und ihre Zeit, S. 275) setzt den Anfang in den Ausgang des April oder Anfang Mai nach dem Process des Asiaticus und der Secularfeier, hauptsächlich auf Grund der Inschrift bei Orelli-Henssen Nr. 5181. Allein er selbst muss, um diese Ansicht aufrecht zu erhalten, in einer anderen Inschrift (Orelli Nr. 648) das Wichtigste, die Zahlen, ändern, und dass der Antritt wenigstens vor jenem Process und vor der Secularfeier geschah, scheint daraus mit Sicherheit hervorzugehen, dass er sich bei Tacitus nicht erwähnt findet, während doch die Erzählung von dem Process und der Secularfeier erhalten ist, er muss also vorher berichtet worden sein und in der Lücke zu Anfang des 11ten Buches untergegangen sein.

nem Richterberufe. Dem Beispiele des Augustus folgend, der ihm überall als Muster vorschwebte, reinigte er den Senat und den Ritterstand von verarmten und unwürdigen Mitgliedern und ergänzte dagegen nicht nur diese Stände, sondern auch die Patricier durch neue Mitglieder. Ferner erliess er eine Menge von Edicten, an einem Tage, wie berichtet wird, nicht weniger als 20, darunter eins, in welchem er seine Mitbürger erinnerte, bei der Nähe der Weinernte das Auspichen der Fässer nicht zu versäumen, und ein zweites, worin er gegen den Biss der Viper den Saft des Taxusbaums als bestes Heilmittel empfahl. Doch fehlt es auch nicht an Edicten von anderer, besserer Art. So ist es als Beweis einer in der damaligen Zeit seltenen Humanität hervorzuheben, dass er ein Edict erliess, worin er anordnete, dass die Sclaven, die von ihren Herren wegen Krankheit aus dem Hause gestossen würden, frei sein und die Herren, welche sie tödteten, als Mörder bestraft werden sollten. Als eine Handlung von besonderem Interesse ist noch aus seiner Censur zu erwähnen, dass er den Aeduern zu dem Bürgerrecht, welches sie schon besassen, noch das Ehrenrecht, d. h. das Recht, in den Senat zu treten und die Ehrenämter der Hauptstadt zu bekleiden, hinzu verlieh, nicht nur weil dies an und für sich eine Maassregel von weit greifender Bedeutung war, sondern auch weil uns von der Rede, die der Kaiser bei dieser Gelegenheit hielt, durch einen glücklichen Zufall ein nicht unbedeutender Theil erhalten ist.*) Es geschah dies nicht ohne ein gewisses Widerstreben des Senats, das indess selbstverständlich vor den Vorstellungen des Kaisers zurückwich.

Endlich ist noch zu bemerken, dass in die Censur auch eine Secularfeier der Gründung der Stadt fällt, die Claudius

---

*) Wir können uns nicht enthalten, auf diese wichtigen, auf den sog. Lyonner Tafeln erhaltenen Ueberreste auch insofern aufmerksam zu machen, als sie uns für die Beurtheilung der Treue und Glaubwürdigkeit des Tacitus einen sicheren Anhaltepunkt bieten. Tacitus giebt in seinem Auszug (XI, 24) den Hauptinhalt der Rede treu wieder und hat sich nicht nur von jeder Entstellung derselben frei gehalten, sondern nicht einmal die wirklichen Thorheiten und Geschmacklosigkeiten, deren sie genug bietet, dazu benutzt, um seinen Bericht pikanter zu machen.

im J. 47 (= 800) von Erbauung der Stadt) beging, trotz dem dass Augustus sie erst vor 64 Jahren, einer anderen Berechnung folgend, gehalten und Claudius selbst in seinen Geschichtsbüchern diese Berechnung gelobt und als richtig anerkannt hatte. Unter den herkömmlichen Spielen befand sich auch das sog. Trojaspiel, bei welchem die heranwachsende vornehme Jugend sich dem Volke in feierlichem Aufzuge zu Pferde zeigte. An demselben nahmen auch Britannicus, der Sohn des Kaisers, und L. Domitius, der nachmalige Kaiser Nero, jener 7, dieser 10 Jahre alt, Theil, und es wurde bemerkt und von Manchen als ein Vorzeichen der künftigen Dinge angesehen, dass der Letztere, der Sohn der Agrippina und Enkel des Germanicus, von dem Volke in viel höherem Grade als Britannicus mit den lebhaftesten Zeichen der Gunst und des Beifalls begleitet wurde.

Bei dem Lustrum, womit, wie gesagt, die Thätigkeit der Censoren abgeschlossen wurde, ergab sich die Zahl von 5,984,072 Bürgern, also eine gesammte bürgerliche Bevölkerung von ungefähr 24 Millionen: eine bedeutende Zunahme gegen die letzte Zählung unter Augustus, die indess nicht sowohl durch Wachsthum des Wohlstandes und der Bevölkerung im Allgemeinen, als durch die häufigen Verleihungen des Bürgerrechts von Seiten des Claudius zu erklären ist. Bei dem letzten Census nämlich, den Augustus im J. 14 n. Chr. hielt, hatte die Zahl der Bürger nur 4,937,000 betragen.[*])

Obwohl Claudius bei Gelegenheit der Katastrophe der Messalina vor den Prätorianern erklärt hatte, dass er zu üble Erfahrungen mit seinen Frauen gemacht habe, um je wieder zu heirathen, und dies durch die nachdrücklichsten Versicherungen bekräftigt hatte: so wussten doch Alle, die ihm näher standen, dass dies nicht möglich sei, dass er nicht anders als unter der Lenkung einer Frau leben könne. Es wurde daher sofort ein Gegenstand der Intrigue und des Wettstreits zwischen den drei uns schon bekannten mächtigsten Freigelassenen, wer dem Kaiser eine Gemahlin geben solle: Narcissus kämpfte für

---

*) Diese Zahl ist jetzt durch den neu entdeckten griechischen Text des Monumentum Ancyranum festgestellt, s. Mommsen M. A. p. 24.

Aelia Petina, die schon einmal mit Claudius verheirathet gewesen, aber von ihm verstossen worden war, Callistus für Lollia Paulina, die eben so sehr durch Schönheit wie durch Reichthum ausgezeichnete gewesene Gemahlin des Caligula (o. S. 246), Pallas dagegen hatte sich die Agrippina ausersehen, die Schwester des Caligula und Tochter des Germanicus, die von Claudius, wie wir uns erinnern, aus der Verbannung zurückgerufen, glücklicher oder klüger und vorsichtiger gewesen war als ihre Schwester Julia und sich daher trotz der Eifersucht der Messalina, obwohl in einer gedrückten Lage, behauptet hatte. Die Beseitigung der Messalina kam ihr so erwünscht, dass man geglaubt hat, ihr einen wesentlichen Antheil daran beimessen zu müssen — obwohl unsere Quellen nichts davon enthalten und der Umstand, dass nicht Narcissus, der Urheber des Sturzes der Messalina, sondern Pallas ihr Favorit war, jener vielmehr überall als ihr Gegner erscheint, es wenig wahrscheinlich macht. Sobald daher die Stelle an der Seite des Kaisers erledigt war, drängte sie sich sogleich heran, und, von ihrer Verwandtschaft unterstützt, die ihr den näheren Zugang gestattete, wusste sie durch ihre Gewandtheit und Koketterie den schwachen Mann so zu umstricken, dass sich der Sieg bald für sie und für Pallas entschied.

Noch gab es aber ein Hinderniss. Claudius war der Vatersbruder der Agrippina, und zwischen Verwandten von diesem Grade war die Ehe nach römischer Sitte völlig unerhört. Claudius, ein strenger Anhänger und Verehrer des Alten und Herkömmlichen, zögerte daher den letzten Schritt zu thun, bis L. Vitellius ein Auskunftsmittel fand. Er fragte den Kaiser, ob er seine Bedenken aufgeben werde, wenn der Senat die Ehe mit der Bruderstochter ausdrücklich für zulässig erkläre, und als der Kaiser, der vor dem Senat einen nicht minderen Respect hatte als vor dem Herkommen, dies bejahte, eilte er in den Senat, wo es ihm leicht wurde, die allgemeine Zustimmung zu gewinnen; ja manche Senatoren erklärten in übergrossem Eifer, wenn der Kaiser länger zögere, so müsse man ihn zwingen, während das vor der Curie versammelte Volk ebenfalls seine Zustimmung durch lautes Schreien zu erkennen gab. Nun begab sich auch Claudius in

den Senat; es wurde ein förmlicher Senatsbeschluss des
gewünschten Inhalts gefasst und hierauf — im J. 49 — die
Ehe vollzogen. Doch fand der Senatsbeschluss so wenig Ein-
gang in die Ueberzeugung und Sitte des Volks, dass nur ein
Einziger aus Schmeichelei dem Beispiele des kaiserlichen
Paares folgte.

So war also jetzt Agrippina die Herrin Roms, nicht minder
oder richtiger in viel höherem Grade als es Messalina gewesen
war, obwohl in anderer Weise und mit anderen Zwecken.
Sie war eben so sittenlos wie Messalina, aber sie gab sich
den Ausschweifungen nicht wie diese aus Zügellosigkeit und
Lust daran hin, sondern nur, um zwei andere in sich zu-
sammenhängende Leidenschaften, Herrschsucht und Habsucht,
zu befriedigen. Sie wollte nicht nur unter Claudius herrschen,
sondern auch ihre Herrschaft über die Lebenszeit des Claudius
ausdehnen, indem sie ihren Sohn aus ihrer früheren Ehe mit
Cn. Domitius, L. Domitius, statt des Britannicus, des Sohnes
des Claudius, zum Kaiser machte, und um diesen Zweck desto
sicherer zu erreichen, bot sie alle Mittel auf, um grosse Schätze
zusammenzubringen. Dies waren die Zwecke, die sie mit einer
männlichen, eisernen, rücksichtslosen Consequenz verfolgte.
Sie wollte nicht wie Messalina bloss Freiheit für ihre Ausschweifungen, sie wollte Gehorsam, und während daher der
Hof unter jener sich offen und ungescheut allen Lüsten und
Ausschweifungen hingegeben hatte, so gab ihm Agrippina
äusserlich ein ehrbares, strenges Aussehen, um unter dieser
Hülle ihre herrschsüchtigen Bestrebungen zu verbergen.*)

Die Maassregeln, die sie für die Erhebung ihres Sohnes
traf, sind offenbar planmässig berechnet und lassen sich daher
Schritt für Schritt genau verfolgen.

Noch ehe die Ehe geschlossen war, benutzte sie ihren
Einfluss auf den Kaiser, um einen mächtigen Schritt vorwärts
zu thun. Die Tochter des Claudius, Octavia, war mit L. Silanus,

---

*) Tac. Ann. XII, 7: Versa ex eo civitas, et cuncta feminae obedie-
bant, non per lasciviam, ut Messalina, rebus Romanis illudenti: adductum
et quasi virile servitium. Palam severitas ac saepius superbia; nihil domi
impudicum, nisi dominationi expediret; cupido auri immensa obtentum
habebat, quasi subsidium regno pararetur.

dem Sohne des im J. 42 getödteten Appius Silanus, verlobt. Dieser musste also vor allen Dingen beseitigt werden, um dem Sohne Platz zu machen. Desshalb benutzte Vitellius sein Censoramt noch gegen Ende des J. 48, obwohl damals, wie wir wissen, das Lustrum schon stattgefunden hatte und die Thätigkeit der Censoren sonach zu Ende war, um dem L. Silanus auf die Beschuldigung hin, dass er mit seiner Schwester Junia Calvina in unzüchtigem Verkehr stehe, aus dem Senat zu stossen. Die nothwendige Folge hiervon war, dass die Verlobung aufgehoben wurde; auch wurde er, und zwar am vorletzten Tage des Jahres (48), der Prätur, die er eben bekleidete, entsetzt. Er gab sich darauf am Tage der Hochzeit des Claudius und der Agrippina selbst den Tod; seine Schwester Calvina wurde verbannt.

Kurz nach der Hochzeit rief Agrippina den Seneca aus der Verbannung zurück und übertrug ihm die Erziehung ihres Sohnes; zugleich wirkte sie für ihn die Ernennung zum Prätor aus. Bei der grossen Anerkennung, die Seneca als Philosoph und geistvoller Schriftsteller genoss, könnte es scheinen, als sei dies lediglich im Interesse der Sache und des ihm anvertrauten Knaben geschehen. Indess war dies doch nicht der Fall. Seneca war, wie wir uns erinnern, als Mitschuldiger der Julia, der Schwester der Agrippina, verbannt worden; wir haben ihn also von jeher als auf der Partei der Agrippina stehend anzusehen; durch seine Verbannung war er ferner gegen Claudius selbst aufs Aeusserste gereizt; Agrippina konnte daher auf seine Ergebenheit und seine Mitwirkung bei Allem, was in ihrem Interesse und gegen das des Kaisers geschah, rechnen, und dies war jedenfalls der Hauptgrund, warum sie ihn zurückrief und zu einer einflussreichen Stellung erhob.

Noch im J. 49 wurde aber L. Domitius bereits mit Octavia verlobt, und zwar unter Mitwirkung und auf Anlass des Senats, der den Kaiser auf Antrieb der Agrippina durch einen förmlichen Beschluss darum bat. Im J. 50 folgte seine Adoption durch den Kaiser, wobei er den Namen Nero empfing, den er von nun an führte, und der von ihm für alle Zeiten mit einem unauslöschlichen Makel behaftet worden ist, nachdem er durch mehrere ausgezeichnete Männer der Vorzeit aus dem Claudischen

Geschlecht bisher ein besonders glänzender gewesen war. Der Kaiser wurde zu dieser Maassregel, durch welche Nero über Britannicus erhoben wurde, hauptsächlich durch Pallas vermocht, der ihm die Adoption des Tiberius durch Augustus und die des Germanicus durch Tiberius vorstellte, obgleich Tiberius erst adoptiert wurde, als Augustus seine Enkel durch den Tod verloren hatte, und die Adoption des Germanicus sehr gegen den Willen des Tiberius geschehen war. Im J. 51 empfing der jetzt 14jährige Nero die männliche Toga, und bei dieser Gelegenheit verlieh ihm der Senat die proconsularische Gewalt im ganzen Umfange des Reichs, jedoch mit Ausnahme der Hauptstadt, und den Titel Prinčeps Iuventutis; auch wurde beschlossen, dass er das Consulat in seinem 20ten Lebensjahre bekleiden sollte. Ferner wurden zu Ehren dieses festlichen Ereignisses Spiele gefeiert, bei denen Nero dem Volke im Triumphalgewande, Britannicus dagegen im Knabenkleide, der Prätexta, vorgeführt wurde. Im J. 53 endlich wurde er mit der Octavia verheirathet. Auch diese Gelegenheit wurde benutzt, um ihn immer höher zu heben und ihn in ein immer helleres Licht zu stellen. Er musste nämlich im Senat auftreten und hier, um seine Milde und zugleich auch seine Beredtsamkeit zu zeigen, einige populäre Anträge zu Gunsten der Stadt Ilium, der Rhodier und der neuerdings durch eine Feuersbrunst schwer heimgesuchten Stadt Bononia stellen.

Wie aber auf Nero alle Auszeichnungen und Ehren gehäuft wurden, die ihm Anspruch auf die Nachfolge in der Herrschaft geben und das Volk daran gewöhnen konnten, in ihm den künftigen Kaiser zu sehen: so wurde der unglückliche Britannicus auf alle mögliche Art erniedrigt und herabgedrückt. Er wurde dem Nero gegenüber bei jeder Gelegenheit und in jeder Weise als Kind behandelt und dargestellt, und um ihn aller Unterstützung zu berauben und eine den herrschenden Plänen entsprechende Erziehung sicher zu stellen, wurden seine bisherigen ihm freundlich gesinnten Erzieher und Diener beseitigt und solche an ihre Stelle gesetzt, die der Agrippina völlig ergeben waren.

Endlich versäumte man auch nicht, sich der Prätorianer zu versichern, indem die bisherigen zwei Befehlshaber, denen man nicht traute, abgesetzt und an ihrer Stelle Afranius Burrus zum alleinigen Befehlshaber ernannt wurde, ein Mann von gutem Ruf als Mensch und als Soldat, der aber schon durch seine Erhebung völlig an das Interesse der Agrippina gebunden war.

Dies Alles geschah mittelbar oder unmittelbar durch Agrippina, welche nicht nur in dieser wie in allen anderen Beziehungen Alles durchsetzte, was sie wollte, sondern auch ihre Herrschaft, so weit irgend möglich, zur Schau trug. Sie wusste Alle zu beseitigen, die ihr im Wege standen; so z. B. schon im J. 49 die Nebenbuhlerin um die Hand des Claudius, Lollia Paulina, welche verbannt und durch einen ihr nachgesandten Militärtribunen gezwungen wurde, sich zu tödten, so im J. 54 eine andere, der kaiserlichen Familie angehörige Frau, Domitia Lepida, welche getödtet wurde, weil sie auf Nero einen gefährlichen Einfluss zu gewinnen schien. Dagegen wurden ihre Anhänger auf alle Art geschützt; als z. B. der uns bekannte L. Vitellius des Majestätsverbrechens und des Strebens nach der Herrschaft angeklagt war und der Kaiser geneigt schien ihn zu verurtheilen, so setzte sie nicht nur durch, dass er freigesprochen, sondern auch dass der Ankläger verbannt wurde. Dabei liess sie sich nicht nur den Namen Augusta beilegen, sondern sie erlaubte sich auch, zu Wagen auf das Kapitol zu fahren, was ein Vorrecht der Priester war und von ihrer Seite als eine besonders grosse Anmaassung angesehen wurde; sie pflegte ferner bei feierlichen Gelegenheiten, mit dem Kriegskleid (paludamentum) angethan, auf dem Thron zu sitzen, und legte der auf ihre Veranlassung an der Stelle der alten Niederlassung der Ubier gegründeten Colonie ihren Namen Colonia Agrippinensis (das heutige Cöln) bei. Eine besondere Gelegenheit, sich in ihrem Glanze und ihrer Anmaassung zu zeigen, bot ihr die, wie schon erwähnt, im J. 52 erfolgte Vollendung des Emissars des Fucinersees. Der Kaiser hatte zur Feier derselben ein Seegefecht von je 12 oder, nach einer andern Angabe, von je 50 Schiffen auf dem nur noch auf eine kurze Zeit mit Wasser gefüllten Fucinersee veranstaltet, ein Schauspiel, zu dem eine grosse Menge Menschen aus der Nähe und Ferne zusammengeströmt war. Dabei stellte sich Agrip-

pina dem zahlreichen Publicum dar, neben ihrem Gemahl auf
dem Throne sitzend und mit einem ganz aus Goldfäden
gewebten Kriegskleide angethan.

Ihr Hauptwerkzeug war neben L. Vitellius der Freigelassene Pallas, während Narcissus mancherlei, obwohl immer
vergebliche Versuche machte, ihr entgegenzuwirken, und zuletzt
sogar, wie uns versichert wird, den Plan verfolgte, sie wie
Messalina zu stürzen. Die Macht und der Uebermuth des
Pallas tritt uns zusammen mit der Erniedrigung des Senats
in einem Vorgang des J. 52 besonders deutlich entgegen. Der
Kaiser hatte im Senat einen Antrag in Betreff der freien
Frauen, die eine Verbindung mit Sclaven eingehen würden,
gestellt und dabei bemerkt, dass dies auf Veranlassung und
nach dem Rathe des Pallas geschehe. Hierauf fasste der Senat
einen Beschluss, durch welchen dem Pallas die prätorischen
Ehrenzeichen und 15 Millionen Sestertien zuerkannt wurden,
und ein Senator aus dem Geschlecht der Scipionen fügte noch
einen besondern Dank für ihn hinzu, dass er, obwohl von den
Königen Arkadiens entsprossen, seine vornehme Geburt dem
gemeinen Nutzen nachsetze und sich herablasse, die Stelle
eines Dieners des Kaisers einzunehmen. Ja als Pallas zwar
die prätorischen Ehrenzeichen annahm, aber das Geldgeschenk
ablehnte und hierauf auch beharrte, als der Kaiser der Aufforderung des Senats zu Folge ihn um die Annahme bat: so
wurde beschlossen, sein Verdienst durch eine in Erz gegrabene
öffentliche Inschrift zu verherrlichen.*) Der Kaiser aber
drückte ihm seine Bewunderung darüber aus, dass er sich bei
seiner bisherigen Armuth genügen lasse, während er bereits
ein Vermögen von 300 Millionen Sestertien besass.

Vielleicht war Claudius wirklich nach und nach zu einem
gewissen Bewusstsein von der unwürdigen Lage gelangt, in
der er sich befand, es wurde wenigstens erzählt, er habe
einst in der Trunkenheit geäussert, es sei sein Schicksal, die
Schlechtigkeiten seiner Frauen zu tragen und dann zu strafen;

---

*) Die Inschrift lautete nach dem jüngeren Plinius (Epp. VII, 29. VIII, 6),
der sie selbst sah, folgendermaassen: Huic senatus ob fidem pietatemque
erga patronos ornamenta praetoria decrevit et sestertium centies quinquagies,
cujus honore contentus fuit.

vielleicht schritt Agrippina auch nur desswegen zur That, weil sie alle ihre Vorbereitungen vollendet glaubte. Als zu Anfang October des J. 54 Narcissus, ihr erbittertster und gefährlichster Gegner, durch seinen Gesundheitszustand genöthigt wurde das Bad in Sinuessa zu besuchon, beschloss Agrippina, diese Zeit zu benutzen und den Kaiser zu beseitigen. Die Giftmischerin Locusta bereitete ein Gift, welches ihn zwar nur langsam tödten, aber sogleich seinen Geist — noch mehr als bisher — verwirren sollte, und welches ihm am 12. October beim Abendessen in einem Pilze, seiner Lieblingsspeise, beigebracht wurde. Da aber zunächst gar keine Wirkung bemerklich wurde, so vollendete der Arzt Xenophon das Werk durch ein Gift, das ihn sofort tödtete. Dies geschah wahrscheinlich in der Nacht, welche auf den 12. October folgte. Doch wurde sein Tod nicht sogleich bekannt gemacht, vielmehr wurden günstige Nachrichten über sein Befinden verbreitet. Mittlerweile wurden Britannicus, Octavia und Antonia im Hause zurückgehalten, der erstore, indem Agrippina ihn im Uebermaass ihres Schmerzes umarmte und durch sonstige Liebkosungen bei sich festhielt. Zu Mittag des 13. Octobers wurden die Thore des Palatiums geöffnet, wo, wie gewöhnlich, eine Cohorte der Prätorianer Wache hielt. Nero trat mit Burrus heraus, und letzterer forderte die Cohorte auf, ihn als Kaiser zu begrüssen. Dies geschah, obwohl nicht ohne dass einige fragten, wo Britannicus sei. Hierauf wurde Nero auch im Lager der Prätorianer als Kaiser begrüsst, nachdem er dasselbe Geschenk versprochen hatte, das von seinem Vater gespendet worden war, und diesem Beispiele folgte sofort der Senat, und auch in den Provinzen fand nirgends ein Widerspruch statt. Dem Claudius wurden göttliche Ehren zuerkannt, und sein Begräbniss geschah mit derselben Feierlichkeit wie das des Augustus.

Nero, 54 — 68 n. Chr.

Nero Claudius Caesar Augustus Germanicus (so lautet sein vollständiger Name auf Münzen und Inschriften) war am 15. December 37 geboren; er war demnach, als er auf die angegebene Art zur Herrschaft gelangte, noch nicht völlig

17 Jahre alt. Ausser ihm und seiner Mutter Agrippina sind von Gliedern der kaiserlichen Familie noch seine Adoptivgeschwister, die leiblichen Kinder des Claudius, Octavia, geboren im J. 42 oder 43, seine Gemahlin, Britannicus, am 13. Februar 41 (oder 42?) geboren, beide Kinder der Messalina, und Antonia, die Tochter der Aelia Petina, ferner L. Silanus, wahrscheinlich der Sohn jenes L. Silanus, welcher sich am Tage der Verheirathung des Claudius mit Agrippina getödtet hatte, und die Brüder dieses letzteren, M. Silanus und D. Silanus, welche ihr Geschlecht von Julia der Tochter des Augustus ableiteten, endlich Rubellius Plautus, der Urenkel des Tiberius durch seinen Sohn Drusus und dessen Tochter Julia, hervorzuheben.

Der Anfang der Regierung des Nero war wie bei Caligula wohlthätig und glücklich, aber nur, um bald in Laster und Verbrechen von der gröbsten und unwürdigsten Art und in die grausamste Tyrannei auszuarten, eben so wie bei Caligula oder vielmehr in noch weit höherem Grade. Er war nicht der gedankenlose, lediglich von Laune und Willkür gelenkte Wüstling wie Caligula, aber das höhere Maass von Verstand und Kraft, welches er besass, diente bei ihm nur dazu, seine Herrschaft um so drückender, seine Laster um so empörender, seine Verbrechen um so häufiger und um so furchtbarer zu machen. Während bei Caligula die Ausschweifungen und Grausamkeiten, wenn auch häufig wiederkehrende, doch nur augenblickliche Ausbrüche der Zügellosigkeit und des Uebermuths waren, so sind sie bei Nero ein Werk der Berechnung und der Freude am Bösesthun. Nachdem er allmählich zu der Sicherheit des Bewusstseins gelangt war, dass ihm, dem Kaiser, Alles gestattet sei,*) so war es ihm ein Genuss und ein Vergnügen, diese Freiheit bis zum Aeussersten auszubeuten und alle Grenzen des Rechts und der Sittlichkeit zu überschreiten. So wurde er der Tyrann, der, in einem Maasse wie kaum ein anderer in dem ganzen Laufe der Geschichte, Leben, Eigenthum, Recht und Ehre

---

*) Wie Sueton (Ner. 37) berichtet, pflegte er zu sagen: vor ihm habe kein Kaiser gewusst, was ihm erlaubt sei.

seiner Unterthanen jeden Augenblick seinem Belieben opferte, so gab er sich ohne Scham und Scheu den gemeinsten und schmutzigsten Lastern hin, so endlich schritt er auf der Bahn der Verbrechen bis zu denjenigen fort, die von jeher vorzugsweise mit dem Fluche der Menschheit belastet gewesen sind, bis zum Bruder-, Mutter- und Gattenmord.

Die Leiter Neros in den ersten Jahren seiner Regierung waren der Philosoph Seneca und der Befehlshaber der Prätorianer Burrus, und das Verdienst Neros bestand hauptsächlich darin, dass er diese beiden Männer gewähren liess, dass er überall, wo er selbst handeln musste, ihren Rathschlägen folgte und das Uebrige ihnen und dem Senat, dessen Ansehen von Seneca und Burrus auf alle Art gehoben wurde, überliess. Beide waren eifrig bemüht, die Regierung in löblicher Weise zu führen und ihren Herrn im günstigsten Lichte erscheinen zu lassen.

Das erste Mal als Kaiser trat Nero mit der Leichenrede öffentlich hervor, die er dem verstorbenen Kaiser hielt. Sie war von Seneca verfasst — das erste Beispiel, dass ein Kaiser fremder Unterstützung bei seinen Reden bedurfte — und wurde mit Beifall angehört, so weit sie dasjenige, was an Claudius wirklich Anerkennung verdiente, pries, nämlich seinen guten Willen, seine eifrige Beschäftigung mit den Wissenschaften und das Glück des Friedens, welches die Welt unter seiner Regierung genossen, sie erregte aber das allgemeine Lächeln, als sie auch Einsicht und Weisheit unter den ausgezeichneten Eigenschaften des Claudius aufzählte. Hierauf hielt er auch eine Rede im Senat, die voll der glückverheissendsten Versprechungen war. Er verkündete darin den mit Entzücken lauschenden Senatoren, dass er sich auf die Fürsorge für die Streitkräfte des Reichs beschränken, alles Uebrige aber gebührender Maassen dem Senate überlassen werde, dass die Bewohner Italiens und der Provinzen ihr Recht bei dem Senat suchen, dass die Consuln ihnen den Zugang zum Senat gewähren sollten, und versprach namentlich mit unverkennbarer Beziehung auf die Missbräuche, die unter Claudius vorzugsweise die allgemeine Unzufriedenheit erregt hatten, dass den Freigelassenen kein Einfluss auf die öffentlichen Angelegenheiten

gestattet werden sollte und dass er selbst sich hinsichtlich
der Handhabung des Rechts auf das gebührende Maass
beschränken werde. Und diesen Zusagen schien nun auch die
That vollkommen entsprechen zu wollen. Noch in diesem
ersten Jahre wurde durch die Wiederherstellung des Cincischen
Gesetzes ein alter Wunsch des Senats (o. S. 278) erfüllt; den
designierten Quästoren wurde die ihnen unter Claudius auferlegte Verpflichtung Gladiatorenspiele zu geben abgenommen,
und Nero selbst gestattete weder, dass dem Antrag des Senats
gemäss das Jahr mit dem December, dem Monat seiner Geburt, begonnen, noch dass ihm goldene und silberne Statuen
errichtet würden. Und so lässt sich auch weiterhin bis zum
J. 59 eine Reihe von theils zweckmässigen und weisen theils
populären Maassregeln aufzählen. Das J. 55 begann er damit,
dass er seinem Collegen im Consulat nicht gestattete, ihm
den herkömmlichen Eid des Gehorsams zu schwören; er gab
ferner in diesem Jahre einem von Claudius ausgestossenen
Senator die ihm entzogene Würde zurück und entfernte die
Militärwache aus dem Theater, um dem Volke einen Beweis
seines Vertrauens zu geben, den er freilich binnen Kurzem
wieder zurückzunehmen genöthigt wurde. Im J. 56 wurde im
Senat der Antrag gestellt, dass den ehemaligen Herren gestattet
sein sollte, ihre Freigelassenen, wenn sie die Pflichten der
Pietät gegen sie verletzten, wieder zu Sclaven zu machen.
Es war gewiss eben so gerecht als weise, dass Nero diesen
Antrag, durch welchen der überaus zahlreiche Stand der Freigelassenen um einer Anzahl unwürdiger Mitglieder willen im
Wesentlichen seiner Freiheit beraubt werden sollte, ablehnte,
indem er den Senat anwies, die Strafe auf diejenigen zu
beschränken, die sie verdient hätten. Ferner traf er die An-
ordnung, dass die Oberaufsicht über die Führung der Staatsrechnungen von den Quästoren, denen sie bisher anvertraut
gewesen war, auf ältere und mehr erprobte Männer übertragen
wurde, wodurch er dieses wichtige Geschäft den Missgriffen
und Willkürlichkeiten entzog, denen es unter der Leitung
jüngerer Männer ausgesetzt war. Im J. 57 erfreute er das
Volk durch ein Geschenk von 400 Sestertien für den Mann
und überliess dem Staatsschatz die Summe von 40 Millionen

Sestertien, um dem geschwächten Credit desselben aufzuhelfen. Er machte dem Publikum noch ein anderes Geschenk, das sich freilich als täuschend erwies. Er erliess nämlich den Käufern die Abgabe von 4 Procent von dem Kaufpreis der Sclaven, legte sie aber den Verkäufern auf, was selbstverständlich die Folge hatte, dass diese sie auf den Kaufpreis schlugen. Den Provinzen erwies er dadurch eine Wohlthat, dass er den Statthaltern und sonstigen Beamten untersagte, Gladiatoren- und andere ähnliche Spiele zu veranstalten, was sie bisher vielfach zu dem Zweck gethan hatten, um die Gunst der Bevölkerung zu gewinnen und so Anklagen wegen Erpressungen abzuwenden. Im J. 58 erhielten die Gefühle des Volks dadurch eine sehr willkommene Genugthuung, dass P. Suillius, einer der verhasstesten Angeber und Ankläger, derselbe, der sich unter Anderem bei dem Sturze des Valerius Asiaticus als Werkzeug hatte gebrauchen lassen (o. S. 276), verbannt wurde. In demselben Jahre hatte er den Gedanken, die sämmtlichen indirecten Abgaben, also namentlich auch die Zölle, aufzuheben, um dadurch den Beschwerden abzuhelfen, die vielfach vom Publikum über die Bedrückungen und Ungerechtigkeiten der Pächter dieser Zölle erhoben wurden. Es war dies freilich ein thörichter Einfall, der desshalb auch auf die Vorstellung des Senats, dass dies nicht ohne den Ruin des Staates geschehen könne, aufgegeben werden musste. Indess hatte er doch die wohlthätige Folge, dass eine Reihe von zweckmässigen Anordnungen getroffen wurde, wonach z. B. die Tarife der Abgaben öffentlich ausgestellt, die Ansprüche der Pächter nicht über ein Jahr zurück geltend gemacht und die Klagen über Bedrückungen jederzeit von den Beamten in Rom wie in den Provinzen sofort angenommen und untersucht werden sollten.

So sind bis hierher (bis zum J. 59) seine Regierungshandlungen wohlthätig, zweckmässig und durchaus vorwurfsfrei, eine einzige ausgenommen, nämlich die Verbannung des Cornelius Sulla, den er aus Furcht und in Folge einer böswilligen Verleumdung nach Massilia verwies. In Rom herrschte Sicherheit und Zufriedenheit; in den Provinzen Ruhe und Friede oder, wenn dort die Waffen einmal erhoben wurden, so geschah es in einer des alten Kriegsruhms würdigen Weise und mit im Ganzen glücklichen Erfolg. Man darf sich daher auch nicht wundern, dass später Trajan, selbst einer der trefflichsten Fürsten, die ersten fünf Jahre des Nero als die glücklichste Periode der Kaiserzeit pries.

Indessen im Hause und im Privatleben des Kaisers kündigte sich das, was bevorstand, schon in diesen 5 Jahren durch die deutlichsten Vorboten an. Schon im zweiten Jahre wurde eins jener oben hervorgehobenen besonders furchtbaren Verbrechen von ihm verübt, nämlich der Brudermord, und die bösen Leidenschaften des jungen Kaisers steigerten sich in einem Maasse, dass ein Ueberschäumen derselben über die engen Grenzen des Hauses mit allem seinen traurigen Gefolge nicht ausbleiben konnte. Neben dem Naturell Neros und neben den grossen Versuchungen, die in seiner Stellung lagen, hatte daran unzweifelhaft seine Mutter Agrippina einen wesentlichen Antheil. Sie hatte den Nero nicht auf den Thron gehoben, um, wenn sie dieses Ziel erreicht, bei Seite zu treten: sie wollte mit ihrem Sohne und durch ihn herrschen. Sie liess desshalb sofort den M. Silanus ermorden, den Bruder jenes L. Silanus, der sich am Tage ihrer Verheirathung mit Claudius als Opfer ihrer Intrigue selbst getödtet hatte (o. S. 289); sie beseitigte den Freigelassenen Narcissus, der, wie wir uns erinnern, in den letzten Jahren des Claudius ihren verbrecherischen Plänen entgegenzutreten versucht hatte; sie veranstaltete, dass die Senatssitzungen im Palatium gehalten wurden, wo sie hinter einem Vorhang ungesehen die Verhandlungen mit anhören konnte; sie wollte aber auch eben so wie unter Claudius öffentlich als Mitherrscherin angesehen sein, und war desshalb einst bei einer feierlichen Audienz schon im Begriff, neben Nero auf dem Throne Platz zu nehmen, als dieser auf einen Wink des Seneca ihr entgegen ging und sie auf einen andern Platz führte. Für Seneca und Burrus war diese Mitherrschaft völlig unerträglich; sie konnten und wollten es nicht mit ansehen, dass durch Agrippina und ihren begünstigten Freigelassenen Pallas das alte Regiment fortgesetzt wurde; sie vereinigten also ihren Einfluss und alle ihnen zu Gebote stehenden Mittel, um die Agrippina zu beseitigen. Leider

Zerwürfniss mit Agrippina. 299

gehörte zu diesen Mitteln auch die Neigung ihres Zöglings und Mündels zu sinnlichen Ausschweifungen, die sie entzügelten oder doch nicht zurückhielten in der thörichten Meinung, durch Nachgeben die Leidenschaften stillen oder wenigstens mässigen und vor grösseren Ausschreitungen bewahren zu können.*)

Der erste offene Conflict zwischen diesen feindseligen Mächten wurde durch die Leidenschaft Neros für die Freigelassene Acte herbeigeführt. Agrippina, welche nicht ohne Grund hiervon die Entfremdung ihres Sohnes von sich fürchtete, bestürmte desshalb den Nero mit den heftigsten Vorwürfen; sie richtete aber nichts aus, vielmehr gab sich Nero in Folge davon seiner Leidenschaft nur um so mehr hin. Als Mittelsperson für den Verkehr zwischen ihm und Acte diente Annaeus Severus, ein vertrauter Freund des Seneca: ein deutlicher Beweis, dass Seneca der Angelegenheit nicht fremd war. Nun schlug Agrippina einen andern Weg ein: sie schmeichelte dem Nero, drückte ihm ihr Bedauern über ihre frühere Heftigkeit aus und bot ihre eigenen Dienste zur Vermittelung des Liebesverhältnisses an. Allein eben so vergeblich. Vielmehr that Nero jetzt einen Schritt, den die Mutter als eine gegen sie selbst gerichtete Kriegserklärung ansehen musste, indem er den Freigelassenen Pallas, den ergebenen Diener der Agrippina, der Verwaltung der kaiserlichen Kasse entsetzte, die derselbe bisher geführt hatte. Nun stiess Agrippina, bis zur Wuth gereizt, die heftigsten Drohungen aus; sie äusserte sogar in ihrer Leidenschaft: sie scheue nicht davor zurück, dass alle ihre Verbrechen an den Tag kämen; sie werde den Britannicus in das Lager der Prätorianer führen, diese möchten entscheiden zwischen dem leiblichen Sohne des Claudius und dem Seneca und Burrus.

Dies, also die Furcht vor Agrippina, war es, was den Nero zu dem Entschluss brachte, den Britannicus aus dem Wege zu räumen, um jener das Mittel zur Befriedigung ihrer Rachsucht zu entziehen. Der Tag war nahe, wo Britannicus

---

*) Tac. Ann. XIII, 2: juvantes in vicem, quo facilius lubricam principis aetatem, si virtutem aspernaretur, voluptatibus concessis retinerent.

das 14te Lebensjahr erfüllen und demnach wahrscheinlich auch
mit der männlichen Toga bekleidet werden sollte (denn bei
den Knaben der kaiserlichen Familie pflegte dies in so frühem
Alter zu geschehen), und Britannicus hatte erst vor Kurzem
bei Gelegenheit der Feier der Saturnalien *) einen Beweis
gegeben, dass er das ihm angethane Unrecht empfinde und
dass es ihm nicht an Muth und Geist fehle. Nero hatte nämlich bei einem Spiel im Kreise seiner Altersgenossen als
erwählter König des Festes dem Britannicus aufgegeben, her-
vorzutreten und einen Gesang vorzutragen, in keiner anderen
Absicht, als um den schweigsamen und schüchternen Knaben
in Verlegenheit zu setzen und dadurch zu demüthigen. Allein
dieser erhob sich und stimmte ohne alle Schüchternheit und
mit nur zu deutlicher Beziehung auf sich selbst, wahrscheinlich
aus einer der zahlreichen Tragödien, welche die Verbrechen
der Königshäuser der Vorzeit zum Gegenstand hatten, einen
Gesang an, in welchem die Klagen eines aus dem väterlichen
Erbe und der Herrschaft Verstossenen ihren affectvollen Ausdruck gefunden hatten. Um so mehr also glaubte Nero mit
seinem Vorhaben eilen zu müssen. Auf seinen Befehl bereitete
die berüchtigte, uns schon bekannte Locusta ein langsam wirkendes Gift, welches dem bedauernswürdigen Opfer durch seine
Erzieher gereicht wurde. Dem Nero aber in seiner Ungeduld
war jeder Verzug unerträglich; er liess also ein zweites Gift
bereiten, und nachdem dieses unter seiner Aufsicht hergestellt
und als unmittelbar wirksam erprobt worden war, so liess er
es dem Britannicus beim Mahle an der kaiserlichen Tafel beibringen. Es wurde ihm ein Becher mit einem heissen Getränk

---

*) Die Saturnalien begannen am 17. December, und je nachdem wir
die Geburt des Britannicus in das J. 41 oder 42 setzen, müssen wir wegen
des Lebensalters des Britannicus entweder die Saturnalien des J. 54 oder
die des J. 55 annehmen. Jenes ist wegen der Kürze der Zeit nicht recht
wahrscheinlich, da sonach zwischen dem Regierungsantritt des Nero
(13. October 54) und der Feier der Saturnalien und dem, was sich daran
anschloss, ein zu kurzer Zeitraum verflossen sein würde. Bei der andern
Annahme sind wir genöthigt, die Ermordung des Britannicus und die Anklage der Agrippina entweder in die kurze Zeit von den Saturnalien bis
zum Ende des Jahres oder im Widerspruch mit Tacitus in das J. 56 zu
setzen, was Beides seine grossen Bedenken hat.

gereicht, welches der Sitte gemäss vorher gekostet war, und als er es, wie vorauszusehen, zurückwies, so wurde kaltes Wasser und in diesem das Gift hinzugegossen, welches ihn sofort tödtete. Als er todt zusammensank, bemerkte Nero, es sei ein Anfall von Fallsucht, an der der Knabe von Jugend an leide, und liess sich nicht in seinem Mahle stören; auch die übrige Gesellschaft setzte das Mahl fort. Der Unglückliche wurde noch in derselben Nacht unter Sturm und Wetter begraben. Nero aber erliess eine öffentliche Bekanntmachung, worin er die Eile und die Einfachheit des Begräbnisses durch irgend einen nichtigen Grund zu erklären suchte, worin er ferner seinen Schmerz über den erlittenen Verlust aussprach und das Volk aufforderte, ihm nunmehr als dem allein noch übrigen Spross der kaiserlichen Familie eine um so wärmere Liebe zu widmen.

Die angesehensten Männer des Staats wurden von Nero durch reiche Geschenke beschwichtigt und versöhnt; die Menge wurde wenig von dem Verbrechen berührt, sie entschuldigte es sogar als ein Werk der Nothwendigkeit. Dagegen wurde Agrippina bis zur äussersten Wuth gereizt. Sie schmeichelte den Centurionen und Tribunen, sie sammelte möglichst viele Freunde um sich, hielt heimliche Zusammenkünfte mit ihnen, raffte auf alle Art Geldmittel zusammen, zog Octavia eng an sich, kurz sie that Alles, was den Schein gegen sie erwecken konnte, dass sie den offenen Kampf mit Nero um die Herrschaft aufzunehmen gedenke. Sie musste indess bald die Erfahrung machen, dass sie dazu die Macht nicht besass und dass sie am Ende ihrer Mittel angelangt sei. Nero entzog ihr die Ehrenwache, die er ihr früher gewährt hatte, entfernte sie aus dem Palatium, in dem sie bisher gewohnt hatte, und wies ihr ein anderes Haus zur Wohnung an, und dies reichte hin, um sie sofort zu isolieren und aller Hülfsmittel zu berauben.[*]) Es wurde sogar und zwar von zwei Frauen, die in einem nahen Verhältniss zu ihr standen und von denen die eine dem Scheine nach ihre Freundin war, schon jetzt in Folge

---

[*]) Tacitus (XIII, 19) bemerkt dazu: Nihil rerum mortalium tam instabile ac fluxum est, quam fama potentiae non sua vi nixae.

der erwähnten Zeichen von Ungunst des Nero ein Versuch
gemacht sie völlig zu vernichten, der indess zur Zeit noch
durch ihre Energie und durch den Rest von Scheu vor ihr in
der Seele des Nero vereitelt wurde. Junia Silana, die verstossene Gemahlin des C. Silius (o. S. 279), und Domitia, eine
der Schwestern des Domitius, des früheren Gemahls der Agrippina, machten ein Complot, um den Kaiser zu einer gewaltsamen Maassregel gegen sie fortzureissen. Ein Schauspieler,
Namens Paris, ein Freigelassener der Domitia, der zu Nero
als Diener und Gehülfe seiner Lüste Zugang hatte, erschien
in der Nacht während eines üppigen Gelages im Palatium; er
machte dem Nero mit dem Ausdruck des Schreckens und der
Trauer die Anzeige, dass Agrippina im Begriff sei, ihn zu
stürzen und den Rubellius Plautus auf den Thron zu erheben,
und Nero wurde dadurch in der That so erschreckt und gereizt,
dass er nur durch die dringendsten Vorstellungen des Burrus
und durch dessen Versprechen, dass die Anklage untersucht
und Agrippina getödtet werden sollte, wenn sie als schuldig
befunden würde, abgehalten werden konnte, sogleich zu ihr
zu schicken und sie ermorden zu lassen. Am anderen Tage
begab sich demnach Burrus mit Seneca und andern Begleitern
zu ihr, um sie zu vernehmen. Allein Agrippina wies die Anklage, ohne sich auf eine Rechtfertigung einzulassen, mit ihrem
ganzen Stolze zurück, verlangte eine Unterredung mit Nero,
und noch erwies sich ihre Macht über diesen und die Gewalt
ihres Zornes so stark, dass nicht nur von der Anklage nicht
weiter die Rede war, sondern auch die meisten der dabei
Betheiligten verbannt wurden.

Hiermit tritt für einige Jahre in den Verbrechen Neros
eine gewisse Pause ein. Agrippina war machtlos beseitigt,
Nero war zunächst mit dem Besitz der Acte befriedigt, und
diese stand zu tief, um daran zu denken, die Octavia zu verdrängen, die demnach, wenn auch von jeher von Nero zurückgesetzt und verachtet, gleichwohl ihre äussere Stellung unangefochten behauptete. Indessen wurden doch die späteren Verbrechen in dieser Zeit dadurch vorbereitet, dass er sich seinem
Hang zu Ausschweifungen und Excessen, wenn auch noch
durch einen gewissen Schleier des Geheimnisses verhüllt, immer

ungescheuter hingab. So pflegte er z. B. verkleidet mit einem Schwarm von Genossen in der Nacht durch die Strassen der Stadt zu ziehen, die begegnenden Männer und Frauen zu insultieren, die Kaufläden zu plündern und anderweiten Unfug ähnlicher Art zu verüben, so dass, wie Tacitus sagt, Rom einer eroberten Stadt glich. Es kam dabei auch vor, dass er im Handgemenge von solchen, die ihn nicht erkannten, Wunden empfing, z. B. von einem Manne senatorischen Standes, Julius Montanus, der sich energisch gegen ihn zur Wehr setzte und dafür genöthigt wurde sich selbst zu tödten, trotz dem oder vielmehr gerade desshalb, weil er ihn nachher erkannte und um Verzeihung bat. Dies hatte jedoch nur zur Folge, dass er sich von Soldaten und Gladiatoren begleiten liess, die ihm im Fall der Noth zu Hülfe kommen mussten; der Unfug wurde nach wie vor getrieben. Ferner machte es ihm ein besonderes Vergnügen, die Unordnungen und Tumulte im Theater, die nach der Entfernung der Militärwache wieder einrissen, zu nähren und ihnen selbst als Zuschauer beizuwohnen, bis sie so überhand nahmen und so ernsthaft wurden, dass die Militärwache wieder hergestellt und die übermüthigen Schauspieler aus Italien vertrieben werden mussten.

Das nächste grosse Verbrechen, der Muttermord, wurde durch das Verhältniss veranlasst, welches er im J. 58 mit Poppaea Sabina anknüpfte, der Tochter jener gleichnamigen Mutter, die im J. 47 der Eifersucht der Messalina zum Opfer gefallen war (o. S. 276). Diese, eine Frau von ausgezeichneter Schönheit, die ihre Reize zugleich durch alle Mittel der Koketterie und der Künste griechischer Hetären zu erhöhen wusste, war jetzt mit Otho, dem nachmaligen Kaiser, einem Genossen der Ausschweifungen Neros, verheirathet. Nero wurde so mit ihr bekannt und vertraut, wie es scheint, von Otho selbst aus ehrgeizigen Absichten dazu verlockt, und bemächtigte sich ihrer, indem er den Otho, um ihn zu beseitigen, als Statthalter nach Lusitanien schickte. Poppaea aber, die selbst von vornehmer Geburt war, begnügte sich nicht damit, wie Acte, die Geliebte des Kaisers zu sein, sie wollte seine Gemahlin werden; sie hörte desshalb nicht auf, den Nero durch Vorwürfe und Spott gegen Agrippina aufzureizen, durch deren Einfluss, wie sie meinte, die Stellung der Octavia vorzüglich aufrecht erhalten wurde.

So wurde Nero endlich zu dem Entschluss gebracht, seine Mutter zu ermorden. Aber wie ihn ausführen? Sie durch das Schwert oder irgend ein anderes Mittel äusserer Gewalt zu tödten wagte er nicht aus Rücksicht auf die öffentliche Meinung; es musste wenigstens ein gewisser Schein der Nichtbetheiligung gewahrt werden. Demnach wäre Gift das geeignetste Mittel gewesen; aber wie es ihr beibringen, da Agrippina selbst überaus vorsichtig und ihre Diener treu waren? Und war nicht überdem die Vergiftung, nachdem sie bereits bei Britannicus angewandt worden, eine zu durchsichtige Verhüllung? Da fand der Befehlshaber der Flotte zu Misenum, Anicetus, ein Freigelassener der kaiserlichen Familie und derselben als einer der früheren Erzieher Neros nahe stehend, ein Auskunftsmittel. Auf seinen Rath wurde ein Schiff gebaut, welches so eingerichtet war, dass es, durch Entfernung von Klammern und Bolzen sofort in Stücke aufgelöst und zum Sinken gebracht werden konnte; das Muster dazu hatte ein Schiff von ähnlicher Construction gegeben, welches bei einer Vorstellung im Theater producirt worden war. Auf dieses Schiff sollte Agrippina gebracht und durch dasselbe in das Meer versenkt werden: Niemand werde dann, so sprach Anicetus, dem Nero die Schuld an einem Tode beimessen, der, wie Jedermann glauben werde, durch die Wellen und durch Schiffbruch herbeigeführt sei.

Nero lud also zur Zeit des Minervafestes der sog. Quinquatrus (in den Tagen vom 19. bis 23. März) seine Mutter nach Bajä ein, wo er sich damals aufhielt, nachdem er sie durch Aeusserungen der Reue über sein bisheriges Benehmen gegen sie und des Wunsches, sich mit ihr zu versöhnen, sicher gemacht hatte. Er empfing sie zu Bauli, welches durch einen Meerbusen von Bajä getrennt war und wo Agrippina selbst eine Villa hatte. Er bot ihr das verhängnissvolle Fahrzeug zur Ueberfahrt nach Bajä an; indess lehnte Agrippina dies jetzt ab, weil sie, wie man wenigstens allgemein glaubte, einen Wink von der ihr drohenden Gefahr bekommen hatte, und zog es vor, sich auf dem Umwege um den Meerbusen

herum in einer Senfte nach Bajä tragen zu lassen. Dort
schmeichelte ihr Nero auf alle Weise; er liess sie beim Mahle
obenan sitzen, scherzte aufs Freundlichste mit ihr, theilte ihr
aber auch ernste Dinge in anscheinend vollkommen hergestell-
tem Vertrauen mit und zog so das Mahl bis zu später Nacht-
stunde hinaus. Jetzt war alles Misstrauen in der Seele der
Agrippina getilgt; sie bestieg also ohne Bedenken das Schiff
zur Rückkehr nach Bauli, nachdem Nero den zärtlichsten Abschied von ihr genommen hatte. Sie lag auf einem Ruhebette
unter einem Baldachin, zu ihren Füssen ihre vertraute Dienerin
Acerronia, die sie mit süssem Geschwätz über das Glück der
zurückgekehrten Liebe des Sohnes unterhielt; die See war
vollkommen ruhig, der Himmel durch strahlende Gestirne
erhellt, gleich als wollten, wie Tacitus sagt, die Götter die
Greuelthat mit ihrem Licht beleuchten und an den Tag bringen.
Da brach der mit Blei beschwerte Baldachin über ihrem Haupte
zusammen und tödtete einen in ihrer Nähe stehenden Diener;
aber sie selbst und Acerronia wurden durch die Lehne des
Ruhebettes geschützt und dadurch gerettet. Nun sollten die
Klammern und Bolzen beseitigt werden, um das Schiff zum
Sinken zu bringen; aber die in das Geheimniss Eingeweihten
wurden durch die übrigen Unkundigen in ihrem Werk gehindert. Dann sollte das Schiff dadurch versenkt werden, dass
die Ruderer sich auf die eine Seite desselben lehnten; allein
auch dies kam durch die Gegenwirkung der Uneingeweihten
nicht zu Stande. Doch wurde so viel erreicht, dass Agrippina
und Acerronia ins Wasser fielen. Acerronia rief, um sich zu
retten, sie sei Agrippina, man möge ihr helfen, und wurde
mit Rudern und Stangen getödtet; Agrippina, obwohl auch
leicht verwundet, rettete sich, klüglich schweigend, durch
Schwimmen, und bald kamen ihr auch Kähne entgegen, die
sie aufnahmen und ans Ufer brachten, von wo sie sich nach
ihrer Villa in Bauli begab.*)

---

*) Die Erzählung des Tacitus, der wir oben gefolgt sind, mit der
übrigens auch die anderen erhaltenen Berichte im Wesentlichen übereinstimmen, lässt, so ergreifend und scheinbar anschaulich sie ist, doch
Raum zu allerlei Bedenken. Zuerst heisst es nur (XIV, 3), dass ein Theil
des Schiffes sich habe auflösen sollen; dann ist es das ganze Schiff, welches

So war der erste Plan gescheitert. Agrippina durchschaute jetzt leicht den ganzen Hergang; sie erkannte aber zugleich, dass eine Rettung für sie nur möglich sei, wenn sie sich verstelle und ihn nicht zu verstehen scheine. Sie schickte also einen Freigelassenen Agerinus nach Bajä, um dem Nero ihre glückliche Rettung aus den Gefahren des Meeres zu melden und ihn deshalb zu beglückwünschen, ihn aber zugleich zu bitten, den Besuch, den er ihr jedenfalls bald zu machen wünsche, aufzuschieben, weil sie, obwohl ausser Gefahr, doch noch angegriffen sei. Aber auch Nero durchschaute die Lage der Dinge. Er sah ein, dass er von Agrippina Alles zu fürchten habe, wenn sie am Leben bleibe. Er forderte Hülfe von Seneca und Burrus, aber Beide schwiegen; Burrus äusserte endlich, Anicetus, der die Sache angefangen, möge sie auch zu Ende führen, und dieser erklärte sich auch sofort bereit. Er machte sich mit einigen Leuten von der Schiffsmannschaft und mit zwei Officieren derselben auf den Weg, besetzte die Villa der Agrippina, drang mit den Officieren in das einsame, von Allen verlassene Zimmer der Agrippina ein, und hier wurde sie erst von einem der Officiere mit einer Keule auf den Kopf geschlagen und dann durch viele Wunden getödtet. Nach einer oft wiederholten Erzählung bot sie den Mördern ihren Leib dar und forderte sie auf, diesen, der das Ungeheuer Nero geboren habe, zu durchbohren. Nero fügte mittlerweile zu diesem Hauptact der schaudererregenden That noch

---

in Stücke zerfallen soll. Mochte aber das Eine oder das Andere der Fall sein, immer musste doch das ganze Schiff untergehen: wie retteten sich aber da die übrigen auf dem Schiffe befindlichen Personen? Wenn ferner unter diesen nur ein Theil eingeweiht war: wie war es anders denkbar, als dass die übrigen diesen Theil an dem Zerstörungswerk hindern mussten, welches auch ihnen den Untergang brachte, und welches nicht ausgeführt werden konnte, ohne von ihnen bemerkt zu werden? Wozu ferner das Vorspiel mit dem Baldachin? Wenn dies zum Ziele führte, so war die Versenkung des Schiffes nicht mehr nöthig; dann aber war es auch kaum möglich, das Gewaltsame der Tödtung den übrigen Mitfahrern zu verbergen. Und wie konnte, wenn die See vollkommen ruhig war, das Versinken des Schiffes den Wellen und dem Schiffbruch beigemessen werden, was doch einen wesentlichen Bestandtheil des ganzen Planes bildete? Wir gestehen, dass wir nicht im Stande sind, alle diese Bedenken zu beseitigen.

ein Zwischenspiel hinzu: er warf, als Agerinus kam, um seine Botschaft auszurichten, ihm einen Dolch vor die Füsse und liess ihn dann ergreifen und fesseln, indem er vorgab, Agerinus habe ihn mit diesem Dolche ermorden wollen.

So war also die That vollbracht, aber freilich in einer Weise, dass es schwer war, einen Schleier darüber zu breiten. Es regte sich jetzt in Nero noch einmal ein letzter Rest natürlicher Gefühle. Zwar begrüssten und beglückwünschten ihn auf Veranlassung des Burrus die anwesenden Centurionen und Tribunen der Prätorianer, seine Freunde statteten den Göttern in den Tempeln den Dank ab für seine glückliche Rettung, und diesem Beispiele folgend bezeigten auch die nächsten Städte ihre Freude durch Dankopfer und Gesandtschaften an ihn. Allein, wie Tacitus sagt, die Natur änderte nicht gleich den Menschen ihr Angesicht, die Gegend mit allen Schauplätzen des begangenen Verbrechens war ihm ein steter Vorwurf, und von den Höhen tönten ihm Trauerklänge, von dem Grabhügel der Agrippina Gewimmer in das Ohr, so dass er es nicht ertragen konnte und sich nach Neapel begab. Hiermit war er indess, wie es scheint, von dieser letzten Anwandlung von Schwäche befreit. Auch die Furcht vor der Stimmung und dem Urtheil der Hauptstadt wurde ihm bald benommen. Seneca verfasste einen Brief an den Senat, in welchem Agrippina mit Vorwürfen überhäuft und dem Senat gemeldet wurde, dass sie Schiffbruch gelitten, dass sie den Agerinus abgeschickt, um den Kaiser zu tödten, und sich, als dies misslungen, selbst den Tod gegeben habe. Hierauf beschloss der Senat, dass Dankfeste gehalten, dass der Tag der Rettung des Kaisers jährlich als Fest gefeiert und in der Curie ein Bild der Minerva und daneben das des Kaisers aufgestellt werden sollte. Und als Nero bald darauf nach Rom zurückkehrte, wurde er aufs Festlichste empfangen, so dass er einen triumphartigen Einzug hielt.

Mit diesem Muttermorde hat das, wenigstens verhältnissmässig glückliche und löbliche „Quinquennium" des Nero sein Ende erreicht. Der Tod der Mutter befreite ihn von dem Zügel, den ihm die tief eingewurzelte Scheu vor ihr trotz der immer zunehmenden Entfremdung doch noch auferlegt hatte;*) noch nachtheiliger aber wirkte es, dass er, nachdem diese That von Senat und Volk nicht allein nicht geahndet, sondern sogar mit Ehrenbeschlüssen und Glückwünschen gefeiert worden war, sich immermehr in der Ueberzeugung befestigte, dass ihm Alles erlaubt sei. Er gab sich daher nunmehr allen seinen Lüsten und Begierden ganz ungescheut hin, und seine noch mehr als 9jährige Regierung ist von nun an fast nichts als eine ununterbrochene Kette von Grausamkeiten und Verbrechen und von Ausschweifungen und sonstigen Unwürdigkeiten.

In den nächsten Jahren (bis zum J. 62) war es hauptsächlich seine Leidenschaft für öffentliche Schaustellungen seiner eigenen Person, die ihn in Anspruch nahm, und die zum grössten Anstoss für alle ernster denkenden Römer zusammen mit üppigen und sittenlosen Volksfesten immer weiter um sich greift und immer offener hervortritt. Seneca und Burrus, ihrem alten System des halben Zurückhaltens treu bleibend, gestatten ihm zuerst in einem geschlossenen Raum vor einem besonders eingeladenen Zuschauerkreis als Wagenlenker aufzutreten. Der nächste Schritt war, dass das Volk zugelassen wurde, welchem diese neue Ergötzlichkeit, wie sich denken lässt, äusserst willkommen war. Hierauf wurden zuerst andere vornehme Männer und Frauen durch reiche Geschenke und durch den Zwang, den der Wunsch des Kaisers von selbst auferlegte, veranlasst, als Schauspieler auf der Bühne aufzutreten; endlich trat er selbst auf, und zwar trieb er dies Geschäft mit einem solchen Eifer, dass es schien, als ob sein ganzer Ehrgeiz darin aufgehe. Er übte seine Stimme, die übrigens schwach und unrein war, mit der grössten Sorgfalt und Ausdauer, unterwarf sich allen herkömmlichen Regeln für das öffentliche Auftreten und war auf nichts so stolz wie auf die zu gewinnenden Siegespreise und auf den Beifall der Menge, der ihm selbstverständlich nicht versagt wurde, den er sich übrigens durch ein gedungenes Korps von Beifallsklatschern,

---

*) Tac. Ann. XIV, 13: Hinc superbus ac publici servitii victor Capitolium adiit, grates exsolvit seque in omnes libidines effudit, quas male coercitas qualiscumque matris reverentia tardaverat.

Augustiani genannt, zu sichern wusste. Doch fand sein Auftreten zur Zeit nicht in dem gewöhnlichen öffentlichen Theater statt, sondern auf Privatbühnen und bei Gelegenheit des von ihm gestifteten besonderen Festes der sog. Iuvenalia. Im J. 60 schuf er sich noch eine weitere Gelegenheit dazu, indem er nach dem Muster der griechischen Nationalspiele eine alle 4 Jahre wiederkehrende Feier mit Wettkämpfen in Musik, Gesang, Poesie und Beredtsamkeit einsetzte, bei der er in diesem Jahre den Preis in der Beredtsamkeit empfing. Es scheint, als ob er in diesen Jahren in diesen und ähnlichen Zerstreuungen sein Genüge gefunden habe. Wie berichtet wird, gehörte dazu auch eine gewisse Beschäftigung mit der Dichtkunst, und selbst Unterredungen mit Philosophen waren nicht ausgeschlossen; doch waren seine Dichtungen, wie wenigstens Tacitus bemerkt, zum nicht geringen Theil nicht sein Werk, sondern das seiner poetischen Freunde, die seine Einfälle ergänzten und in eine dichterische Form brachten, und seine Unterredungen mit Philosophen hatten, wie Tacitus ebenfalls bemerkt, nur den Zweck, ihm durch das Gezänk der heftigen, rechthaberischen Gesellschaft eine Belustigung zu bereiten.

Dabei unterliess er nicht, das Volk auch durch materiellere Gunstbezeigungen zu erfreuen und in guter Stimmung zu erhalten und damit zugleich seiner eigenen Neigung zu Ausschweifungen und Zügellosigkeiten Befriedigung zu verschaffen. Es wird z. B. von einem nächtlichen Fest berichtet, das er im J. 59 in einem Haine jenseits des Tiber veranstaltete, wobei Marken mit Anweisungen auf allerlei Gegenstände des sinnlichen Genusses vertheilt wurden, und wobei das Volk, dem Beispiele Neros folgend, sich der üppigsten Schwelgerei hingab. In demselben Jahre feierte er auch die grossen Spiele, die sog. Ludi Maximi, durch glänzende und schwelgerische Schaustellungen und Lustbarkeiten, wobei er nicht nur auf Lebensartikel, Kleidungsstücke und Schmucksachen, sondern auch auf Häuser, Schiffe und Aecker Marken auswerfen liess.

' So kam, während, wie wir an einer späteren Stelle im Zusammenhange sehen werden, auswärts an zwei weit auseinander liegenden Punkten grosse Kriege durch die ausgezeichneten Feldherren Suetonius Paulinus und Corbulo geführt wurden, unter solchen eitlen, das kaiserliche Ansehen herabsetzenden, das Volk wie den Kaiser immer tiefer in sittliche Verderbniss herabziehenden, aber doch unblutigen und nicht gerade mit Verletzung fremden Rechts verbundenen Vergnügungen das Jahr 62 herbei. Wir hören nur von der einen, übrigens noch mit einer gewissen Milde gepaarten Ungerechtigkeit, dass er den uns bekannten Rubellius Plautus nöthigte, Rom zu verlassen und seinen Wohnsitz in Massilia aufzuschlagen, weil er durch seine grosse Beliebtheit beim Volk Besorgnisse bei ihm erweckt hatte. Es wird zwar auch noch erzählt, er habe kurz nach der Ermordung seiner Mutter einst die kranke Domitia, die Schwester seines Vaters besucht, und als diese ihm den sprossenden Bart gestreichelt und gesagt, sie wolle gern sterben, wenn sie nur noch die Ablegung des Bartes erlebt habe, die in Rom mit einer Festfeier verbunden zu sein pflegte: da habe er, zu seiner Umgebung sich wendend, gesagt, dies könne sogleich geschehen, habe den Aerzten befohlen, ihr ein tödtlich wirkendes Mittel einzugeben, und habe ihres Vermögens sich bemächtigt, noch ehe sie gestorben. Indess diese Erzählung, die sich nicht bei Tacitus findet und an sich manches Unwahrscheinliche in sich schliesst, wird nicht ohne Grund als eine der in der Geschichte Neros zahlreichen Erfindungen angesehen.

Vom J. 62 an treten nun aber auch die Grausamkeiten und Verbrechen immer mehr hervor. Einigen Antheil daran hatte auch der Mangel, der sich in Folge der Verschwendung des Kaisers, nachdem der von Claudius angesammelte Schatz verbraucht war, in seiner Kasse zu zeigen anfing.

Das Jahr beginnt damit, dass die Majestätsklagen wieder erneuert und sogleich gegen zwei Männer angewandt wurden, gegen Antistius, der eben Prätor war, und gegen Fabricius Vejento, der diese Würde früher bekleidet hatte, die beide wegen Schmähschriften gegen den Kaiser angeklagt und verbannt werden. Damit wurde den Delatoren die gefährliche Waffe gegen die Sicherheit ihrer Mitbürger zurückgegeben, die ihnen eine Zeitlang entzogen gewesen war.

Noch nachtheiliger aber war, dass in demselben Jahre die einzigen Schranken, welche Nero bisher noch einigermaassen zurückgehalten hatten, fielen oder, wie wahrscheinlich richtiger zu sagen, von Nero entfernt wurden. Burrus starb oder wurde, wie man wenigstens allgemein glaubte, von Nero vergiftet. Die schwierige und undankbare Stellung, in der er sich befand, hatte allmählich einen immer bitterern Unmuth in ihm erregt: um so lästiger wurde er dem Kaiser. Als er einst, so wird erzählt, seinem Herrn von der Verstossung der Octavia reden hörte, sagte er zu ihm, dann möge er ihr aber auch die von ihr empfangene Mitgift, die Herrschaft, zurückgeben. Als ihn Nero in seiner Krankheit besuchte und ihn nach seinem Befinden fragte, soll er sich abgewandt und ihm eine kurze abweisende Antwort gegeben haben, in der er ihm seinen Verdacht der Vergiftung deutlich zu erkennen gab.*) Mit Burrus verlor aber auch Seneca seine letzte Stütze. Der Kaiser entfernte ihn immer mehr von seiner Person und lieh seinen Neidern ein immer bereitwilligeres Ohr, die seinen grossen Reichthum und selbst seine wissenschaftlichen Studien benutzten, um den Kaiser gegen ihn aufzureizen, und die ihm sogar vorwarfen, dass er in neuerer Zeit angefangen habe, sich mit Poesie zu beschäftigen, lediglich um mit dem Kaiser darin zu wetteifern. Seneca machte noch einen Versuch, sich in der verlorenen Gunst wieder herzustellen oder wenigstens sich über seine Stellung Gewissheit zu verschaffen. Er bat seinen Herrn und Zögling in einer wohlgesetzten Rede, dass er ihm die Doppellast seiner Geschäfte und seiner Schätze abnehmen möge, da er nicht mehr im Stande sei, sie zu ertragen. Allein Nero fertigte ihn mit nicht minder schönen Worten ab, indem er die von ihm empfangenen Wohlthaten pries, unter denen er, wie zum Spott, besonders die eine hervorhob, dass er seinem Lehrer jetzt unvorbereitet auf seine durchdachte Rede antworten könne. So blieb dem Seneca nichts übrig, als dem Kaiser

---

*) Die Worte lauteten: Ego me bene habeo (Tac. XIV, 52), womit er, wie Nipperdey bemerkt, nur seine eigene Gewissensruhe im Gegensatz gegen das Schuldbewusstsein des Kaisers konnte ausdrücken wollen.

XII. Tiberius, Caligula, Claudius, Nero.

für seine Gnade zu danken, was, wie Tacitus hinzufügt, das
Ende aller Unterredungen mit einem Herrscher sei, und sich
in völlige Einsamkeit und Einflusslosigkeit zurückzuziehen.

Nach Beseitigung des Burrus wurden Faenius Rufus und
Sofonius Tigellinus zu Befehlshabern der Prätorianer ernannt,
jener ein Mann nicht ohne eine gewisse Gutmüthigkeit, aber
schwach und völlig einflusslos, den Nero nur hinzunahm, um
seine Tendenz bei der Wahl seines Collegen zu verdecken,
dieser dagegen ein Mann nach dem Sinne des Nero, zu allen
Schlechtigkeiten bereit, der schon bisher der Genosse der Ausschweifungen des Kaisers gewesen war und jetzt das Hauptwerkzeug und der Helfershelfer bei allen Verbrechen und
Lüsten des Kaisers wurde.

Und nun wurden auch die traurigen Geschicke der Octavia
erfüllt. Noch in diesem Jahre (62) wurde sie verstossen, verbannt, getödtet. Die Verstossung geschah auf den Grund
hin, dass sie unfruchtbar sei. Nachdem Nero hierauf die Poppaea zu seiner Gemahlin erhoben hatte, so wurde sie des
unzüchtigen Umgangs mit einem Sclaven angeklagt und nach
Campanien verwiesen. Noch war aber Poppaea nicht zufriedengestellt, und ein etwas tumultuarischer Ausbruch der Freude
unter dem Volk auf die falsche Nachricht, dass Nero sich mit
Octavia versöhnt und sie aus Campanien zurückgerufen habe,
gab ihr Gelegenheit und Stoff, den Kaiser von Neuem gegen
sie aufzureizen. Nun wurde derselbe Anicetus, der die Ermordung der Agrippina geleitet und ausgeführt hatte, durch das
Versprechen grosser Belohnungen dazu gebracht, sich selbst
des Ehebruchs mit ihr schuldig zu erklären, und hierauf wurde
sie nach Pandateria verbannt und dort nach wenigen Tagen
getödtet. Die Unglückliche war jetzt noch nicht 20 Jahre alt,
ihr Schicksal war von ihrer frühesten Kindheit an durch die
Verheirathung an das des Nero gekettet worden, sie hatte
den Sturz aller ihrer Verwandten durch ihren Gemahl erlebt,
von dem sie auf alle Art hintangesetzt und beschimpft wurde,
und starb jetzt des elendesten Todes unter der Beschuldigung
des Ehebruchs, nachdem sie schon vorher durch die fortwährend über ihr schwebenden Gefahren mehr als Todespein ausgestanden hatte. Gleichwohl aber versäumte der Senat auch

jetzt nicht, den Göttern für dieses Verbrechen des Kaisers Dankopfer darzubringen. *)

Es ist nicht möglich und würde für uns, da die Opfer der Despotie des Nero für uns nicht dieselbe persönliche Theilnahme erwecken können, wie bei den Zeitgenossen des Tacitus, nur von geringem Interesse sein, die weiteren Frevel des Kaisers an dem Leben und den Rechten seiner Mitbürger und Unterthanen im Einzelnen zu verfolgen. Wir glauben daher, uns auf einige besonders hervortretende Beispiele der Art zu beschränken.

Im J. 64 wurde Rom durch eine Feuersbrunst heimgesucht, so furchtbar wie kaum irgend eine andere, deren Andenken uns durch die Geschichte erhalten ist. Das Feuer brach am 19. Juli, an demselben Tage, wo vor 453 Jahren das damals noch kleine und unansehnliche Rom dnrch die Gallier eingeäschert worden war, am südöstlichen Ende des Circus ans, da wo dieser den palatinischen und caelischen Hügel berührt; es verbreitete sich mit unaufhaltsamer Schnelligkeit über die vielen, Oel und andere brennbare Stoffe enthaltenden Buden und Hallen, die sich an die äussere Seite des Circus anlehnten, ergriff die Gebäude auf dem palatinischen und aventinischen Hügel und breitete sich dann über die Niederungen des Velabrum und Forum Boarium aus, bis es hier an dem Fluss und an der Mauer der Stadt eine Grenze fand; ein anderer Strom des verheerenden Elements nahm die Richtung nach der Velia und dem esquilinischen Hügel, bis ihm endlich am Fusse des letzteren durch Niederreissen langer Reihen von Häusern ein Ziel gesetzt wurde. So wüthete die Feuersbrunst 6 Tage lang in den am dichtesten bebauten und bevölkerten Theilen der Stadt. Wenige Tage nachher brach aber das Feuer noch einmal in den Gärten des Tigellinus am Fuss des pincischen Hügels aus und verbreitete sich hier, von dem veränderten Winde nach Osten getrieben, nach dem viminalischen

---

*) Tac. XIV, 64: Dona ob haec templis decreta. Quae ad eum finem memoravimus, ut quicunque casus temporum illorum nobis vel aliis auctoribus noscent, praesumptum habeant, quotiens fugas et caedes jussit princeps, totiens grates deis actas, quaeque rerum secundarum olim, tum publicae cladis insignia fuisse.

und quirinalischen Hügel durch Gegenden, die weniger bevölkert waren, aber eben deshalb um so mehr Tempel und öffentliche Gebäude enthielten, welche sonach durch das Feuer zerstört wurden. Diese zweite Feuersbrunst währte 3 Tage. Von den 14 Regionen, in welche die Stadt getheilt war, wurden, wie Tacitus angiebt, 3 völlig, 7 andere zum grossen Theil bis auf wenige Ueberreste von Häusern durch das Feuer zerstört und nur 4 blieben verschont; eine grosse Anzahl Menschen fand in dem Feuer oder im Gedränge den Tod, und mit der Menge von Häusern und Palästen wurden auch zahlreiche Tempel und Heiligthümer von den Flammen verschlungen, darunter mehrere, die durch das Alter und die an sie geknüpften nationalen Erinnerungen einen besondern Werth hatten, wie der von Servius Tullius gebaute Tempel der Diana, der von Evander geweihte Altar des Hercules, der Tempel des Jupiter Stator aus der Zeit des Romulus, das Königshaus des Numa und der Vestatempel; endlich fanden auch zahlreiche Kunstschätze, die im Laufe der Zeit als Beute der eroberten Provinzen in Rom angesammelt worden waren, und sonstige Denkmäler des Alterthums ihren Untergang.

Wir können es dahin gestellt sein lassen, ob der allgemeine Glaube gegründet war, dass Nero den Brand veranstaltet habe, um die Stadt schöner wieder aufbauen zu können, und ob er wirklich, wie ihm ebenfalls allgemein schuldgegeben wurde, sich an dem furchtbaren Schauspiele von den Zinnen des Hauses des Mäcenas aus geweidet und den Brand von Troja, ein von ihm verfasstes Gedicht, gesungen habe, oder vielmehr, wir wollen es nicht ungesagt lassen, dass wir diese Anschuldigungen, obwohl sie von Sueton und Dio als Thatsachen berichtet werden, zu den zahlreichen Erfindungen rechnen, die die allgemein herrschende Entrüstung gegen Nero erzeugt hat. Allein an diesen Brand knüpft sich eine Handlung schaudererregender Grausamkeit, die über allen Zweifel erhaben und nur zu geeignet ist, auch um ihres Gegenstandes willen, alle Empfindungen des Abscheus gegen den Despoten in uns aufzuregen.

Nero liess es nach dem Brande nicht an Bemühungen fehlen, die Stimmung der Menge zu versöhnen und den gegen ihn gerichteten Verdacht der Brandstiftung in den Gemüthern zu tilgen. Er bot Alles auf, nicht allein um die Lage derer, die Wohnung und Habe verloren hatten, zu mildern, sondern auch um den Wiederaufbau der Stadt zu fördern und zu unterstützen. Er räumte jenen seine eigenen Gärten und das Marsfeld mit den daselbst befindlichen öffentlichen Gebäuden ein, liess Interimswohnungen für sie herrichten, schaffte Lebensmittel herbei und setzte das Getreide auf einen überaus niedrigen Preis herab. Dann aber traf er Anordnungen, dass die Stadt nach einem neuen Plan schöner und zweckmässiger mit geraderen und breiteren Strassen und mit den nöthigen Vorkehrungen gegen Feuersgefahr wieder aufgebaut wurde, und gewährte auch hierbei den Abgebrannten reiche Unterstützungen. Indess war doch dies Alles nicht hinreichend, um den Verdacht und die Missstimmung des Volkes gegen ihn zu heben, und eben so wenig wurde dies durch die Opfer und Weihungen erreicht, die er vornahm. Um daher den Verdacht von sich abzuwälzen, schob er die Christen vor, die, wie Tacitus an einer der merkwürdigsten Stellen seines Werks sagt, wegen ihres Aberglaubens dem Volke verhasst waren und sich daher zu einem solchen Opfer eigneten, und verhängte nicht nur die raffiniertesten Qualen über sie, sondern machte auch diesen Act der schaudererregendsten Grausamkeit zu einem öffentlichen Schauspiel, um sich und das Volk damit zu belustigen. Sie wurden ergriffen, und nachdem Einige gestanden, Andere nicht sowohl des Verbrechens überführt als in Folge des allgemeinen Hasses verurtheilt worden waren,*) so wurden sie theils in Thierhäute genähet, um von Hunden zerrissen zu werden, theils ans Kreuz geschlagen, theils mit brennbaren Stoffen überzogen und des Nachts wie Lampen

---

*) So glauben wir die Worte des Tacitus (XV, 44): haud proinde in crimine incendii quam odio humani generis convicti sunt auffassen zu müssen, freilich gegen die Auctorität Gibbons, Merivales und Nipperdey's. Uns scheint dieser Sinn passender als der andere, den diese hineinlegen: sie wurden überführt, dass sie Hass gegen das Menschengeschlecht hegten. Hätte dies die furchtbare Strafe rechtfertigen können? Nach unserer Erklärung haben wir denselben Gegensatz wie Ann. XVI, 6: odio magis quam ex fide.

angezündet, und dies geschah in den Gärten des Nero, nachdem das Volk dazu wie zu einem Feste eingeladen war, unter dessen und des Nero Augen, welcher sich in dem Costüm eines Wagenlenkers unter das Volk mischte. Zur Ehre des Volkes müssen wir hinzufügen, dass wenigstens dieses trotz seines Hasses mit den unglücklichen Opfern Mitleid empfand.*)

Für sich selbst baute Nero hierauf ein Haus, welches nach dem Ausdruck des Tacitus nicht sowohl durch die Menge Gold und Edelsteine, womit es geschmückt war, denn dies war schon etwas Gewöhnliches, als durch den grossen Umfang, den es hatte, und durch die in seinem Bereich befindlichen ausgedehnten Haine und Bassins Staunen und Bewunderung erregte. Es erstreckte sich, gleichsam für sich eine Stadt bildend, vom palatinischen Hügel bis zum Ende des esquilinischen und bis zum caelischen Hügel; die Stelle, wo nachher das Amphitheatrum Flavium oder Colosseum stand, war von einem der Bassins eingenommen; drei Reihen von Säulen schmückten es in einer Länge von einer (römischen) Meile,**)

---

*) Gegen die Erzählung des Tacitus sind in Betreff der Christen als Opfer der Grausamkeit Neros von Gibbon mehrere Bedenken erhoben worden, und es ist allerdings überraschend für uns, die Christen schon jetzt so hervortretend und als Gegenstand des allgemeinen Hasses zu finden, während ihrer von heidnischen Schriftstellern derselben oder der nächsten Folgezeit, wie von Persius, Plinius dem Aelteren, Juvenal, gar nicht gedacht wird. Gibbon hat deshalb die Vermuthung aufgestellt, dass nicht an die Christen zu denken sei, sondern an die in Rom anwesenden Juden von derjenigen Partei, welche in ihrer Heimath unter dem oder jenem falschen Messias als Führer wiederholt Aufstände machte und deshalb in Rom nicht ohne Grund allgemein verhasst und verdächtig war. Und dieser Vermuthung Gibbon's hat sich Merivale (a. a. O. VI. S. 280) insoweit angeschlossen als er anzunehmen geneigt ist, dass diese Juden die ersten gewesen, die ergriffen wurden (Tac. 44: primo correpti qui fatebantur) und dass von diesen aus Hass die Christen als Mitschuldige angegeben worden seien (Tac.: dein indicio eorum multitudo ingens haud proinde in crimine incendii quam odio humani generis humani convicti sunt). So erheblich aber und der Betrachtung werth diese Bedenken sind, so scheinen sie uns doch nicht ausreichend, um deshalb den klaren und bestimmten Bericht des Tacitus in Zweifel zu stellen.

**) Es ist eine sehr ansprechende und wegen der grossen Länge, wenn anders diese aufrecht erhalten werden soll, fast nothwendige An-

und vor dem Hause wurde eine Colossalstatue Neros selbst von 120 Fuss Höhe errichtet. Auch dieser Bau wurde wieder die Veranlassung zu despotischen Maassregeln. Die ungeheueren Kosten desselben wurden durch Erpressungen in den Provinzen gedeckt, und um Haus und Gärten mit Statuen und andern Kunstwerken zu schmücken, wurden die Tempel im ganzen Reich geplündert.

Eine neue Kette von Grausamkeiten knüpfte sich an eine Verschwörung an, die im folgenden Jahre (65) eine grosse Anzahl vornehmer und einflussreicher Männer zum Sturze Neros vereinigte.

Der Mittelpunkt dieser Verschwörung war C. Piso, ein Mann von berühmtem Geschlecht und stattlichem Aeusseren, der durch Freigebigkeit und freundliches, hülfreiches Bezeigen gegen Jedermann sich Ansehen und Gunst erworben hatte, ohne jedoch sonst die Tugenden und Vorzüge zu besitzen, die ihn für die höchste Stelle im Staat hätten geeignet machen können. Auch war er es nicht, der die Anregung zu der Verschwörung gab, die vielmehr ohne einen bestimmten Urheber sich wie von selbst aus der allgemeinen Missstimmung herausgebildet zu haben scheint; er wurde sodann von den Verschworenen an die Spitze gestellt und folgte mehr fremden Impulsen als dass er sie gegeben hätte. Die Mitglieder waren ungemein zahlreich und zählten nicht nur Männer unter sich, sondern auch Frauen; es befanden sich unter ihnen Faenius Rufus, der eine der Befehlshaber der Prätorianer, der die Unterordnung unter seinen Collegen Tigellinus nicht ertragen konnte, der Dichter Annaeus Lucanus, der von Nero aus Eifersucht in seiner Eigenschaft als Dichter gekränkt worden war, der designierte Consul Plantius Lateranus, einer von den wenigen, die sich der Verschwörung lediglich aus Vaterlandsliebe angeschlossen hatten, der Senator Flavius Scaevinus und viele Andere gleichen Standes, ferner Tribunen und Centurionen der Prätorianer und selbst Mehrere, die zu den vertrauten Genossen des Kaisers gehörten und diese Rolle auch

---

nahme Merivales (VI. S. 174), dass diese Säulen nicht vor dem Hause gestanden, sondern dasselbe umgeben haben.

als Verschworene fortspielten. Der Ursprung der Verschwörung ist in die Zeit vor dem grossen Brande zu setzen, wie daraus hervorgeht, dass man schon während desselben den Plan fasste, den mit geringer Vorsicht hinundhereilenden Kaiser zu tödten; man gab aber diesen Plan auf, wie eine Reihe anderer, die man weiterhin im Laufe der Zeit fasste, um sie aus Unschlüssigkeit bald wieder fallen zu lassen; es fehlte dem Unternehmen wie an einem tüchtigen Haupte, so auch an der rechten treibenden Kraft. Indess wurde doch das Geheimniss die ganze Zeit bewahrt; es blieb auch unentdeckt, als eine in dasselbe eingeweihte Freigelassene Epicharis dem Befehlshaber der Flotte in Misenum, Volusius Proculus, um ihn zur Theilnahme zu gewinnen, ein halbes Vertrauen schenkte und dieser dem Nero anzeigte, was ihm mitgetheilt worden war. Epicharis hatte dem Proculus keine Namen der Verschworenen genannt und setzte, als sie eingezogen wurde, bei der Untersuchung allen Fragen das standhafteste Leugnen entgegen. Endlich wurde im J. 65 der 19. April, das Fest der Ceres, zur Ausführung bestimmt. Lateranus sollte bei den circensischen Spielen, die an diesem Tage stattfanden, um eine Gnade bittend dem Nero zu Füssen fallen und ihn dabei zu Boden werfen, worauf andere Verschworene herbeieilen und mit ihren Dolchen das Werk vollenden sollten, wobei Scaevinus sich eine Hauptrolle ausgebeten hatte. Als aber Scaevinus die Vorbereitungen dazu mit einer sein Inneres verrathenden Hast und Unruhe traf, als er sich einen geweihten Dolch aus irgend einem Tempel zu dem Werke verschaffte, diesen wiederholt prüfte, ihn schleifen liess, als er einem Theil seiner Sclaven die Freiheit schenkte und den letzten Abend vor der That mit einem ungewöhnlich reichlichen Mahle feierte: da errieth sein Freigelassener Milichus das Vorhaben; er machte dem Nero sofort Anzeige, und nun wurde durch die Untersuchung allmählich die ganze Sache mit allen Betheiligten an den Tag gebracht, hauptsächlich indem einer den andern verrieth. Der Freund gab den Freund, der Verwandte den Verwandten an; von Lucan wird sogar berichtet, dass er seine Mutter verrathen habe; eine Schlechtigkeit von besonderer Art hören wir von dem feigen Faenius Rufus, der, um seine

eigene Betheiligung zu verdecken, eine besonders eifrige
Thätigkeit bei der Untersuchung entwickelte, bis er endlich
selbst von einem Andern verrathen wurde. Dagegen beschämte
Epicharis die meisten Männer durch ihre Standhaftigkeit; sie
wurde wiederholt aufs Grausamste gefoltert, aber sie beharrte
bei ihrem Schweigen, trotz dem dass ihr die Glieder durch
die Marterwerkzeuge zerrissen wurden, und als sie endlich
auf einen Stuhl gebunden, weil sie nicht mehr aufrecht zu
sitzen vermochte, von Neuem zur Folter getragen wurde,
tödtete sie sich selbst, indem sie sich mit ihrem Gürtel erdros-
selte. Und nun folgte Hinrichtung auf Hinrichtung nicht
allein von Schuldigen sondern auch von Unschuldigen, und
während dieser Mordscenen füllten sich die Tempel und der
Pallast des Nero mit Opfernden, Danksagenden und Glückwün-
schenden, die den Göttern oder dem Nero für die Ermordung
des Bruders, des Sohnes, des Verwandten oder Freundes ihre
Huldigungen darbrachten.

Piso öffnete sich die Adern, als er die Soldaten kommen
sah, die von Nero abgesandt worden waren, um ihn zu tödten.
Er war noch in den letzten Tagen, als die Untersuchung
bereits begonnen war, von seinen Freunden aufgefordert worden, das Signal des Aufstands aufzupflanzen, und würde sich
auf diese Art vielleicht haben retten können; er fand aber
den Muth nicht dazu und würdigte sich noch kurz vor dem
Tode tief herab, indem er ein Testament mit den niedrigsten
Schmeicheleien gegen den Kaiser abfasste, um auf diese Art,
wie er hoffte, die Einziehung seines Vermögens abzuwenden.
Manche der Verschworenen bewiesen dagegen wenigstens in
der Todesstunde den Römermuth, den sie für die That nicht
hatten finden können, und den sie bei der Untersuchung in
so schimpflicher Weise verleugnet hatten. Einer der Militärtribunen antwortete z. B. dem Kaiser auf die Frage, wie er
seinen Fahneneid so schimpflich habe brechen können: Weil ich
dich hasse, und ich habe angefangen, dich zu hassen, seitdem du
der Mörder deiner Mutter und deiner Gattin und seitdem du
Wagenlenker, Schauspieler und Mordbrenner geworden bist.

Unter den unschuldigen Opfern befand sich auch Seneca,
der seit jenem Zwiegespräch vom J. 62 in völliger Zurückge-

zogenheit gelebt hatte, gleichwohl aber sein Leben nicht
retten konnte. Bei der Untersuchung über die Verschwörung
war nur eine einzige Erwähnung seiner Person vorgekommen,
und diese besagte weiter nichts, als dass Piso einst zu ihm
geschickt habe, um ihn fragen zu lassen, warum er seinen
Umgang vermeide, und dass Seneca geantwortet habe, ein
Verkehr zwischen ihnen könne keinem von Beiden etwas helfen,
übrigens setzte er alle Hoffnung auf Piso; Letzteres setzte
Seneca überdem bestimmt in Abrede. Dessen ungeachtet
schickte Nero zunächst einen Tribun der Prätorianer mit einer
Begleitung von Soldaten an ihn ab, um ihn über diese Aeusserungen zu verhören; er hoffte Seneca werde sich dadurch so
schrecken lassen, dass er sich selbst das Leben nehme.
Als aber diese Hoffnung nicht in Erfüllung ging, wurde der
Tribun noch einmal geschickt mit dem Befehl an Seneca, sich
zu tödten, und nun gab sich der Philosoph den Tod, indem
er sich die Adern öffnete und, als dieses Mittel seinen Zweck
nicht erreichte, sich nach langen Qualen in einem heissen
Bade erstickte. Er tröstete nach Empfang der Todesnachricht
die umstehenden Freunde, dictierte noch während jener Qualen
seinen Sclaven Worte der Weisheit und starb, indem er dem
Befreier Jupiter eine Libation spendete.

Wir übergehen eine Reihe anderer Gewaltthaten des
Nero, wie die Ermordung des Rubellius Plautus und des Cornelius Sulla, deren Ausweisung aus Rom wir oben erwähnt
haben, und die beide am Ort ihrer Verbannung im J. 62 durch
von Rom dahin abgesandte Centurionen getödtet wurden, ferner
den Tod eines dritten und vierten Silanus, eines Bruders der
beiden früher erwähnten Silanus und des Sohnes eines derselben, von denen der eine im J. 64 sich die Adern öffnete,
um der Verurtheilung zu entgehen, der andere im J. 65 durch
einen Centurionen in der Verbannung getödtet wurde, und
vieler Andern, um nur noch mit einigen Worten bei dem gleichen Schicksal zweier der ausgezeichnetsten Männer der Zeit,
des Paetus Thrasea und Barea Soranus, zu verweilen, dessen
Erzählung Tacitus zu Ende des uns erhaltenen Theiles der
Annalen mit der Bemerkung einleitet: Nero habe, nachdem er
so viele ausgezeichnete Männer ermordet, die Tugend selbst

auszurotten unternommen, indem er die genannten Männer getödtet habe. Weder der eine noch der andere hatte sich irgend eines Vergehens schuldig gemacht. Thrasea hatte sich so lange als möglich den Umständen gefügt, um keinen Anstoss zu geben und dem Vaterlande seine Dienste nicht zu entziehen, hatte es aber zuletzt nicht mehr über sich vermocht, den Senatssitzungen beizuwohnen, er hatte den Senat verlassen, als über die dem Nero nach dem Tode der Agrippina zu gewährenden Ehrenbezeigungen verhandelt wurde, hatte hier und da einen mildernden Antrag im Senat gestellt und hatte endlich es verschmäht, den Schaustellungen Neros beizuwohnen oder gar sich thätig an ihnen zu betheiligen. Dies war sein Verbrechen, und ausserdem, dass Alle, die Tugend und Recht noch einigermaassen hoch hielten, in ihm das Muster eines edlen und weisen Römers verehrten. Das Verbrechen des Soranus bestand darin, dass er als Proconsul von Asien den Erpressungen und Plünderungen der Abgesandten des Nero so viel als möglich Einhalt gethan hatte. Beide wurden ausnahmsweise, da sonst die Verurtheilungen in der Zeit gewöhnlich im Pallast durch Nero selbst und etwa durch Tigellinus und Poppaea zu geschehen pflegten, im Senat angeklagt; die Ankläger waren hauptsächlich Cossutianus Capito und Eprius Marcellus, Beides berüchtigte Werkzeuge des Nero, ferner Ostorius Sabinus, der gegen Soranus auftrat und in dessen Schicksal auch seine unglückliche Tochter verwickelte, die Gattin des vor Kurzem verbannten Pollio, welche beschuldigt wurde, die Magier über Nero befragt zu haben, und die Verhandlung schloss unter dem Druck der deutlichen Willensäusserungen des Kaisers damit, dass die Angeklagten zum Tode verurtheilt wurden. Thrasea (nur von ihm ist uns der Bericht des Tacitus über seinen Tod erhalten) starb, seines Lebens würdig, indem er seine Freunde tröstete, seine Gemahlin ermahnte, sich dem Leben und ihrer Tochter zu erhalten, mit dem cynischen Philosophen Demetrius noch ernste Gespräche über die Unsterblichkeit der Seele führte und endlich gleich dem Seneca dem Befreier Jupiter eine Libation darbrachte.

Während dieser Handlungen der Gewaltthätigkeit und
Grausamkeit, durch welche, so weit es der frevlerischen Hand
des Kaisers erreichbar war, Alles vernichtet wurde, was über
das allgemeine Niveau der Gleichgültigkeit und Sittenlosigkeit
hervorragte, glitt Nero zugleich immer tiefer auf der abschüssigen Bahn der Schwelgerei und Selbsterniedrigung herab.
Er hatte bisher seine Schwelgereien auf sein Haus beschränkt;
jetzt steigerte er sie nicht nur, sondern suchte und fand auch
einen besonderen Reiz darin, sie öffentlich vor den Augen des
Volks zu treiben. Er hielt daher seine üppigen Mahle im
Circus, auf dem Marsfelde, auf dem Forum und an andern
öffentlichen Orten, und zog nicht allein die vornehme Klasse
der Römer, sondern auch das Volk in dieses zügellose, ausschweifende Leben hinein, indem er grossartige Feste veranstaltete oder von den Männern seiner Umgebung veranstalten
liess, bei denen er sich mit dem Volke zusammen den gröbsten
Lüsten hingab. Eins dieser Feste wird von Tacitus als Beispiel für alle übrigen geschildert. Dieses wurde von Tigellinus im J. 64 kurz vor dem grossen Brande auf einem Bassin,
welches von Agrippa den Namen führte, gegeben. Dem Nero
und seiner Gesellschaft war auf einem Floss ein Mahl von
den kostbarsten, aus den entferntesten Gegenden herbeigeholten Speisen bereitet, das Floss wurde durch Kähne, die
mit Gold und Elfenbein bedeckt waren, hin und her bewegt;
dem Volke waren rings um das Bassin und in dem benachbarten Haine alle möglichen schwelgerischen und unzüchtigen
Genüsse geboten, und so wurde die ganze Nacht in einer
Ueppigkeit und Zügellosigkeit zugebracht, deren Einzelnheiten
sich für unsere moderne Empfindungsweise jeder Darstellung
entziehen. Nero hatte den Grundsatz, den er auch auszusprechen liebte, dass alle Menschen gleich unsittlich seien
und sich nur dadurch unterschieden, dass die einen ihre Laster
zu verhehlen suchten, während die andern sie offen und ungescheut trieben; die letzteren waren seine Lieblinge, und er
selbst schwelgte, so zu sagen, in dem Genuss, die schimpflichsten und gemeinsten Dinge öffentlich zur Schau zu tragen.
So feierte er wenige Tage nach jenem Feste des Tigellinus
öffentlich und unter Beobachtung aller herkömmlichen religiösen

Cärimonien die Hochzeit mit Pythagoras, einem der Werkzeuge der niedrigsten Wollust, und zwar er als Braut mit dem Schleier und Allem, was sonst bei der Braut üblich war, angethan, während er ein Paar Jahre später in Griechenland umgekehrt als Bräutigam die Hochzeit mit einem andern Menschen gleicher Art, Namens Sporus, beging.

Neben derartigen Dingen gab sich aber Nero auch seiner Leidenschaft für Schauspiel und Wettrennen immer ungescheuter und rückhaltsloser hin. Im J. 64 trat er zuerst in Neapel auf dem öffentlichen Theater als Sänger und Schauspieler auf, und als dies, wie er meinte, glücklich und unter grossen Beifallsbezeigungen von Statten gegangen war, so wagte er es bald darauf auch in Rom selbst, sich im Circus Maximus, also vor dem ganzen Volke als Mitkämpfer im Wettrennen zu producieren. Indess genügte ihm dies noch nicht. Griechenland war die eigentliche Heimath aller der Spiele, an denen sein ganzes Herz hing; die Griechen waren zugleich durch lange Uebung die grössten Meister in der Schmeichelei, wie er selbst an der griechischen Bevölkerung von Neapel und an griechischen Gesandten erfahren hatte, die nach Rom kamen, um ihn wegen der auf dem Theater und in der Rennbahn gewonnenen Siege zu beglückwünschen; dort hoffte und wünschte er also die reichsten Ehrenkränze zu gewinnen. Schon in Neapel hatte er daher den Plan gefasst, nach Griechenland zu reisen, und war sogar auf dem Wege dahin bereits bis nach Benevent gelangt, er war aber damals aus unbekannten Ursachen wieder umgekehrt, noch in demselben Jahre (64) hatte er darauf den Einfall, Aegypten zu besuchen, wahrscheinlich um seine Künste in dem ganz hellenischen Alexandrien zu zeigen, wenn nicht auch jetzt seine eigentliche Absicht auf Griechenland gerichtet war, er wurde jedoch durch deutliche Anzeichen der Unzufriedenheit des Volks gehindert, welches die Vergnügungen nicht gern entbehren wollte, die ihnen Nero gewährte. Endlich aber setzte er im J. 66 seine Absicht doch durch, und nun verfloss die Zeit bis zum J. 68, wo endlich die Katastrophe eintrat, unter ununterbrochenen Schauspielen und Wettrennen neben den ausschweifendsten Schwelgereien, die er dabei nicht minder fortsetzte. Die vier grossen Nationalspiele, die olympischen, pythischen, nemeischen und isthmischen, wurden um seinetwillen auf ein Jahr vereinigt; ausserdem aber zog er mit seinem Heere von Begleitern, unter denen auch die Tausende der sog. Augustiani, der bezahlten Beifallsklatscher, nicht fehlten, von Ort zu Ort, um überall Schauspiele zu veranstalten; auch erreichte er seinen Zweck vollkommen, indem er nicht weniger als 1800 Kränze empfing, da er selbstverständlich überall gekrönt wurde, z. B. auch als er beim Wettrennen einmal vom Wagen fiel und das Rennen nicht einmal zu Ende führen konnte. Nur Athen und Sparta vermied er, ersteres, wie es heisst, aus Furcht vor den dort heimischen Erinnyen oder nach einer anderen Deutung, weil er es dort nicht umgehen konnte, sich in die Mysterien einweihen zu lassen, und die Aufnahme in dieselben mit feierlichen Flüchen gegen Sünder und Missethäter verbunden war, Sparta, weil er die dort immer noch verhältnissmässig herrschende Einfachheit und Strenge der Sitten scheute. Uebrigens unterliess er auch nicht, sich den Griechen für ihr Entgegenkommen dankbar zu erweisen; er verkündigte ihnen, gleich dem Flamininus, bei den isthmischen Spielen Unabhängigkeit und Steuerfreiheit, während freilich gleichzeitig das unglückliche Land durch Raub und Plünderung wie von einem Heuschreckenzug verheert wurde. In Rom wurde die Regierung unterdessen von einem Freigelassenen Helius geführt, der dort ganz nach seinem Belieben schaltete und die ihm anvertraute Machtvollkommenheit lediglich zu Plünderungen und allerlei Willkürhandlungen ausbeutete.

Dies ist die Geschichte Neros bis zu seinem Sturz. Von seinen persönlichen Angelegenheiten ist nur noch nachzutragen, dass eine Tochter, die ihm Poppaea im J. 63 gebar, nach vier Monaten starb, dass Poppaea selbst im J. 65 durch einen Fusstritt von ihm den Tod fand, und dass er dann die Statilia Messalina heirathete, nachdem er ihren Gatten Atticus Vestinus getödtet hatte. Von Regierungshandlungen ist nach denen, die wir aus den ersten Jahren angeführt haben, nichts der Bemerkung Werthes zu berichten; er hatte dafür weder Zeit noch Interesse, und es ist ein deutlicher Beweis von der

Festigkeit der Organisation des römischen Reichs, dass wir von keiner Störung der Staatsmaschine hören. Dagegen ist noch Einiges aus der äusseren Geschichte nachzuholen, was wir bis hierher haben aufsparen können, da Nero an den Erfolgen, die auf diesem Gebiete gewonnen wurden, keinen Antheil gehabt, dieselben vielmehr, so viel an ihm war, gehindert und eingeschränkt hat. Sie sind das ausschliessliche Verdienst zweier tüchtiger Feldherren, des Suetonius Paulinus und Cn. Domitius Corbulo, welche beide, der eine in Britannien, der andere in Asien an der Grenze des Reichs, sich ausgezeichneten Kriegsruhm erworben haben, beide aber durch Nero verhindert worden sind, ihr Werk zu Ende zu führen, der eine, indem er mitten im Laufe des Kriegs abgerufen, der andere, indem er ermordet wurde.

In Britannien dauerte der Zustand der Ruhe, in dem wir die Insel unter Claudius verlassen haben (o. S. 268), in Folge der Unthätigkeit der Statthalter fort bis zum J. 59, in welchem Suetonius Paulinus die Statthalterschaft übernahm. Dieser verwandte die beiden ersten Jahre auf die Sicherung der bisherigen Eroberungen. Hierauf machte er einen Angriff auf die Insel Mona (Anglesey), wohin sich viele der bisherigen Kämpfer für die Freiheit und insbesondere auch die Druiden, die Priester der vaterländischen Religion, zurückgezogen hatten. Suetonius fand, als er mit seinem Heere über den schmalen und seichten Meeresarm setzte, die entgegenstehende Küste mit zahlreichen Bewaffneten und ausserdem mit fackelschwingenden furiengleichen Frauen besetzt, und dieser Anblick war für die römischen Soldaten Anfangs so schreckenerregend, dass sie eine kurze Zeit stutzten und sich den Geschossen der Feinde ohne Versuch der Gegenwehr preisgaben. Doch sammelten sie sich bald und, von dem Zuruf ihres Feldherrn befeuert, warfen sie die Feinde über den Haufen, nahmen die ganze Insel in Besitz, sicherten sie durch Besatzungen und liessen es sich namentlich angelegen sein, die heiligen Haine mit ihren Altären für Menschenopfer auszurotten und den Gottesdienst der Druiden völlig zu vernichten.

Indessen war diese Unternehmung nur das kleinste der Ereignisse des Jahres. Durch die Abwesenheit des römischen

Oberfeldherrn ermuthigt und durch den Druck der römischen Herrschaft aufs Aeusserste gereizt, erhoben die im J. 50 unterworfenen Icener (o. S. 266) einen gefährlichen, immer grössere Dimensionen annehmenden Aufstand. Ihr König Pratusagus hatte sterbend neben seinen zwei Töchtern den Kaiser zum Miterben eingesetzt, um dessen Gunst zu gewinnen und dadurch, wie er meinte, sein Reich und sein Haus sicher zu stellen. Als er aber gestorben war, fielen die römischen Soldaten und Freigelassenen über das Land her wie über herrenloses Gut; seine Gemahlin Boudicea wurde gemisshandelt, seine Töchter geschändet und die Reichen und Vornehmen des Landes ausgeplündert und wie Sclaven behandelt. Dies gab den Bedrängten die Waffen in die Hand; sie erhoben sich, ihre Königin Boudicea, ein kühnes, muthvolles, stolzes Weib, an der Spitze; an sie schlossen sich die benachbarten Trinobanten an; die Colonie Camulodunum, noch unbefestigt wie sie war und mit einer geringen Besatzung, wurde überwältigt und zerstört; eine Legion, die unter Führung des Petilius Cerialis zur Hülfe herbeikam, wurde geschlagen und fast völlig vernichtet, so dass sich kaum der Führer selbst mit der Reiterei durch die Flucht retten konnte, und nun war das Land in weitem Umkreis in der Gewalt der erbitterten, blutdürstigen Aufständischen, die mit Feuer und Schwert wütheten und Alles, was römisch war oder es mit den Römern hielt, niedermachten; nicht weniger als 70,000 Römer oder Bundesgenossen sollen als Opfer ihrer Wuth gefallen sein. Die Gefahr für Rom war gross; das feindliche Heer wuchs auf 120,000 Mann an; Boudicea, ein Weib von riesenhafter Gestalt und von der ganzen Naturgewalt der Leidenschaft getrieben, schritt, ihre entehrten Töchter mit sich führend und ihre Schande aller Welt vor Augen stellend, der Menge voran, auf die sie ihren Hass und Ingrimm gegen die Römer zu übertragen wusste; es war daher in der That zu befürchten, dass die Flamme des Kriegs sich über die ganze Insel verbreitete, und die Eroberung, die Frucht vieljähriger Anstrengungen, völlig verloren ging. Allein Suetonius verlor den Muth nicht. Obwohl er nur über eine Legion und eine Anzahl Veteranen einer andern Legion und einige Hülfsvölker, zusammen etwa 10,000 Mann, zu gebieten hatte, warf er sich doch mitten unter die Feinde, wählte eine geeignete Aufstellung für sein kleines Heer, und als der Feind ihn hier aufsuchte und angriff, wusste er seine Soldaten durch seine Rede so zu begeistern und sie so geschickt zu führen, dass er einen glänzenden Sieg gewann und dem Feinde 80,000 Mann tödtete, während er selbst nur 400 Todte und eine nicht viel grössere Zahl Verwundeter verlor, worauf Boudicea sich durch Gift tödtete. Hiermit war die Kraft des Aufstandes gebrochen, aber noch keineswegs Ruhe und Gehorsam wieder hergestellt. Suetonius würde auch dies geleistet und wahrscheinlich die Eroberungen noch weiter ausgedehnt haben. Allein nun begannen Eifersucht und Missgunst ihr verderbliches Spiel. Der Procurator Julius Classicianus trat nicht nur allen seinen Unternehmungen hemmend in den Weg, sondern wusste ihn auch beim Kaiser zu verdächtigen; das Gleiche that darauf der Freigelassene Polyceitus, der von Nero abgeschickt wurde, um die Streitigkeiten zwischen dem Feldherrn und Procurator zu schlichten, sich aber ganz auf die Seite des letzteren stellte, und endlich wurde Suetonius (im J. 62) zurückberufen, worauf unter seinem Nachfolger Petronius Turpilianus Alles sofort wieder in die alte Unthätigkeit zrücksank.

Parthien und Armenien haben wir oben (S. 263) verlassen, jenes unter der Herrschaft des Vologeses, dieses von Radamistus bald gewonnen bald wieder verloren. Jetzt im J. 54, als Radamistus von Neuem aus Armenien vertrieben worden war, drang Vologeses in dasselbe ein, um seinen Bruder Tiridates als König daselbst einzusetzen, und nun wurden Anstalten von Rom aus getroffen, um es ihm wieder zu entreissen. Die im Orient stehenden Legionen wurden ergänzt, die benachbarten Vasallenkönige wurden angewiesen, Truppen bereit zu halten, und vor Allem, der uns bekannte Cn. Domitius Corbulo (s. o. S. 261) wurde nach dem Osten geschickt, um dort den Oberbefehl zu übernehmen. Zur Zeit kam es jedoch noch nicht zum Krieg. Ein Sohn des Vologeses, Vardanes, machte in der Heimath einen Aufstand, und Vologeses sah sich daher genöthigt, aus Armenien abzuziehen, um sich sein väterliches Reich zu sichern; er verstand sich sogar dazu, sich durch Stellung von Geisseln zur Aufrechterhaltung des Friedens zu verpflichten. Armenien war, wie es scheint, zunächst sich selbst überlassen.

Corbulo erkannte sehr wohl, dass hiermit der Krieg nicht beseitigt, sondern nur aufgeschoben war. Er blieb daher mit dem Heere an der Grenze stehen und beschäftigte sich damit, die durch den Aufenthalt in Syrien und die Nachsicht des dortigen Statthalters Ummidius Quadratus verweichlichten Truppen durch Gewöhnung an Strapatzen und an die strengste Disciplin wieder vollkommen kriegstüchtig zu machen. Er ging dabei überall mit seinem Beispiel voran, indem er, was er von den Soldaten verlangte, selbst that und sich in jeder Hinsicht thätig und fürsorglich erwies. Er war daher vollkommen gerüstet, als im J. 58 Tiridates wirklich in Armenien einbrach; Vologeses war durch einen Krieg mit den Hyrcanern in Anspruch genommen und konnte daher den Oberbefehl nicht selbst führen. Nun ging auch Corbulo über die Grenze und entwickelte seine ganze Feldherrngeschicklichkeit, indem er alle Pläne der Feinde vereitelte und ihnen einen Vortheil nach dem andern entriss; es kam zwar zu keiner eigentlichen entscheidenden Schlacht, da Tiridates einer solchen immer auswich, aber Corbulo nahm einen festen Platz nach dem andern, bemächtigte sich endlich auch der Hauptstädte Artaxata und Tigranocerta und setzte sich in den Besitz des ganzen Landes. Nero konnte daher einen König seiner Wahl, den Tigranes, einen Abkömmling des cappadocischen Königshauses, der durch einen langen Aufenthalt in Rom an sclavischen Gehorsam gewöhnt war, auf den Thron Armeniens einsetzen, wodurch das Land in völlige Abhängigkeit von Rom kam. Dies geschah in den Jahren 58—60.

Allein der Krieg war hiermit noch nicht beendet. Vologeses selbst würde sich vielleicht dabei beruhigt haben, da er wenig kriegerisch und immer von einem gewissen Gefühl der Ueberlegenheit der Römer beherrscht war; auch dauerte der Krieg mit den Hyrcanern noch immer fort. Dagegen waren die Grossen seines Reichs um so mehr über die von den Römern erlittene Schmach aufgebracht, und diese allgemeine Unzufriedenheit stieg immer höher, als Tigranes sogar einen

Einfall in das Land der Adiabener, eine parthische Provinz, machte und es ungestraft ausplünderte und verheerte. Vologeses war daher gezwungen, wieder zu den Waffen zu greifen. Er machte mit den Hyrcanern Friede und schickte ein Heer unter Moneses gegen Tigranes nach Armenien, während er selbst mit einem anderen Heer über den Euphrat in Syrien einzudringen gedachte. Im ersten Jahre (61) wurde nun zwar nichts ausgerichtet. Corbulo, der mittlerweile nach dem Tode des Ummidius Quadratus die Statthalterschaft von Syrien übernommen hatte, hielt·es für seine erste Pflicht, dieses zu vertheidigen, und traf hier seine Anstalten so gut, dass Vologeses nicht daran denken konnte, sein Vorhaben auszuführen, vielmehr selbst einen Einfall der Römer in sein Reich fürchten musste. Und der Feldzug in Armenien scheiterte an einem vergeblichen Angriff des Moneses auf Tigranocerta, welches Tigranes mit zwei römischen Legionen, die ihm Corbulo zu Hülfe geschickt hatte, glücklich vertheidigte. Dagegen war das folgende Jahr (62) für die Parther desto glücklicher, nicht durch die Schuld des Corbulo, sondern durch die des Caesennius Paetus, welcher von Rom geschickt wurde, um den Krieg in Armenien zu führen. Corbulo fuhr auch jetzt fort, Syrien zu vertheidigen; er begnügte sich aber nicht, diesseits des Euphrat Wache zu halten, sondern überschritt den Strom und legte jenseits desselben Castelle an, so dass Vologeses alle Hoffnung, in Syrien eindringen zu können, aufgab und sich mit seinen gesammten Streitkräften auf den Krieg in Armenien warf. Hier führte Paetus den Krieg in der gerade entgegengesetzten Weise wie Corbulo. Er drang unüberlegt in das Land ein, sorgte nicht für Mundvorrath, sprang von einem Plan zum andern über, zersplitterte sein Heer, demoralisirte es durch Nachsicht und durch die Misserfolge, denen er es aussetzte, und so kam es endlich dahin, dass er am Arsanias eingeschlossen wurde und in seiner Muth- und Rathlosigkeit einen schimpflichen Vertrag abschloss, durch welchen er sich verpflichtete, Armenien zu räumen. Corbulo war auf sein zu spätes Anrufen schon unterwegs, um ihm Hülfe zu bringen, und nur noch 3 Tagemärsche von ihm entfernt; jetzt musste er ebenfalls umkehren und mit Paetus zusammen Armenien verlassen. Allein dieser Schimpf wurde im J. 63 durch Corbulo vollständig wieder getilgt. Vologeses hoffte, dass man in Rom jetzt den Tiridates als König von Armenien anerkennen würde; dort beschloss man aber die Erneuerung des Kriegs und übertrug nun die Führung des ganzen Kriegs im Osten mit den ausgedehntesten Vollmachten dem Corbulo. Dieser drang darauf in Armenien ein und führte hier gegen Tiridates, der ihm gegenüberstand, wiederum den Krieg mit solcher Geschicklichkeit, dass Tiridates ohne eine entscheidende Schlacht so gut wie völlig besiegt wurde und sich bereit erklärte, über eine Ausgleichung mit den Römern in Unterhandlung zu treten. Die von den Römern gestellten Bedingungen waren eben so billig und zweckmässig als für die Sieger ehrenvoll. Tiridates sollte die Krone vor dem Bildniss des Kaisers niederlegen und nach Rom reisen, um sie vom Kaiser wieder zu empfangen. So geschah es denn auch. Tiridates legte vor versammeltem Heere die Krone zu den Füssen des Bildnisses des Kaisers nieder und empfing sie dann zu Rom vom Kaiser wieder, der sie ihm öffentlich unter grossen Feierlichkeiten aufs Haupt setzte, im J. 66 zu derselben Zeit, wo der unglückliche Process des Paetus Thrasea und Barea Soranus stattfand.

Die einzelnen Erfolge in diesem Kriege wurden vom Senat, wie sich denken lässt, durch alle erdenkbaren Ehrenbeschlüsse, durch Triumphbogen, Tropäen, Dankfeste und dergl. gefeiert; der Dankfeste wurden so viele, dass im Senat der Antrag gestellt wurde, einen Unterschied zwischen den heiligen Tagen zu machen und wenigstens an einem Theile derselben die öffentlichen Geschäfte zu gestatten, weil sonst für diese gar keine Zeit übrig bleiben werde. Corbulo, der wie gegen die Feinde so auch gegen den Kaiser immer die grösste Vorsicht und Mässigung beobachtet hatte, wurde zum Dank für seine Verdienste von Nero im J. 67 nach Griechenland berufen und erhielt hier den Befehl, sich selbst zu tödten, nur weil er durch seine ausgezeichnete Tüchtigkeit den Hass und die Eifersucht Neros erregt hatte.

Ein neuer Krieg, der in dieser Zeit in Palästina ausbrach und der ungeachtet der Kleinheit des Landes eine sehr gefährliche Gestalt annahm, wurde dem Vespasian zur Führung übertragen, dessen Thaten indess erst nach dem Tode Neros in das volle Licht der Geschichte treten.

In Rom stieg während der fast zweijährigen Abwesenheit Neros, zu welchem wir jetzt zurückkehren, die Unzufriedenheit immer höher, und Helius schrieb daher, weil er derselben nicht mehr Herr zu zu werden fürchtete, wiederholt an den Kaiser, dass er zurückkommen möchte. Allein dieser konnte sich von den Genüssen Griechenlands nicht trennen. Endlich machte sich Helius selbst auf, um seinen Rath durch mündliche Vorstellungen zu unterstützen, und nun trat Nero im März 68 wirklich die Rückreise an. Er zog in Neapel dem alten hellenischen Gebrauche gemäss als olympischer Sieger durch eine in die Mauer gebrochene Oeffnung ein und wiederholte diesen Triumphzug in Antium, auf dem Albanerberge und endlich in Rom selbst, wo er die Einfahrt auf dem mit vier weissen Pferden bespannten Triumphwagen des Augustus hielt, den olympischen Kranz auf dem Haupte und den pythischen in der Hand vor sich hertragend, und wo er mit Jubel und neuen ausgesuchten Ehrenbezeigungen empfangen wurde. Allein schon in Neapel bekam er die Nachricht, dass ihm nicht in Rom, sondern von fern her eine grosse Gefahr drohe; denn nicht von Rom, sondern von den Provinzen sollte sein Sturz ausgehen. Der Statthalter im jenseitigen Gallien, C. Julius Vindex, der Abstammung nach ein Aquitanier, wiewohl sein Vater bereits dem senatorischen Stande angehört hatte, dieser war es, der ohne eine persönliche Veranlassung, nur von der lebhaften Empfindung der auf dem ganzen römischen Reiche lastenden Schmach getrieben, die Fahne des Aufruhrs aufpflanzte. Auch hatte er nicht die Absicht, sich selbst auf den Thron zu schwingen, sondern sein Absehen war auf Servius Sulpicius Galba, den Statthalter von Spanien, einen Mann von vornehmer Abkunft und grossem Rufe der Tüchtigkeit gerichtet. Als Nero hiervon zuerst in Neapel hörte, nahm er die Sache leicht und äusserte sogar seine Freude über die sich ihm von Neuem darbietende Gelegenheit zu Verurtheilungen und Vermögenseinziehungen. Allmählich jedoch nahm die

Bewegung eine immer ernstere und drohendere Gestalt an.
Das Heer des Vindex fiel seinem geliebten Führer mit Begeisterung zu; Galba wurde auf die Nachricht von den Vorgängen in Gallien von seinen Truppen zum Kaiser ausgerufen, und wenn er auch diesen Titel zur Zeit ablehnte, so erklärte er doch seinen Abfall von Nero, indem er sich dem Senat zur Verfügung stellte und nach Rom aufbrach, um es zu befreien und den Senat in den Stand zu setzen, frei über den Thron zu verfügen. Zwar zog T. Verginius Rufus, der Statthalter des oberen Germaniens, gegen Vindex, und die beiderseitigen Heere geriethen, während die Führer mit einander unterhandelten, in einen erbitterten Kampf, in welchem das Heer des Vindex fast ganz aufgerieben wurde, was diesen so schmerzte, dass er sich selbst tödtete. Allein auch hiermit war dem Nero nicht geholfen, da Verginius den Krieg nicht weiter verfolgte, sondern sich von aller Theilnahme an der Entwickelung der Krise zurückzog. Die übrigen Statthalter aber erklärten sich nach und nach alle für Galba oder doch gegen Nero, und Galba zog daher mit den sichersten Aussichten auf einen glücklichen Erfolg seines Unternehmens gegen die Hauptstadt. Mittlerweile schwankte Nero, während diese Nachrichten nach einander in Rom einliefen, zwischen Uebermuth und Leichtsinn und zwischen der äussersten Muthlosigkeit und Feigheit hin und her. Er gab sich bald den gewöhnlichen Schwelgereien oder seinen kindischen Liebhabereien hin; bald stiess er die heftigsten Drohungen gegen Senat, Volk und gegen die ganze Welt aus; bald wiederum beschäftigte er seine Phantasie damit, wie er Volk und Heer durch Bitten und Thränen wieder für sich gewinnen oder wie er das undankbare Rom verlassen und sich im Orient oder sonst irgend wo ein neues Reich gründen oder, denn auch dies wird erzählt, wie er als Privatmann von dem Ertrag seiner Kunst leben werde; dann traf er wiederum halbe und thörichte Anstalten zu einem Feldzug gegen Galba, suchte sich durch übermässige Steuern und Abgaben und durch sonstige Erpressungen die Mittel dazu zu verschaffen, erreichte aber durch dieses Alles weiter nichts, als dass sich zu dem Hasse gegen ihn auch noch die Verachtung gesellte, und dass er endlich von Allen, von Senat,

vom Volk und selbst von den Prätorianern aufgegeben und verlassen wurde. Als endlich auch die Wache vom Palatium abzog und Alle, bei denen er Hülfe suchte, ihm den Rücken wandten, flüchtete er sich in Verkleidung mit nur 4 Begleitern auf ein Landgut des freigelassenen Phaon, welches ihm von diesem als Zufluchtsort angeboten wurde und welches 4 römische Meilen von der Hauptstadt zwischen der salarischen und nomentanischen Strasse lag. Hier wiederholten sich im Kleinen die lächerlichen und jämmerlichen Scenen der letzten Wochen von Rom, bis er endlich, als er schon den Hufschlag der Rosse seiner Verfolger hörte, die ihn nach Rom führen sollten, um dort hingerichtet zu werden, sich das Schwert in den Nacken stiess und, da seine Hand nicht kräftig genug war, von dem freigelassenen Epaphroditus vollends getödtet wurde. Zu den zahlreichen Anekdoten, durch die von den Alten die Haltungslosigkeit und lächerliche Thorheit seiner Katastrophe veranschaulicht wird, gehört auch die, dass er im Sterben ausgerufen: Welch ein Künstler geht in mir unter!

So starb er am 9. Juni 68, im 31. Jahre seines Lebens und im 14. seiner Regierung, der letzte Spross des Julisch-Claudischen Kaiserhauses, nachdem dieses Haus fast 100 Jahre die Geschicke des römischen Reichs gelenkt und demselben auf der einen Seite, wie nicht in Abrede zu stellen, wenigstens in Vergleich zu der vorausgehenden Zeit der Bürgerkriege den Frieden und ein gewisses äusseres Glück zurückgegeben, zugleich aber auch auf der anderen Seite den letzten Kern des ächten Römerthums zerstört hatte.

Es war an sich ein Ereigniss von folgenreicher Bedeutung, dass hiermit das Herrscherhaus, welches bereits zu einer gewissen Legitimität gelangt war, ausstarb und die Krone sonach als Streitobject zwischen die verschiedenen Inhaber der römischen Streitkräfte hinausgeworfen wurde. Es muss aber auch noch als besonders bezeichnend hervorgehoben werden, dass die Bewegung, durch welche Neros Sturz herbeigeführt wurde, nicht von Rom ausging, sondern von den Provinzen, und dass jenes, wie in der That der Fall war, sich sofort unterwarf. Es konnte nicht deutlicher an den Tag treten, dass Rom aufgehört hatte, das Haupt des römischen Reichs zu sein, was es, so lange es seinen eigenthümlichen Charakter bewahrte, im eminentesten Sinne gewesen war, und dass von nun an seine Geschicke durch neue, fremde Elemente bestimmt werden sollten.

Literatur, Kunst und Sitte.

Die römische Literatur steht hinter der griechischen, wie in vielen anderen Dingen, so auch darin zurück, dass sie nicht in dem Maasse volksthümlich ist und sich daher auch nicht mit derselben inneren Nothwendigkeit entwickelt wie diese. Wir haben hierauf in unseren bisherigen Betrachtungen über dieselbe wiederholt hingewiesen und den Grund davon in dem Umstande gefunden, dass sie nicht aus eigenen Wurzeln erwachsen, sondern von Anfang an ein Pfropfreis der griechischen Literatur ist, und dies wiederum hat, von manchen anderen Umständen abgesehen, seinen Grund hauptsächlich darin, dass der eigentliche nationale römische Geist ganz dem Ernste und der Strenge des politischen Lebens zugewendet und daher dem Spiele der Muse abhold war.

Indessen wenn auch die Wurzel und die Art der römischen Literatur nicht national war, so war es doch die Form derselben, die Sprache, und wie hätte es auch anders sein können? wie hätte der Strom der Nationalität, der überhaupt bei den Alten eine viel grössere Gewalt hatte als in der modernen Welt, nicht wenigstens den sprachlichen Ausdruck der Gedanken und Empfindungen bestimmen und beherrschen sollen? Wir finden daher auch, dass die Sprache der Römer eine mit einer gewissen Nothwendigkeit fortschreitende Entwickelung gehabt hat, und, was hiermit zusammenhängt, dass sie bei den Schriftstellern derselben Periode trotz aller Verschiedenheit der Individualitäten in den Grundzügen ein gemeinsames und übereinstimmendes Gepräge hat. Wir ersehen dies letztere z. B. recht deutlich in den zahlreichen Briefen anderer Verfasser, die der Briefsammlung des Cicero einverleibt sind, und die, wenn auch mehr oder minder vollkommen ausgeprägt, dennoch alle den gesunden, kräftigen, strengen Charakter der Zeit zeigen.

Nun hat uns die vorstehende Darstellung der politischen Geschichte gelehrt, dass im Laufe des ersten Jahrhunderts der Kaiserzeit der nationale römische Geist allmählich untergraben und, so zu sagen, ausgehöhlt und endlich durch die letzten drei tyrannischen Regierungen so gut wie völlig niedergeschlagen und vernichtet wurde. Hiermit übereinstimmend ist nun auch der Entwicklungsgang der Literatur. Das Wesentliche in dieser Hinsicht besteht darin, dass die Rhetorik der Schule (o. S. 102) immer mehr um sich greift und die Literatur völlig unter ihre Herrschaft bengt. In Folge davon wird die Sprache immer mehr von ihrem Inhalt abgelöst und für sich selbst zum Gegenstand der Verschönerung und Ausschmückung gemacht; man sucht ihr alle möglichen Reize zu verleihen, nur den einzigen richtigen nicht, der eben darin besteht, dass sie der einfachste, lebendigste Ausdruck für den Gedanken und die Empfindung des Schreibenden oder Redenden ist; sie verliert immer mehr an innerem Gehalt und innerer Wahrheit und artet in Wortkünstelei und Haschen nach Effect aus: kurz auch bei ihr findet jener im politischen Leben wahrgenommene Process der Aushöhlung und Entleerung statt, bis endlich auch hier die Katastrophe eintritt.

Dies ist im Allgemeinen der Inbegriff der Literaturgeschichte der Zeit, mit der wir es zu thun haben, der Zeit von Tiberius (richtiger wäre allerdings zu sagen, von der zweiten Hälfte der Regierung des Augustus an) bis zum Tode des Nero. Es ist auch dies insofern noch eine Periode der nationalen Entwickelung, als die Literatur hier noch mit den allgemeinen Zuständen und der ganzen Richtung der Zeit zusammenhängt und durch sie bedingt ist, aber freilich die Periode der Entartung und des Eilens zu ihrem Ende. Den Ziel- und Höhepunkt dieser Entwickelung bildet der Philosoph Seneca, in dem neben manchen grossen Vorzügen die Fehler der Richtung besonders deutlich hervortreten; er ist es daher auch, der die entschiedenste Reaction hervorrief. Nun verwarf man die ganze Art, man verlangte die Umkehr zu den Alten und eine Regenerierung der Sprache durch deren Nachahmung, d. h. man isolierte sich von der allgemeinen Bewegung der Zeit und gab der Literatur eine gelehrte und individuelle Richtung. Derjenige, der hierfür den Ton angab, ist Quintilian, der nächste Nachfolger des Seneca, der die Fehler des Seneca mit schlagenden Worten charakterisiert und immer von Neuem auf die Nachahmung der Alten, insbesondere des Cicero, als einziges Heilmittel hinweist.*)

Es ist ein besonders glücklicher Umstand, dass an der Spitze der Schriftsteller, die wir in unserer Periode zu besprechen haben, einer steht, der uns den deutlichsten Einblick in die Werkstatt der Schulrhetorik gewährt. Ich meine den Rhetor Annaeus Seneca, den Vater des schon mehrfach genannten Philosophen L. Annaeus Seneca. Jener aus Corduba in Spanien gebürtig und um 50 v. Chr. geboren (er sagt selbst, dass er den Cicero würde haben hören können, wenn er nicht durch die Gefahren und Unruhen der Bürgerkriege in seiner Heimath Corduba festgehalten worden wäre), durchlebte einen grossen Theil der Regierungszeit des Augustus und wahrscheinlich die ganze Zeit des Tiberius in Rom, die Entwickelung der Literatur und insbesondere der Beredtsamkeit aufmerksam verfolgend und sich selbst dem Studium derselben aufs Eifrigste widmend, und schrieb im höchsten Lebensalter, wahrscheinlich erst unter Caligula, für seine drei Söhne ein Werk unter dem Titel: Oratorum et rhetorum sententiae, divisiones, colores, in welchem er seinen Söhnen und zugleich dem Publicum aus eigner Erinnerung ein Bild von den höchsten Leistungen der Redner und Rhetoren seiner Zeit geben wollte. Was ist es

---

*) Die Wendung, welche die römische Literatur durch Quintilian nimmt, ist zu wichtig, als das wir nicht seine Stellung zu Seneca und seine Grundansicht durch Anführung einiger Stellen zu erläutern suchen sollten. Ueber Seneca sagt er z. B. (Inst. Or. X, 1, 128): Cujus et multae alioqui et magnae virtutes fuerunt: ingenium facile et copiosum, plurimum studii, multa rerum cognitio. — Multae in eo claraeque sententiae, multa etiam morum gratia legenda: sed in eloquendo corrupta pleraque atque eo perniciosissima, quod abundant dulcibus vitiis. Seine Theorie in Betreff der Nachahmung ist am ausführlichsten X, 2 entwickelt. Und um endlich von seinen zahlreichen Elogien des Cicero wenigstens ein Beispiel anzuführen, so sagt er von ihm (XII, 10, 46): Ad cujus voluptates nihil equidem quod addi possit invenio, nisi ut sensus nos quidem dicamus plures.

nun aber, was er seinen Lesern bietet? Wie der Titel besagt,
sind es erstens Sententiae, d. h. Gemeinplätze oder auch etwas
längere hauptsächlich aus Gemeinplätzen bestehende Ausführungen, ferner Divisiones, Eintheilungen oder Dispositionen
von Reden, und endlich Colores, d. h. Färbungen oder Beschönigungen der Sache, also Wendungen und Darstellungen
derselben, die dazu dienen, den Hörer zu täuschen: Alles
natürlich fein zugespitzt, pikant, von der Art, dass der Hörer,
wie es anderwärts einmal heisst, es mit nach Hause nehmen
kann, meist figürlich ausgedrückt — auch die Divisiones, von
denen man es am wenigsten erwarten sollte, die aber meist
in einer freilich ziemlich einförmigen Weise einen Klimax enthalten, wie wenn z. B. die Athener berathen, ob sie sich dem
Verlangen des Xerxes fügen sollen, der sie aufgefordert hat,
die Tropäen zu beseitigen, mit der Drohung, sonst mit einem
Heere wiederkommen zu wollen, und wenn dann ein Redner
im ersten Theile ausführt, dass man dies nicht thun dürfe,
auch wenn man fürchten müsse, dass Xerxes wiederkommen
werde, und im zweiten, dass dies aber nicht einmal zu fürchten sei. Und alle diese Schaustücke sind nicht aus wirklich
gehaltenen Reden, sondern aus Schulübungen (Declamationes)
entnommen, in denen nach der Meinung der Menschen dieser
Zeit die Beredtsamkeit sich am glänzendsten zeigte. Die
Gegenstände dieser Reden waren nun auch so, wie man sie
von einer dem Leben ganz abgewandten Schule erwarten wird.
Es wurden darin theils (in den sog. Suasoriae) Staatsfragen
erörtert; es wurde z. B. eine Rathsversammlung Alexanders
des Grossen fingiert und darin die Frage behandelt, ob
Alexander, nachdem er an dem östlichen Ocean angelangt,
noch weiter vordringen solle, oder die 300 Spartaner in den
Thermopylen erwägen die Frage, ob sie, nachdem die übrigen
Griechen abgezogen, ebenfalls den ihnen anvertrauten Posten
verlassen sollen, oder es wird dem Agamemnon in Aulis
gerathen oder abgerathen, die Iphigenie zu opfern u. dergl. m.;
oder es werden die allersubtilsten Rechtsfälle (in den Controversiae) abgehandelt, von der Art wie sie im Leben nimmermehr vorkommen konnten. Z. B.: Mann und Frau machen
unter einander aus, dass kein Theil den andern überleben

wolle; der Mann schickt der Frau die falsche Nachricht, dass er gestorben sei; die Frau stürzt sich vom Felsen, wird aber gleichwohl gerettet; die Täuschung kömmt an den Tag, und der Vater der Frau verlangt nun von ihr, dass sie ihren Mann verlassen solle, und droht ihr sie zu enterben, als sie sich weigert: muss nun die Frau ihrem Vater gehorchen, und hat dieser, wenn sie nicht gehorcht, das Recht sie zu enterben? Oder: Eine Frau hat ihren Mann durch ihre Standhaftigkeit aus Todesgefahr gerettet; der Mann hat sie später wegen Unfruchtbarkeit verstossen und wird nun wegen Undankbarkeit angeklagt. Oder endlich: Ein Vater ertheilt seinem Sohne den Befehl, einen andern Sohn zu tödten; der Sohn giebt aber seinem Bruder Gelegenheit zu entkommen; dieser wird alsdann Seeräuber und rettet als solcher seinem Vater das Leben: soll nun jener Sohn wegen seines Ungehorsams bestraft werden oder nicht? -

Die Redner, aus denen diese wunderlichen Dinge angeführt werden, sind meist bloss Rhetoren und zum grossen Theil gar nicht im Stande, öffentlich als Redner aufzutreten. So erzählt Seneca von Porcius Latro, einem der glänzendsten Sterne an diesem Himmel der Rhetorenwelt, er habe einst für einen Angeklagten öffentlich sprechen wollen, sei aber so consterniert gewesen, dass er sogleich mit einem Schnitzer angefangen, und habe die Fassung nicht eher wieder gewonnen, als bis ihm auf seine Bitten gestattet worden sei, die Rede in einem geschlossenen Raume fortzusetzen. Noch ergötzlicher ist eine andere Anekdote, die sich ebenfalls bei Seneca findet. Der Rhetor Albucius forderte, als er einst mit einer Rede öffentlich auftrat, seinen Gegner mit den Worten zum Schwur auf: Schwöre bei der Asche deines Vaters, die noch unbegraben ist, schwöre bei dem Andenken deines Vaters — auch dies mit einem ähnlichen Zusatz. Allein diese Zusätze waren nichts als rhetorische Wendungen, die hier in Wirklichkeit gar nicht zutrafen, vielleicht Reminiscenzen aus einer Rede, wo sie wirklich Anwendung gefunden hatten. Der Gegner nahm also die Herausforderung an und gewann den Process, während Albucius vergeblich protestierte und versicherte, dass dies nur Redefiguren gewesen seien, und dass alle Redefiguren ans der Welt verschwinden müssten, wenn man den Redner so beim Worte nehmen wolle.

Neben Seneca, dessen Werk uns übrigens leider nur unvollständig und in einer sehr verdorbenen Gestalt erhalten ist, sind noch zwei gleichzeitige Schriftsteller zu nennen, die neben der rhetorisierenden Richtung, die wir so eben durch Seneca kennen gelernt haben, zugleich noch eine andere Seite der Entartung der Zeit repräsentieren, nämlich die auch auf dem Gebiete der Literatur unter dem Druck der Kaiserherrschaft immer mehr einreissende höfische und servile Gesinnung. Diese sind Vellejus Paterculus und Valerius Maximus, welche beide historische Stoffe in einer ganz rhetorisierenden Manier und zugleich mit der eben bezeichneten niedrigen Gesinnung behandelt haben, der erstere in seinen 2 Büchern der Historia Romana (von deren erstem jedoch nur ein kleiner Theil erhalten ist), der andere in den 9 Büchern Dictorum Factorumque Memorabilium.

Von Vellejus hören wir durch ihn selbst, dass er aus senatorischem Geschlecht abstammte, dass er, nachdem er schon vorher Kriegsdienste geleistet, in den Jahren 4 bis 12 n. Chr. an den Kriegen des Tiberius in Germanien und in den Donauländern als Reiterpräfect und dann als Befehlshaber einer Legion Theil nahm, und dass er im J. 7 n. Chr. die Quästur, im J. 15 die Prätur bekleidete. Nachher scheint er ohne weitere öffentliche Thätigkeit in Rom gelebt und diese Musse zu literarischen Beschäftigungen, insbesondere auch zum Studium der Rhetorik benutzt zu haben. Sein Werk ist dem M. Vinicius als Gratulationsschrift zum Consulat, welches derselbe im J. 30 n. Chr. bekleidete, gewidmet und in den wenigen Monaten entstanden, welche zwischen der Ernennung des Vinicius zum Consulat und dem Antritt des Amts verflossen; es giebt daher nur einen kurzen Abriss der römischen Geschichte, den er später durch ein grösseres Werk auszuführen und zu ergänzen gedachte, und dieser kurze Abriss besteht nicht sowohl in Thatsachen als vielmehr hauptsächlich in Betrachtungen und sententiösen Bemerkungen über historische Dinge und in Charakterschilderungen bedeutenderer Persönlichkeiten, welche durch das Haschen nach Effect, durch ihre Antithesen und die sonstigen figürlichen Ausschmückungen überall den Rhetoriker verrathen. Wenn dieses Streben nicht überall von Erfolg ist, wenn seine Sentenzen oft geschmacklos, seine Pointen stumpf sind, wenn sich ferner nicht selten Ungründlichkeit in seiner Kenntniss des Gegenstandes verräth, so ist dies nichts Anderes als was auch in den von Seneca mitgetheilten Proben des Geschmacks und des Urtheils der Rhetoren vielfach zu bemerken ist; es ist also nicht nöthig anzunehmen, dass Vellejus unter dem Niveau der Bildung seiner Zeit gestanden habe.

Daneben aber ist das Werk ganz erfüllt von Ausdrücken der Bewunderung und Huldigung für Tiberius, Augustus, Cäsar und selbst für Sejan. Schon bei Lebzeiten des Augustus steht Tiberius nur dem Kaiser allein nach, und auch dies nur, weil er sich ihm freiwillig unterordnet,*) er ist das zweite Gestirn und Haupt des Staates; er geht, von den Thränen des ganzen Volks begleitet, nach Rhodus, er lebt dort, obgleich er nichts Anderes sein will als Privatmann, von aller Welt verehrt und gefeiert, so dass die Statthalter auf der Insel zusammenströmen, um ihm ihre Huldigungen darzubringen und die Fasces vor ihm zu beugen, auch C. Cäsar auf seinem Zuge nach dem Orient ehrt ihn als seinen Meister und Vorgesetzten; das römische Reich wankt während seiner Abwesenheit, weil es seiner besten Stütze entbehrt; seine Rückkehr erfüllt alle Welt mit Freude und Zuversicht, nun erst erscheint Ruhe, Friede, Wohlstand gesichert; hierauf bezwingt und beruhigt er in den nächsten Jahren noch unter Augustus Deutschland, Pannonien und Dalmatien, und als sodann Augustus „seine himmlische Seele dem Himmel zurückgegeben" und Tiberius, nur der Rücksicht auf das Gemeinwohl, nicht dem Ehrgeiz folgend, sich endlich auf Bitten des Senats und Volkes entschlossen hat, die Herrschaft zu übernehmen, da steigen alle Glückseligkeiten auf Rom herab, Treue, Eintracht, Gerechtigkeit, Billigkeit schlagen ihre Wohnung daselbst auf, das Gute wird belohnt, das Böse bestraft, die Menschen werden für die Tugend gewonnen oder, wenn dies nicht angeht, dazu gezwungen; über das ganze Reich verbreitet sich Friede und

---

*) II, 99: quia volebat.

Wohlergehen; nnd dies Alles durch Tiberius und seinen ausgezeichneten Gehülfen Sejan, denn wie es grossen Fürsten zu gelingen pflegt, so hat auch Tiberius in Sejan einen grossen Diener gefunden, in dem Strenge mit Milde und Heiterkeit gepaart ist, der von sich selbst bescheiden denkt, dafür aber von Andern desto höher geehrt wird, der ohne allen Ehrgeiz dennoch Alles erreicht hat.*) Und in ähnlicher Weise, wenn auch nicht in gleichem Maasse, werden auch Augustus und Caesar gepriesen.

Es ist in neuerer Zeit versucht worden, den Vellejus von dem Vorwurf der Schmeichelei zu reinigen.**) Man hat dagegen geltend gemacht, dass Vellejus ausser Tiberius, Augustus und Cäsar noch andere Männer in Uebermaass lobe, ferner, dass er eine Schrift, die er an Vinicius gerichtet, unmöglich dazu bestimmt haben könne, die Gunst des Tiberius zu gewinnen, und endlich dass eine solche panegyrische Weise die Sitte der Zeit gewesen sei und daher dem Vellejus nicht persönlich zum Vorwurf gemacht werden könne. Allein wenn wir auch zugeben, dass Vellejus nicht gerade die Absicht gehabt haben möge, sich durch sein Werk bei Tiberius in Gunst zu setzen, wiewohl in dem Umstand, dass es nicht an Tiberius direct gerichtet ist, kaum ein schlagender Beweis dafür zu finden sein möchte, so wird doch im Allgemeinen Niemand die im ganzen Werke herrschende niedrige, schmeichlerische Weise verkennen können; wenn ferner auch andere Männer gelobt werden, so geschieht dies doch bei Weitem nicht so oft und so überschwänglich wie bei Tiberius, und wenn endlich gesagt wird, dass diese Weise nicht dem Vellejus allein zukomme, nun so werden wir ihn um so mehr als

---

*) Wir wollen hier die Worte des Vellejus selbst zugleich als Beispiel seiner gesuchten und gekünstelten Ausdrucksweise anführen (II, 127): singularem principalium operum adjutorem in omnia habuit et habet, virum severitatis laetae, hilaritatis priscae, actu otiosis simillimum, nihil sibi vindicantem coque assequentem omnia, semperque infra aliorum aestimationes se metientem, vita victuque tranquillum, animo exsomnem.

**) So nach dem Vorgang von Jacobs und Morgenstern besonders H. Sauppe (Schweiz. Museum 1837. I, 2) und Kritz in den Prolegomenen seiner Ausgabe des Vellejus.

einen Beweis für die in der Zeit allgemein herrschende niedrige servile Gesinnung ansehen dürfen, die gegen den Freimuth und die rückhaltslose Offenheit, womit die Römer in der Zeit der Republik und selbst noch in 'den letzten Jahrzehnten derselben ihre Gedanken und Empfindungen auszudrücken pflegten, den stärksten Contrast bildet.

Von gleicher Art wie Vellejus ist auch Valerius Maximus, nur dass er an Geschmack und Urtheil noch viel tiefer steht als jener. Sein Werk ist zwischen 29 und 32 n. Chr. verfasst, wie daraus hervorgeht, dass an einer Stelle (VI, 1 zu Anf.) Livia, die Mutter des Tiberius, noch als lebend erscheint, während an einer anderen späteren Stelle (IX, 11. Ext. 4) des an Sejan vollzogenen Strafgerichts mit allen obligaten Verwünschungen des gestürzten Günstlings gedacht wird. Es ist nach seiner eigenen Erklärung in der Vorrede dazu bestimmt, denen, welche historischer Beispiele bedürfen, also den Rednern, die Mühe des eigenen Nachsuchens zu ersparen, und enthält daher in 9 Büchern, nach den verschiedenen Tugenden und Fehlern, zuweilen auch nach anderen Gesichtspuncten geordnet, eine grosse Menge aus den vorhandenen Quellen gezogener, zugleich rhetorisch zugestutzter Thaten und Aussprüche sowohl aus der römischen als aus der auswärtigen Geschichte.

In ihm erscheint die gezierte, gekünstelte Ausdrucksweise und die historische Ungenauigkeit des Vellejus noch unendlich gesteigert; während sich bei diesem trotz seiner rhetorischen Bildung doch immer noch Sinn und Urtheil des Kriegers und Staatsmanns geltend macht, so ist Valerius nichts als Rhetor und ganz in der Leerheit und Eitelkeit dieses Studiums untergegangen; seine Leichtfertigkeit und Urtheilslosigkeit in historischen Dingen wird nur noch durch die Geschmacklosigkeit seiner Sprache überboten. Wenn die Schmeichelei gegen das Herrscherhaus weniger oft vorkommt, so hat dies seinen Grund nur darin, dass er weniger Gelegenheit dazu hat, da er sich vorzugsweise mit Thatsachen der älteren Geschichte beschäftigt; wo er aber die Gelegenheit findet — und wenn sie sich nicht von selbst darbot, so hat er sie aufgesucht —, da ist er ein nicht minder grober und niedriger Schmeichler als Vellejus.

Ein Beispiel dazu liefert sogleich die Vorrede des ganzen Werks. Hier ruft .er. statt des Jupiter, mit dem sonst die Schriftsteller ihr Unternehmen zu beginnen pflegen, den Tiberius an, den Urheber alles Heils, durch dessen göttliche Vorschung eben die Tugenden, von denen er handeln werde, am reichsten belohnt, die Fehler am strengsten bestraft würden, und dessen Gunst er mit um so mehr Grund anflehe, da die übrigen Götter nur vermuthet würden, die Gottheit des Tiberius aber und seines Vaters und Grossvaters mit ihrem sternengleichen Glanze den Sterblichen sichtbar erscheine.

Wir übergehen die gleichzeitigen technischen Schriftsteller Celsus und Columella, von denen wir, von dem ersteren ein Werk über die Medicin, von dem letzteren eins über den Ackerbau besitzen, weil sie ein zu überwiegend nur sachliches Interesse bieten, und wenden uns zu den noch übrigen — uns entweder vollständig oder doch in grösseren Theilen erhaltenen — Schriftstellern unseres Abschnitts, in denen der Geist der Zeit und die Richtung der Literatur deutlicher hervortritt. Diese sind L. Annaeus Seneca, M. Annaeus Lucanus, A. Persius Flaccus und Petronius Arbiter.

Von den Lebensumständen des L. Annaeus Seneca, des Philosophen, ist uns das Wichtigste bereits bekannt. Wir erinnern uns, dass er schon von Caligula lediglich aus Neid über seinen Ruf als Schriftsteller mit dem Tode bedroht, dass er unter Claudius im J. 41 durch den Einfluss der Messalina nach Corsica verbannt, aber im J. 49 durch Agrippina zurückgerufen und zum Erzieher des Nero oder, wie dieser damals noch hiess, des L. Domitius ernannt wurde, dass er schon als solcher eine hohe, einflussreiche Stellung einnahm, und dass er, nachdem Nero Kaiser geworden, als dessen Rathgeber und Leiter mit Burrus zusammen den Staat mit fast unumschränkter Vollmacht regierte, bis er im J. 62 die Gunst Neros verlor und dann im J. 65 als angeblicher Theilnehmer der Verschwörung des Piso von dem Kaiser den Befehl erhielt, sich zu tödten. Ueberblicken wir sein öffentliches Leben, so weit es uns bekannt ist, so werden wir die Ungunst der Zeiten, unter der er zur Mitwirkung bei den Staatsangelegenheiten berufen wurde, nicht unberücksichtigt lassen dürfen, wir werden seinen Vertheidigern auch zugeben können, dass er manches Schlechte verhütet und dass er überall in guter Absicht gehandelt; auf der andern Seite aber werden wir, wenn wir uns z. B. vergegenwärtigen, dass er an der Ermordung der Agrippina wenigstens bei der letzten Entwickelung der furchtbaren Tragödie als Mitwisser Theil nahm, und dass er den Brief an den Senat verfasste, in welchem diese Greuelthat verhüllt und beschönigt wurde, unseren sittlichen Unwillen kaum unterdrücken können, wir werden ihn wenigstens nicht von dem Vorwurf einer grossen sittlichen Schwäche freisprechen und ihn nicht eben sehr hoch über die Menge der schmeichelnden, zu Allem bereiten Höflinge des Nero erheben wollen.

Dem Staatsmann Seneca steht nun aber in ganz anderer Gestalt der Schriftsteller Seneca gegenüber. Seine Werke sind weit überwiegend moralischen Inhalts (auch seine Betrachtungen über die Natur, die Quaestiones Naturales, haben wenigstens eine moralische Tendenz und sind vielfach mit moralischen Digressionen durchzogen), und hier finden wir überall die grösste Feinheit und Strenge des sittlichen Urtheils und der sittlichen Empfindung. Seneca ist der stoischen Philosophie zugethan, er bindet sich aber nicht an ihr System und erhebt sich in seinen sittlichen Ansichten und Anforderungen nicht nur über sie, sondern auch über Alles, was sonst die Ethik des Alterthums hervorgebracht hat, indem er z. B. verlangt, dass wir auch unseren Feinden Gutes thun, dass wir auch den Undankbaren Wohlthaten erzeigen und uns derselben nicht rühmen sollen, indem er die Rache, die Gladiatorenspiele, ja selbst den Krieg verwirft, und indem er den Grundsatz aufstellt, dass die Menschenrechte von den äusseren Verhältnissen unabhängig und in Bezug auf diese alle Menschen, auch die Sclaven, einander gleich seien:*) Alles Ansichten und Lehren, von denen zwar auch sonst bei den Alten vereinzelte Spuren vorkommen, die aber erst durch das Christenthum zur vollen Anerkennung gelangt sind, und die wir als dessen ausschliessliches Eigenthum anzusehen gewohnt sind.

---

*) S. de Otio I, (28), 4. de Benef. VII, 30—32. II, 9, 2. de Ir. II, 32, 1. Epp. 7, 3—5. 95, 33. 30. 3, 71.

Dabei ist es besonders bemerkenswerth, dass Seneca sich selbst in den Ausdrücken nicht selten mit dem Christenthum in auffallender Weise berührt. Er kennt z. B. den Gegensatz zwischen Geist und Fleisch, er spricht von einem heiligen Geist, der in uns wohne, von einer göttlichen Vorsehung, die sogar den Titel und den gesammten Inhalt einer besondern Schrift bildet, und von der Gottähnlichkeit der Menschen, er nennt Gott den Vater aller Menschen, er findet in den Leiden edler Menschen die Züchtigungen eines liebenden Vaters, er lehrt, dass die rechte Gottesverehrung nicht in Opfern, sondern darin bestehe, dass man den Willen Gottes thue, ferner dass wir an Gott glauben müssen, wenn wir uns ihm nähern wollen, dass Gott die Herzen durchschaue, dass wir alle Sünder seien, dass vor der Tugend (wir sagen: vor Gott) kein Unterschied sei zwischen Freigelassenen, Sclaven und Königen u. A. m.,*) wesshalb auch die christlichen Kirchenväter, wie Tertullian, Augustinus, Hieronymus, ihn den Ihrigen nennen und bis auf die neueste Zeit namentlich von französischen Gelehrten wenigstens angenommen wird, dass er von den nach ihrer Meinung damals schon allgemein verbreiteten christlichen Ideen berührt und durchdrungen worden sei.**)

---

*) Die Erscheinung ist so wichtig und so interessant, dass wir wenigstens einige der zahlreichen Belegstellen mit Senecas eigenen Worten anführen zu müssen glauben. Consol. ad Marc. 24, 5: omne illi (animo) cum hac carne grave certamen est, ne abstrahatur et sidat; Epp. 41, 2: sacer intra nos spiritus sedet; de Prov. 2, 6: Patrium deus habet adversus bonos viros animum et illos fortiter amat; Epp. 95, 47: deum colit, qui novit, ebend. §. 50: primus est deorum cultus deos credere — satis illos coluit, qui imitatus est; de Benef. 1, 6, 3: uc in victimis quidem, licet opimae sint auroque praefulgeant, deorum est honor, sed pia ac recta voluntate venerantium; Epp. 83, 1: Sic cogitandum, tanquam aliquis in pectus intimum inspicere possit, et potest: quid enim prodest ab homine aliquid esse secretum? deo nihil clusum est; Epp. 3, 11: quid est enim civis Romanus aut libertinus aut servus? nomina ex ambitione aut ex injuria nata: subsilire in coelum ex angulo licet; de Ir. I, 14, 3: Nemo, inquam, invenietur, qui se possit absolvere, et innocentem quisque se dicit respiciens testem non conscientiam; de Benef. III, 18, 2: Nulli praeclusa virtus est, omnes admittit, omnes invitat, ingenuos, libertinos, servos, reges, exules: non eligit domum nec censum, nudo homine contenta est.

**) So z. B. von C. Schmidt in seinem Essai historique sur la société civile dans le monde Romain (Strassburg, 1853), von welchem

Wenden wir uns nun zu der Form seiner Schriften: so erscheint auch diese wenigstens auf den ersten Blick und bei einer flüchtigen Bekanntschaft in dem hellsten Lichte. Sein Ausdruck ist klar, lebendig und im höchsten Grade das, was wir heut zu Tage geistreich nennen; er bewegt sich mit der grössten Raschheit in kurzen, schlagenden Sätzen von Gedanken zu Gedanken, von Bild zu Bild, und fast jeder dieser Sätze ist durch irgend eine figürliche Wendung oder Gestaltung, vorzugsweise durch die von ihm besonders gesuchten und geliebten Antithesen, verziert und in ein glänzendes Licht gestellt. Man wird, man mag seine Schriften aufschlagen, wo man will, durch einen interessanten Gedanken oder eine pikante Wendung angezogen und, freilich gewöhnlich nur auf kurze Zeit, festgehalten und erfreut. In der That, nur ein so ausgezeichnetes Talent, wie wir es an Seneca jedenfalls anerkennen müssen, konnte in dieser Zeit und unter den damaligen Umständen etwas in seiner Art so Vortreffliches leisten, konnte uns die damals herrschende Rhetorik in einem so glänzenden Lichte zeigen.

Wie haben wir nun bei diesem Gegensatz zwischen Leben und Schriften über Seneca zu urtheilen? Es ist nicht zu verwundern, dass man häufig nur das Eine oder das Andere ins Auge gefasst und den Seneca daher entweder heftig getadelt oder übermässig bewundert und gepriesen hat. Es kann aber nicht zweifelhaft sein, dass wir Beides zusammenzufassen haben, und dann werden wir nicht umhin können, schon in diesem Gegensatz einen wesentlichen Mangel des Schriftstellers zu erkennen. Das, was schriftstellerischen Erzeugnissen überhaupt, insbesondere aber moralischen Schriften, den Hauptwerth zu geben pflegt, den Hintergrund und Nachdruck der eigenen Gesinnung und Empfindung des Verfassers, werden wir dem Seneca schon von diesem Gesichtspunkte aus absprechen müssen. Und eben dieser Mangel giebt sich auch in der Form deutlich genug zu erkennen. Wie wir oben bemerkt haben, dass man sich durch das Einzelne bei einem flüchtigen

---

(S. 379) u. A. Duroxoir, Troplong, Wallon als Vertreter derselben Ansicht angeführt werden.

Einblick angezogen fühle, eben so findet man sich bei längerer, eindringenderer Lectüre bald ermüdet und durch das überall hervortretende Streben nach Effect missgestimmt; trotz aller aufgewendeten Kunst fehlt doch der eigentliche Stil, d. h. der aus einem von Gedanken und Empfindungen lebhaft ergriffenen und erfüllten Inneren von selbst hervorgehende Wechsel von Licht und Schatten, der rasche Fortschritt, die Einheit, die Angemessenheit, die Kürze der Darstellung, wodurch allein der Leser ergriffen und dauernd gefesselt werden kann; es ist Alles Kopfton, um mich dieses Bildes zu bedienen, nichts Brustton.*) Seneca selbst, der es überhaupt nicht vermeidet, diejenigen Dinge in seinen Schriften zu behandeln, welche vorzugsweise schwache Seiten von ihm bilden,**) giebt auch in dieser Hinsicht Lehren und Vorschriften, die wir nur auf ihn selbst anwenden dürfen, um seine eigenen Fehler zu erkennen und richtig zu beurtheilen, wenn er z. B. seinen Freund Lucilius ermahnt, immer nur daran zu denken, was er schreiben, nicht wie er schreiben solle, wenn er vor Allem die Einfachheit empfiehlt, wenn er sagt, der Stil sei das Abbild der Seele, das schriftstellerische Talent trage überall die Farbe der Gesinnung, wie das Leben, so sei auch der Stil des Schriftstellers, oder, was nur von der entgegengesetzten Seite betrachtet dasselbe ist, mit seinen Schriften gebe der Verfasser der Welt ein Pfand oder gewissermaassen eine Handschrift seiner Gesinnung. ***)

---

*) Persius drückt dies so aus (Sat. I, 104): Summa delumbe saliva Hoc natat in labris. Auch dem Seneca ist dieses Bild nicht fremd. Er sagt z. B. Epp. X, 3: Non a summis labris ista venerunt, habent hae voces fundamentum

**) Nichts ist z. B. bei ihm häufiger als Ergiessungen über die Nichtigkeit des Reichthums und über die Thorheit und Verwerflichkeit des Geizes und der Habsucht, während bekanntlich sein eigener grosser Reichthum und die Art, wie er ihn erworben, einen Hauptgegenstand der gegen ihn erhobenen Vorwürfe bildet. Wir haben ferner oben (S. 299) gesehen, dass er bei der Behandlung Neros den grossen Fehler beging, dass er dessen Begierden wenigstens halbe Zugeständnisse machte und jene dadurch zu befriedigen oder wenigstens zu mässigen glaubte. Trotzdem sagt er selbst (Consol. ad Helv. 11, 4): quicquid illi congesseris, non finis erit cupiditatis, sed gradus.

***) S. Epp. 115, 1. Fragm. (ed. Haase) Nr. 72. Epp. 114, 1. 3. Fragm. Nr. 130.

Wir können nicht umhin, noch Eins hervorzuheben, was hinsichtlich der Wahrheit und Aufrichtigkeit der Empfindung in seinen Schriften ein besonders nachtheiliges Licht auf ihn wirft. In der Trostschrift, die er aus seinem Exil an den Polybius, den uns bekannten Freigelassenen und Günstling des Claudius, richtet, wird besonders Ein Trost stark betont, nämlich derjenige, den Polybius aus dem Anblick seines Herrn und Kaisers schöpfen müsse. Er ruft dem Polybius zu: „So oft deine Augen sich mit Thränen füllen wollen, so richte sie auf den Kaiser, dann werden die Thränen sofort durch den Anblick des grossen und herrlichen gottgleichen Mannes getrocknet werden: sein Glanz wird deine Augen blenden, dass sie nichts Anderes sehen können, und sie festhalten," und nachdem er hierauf diesen Gedanken weiter ausgeführt, so fährt er fort: „Mögen die Götter und Göttinnen ihn lange der Erde leihen; möge er dem göttlichen Augustus an Werken gleichen, ihn aber an Lebensdauer übertreffen; möge er, so lange er unter den Sterblichen weilt, nie empfinden, dass irgend etwas, was seinem Hause angehört, sterblich ist; möge er seinen Sohn durch eine lange Leitung zu einem bewährten Herrscher heranbilden und ihn eher als Genossen seiner Herrschaft, denn als Nachfolger sehen; spät und erst zur Zeit unserer Enkel möge der Tag kommen, wo er zum Himmel, der ihm vermöge seiner Abkunft gebührt, emporsteigt." Und dieser göttergleiche, für die Gottheit bestimmte, mit allen Herrlichkeiten ausgestattetete Claudius ist derselbe, den er kurz nach seinem Tode in einer andern Schrift, in einer Satire, die unter dem Namen der Apocolocynthosis, d. h. der Verkürbisung, bekannt ist, in einer eben so bösartigen wie witzigen Weise dem Gelächter und der Verachtung preisgiebt, der hier als blödsinniger, stammelnder, missgestalteter, alle von Hercules getödteten Ungeheuer an Monstrosität übertreffender Narr geschildert, und auf Beschluss der versammelten Götter wegen seiner Verbrechen aus dem Olymp gestossen und in die Unterwelt transportiert wird.

Wir sind nicht der Meinung, dass Seneca dieserhalb geradezu ein bewusster Heuchler zu nennen sei. Es ist, wie wir überall und in allen Zeiten finden, ein weiter Schritt zwischen der Aufstellung von moralischen Grundsätzen und ihrer vollen Geltendmachung; es hat daher immer eine Menge solcher Grundsätze gegeben und wird sie immer geben, deren Richtigkeit Niemand bestreitet, die aber kaum irgend wo angewendet, die nicht einmal in allen ihren Consequenzen anerkannt werden; ferner ist auch leicht wahrzunehmen, dass die meisten Menschen, ohne gerade Heuchler genannt werden zu können, hinter dem, was sie Andern empfehlen oder vorschreiben, weit zurückbleiben, und dass dies namentlich bei denen der Fall zu sein pflegt, deren regelmässiges Geschäft es ist, Andern gute Lehren zu geben: um wie viel weniger werden wir bei Seneca bewusste Heuchelei anzunehmen haben, wenn wir dies auch bei ihm finden in einer Zeit, wo die Rhetorik eine so allgemeine und so unbedingte Herrschaft übte. Je grösser aber bei ihm der Abstand zwischen Wort und That ist und je weniger wir die Schuld daran ihm selbst beimessen, um so mehr werden wir gerade ihn vorzugsweise als Repräsentanten der herrschenden rhetorischen Richtung ansehen müssen.

Wie sehr es sich in der damaligen Zeit um Worte und nur um Worte handelte, dies zeigt sich auch recht deutlich an dem oben (S. 311) schon erwähnten Zwiegespräch, welches Seneca im J. 62 mit Nero hatte und auf das wir aus diesem Grunde noch einmal mit einem Worte zurückkommen. Nachdem hier Seneca in einer fein berechneten und gesetzten Rede einen, wie sich von selbst versteht, nicht aufrichtig gemeinten Wunsch vorgetragen hat, so beginnt Nero seine Entgegnung mit den Worten (Tac. XIV, 55): „Dass ich auf deine vorbereitete und studierte Rede sofort antworten kann, dies ist das erste der Geschenke, die ich dir verdanke; denn du hast mich gelehrt, nicht allein vorbereitet, sondern auch aus dem Stegreife die Dinge in geordneter Rede zu erledigen," und hierauf findet er den Seneca eben so mit Redensarten ab, wie Seneca ihn mit Redensarten zu fangen gesucht hatte.

Wenn, wie wir oben ausgeführt haben, in Senecas Schriften zuerst, wenigstens in dieser Ausdehnung und im Zusammenhang, reinere, höhere, den christlichen Lehren sich nähernde sittliche Ansichten und Grundsätze ausgesprochen werden, so sind wir weit entfernt, vom höheren Standpunkte aus den historischen Fortschritt zu verkennen, der trotzdem, dass es zunächst nur Worte und Schatten sind, hierin enthalten ist; wir finden vielmehr darin eins der hauptsächlichsten Mittel, wodurch die damalige heidnische Welt für die Aufnahme des Christenthums vorbereitet wird. So wenig dies aber bezweifelt werden kann, so unleugbar ist es auch, dass eben darin sich zugleich der Verfall des Römerthums aufs Deutlichste zeigt; so wahr und vortrefflich es ist, wenn auf jeden nationalen Vorzug der Römer vor den übrigen Völkern verzichtet, wenn die Brüderschaft der ganzen Menschheit verkündet, wenn die Grausamkeit der Gladiatorenspiele, der Krieg, die Rache, wenn die Ansicht, dass der Sclave ein Wesen niederer Gattung sei, verworfen und als unsittlich bezeichnet wird, wenn hierin ein wesentlicher Fortschritt zum Ziel einer höheren Sittlichkeit im Allgemeinen anzuerkennen ist, so werden doch eben hiermit die Grundpfeiler zerstört oder erscheinen vielmehr schon als zerstört, auf denen das Römerthum und die specifisch römische Tugend beruht.

Wir bemerken in Bezug auf Seneca noch, dass er nach der wahrscheinlichsten Annahme im J. 7 v. Chr. geboren ist,[*]) und dass wir von ihm, abgesehen von den Fragmenten und einigen Epigrammen, noch folgende Schriften besitzen: 12 Dialoge, darunter die 3 Trostschriften an die Marcia, an Polybius und an seine Mutter Helvia, und 3 Bücher über den Zorn; ferner 2 Bücher über die Milde, 7 über die Wohlthaten, 7 Bücher Betrachtungen oder Untersuchungen über die Natur und die schon oben erwähnte Satire über den Tod des Claudius, die sog. Apocolocynthosis. Die Abfassungszeit dieser Schriften lässt sich nur theilweise aus Anzeichen, die sich in ihnen finden, mit einiger Sicherheit bestimmen: so sind z. B. die 3 Bücher über den Zorn im J. 41, die Apocolocynthosis im J. 54, die Bücher über die Milde im J. 56, die Briefe an den Lucilius im hohen Greisenalter und nachdem er sich bereits

---

[*]) So Clinton, Fast. Rom. I. S. 5. Auch die folgenden chronologischen Angaben beruhen auf Clintons eben so vorsichtigen als gelehrten Forschungen.

von den öffentlichen Geschäften zurückgezogen, geschrieben. Ob die unter seinem Namen überlieferten Tragödien von ihm herrühren, ist zur Zeit noch eine offene Frage, über die wir keine Entscheidung zu treffen wagen; nur so viel ist gewiss, dass die Octavia ihn nicht zum Verfasser haben kann. Die ihm ebenfalls beigelegten Briefe an den Apostel Paulus so wie die des Paulus an ihn sind unzweifelhaft unächt und nur ein Erzeugniss des bei den alten Kirchenvätern verbreiteten Glaubens, dass Seneca ein Christ gewesen sei und mit Paulus in Verbindung gestanden habe.

Lucan, zu dem wir uns jetzt wenden, ist mit Seneca nicht nur bluts- sondern in einem gewissen Sinne auch geistesverwandt. Er war der Sohn des Bruders des Seneca, des L. Annaeus Mela, und im J. 39 geboren. Er gehörte, wie uns berichtet wird, eine Zeit lang zu den dichterischen Freunden Neros, ward aber später aus Eifersucht auf seinen dichterischen Ruhm von seinem kaiserlichen Herrn gehasst und angefeindet und schloss sich desshalb, wie es heisst, an die Verschwörung des Piso an, als deren Opfer er im J. 65 starb und zwar, indem er in dem Augenblick, wo aus seinen geöffneten Adern Blut und Leben ausströmte, eine Stelle seines eigenen Gedichts recitierte, welche eine besonders lebhafte Schilderung eines ähnlichen Todes enthielt.

Seine zahlreichen anderen Gedichte verschiedenen Inhalts sind verloren gegangen; wir besitzen von ihm noch die Pharsalia, ein episches Gedicht in 10 Büchern von ungefähr 8000 Hexametern, welches, unvollendet, die Geschichte des Bürgerkriegs zwischen Pompejus und Cäsar vom Anfang desselben bis zum Tode des Pompejus und zum Beginn des Alexandrinischen Kriegs enthält. Er folgt dem wirklichen historischen Verlauf der Ereignisse ziemlich genau, so dass man schon gesagt hat, dass sein Werk nicht sowohl ein Epos als eine Geschichte sei; treffender und dem Hauptinhalt entsprechender ist jedenfalls das Urtheil Quintilians, welcher sagt, dass er mehr den Rednern als den Dichtern beizuzählen sei. Während er nämlich im Uebrigen die Thatsachen einfach und im Wesentlichen wahrheitsgetreu berichtet, so versäumt er keine Gelegenheit, wo sich eine Rede einflechten lässt, er ergiesst sich, so

oft sich ein geeigneter Stoff darbietet, in ausführliche, mit
Bildern und sonstigen rhetorischen Zierrathen ausgeschmückten
Schilderungen, insbesondere von Personen und Oertlichkeiten,
und versäumt es endlich auch nicht, seinem Werke den damals bei den Rednern so beliebten Schmuck allgemeiner Sentenzen zu verleihen. Wie aber seinem Werke sonach der
Vorzug der Einheit und eines raschen, gleichmässigen Flusses
fehlt, wie es sonach, um das Witzwort des Nero auf ihn anzuwenden, gleich den Schriften des Seneca „Sand ohne Mörtel"
ist: so wird ihm auf der anderen Seite auch die Anerkennung
nicht zu versagen sein, dass seine Sprache, wie die des
Seneca, wenn auch nicht in gleichem Grade, gewandt, lebhaft
und in einem gewissen Sinne kräftig und eindringlich sei.

Man hat die Ansicht aufgestellt, dass in der politischen Gesinnung sich ein wesentlicher Unterschied zwischen
den drei ersten und den übrigen Büchern zeige; in jenen
nämlich sei er der Schmeichler Neros, in den übrigen
dagegen sei er der Schwärmer für republikanische Freiheit und der Lobredner der Männer der Senatspartei, der
Gegner des Cäsar, die im Bürgerkriege des Pompejus
und Cäsar die Vertheidigung der Republik auf ihre Fahne
schrieben und in der Kaiserzeit allerdings, wie auch das
Beispiel des Tacitus zeigt, als Verfechter der republikanischen Freiheit angesehen wurden. Man hat den Grund dieser
Erscheinung (oder wie vielleicht richtiger zu sagen, das Motiv
dieser Annahme) darin gefunden, dass Lucan erst Freund,
dann Feind des Nero war und anscheinend, da das Werk
unvollendet ist, bis kurz vor seinem Tode sich damit beschäftigt hat, und zum Beweis dafür sich hauptsächlich auf die
lange Stelle in der Einleitung bezogen, wo Nero allerdings
auf das Ueberschwänglichste gepriesen wird, wo z. B. gesagt
wird, dass das Römerblut in den Bürgerkriegen nicht umsonst
vergossen sei, da nur auf diesem Wege der Welt das Glück
habe zu Theil werden können, den Nero als Alleinherrscher
zu besitzen, und wo unter Anderem der eben so geschmacklose wie niedrig schmeichelnde Gedanke ausgeführt wird, dass
Nero dereinst als Gott sich den Mittelpunkt des Himmels zum
Sitz auswählen möge, weil sonst das Gleichgewicht der Welt

durch seine Schwere gestört werden würde. Hiermit scheint
es allerdings nicht in Einklang zu stehen, wenn später. Cato,
Pompejus, Cicero und andere Mitglieder der gegen Cäsar
Krieg führenden Senatspartei überschwänglich gepriesen und
die Bürgerkriege als verderblich und als der Anfang des Untergangs von Rom geschildert werden. Indess ist jene Ansicht
gleichwohl nicht aufrecht zu erhalten. Es finden sich schon
in den ersten drei Büchern Stollen, welche mit der Schilderung
der Glückseligkeit unter Nero nicht vereinbar sind, wo ebenfalls schon der Gedanke ausgesprochen ist, dass mit dem
Bürgerkrieg des Cäsar und Pompejus das Unheil Roms begonnen
habe,*) und es bleibt daher nichts übrig, als in jenem Widerspruch eine Unklarheit und Inconsequenz des Dichters zu finden, der auf der einen Seite sich für verpflichtet hielt, dem
Nero das Opfer der Schmeichelei darzubringen, auf der andern
Seite sich aber auch nicht versagen konnte, der republikanischen Schwärmerei der Zeit, die ihm allein den Stoff zu seinen
pomphaften Schilderungen und Ergiessungen bot, Worte zu
geben, und der Beides leicht mit einander vereinigen konnte,
da das Eine wie das Andere nicht aus der Tiefe des Herzens,
sondern nur von den Lippen kam. Auch hierin zeigt er sich
ja dem Seneca verwandt, der sich den Cato zum Muster
gewählt hat und diesen überall preist, während er desshalb
nicht minder dem Claudius und Nero dient und schmeichelt.
Wer wollte sich auch hierüber in einer Zeit wundern, wo alle
Bildung aus den Rhetorenschulen geschöpft wurde, die vor
Allem die Kunst lehrten, über alle Dinge für und wider zu
sprechen und zu schreiben, und in denen nur das Wie, nicht
aber das Was in Betracht kam?

Die beiden noch übrigen Repräsentanten der Literatur
der Zeit Persius und Petronius, obwohl sonst weit von einander verschieden, haben doch das mit einander gemein, dass
sie beide gegen die herrschende rhetorische Richtung der Zeit

---

*) So heisst es z. B. I, 661: Imminet armorum rabies, errique
potestas Confundet jus omne manu, scelerique nefando Nomen erit virtus,
multosque exibit in annos Hic furor, et superos quid prodest poscere
finem? Cum domino pax ista venit. Duc Roma malorum Continuam seriem
clademque in tempora multa Extrahe, civili tantum jam libera bello.

Opposition machen. Beide durchschauen das Verwerfliche, das Leere, Eitle, Geschmacklose dieser Richtung und sprechen es aufs Nachdrücklichste aus,*) und je allgemeiner jene Richtung war, um so weniger wird man sich wundern dürfen, dass eine Reaction dagegen eintrat. Persius ist aber selbst noch gewissermaassen darin befangen; denn auch sein Stil ist ein durchaus künstlicher und gemachter, nur dass er im Gegensatz zu Seneca und Seinesgleichen die Schönheit der Darstellung in Härte, Nüchternheit, Abgebrochenheit und Unebenheit sucht,**) während Petronius sich allerdings von dieser ganzen rhetorischen Richtung völlig emancipiert hat und, so weit es die Zeit überhaupt gestattete, das in dieser Art einzige Beispiel einer natürlichen und volksthümlichen Sprache bietet.

Persius war im Jahre 34 n. Chr. zu Volaterrä in Etrurien geboren und stammte aus ritterlichem Stande. Er wurde im zwölften Lebensjahre nach Rom gebracht, wo er den Unterricht des Grammatikers Remmius Palaemon, des Rhe-

---

*) Die ganze erste Satire des Persius ist gegen die herrschende Art der Schriftstellerei gerichtet, und auch in den übrigen Satiren wird wiederholt im Gegensatz gegen die Rhetorik der Zeit die Wahrheit als das Richtige und als dasjenige, wonach der Dichter selbst strebe, hervorgehoben; das Gegentheil davon nennt er V, 25 sehr bezeichnend: pictae tectoria linguae. Von Petronius besteht das ganze erste erhaltene Fragment aus einer lebhaften Herzensergiessung gegen die Rhetorik, von der wir uns nicht enthalten können, einen Theil wörtlich anzuführen: ideo ego adulescentulos existumo in scolis stultissimos fieri, quia nihil ex his, quae in usu habemus, aut audiunt aut vident, sed piratas cum catenis in litore stantes, sed tyrannos edicta scribentes, quibus imperent filiis ut patrum suorum capita praecidant, sed responsa in pestilantiam data, ut virgines tres aut plures immolentur, sed mellitos verborum globulos et omnia dicta factaque quasi papavere et sesamo sparsa. Qui inter haec nutriuntur, non magis sapere possunt quam bene olere, qui in culina habitant. Pace vestra liceat dixisse: primi omnium eloquentiam perdidistis, levibus enim atque inanibus sonis ludibria quaedam excitando effecistis, ut corpus orationis enervaretur et caderet.

**) Seneca (Epp. 114, 15) charakterisiert diese Art der Opposition mit folgenden Worten: quidam praefractam et asperam (compositionem) probant, disturbant de industria, si quid placidius fluxit, nolunt sine salebra esse juncturam, virilem putant et fortem, quae aurem inaequalitate percutiat.

tors Verginius Flavus und insbesondere des stoischen Philosophen Annaeus Cornutus genoss. Er lebte hierauf, sich von den öffentlichen Angelegenheiten fern haltend, ganz den Wissenschaften, der Ausarbeitung von Dichtwerken und dem Umgange mit gleichgesinnten Freunden, zu denen ausser andern durch edle Gesinnung hervorragenden Männern auch Thrasea Paetus gehörte. Er starb bereits im J. 62.

Von seinen Dichtungen sind nur 6 Satiren von mässigem Umfang erhalten, die übrigen Gedichte wurden nach seinem Tode als seiner unwürdig von seinem Lehrer und Freunde Cornutus vernichtet, der auch die Satiren, nachdem er sie durchgesehen und überarbeitet, dem Publikum übergab. In diesen Satiren tritt uns Persius überall als strenger und bitterer Sittenrichter entgegen; es sind aber meist nicht die besondern Laster und Thorheiten seiner Zeit, die er geisselt, sondern die allgemeinen Fehler und Verwirrungen der Menschheit, denen er die Weisheit der von ihm mit Enthusiasmus ergriffenen stoischen Sittenlehre entgegenhält, z. B. die Thorheit der gewöhnlichen Gebete und Gelübde, die denen, die sie darbringen, selbst zum Unheil gereichen, der Widerspruch zwischen Worten und Thaten, die Sucht, die Fehler Anderer zu entdecken und zu tadeln, das falsche Streben nach Freiheit, die in äussern Dingen gesucht wird, während sie doch nur innerlich durch die Tugend zu gewinnen ist; nur die erste Satire ist, wie schon bemerkt, gegen die in der damaligen Zeit auf dem Gebiete der Literatur herrschenden Verirrungen gerichtet. Es finden sich daher auch nur wenige Erwähnungen bestimmter Zeitverhältnisse, und selbst die Namen, welche vorkommen, sind meist fingierte, sonach nicht sowohl bestimmte Persönlichkeiten als allgemeine Gattungen bezeichnende; eine Ausnahme macht hierin nur, abgesehen von den Namen solcher Personen, die nicht Gegenstand der Satire sind, die Erwähnung des Aurelius Cotta (II, 72), vielleicht auch des Pedius (I, 85) und des Glypho (V, 9), und die Schilderung des thörichten Triumphs des Caligula über die Germanen (VI, 42 fl.) Der Inhalt seiner Satiren ist daher meist allgemeiner und abstracter Art, wesshalb wir es auch nicht für wahrscheinlich halten, dass wie mehrfach an-

genommen wird, nicht nur in der ersten, sondern auch in
der dritten und vierten Satire Nero, obgleich nicht genannt,
sein eigentlicher Gegenstand sei.*) Ueberall zeigt er sich
als einen für das Edle und sittlich Gute lebhaft empfindenden,
aber auch als einen dem wirklichen Leben entfremdeten Jüngling, ganz dem entsprechend, wie er uns in der aus dem
Alterthum überlieferten Biographie geschildert wird.

Er arbeitete, wie in derselben Biographie bemerkt wird
und wie aus dem ganzen Charakter seiner dichterischen Erzeugnisse hervorgeht, langsam und mühselig. Er ist desshalb
weit von dem Flusse der Rede entfernt, der den Stil des
Seneca auszeichnet, den er aus Grundsatz vermied, der
ihm aber nicht minder durch Mangel an Talent versagt war.
Seine Darstellung springt von einer Anschauung zur andern,
in den Zwiegesprächen, die einen nicht geringen Theil
seiner Satiren ausmachen, ändert er fortwährend die Personen,
ohne den Leser durch irgend eine Andeutung zu unterstützen,
er vermeidet absichtlich die üblichen Worte und Ausdrücke
und wählt dafür die entlegensten und absonderlichsten, dabei
ist der Wechsel in dem Ton des Ausdrucks, der bald edel
und hoch, bald wieder in die niedrigste Sphäre herabsteigt,
besonders auffallend und für jedes feinere Sprachgefühl in
hohem Grade verletzend.

Der letzte Grund von Allem dem ist offenbar das Streben, seine Gedanken und Empfindungen, wir möchten sagen
um jeden Preis, vollkommen wahr auszudrücken.**) Dieses Stre-

---

*) Diese von den Alten wiederholt ausgesprochene Ansicht ist in
neuerer Zeit besonders von A. Schmidt (Gesch. der Denk- und Glaubens-
freiheit S. 277 fl.) vertheidigt worden. Wir finden aber den Grundsatz,
auf den er seine Ueberzeugung hauptsächlich basiert, dass, wer Erinnerungen wecke, sie entweder gradezu bezweckt oder doch absichtlich nicht
vermieden habe (S. 282), wenigstens sehr bedenklich. Eher lässt sich
annehmen, dass Nero in der ersten Satire, die überhaupt, wie wir gesehen,
ein individuelleres Gepräge hat, dem Dichter vor Augen gestanden habe.

**) Hören wir z. B., wie er sich gegen Cornutus ausspricht (V, 21):
Secreti loquimure tibi nunc hortant: Camena Excutienda damus praecordia,
quantaque nostrae Pars tua sit, Cornute, animae, tibi, dulcis amice
Ostendisse juvat. Pulsa, dignoscere cautus, Quid solidum crepet et pictae

ben ist allerdings, wie wir anerkennen müssen, nicht selten von einem glücklichen Erfolg gekrönt; es finden sich daher nicht wenige Stellen, wo das sonstige dichte Dunkel seiner Sprache durch glänzende Lichtblicke erhellt wird; insbesondere ist es ihm mehrfach gelungen, Scenen und Situationen mit grosser Anschaulichkeit und Naturwahrheit auszumalen.*) Allein an einen wirklichen und anhaltenden Genuss, der aus der Abrundung und dem Ebenmaass des Ganzen, aus der ungesuchten Angemessenheit des Ausdrucks und dem Wechsel von Licht und Schatten entspringt, ist bei ihm, wenn auch aus ganz verschiedenen Gründen, eben so wenig zu denken, wie bei Seneca und den übrigen rhetorisierenden Schriftstellern der Zeit.

Eine der merkwürdigsten freilich in mancher Hinsicht noch räthselhaften Erscheinungen der römischen Literatur bildet das Werk des Petronius, welches ebenfalls den Titel Satirae führt, von dem wir aber nur noch einen kleinen Theil, nämlich Stücke des 14. 15. und 16. Buches besitzen. Durch die neuesten Untersuchungen ist es so weit, als überhaupt Combinationen ein sicheres Ergebniss liefern können, zur Evidenz gebracht worden, dass der Verfasser kein anderer ist, als der Petronius, der von Tacitus (Ann. XVI, 18—19) als eins der letzten Opfer der Grausamkeit des Nero erwähnt wird. Die Erzählung des Tacitus ist theils wegen des eigenthümlichen Wesens des Petronius, das auch auf die ganze Zeit ein gewisses Streiflicht wirft, theils wegen des Schlusses, der auch hieraus auf den Verfasser der Satirae gezogen werden kann, interessant genug, um ihren Inhalt im Wesentlichen hier mitzutheilen. Tacitus berichtet also: Petronius sei ein Mann gewesen, der den Tag mit Schlafen, die Nacht aber mit Besuchen und Zerstreuungen hingebracht habe;

---

tectoria linguae. His ego centenas ausim deposcere voces, Ut quantum mihi te sinuoso in pectore fixi, Voce traham pura, totumque hoc verba resignent, Quod latet arcana non enarrabile fibra.

.*) Beispiele der Art sind in den vortrefflichen, den ganzen Gegenstand erschöpfenden Prolegomenen O. Jahns zu seiner Ausgabe des Persius p. CXI. angeführt.

er sei aber kein gewöhnlicher Schlemmer oder Verschwender gewesen, sondern ein Schwelger von Geschmack und Bildung und habe dadurch, je mehr er sich habe gehen lassen und je mehr er sich natürlich und anspruchslos gezeigt, nur um so mehr Ansehen und Geltung gewonnen. Dabei habe er sich als Statthalter von Bithynion und nachher als Consul tüchtig und den Geschäften gewachsen erwiesen. Durch seinen Geschmack und seine Lebensweise habe er sich die Gunst des Nero und für Vergnügungen und Lustbarkeiten einen solchen Einfluss bei ihm erworben, dass am Hofe nichts für angenehm und geschmackvoll angesehen worden sei als was Petronius gebilligt, und dass er bei Nero die Stellung eines Schiedsrichters des feinen Geschmacks (Arbiter elegantiae) eingenommen habe. Eben dadurch aber sei die Eifersucht des Tigellinus erregt worden, der ihn bei dem Kaiser der Freundschaft mit Scaevinus, einem der Mitverschworenen des Piso (o. S. 317), angeklagt und einen Sclaven angestiftet habe, gegen ihn als Angeber aufzutreten. Als Petronius dies in Cumä erfuhr, wohin er gegangen war, um dem Nero nach Neapel zu folgen, wo sich derselbe damals aufhielt, beschloss er, um der Qual der Ungewissheit zu entgehen, sich zu tödten. Er öffnet sich die Adern, unterhält sich, während das Blut fliesst, mit seinen Freunden, aber nicht über die Unsterblichkeit, wie Paetus Thrasea u. A., sondern über scherzhafte Dinge, lässt sich Gedichte und Lieder leichtfertigen Inhalts vorlesen, und wenn dabei etwas besonders Ergötzliches vorkam, so lässt er sich die Adern eine Zeit lang verbinden, um es jedenfalls vollständig zu geniessen,*) er isst, trinkt, schläft, kurz thut Alles, was dem Tode den Schein der Freiheit und der Heiterkeit verleihen konnte. Schliesslich übersendet er dem Nero in der Form eines Testaments noch eine Schrift, in der er die geheimsten Lüste des Nero genau beschrieben hatte.

---

*) Eckermann in dem betreffenden Artikel der Ersch- und Gruberschen Encyclopädie fasst dieses leichtfertige Spiel, welches Petronius mit dem Tode treibt, dem Sinne und dem ganzen Zusammenhange der Stelle des Tacitus zuwider so auf, als habe Petronius aus Feigheit den Moment des Todes hinausgeschoben; dann ist es freilich nicht zu verwundern, dass er ihn in dem Verfasser der Satiren nicht wieder zu erkennen vermag.

Dieser Petronius ist, wie gesagt, höchst wahrscheinlich der, welcher unser Werk verfasste, wenigstens stimmen die Verhältnisse der Zeit, wie sie in demselben erscheinen, mit der Zeit des Nero vollkommen überein und manche Einzelnheiten weisen bestimmt auf diese Zeit hin, und auch das Bild des Verfassers, wie es uns aus dem Werke entgegentritt, ist dem Charakter unseres Petronius ganz entsprechend.*) Was wir von dem Werke noch übrig haben, besteht aus einer Partie Scenen, die sich in verschiedenen Städten abspielen und die schwer in Zusammenhang zu bringen sind, die sich aber fast durchweg in dem tiefsten und gemeinsten Schlamm der Liederlichkeit und Unzucht bewegen. Nur ein Stück ist bis auf nicht eben wesentliche Lücken vollständig erhalten, so dass wir uns aus ihm eine Vorstellung von der Art des Ganzen bilden können. Dies ist das Gastmahl des Trimalchio. Hier finden wir in dem Gastgeber das Bild der zahlreichen Emporkömmlinge der Zeit mit ihrem unsinnigen Luxus, mit ihrem prahlenden Hochmuth und ihrer nur durch einen dünnen, leicht durchsichtigen Schleier von Bildung verhüllten Rohheit und Tölpelhaftigkeit in kecken, carikierten Zügen mit viel Witz und Humor geschildert. Um nur einige kleine Proben zu geben, so hat Trimalchio so viel Geld, dass er es mit Scheffeln misst, die Zahl seiner Sclaven ist so gross, dass kaum der

---

*) Man nimmt gewöhnlich an, dass die Satiren nicht diejenige Schrift seien, die Petronius dem Nero übersandte, sondern eine andere, die er für das grosse Publikum verfasst habe. Ich finde indess diese Annahme nicht nothwendig. Das perscripsit des Tacitus ist natürlich nicht auf die Zeit unmittelbar vor dem Tode des Petronius zu beziehen, und das sub nominibus exoletorum feminarumque braucht nicht zu heissen, wie es von Nipperdey erklärt wird, „mit namentlicher Angabe," sondern kann mindestens eben so gut verstanden werden „unter den Namen," so dass also die flagitia principis und die noctium suarum ingenia Anderen beigelegt, von Nero aber und anderen Menschen auf den rechten Mann bezogen und gedeutet worden wären. Die Einwendung, es sei nicht zu denken, dass Nero die Schrift habe bekannt werden lassen, ist leicht zu beseitigen: man braucht ja nur anzunehmen, dass Petronius noch eine Abschrift für das Publikum hinterlassen habe. Wir würden dann bei Tacitus eine Hindeutung auf das jedenfalls zu seiner Zeit sehr bekannte Werk des Petronius gewinnen, die wir allerdings ungern vermissen.

zehnte Theil den Herrn kennt, alle Bedürfnisse und alle Luxusgegenstände wachsen auf seinem Grund und Boden oder werden daselbst erzeugt, und er ist eben im Begriff, die Insel Sicilien anzukaufen, damit seine Besitzungen, wie er sagt, sich ununterbrochen bis nach Afrika erstrecken, er besitzt 100 silberne Krüge, von denen jeder 1 Urne d. h. etwa 3 Quart fasst, und 1000 silberne Schalen; auf jenen ist, um auch eine Probe seiner Gelehrsamkeit zu geben, Cassandra dargestellt, wie sie ihre Kinder tödtet, auf diesen Daedalus, wie er die Niobe ins trojanische Pferd einschliesst; das corinthische Erz ist, wie er seine Gäste belehrt, dadurch entstanden, dass Hannibal nach der Eroberung von Troja alle Statuen und Geräthe von Erz, Silber und Gold hat auf einen Haufen bringen und zusammenschmelzen lassen. Und dieses Bild des Hausherrn ist staffiert durch eine Anzahl seiner würdiger, nur noch eine Stufe tiefer stehender Gäste, welche die ganze Gemeinheit ihrer Gesinnung und Denkweise in dem Kauderwelsch der niedrigsten Klasse der Provincialen zu Tage fördern. Dabei verläuft das Mahl selbst unter den albernsten, geschmacklosesten Amüsements und unter dem unsinnigsten, lächerlichsten Luxus.

Die Satire des Petronius ist natürlich nicht die des Lucilius, Horatius und Porsius, sondern die Menippeische, wie wir sie früher (Bd. 2. S. 505) an dem Beispiele des Varro kennen gelernt haben, jene freieste Form der Dichtung, die sich durch keine Schranke einengen lässt, die hinsichtlich der Form Prosa und Poesie mit einander vermischt und, wenigstens anscheinend, ganz willkürlich von einem Gegenstand zum andern überspringt. Den Rahmen bildet bei Petronius die Erzählung des Encolpius, welcher, bald Weltmann, bald Soldat, bald Rhetor, von Ort zu Ort reist, überall die wunderbarsten Abenteuer erlebt, mit den verschiedensten Menschen verkehrt und mit dem Bericht über seine Erlebnisse zugleich in buntester Mischung Bemerkungen und Urtheile über Literatur und alle möglichen anderen Dinge theils selbst vorträgt theils von Anderen vortragen lässt. Die Sprache zeichnet sich durch Einfachheit, Angemessenheit und Abwesenheit jedes falschen rhetorischen Schmucks aus, sie gewinnt aber dadurch noch einen besonderen Reiz, dass sie da, wo Menschen aus den niedrigen Volksklassen redend eingeführt werden, wie z. B. bei dem Gastmahle des Trimalchio, den Volksdialect und zwar, so weit wir nach dem allgemeinen Eindruck urtheilen können, mit der grössten Treue nachahmt. Die Stellen, wo sich die Gäste des Trimalchio und Trimalchio selbst in fortwährenden Sprichwörtern und sprichwörtlichen Ausdrücken, in abgebrochenen Sätzen, mit untermischten griechischen oder halbgriechischen Wörtern (denn die Scene spielt in einer griechischen Stadt, wahrscheinlich in Neapel) und in den lächerlichsten und gröbsten Barbarismen und Solöcismen vernehmen lassen, gehören zu den interessantesten und ergötzlichsten Partien des ganzen Werks.

Es bleibt nun noch die Kunst und die Sitte der Zeit übrig, über die wir nach dem, was im vorigen Buche darüber gesagt worden ist, nur Weniges hinzuzufügen haben.

In Bezug auf die Kunst bleibt das Verhältniss dasselbe, wie wir es für die Zeit des Augustus charakterisiert haben. Man treibt auch jetzt noch Luxus mit der Kunst, man häuft die Kunstschätze Griechenlands immer mehr in Rom zusammen, man brüstet sich mit den berühmten und kostspieligen Kunstwerken, die man im Besitz hat, aber man hat eben so wenig Kunstsinn und Kunstverständniss wie früher, noch immer sind die Meister der Kunst nicht Römer, sondern Griechen, und auch diese beschäftigen sich mehr mit Copien älterer Meisterwerke, die wohl nicht selten für die Originale ausgegeben werden, als mit Schaffung selbstständiger Werke. Es ist mit Recht darauf aufmerksam gemacht worden,[*]) dass sich bei den Schriftstellern der Kaiserzeit wenige Stellen finden, wo der Kunst gedacht wird, und noch weniger solche, wo sich ein tieferes Verständniss der Kunst und Liebe für dieselbe ausspricht. Ein interessantes Beispiel für die Geringschätzung der bildenden Kunst bietet Seneca (Epp. 88, 18), der an einer Stelle, wo er von den freien Künsten handelt, wo er übrigens auch die übrigen freien Künste schon gegen die Philosophie

---

[*]) von Friedländer in der kleinen Schrift „über den Kunstsinn der Römer in der Kaiserzeit."

tief herabsetzt, ausdrücklich bemerkt: Malerei, Bildhauerei, Erzguss vermöge er eben so wenig zu den freien Künsten zu zählen als die Geschäfte der Salbenhändler und Köche. Einen Beweis, wie wenig man Kunstwerke zu schätzen wusste, liefert auch der Umstand, dass in der Kaiserzeit wiederholt Beispiele vorkommen, wo älteren Meisterwerken der Kopf abgeschlagen wird, um einen anderen, einen Porträtkopf, darauf zu setzen.

Auch über die Sitten können wir uns nach dem, was früher über den Gegenstand gesagt worden ist, auf einige wenige Bemerkungen beschränken.

Es liegt sehr nahe, die Schilderungen der Sittenlosigkeit hierfür zu benutzen, die wir bei den Schriftstellern der Zeit, insbesondere bei Tacitus, Petronius und Juvenal finden, wie z. B. die Schilderungen der Ausschweifungen bei Tacitus, zu denen die nächtlichen Feste des Nero Veranlassung gaben. Indessen sind diese Schilderungen theils zu allgemein, um eine feste Grundlage für unser Urtheil zu bilden, theils ist immer festzuhalten, dass Beispiele von Lastern und Ausschweifungen keinen Maassstab für die Bestimmung des sittlichen Werths einer Zeit abgeben können: wie sollten wir sonst in Angesicht der Laster und Verbrechen unserer grossen Städte über unsere Zeit urtheilen? Petronius ist auch desswegen entweder gar nicht oder doch in sehr bedingter Weise zu diesem Zwecke zu benutzen, weil seine Zeichnungen, wie wir gesehen haben, durchweg karikiert sind; wir können uns also aus ihnen eben so wenig ein Bild von der Zeit zusammensetzen, wie z. B. aus den Wolken des Aristophanes vom Sokrates oder, um auch ein Beispiel der neuen Zeit anzuführen, aus Dickens Romanen von den Armen- und Schulanstalten Englands. Als der Hauptbeweis für die Sittenlosigkeit der römischen Kaiserzeit ist immer die Entleerung der damaligen römischen Welt von sittlichen Zwecken und Bestrebungen anzusehen, die wir in unserer gesammten Darstellung überall nachzuweisen gesucht haben.

Ein historischer Zug verdient noch hervorgehoben zu werden, auch desswegen, weil er uns zum Schluss noch eine weniger trostlose Aussicht gewährt. Im Jahr 61 wurde ein vornehmer Römer von einem seiner Sclaven getödtet, und hierauf werden dem alten Brauch gemäss seine sämmtlichen Sclaven, 400 an der Zahl, hingerichtet. Es wird aber bei dieser Gelegenheit im Senat verhandelt, ob man nicht diesen Gebrauch aufgeben solle, und wenn auch der Antrag auf Abschaffung schliesslich verworfen wird, so geschieht dies doch nicht ohne lebhaften Widerspruch und, was besonders zu bemerken, nicht ohne Murren des Volks, welches nur durch Waffengewalt von thätlichem Widerstand abgehalten wird. Man sieht also, dass die alte Härte des römischen Charakters verschwunden ist, die diesen Gebrauch aufgebracht und bisher aufrecht erhalten hatte, und wie auch dies ein Beweis für das Erlöschen des ächten ursprünglichen Römerthums ist, so eröffnet es doch zugleich die Aussicht auf das Emporkommen milderer, menschenfreundlicherer Grundsätze, die, durch die christliche Lehre bereits in die Welt gebracht, dazu bestimmt waren, allmählich in das römische Reich einzudringen und einerseits zwar dieses zu zerstören, andererseits aber die Menschheit auf eine neue, höhere Stufe der sittlichen Entwickelung zu erheben.

Druckfehler.

S. 161. Z. 5 v. u. lies Piso statt Germanicus.
- 235. - 9 v. o. - im achten Monat statt im ersten Monat.

Stammtafel des Julisch-C

              1. Aug
              Gemahl
          Scribonia.
           2. Julia.
          Gem. Agrippa.

3. C. Caesar.   4. L. Caesar.   5. Agrippa   6. Agrippina.
           Postumus.   Gem. Germanicus
                 (12).
                    Gem

                    10.

                    I
           Germanicus (12)

18. Nero.   19. Drusus.   20. Gajus Caligula.

                   I
                M. An
              Gem. Octa

                Antonia
             Gem. L. Domiti

         Domitia Lepida.
Gem. M. Valerius Messala u. Appius Junius Sila

  Valeria Messalina.
  Gem. des Claudius (14).   L. Silanus.   M. Silanus.   J

---

*) Der leichteren Uebersicht wegen sind nur diejeni
welche in der vorstehenden Darstellung der Kaisergeschichte

I.

ustus.
linnen:
Livia. ⋯⋯

```
       7. Tiberius.              11. Drusus.
            |                 Gem. Antonia minor.
        8. Drusus.                   |
       Gem. Livia (13).   12. Germanicus.  13. Livia  14. Claudius.
            |                   Gem.       od. Livilla.     |
         9. Julia.         Agrippina (6).                   |
     . Rubellius Blandus.                                   |
            |              15. Antonia. 16. Britannicus. 17. Octavia.
      Rubellius Plautus.
```

[.

ınd Agrippina (6).

```
       21. Agrippina.        22. Drusilla.        23. Julia
      Gem. Cn. Domitius.                       od. Livia od. Livilla.
              |
         24. Nero.
```

:I.

tonius.
via major.

, major.
us Ahenobarbus.

```
                         Cn. Domitius.
         nus.         Gem. Aprippina (22).
                                |
        ınia Calvina.    L. Domitius (Nero, 24).
```

gen Glieder des Geschlechts in die Stammtafel aufgenommen,
·erwähnt werden.

www.ingramcontent.com/pod-product-compliance
Lightning Source LLC
Chambersburg PA
CBHW032012220426
43664CB00006B/223